STUDIES ON VOLTAIRE AND
THE EIGHTEENTH CENTURY

281

General editor

PROFESSOR H. T. MASON

Department of French
University of Bristol
Bristol BS8 1TE

ROGER BARNY

Le Comte d'Antraigues: un disciple aristocrate de J.-J. Rousseau

De la fascination au reniement
1782-1797

THE VOLTAIRE FOUNDATION
AT THE TAYLOR INSTITUTION, OXFORD

1991

ISSN 0435-2866

ISBN 0 7294 0405 6

*The publications of the
Voltaire Foundation are printed
on durable acid-free paper*

British Library cataloguing in publication data

Barny, Roger
Le Comte d'Antraigues: un disciple aristocrate de J.-J. Rousseau
de la fascination au reniement 1782-1797.
— (Studies on Voltaire and the eighteenth century,
ISSN 0435-2866; 281)
1. France. Antraigues, Louis de Launay, comte d', 1753-1812
2. Politics. Theories of Rousseau, Jean-Jacques, 1712-1778
I. Voltaire Foundation II. Series
944.034092

ISBN 0-7294-0405-6

Printed in England at The Alden Press, Oxford

Table des matières

Avant-propos

LE comte d'Antraigues est un cas exceptionnellement intéressant pour l'étude du rousseauisme mais aussi, d'une façon générale, pour l'analyse de la mutation des sensibilités, des attitudes intellectuelles, des idéologies dans la deuxième moitié du dix-huitième siècle. C'est dans ce cadre général que son rapport à Rousseau, par ailleurs facteur de la formation et du devenir de sa personnalité, peut se comprendre.

Admirateur fanatique et disciple de Jean-Jacques, il fait preuve longtemps à l'égard de celui-ci (devenu un personnage type à travers son œuvre autobiographique et romanesque) d'un étonnant mimétisme, qui le conduira, sur la base d'une expérience homologue mais différente, à adopter beaucoup des principes politiques de l'auteur du *Contrat social*, avant de les rejeter sous l'impact du séisme que constitue la Révolution française. Mais ce mimétisme, dans l'ordre affectif en premier lieu, n'exclut pas une sensibilité très personnelle, qui cherche et trouve des formes originales au contact de Jean-Jacques. Cette *originalité* (en train de devenir une valeur esthétique) est littérairement très importante, car elle anticipe bien des aspects du premier romantisme. Elle laisse aussi pressentir sans doute, en un autre sens, par sa différence même, l'évolution idéologique et politique future de d'Antraigues, qui va se séparer – mais peu à peu, et très douloureusement – de son 'grand ami' J.-J. Rousseau, pour affirmer des attitudes nouvelles dont il n'est peut-être pas sûr qu'elles soient irréductiblement opposées, sur tous les plans, à celles qui définissent son moi adolescent. Il paraît tout de même évident que cette mutation, radicale au plan politique, est déterminée par la base sociale de la personnalité de d'Antraigues – un féodal, qui ne cessa jamais de se comporter comme tel, même à l'époque de ses illusions et de ses élans généreux de tout jeune homme.

En tout cas, les valeurs de la sensibilité constituent une médiation essentielle, sans laquelle on ne peut comprendre le personnage, ni ses variations. En un sens, c'est la sensibilité qui commande tout chez d'Antraigues. Et c'est peut-être pour cela qu'il restera, même dans le reniement, un authentique disciple de Jean-Jacques.

Il reste que l'histoire des sensibilités, et des mutations intellectuelles, ne peut bien s'éclairer que dans le cadre d'une histoire sociale. Travail exigeant dont nous pouvons tout juste ébaucher quelques directions, en étudiant les variations de d'Antraigues, entre les années 80 et 1797, date de son reniement explicite du rousseauisme en politique.

Nos connaissances sur d'Antraigues viennent d'être renouvelées par le livre de Colin Duckworth, *The D'Antraigues phenomenon: the making and breaking of a revolutionary royalist espionage agent* (Newcastle upon Tyne 1986). C'est désormais l'ouvrage de référence, qui remplace la solide mais presque centenaire biographie de Léonce Pingaud, *Un agent secret sous la Révolution et l'Empire* (Paris 1893). Nous nous sommes référés au livre de Duckworth, pour préciser ou corriger nos analyses, chaque fois que nous avons dû le faire.

Comment s'est formée la pensée politique de d'Antraigues? Quels en sont les traits essentiels avant qu'il ne devienne un homme public? Outre les ébauches de romans par lettres, l'une partiellement publiée jadis par MM. Cobban et Elmes,[1] les autres analysées depuis peu par Colin Duckworth,[2] on utilisera surtout deux œuvres manuscrites de jeunesse, le *Voyage en Turquie*[3] et de préférence *Mes soliloques*:[4] sur un fond de réalité, elles participent aussi, incontestablement, de la littérature romanesque. Même s'il se présente avant tout comme un témoignage, une analyse ethno-politique dans le goût du siècle, le *Voyage en Turquie* est truffé d'anecdotes romanesques sentimentalo-libertines, dont certaines, 'omises', seront insérées dans les *Soliloques*. Ce dernier livre, 'Histoire de [la] vie' de d'Antraigues, semble devoir être, plus encore, considéré comme un roman à la première personne, où la part exacte d'autobiographie réelle est fort difficile, sinon impossible, à déterminer.[5] Comme l'a montré Colin

1. A. Cobban et R. S. Elmes, 'A disciple of Jean-Jacques Rousseau: the comte d'Antraigues', *RhlF* 43 (1936), p.181-210, 340-63.

2. 'D'Antraigues and the quest for happiness: nostalgia and commitment', *Studies on Voltaire* 152 (1976), p.625-45; 'D'Antraigue's feminism: where fact and fantasy meet', in *Woman and society in 18th-century France: essays in honour of J. S. Spink*, éd. E. Jacobs *et al.* (London 1979), p.166-82; *The D'Antraigues phenomenon*.

3. Dijon, Bibliothèque municipale, manuscrits 1543-1544 (A-B) et 1545-1546 (A1-B1), copie mise au net du précédent (non revue par d'Antraigues; déjà, le copiste a parfois renoncé à déchiffrer l'original!).

4. Paris, Bibliothèque nationale [ci-après BN], Nouvelles acquisitions françaises [ci-après n.a.f.] 15467.

5. La base autobiographique est bien entendu évidente. La réalité de quelques-unes des liaisons qui font le tissu principal de l'oeuvre est, de plus, attestée par une lettre de la mère du comte, citée in Pingaud, *Un agent secret*, p.34: 'L'Anglaise faillit à vous faire devenir fou [...] elle vous coûta votre argent, encore celle-là n'était pas méchante; mais rappelez-vous Mme de Montalembert, la comtesse de B..., sans compter tout ce que j'ai ignoré. Elles vous ont fait perdre état, fortune, mariage, compromis de la manière la plus fâcheuse, rendu malade à la mort, et exposé à vous faire tuer' (22 octobre 1796). On trouvera, dans l'analyse qui suit, des références à chacune de ces aventures, et à quelques autres. L'Anglaise est évidemment 'Milaidy Howard', la comtesse de B..., la comtesse de Barral. Cf. aussi Pingaud, p.41, lettre de la même (18 février 1803): 'De sang-froid, quelle douceur goûtiez-vous à la Bastide? Vous n'y voyiez pas un homme de mérite; des ennuyeux et des bavards, une maîtresse fort sotte et fort bête, faisant l'impertinente, tourmentant vos domestiques et peut-être vous-même par ses prétentions.' Et le biographe du comte précise: 'Cette Saint-Huberty rustique [...] était une paysanne appelée Marianne André, *la belle Henriette*, dit-on encore dans le pays. Son maître lui avait fait donner quelque éducation dans un pensionnat de

Duckworth, d'Antraigues est exceptionnellement habile à utiliser quelques éléments de réalité ('where fact and fantasy meet'): plus ou moins mythomane, comme tout romancier, il manifeste déjà, bien avant de devenir célèbre en qualité d'agent secret, des qualités éminentes de faussaire. Et la célébrité à laquelle il aspirait, il ne cesse de le répéter, était littéraire. Ce qui rend délicate toute appréciation de son 'réalisme'. Peu importe: quand il s'agit de dessiner une physionomie morale et politique, l'expérience imaginaire est la plus significative.

Montélimar, puis l'avait installée à La Bastide en qualité de "lingère". Elle s'asseyait à sa table et avait carte blanche au château. La renommée populaire affirme qu'elle usait au profit des vasseaux de son influence sur le seigneur et qu'elle était aimée de tous'. Les principales aventures féminines du héros, à une ou deux exceptions près peut-être, ont donc au moins un point de départ réel. On entrevoit d'autres épisodes (la santé ruinée par les débauches, les mariages manqués) et quelques corrections (l'Anglaise du roman ne coûte nul argent au héros).

I

Le développement intellectuel
du comte d'Antraigues

1. La rencontre avec Rousseau

i. La première formation intellectuelle du comte

LE premier problème posé reste celui des rapports du comte d'Antraigues avec J.-J. Rousseau. L'appréciation de MM. Cobban et Elmes, il y a cinquante ans déjà, est toujours valable: les témoignages de l'amitié de Rousseau pour d'Antraigues sont fournis exclusivement par ce dernier; beaucoup étant manifestement inventés, on reste perplexe. Il faut pourtant admettre, en sens inverse, que les prétentions largement publiées de d'Antraigues n'ont jamais suscité de démenti de la part de ceux qui avaient connu Jean-Jacques (comme Bernardin de Saint-Pierre). On peut du moins résumer ce que furent, selon d'Antraigues, ses rapports avec son 'maître' et déterminer la fonction du personnage de Jean-Jacques.

Les *Soliloques*, conduisant, dans leur première (et principale) partie, l'histoire de la vie du héros de son enfance au lendemain de son retour d'Orient, en 1782 (moment de l'écriture), comprennent la période intéressante, la mort de Rousseau étant survenue en 1778, au début du voyage du comte en Turquie. Outre le grand amour du héros pour 'Milaidi' Henriette Howard, les *Soliloques* relatent les multiples aventures du beau comte, depuis son initiation sexuelle précoce jusqu'aux liaisons des années 80. Parallèlement à toutes ces affaires de sentiment et de sexe, la principale ligne d'intrigue est constituée par les rapports avec Jean-Jacques, 'le plus grand homme du siècle'. Alternent la peinture des expériences de dissipation mondaine, et celle des périodes de confinement à La Bastide, dans son 'désert' du Vivarais, où d'Antraigues aime aller se recueillir pour étudier et pour écrire.

Un point sur lequel on est tenté, *a priori*, de lui faire pleine confiance est celui qui concerne sa rencontre avec l'œuvre de Rousseau, car il fait très vite preuve d'une bonne connaissance, sans doute même exceptionnelle, de celle-ci. Pour mieux comprendre cette rencontre, il faut dire un mot de la formation intellectuelle du comte: des plus médiocres, à l'en croire. Son éducation fut complètement manquée, malgré ses dons, par la faute de méthodes autoritaires contre lesquelles il se cabrait et qui contribuèrent du moins à former son caractère indépendant.

Envoyé au collège des jésuites de Lyon, il fait preuve 'd'un esprit pénétrant, d'une facilité singulière à retenir ce [qu'il voulait] apprendre, mais ces qualités heureuses étaient obscurcies par une paresse inconcevable'.[1] C'est qu'il déteste

1. *Mes soliloques*, f.48.

les méthodes sévères de ses maîtres; pour les punir, il décide de ne pas travailler, et il se retrouve au bout de quatre ans 'toujours le dernier de la classe [...] ne sachant rien, absolument rien' et 'n'ayant fait d'autres progrès [que] d'apprendre à lire et à écrire', il ne parvient d'ailleurs pas à se souvenir comment.[2] Il est ensuite confié à un maître de pension publique, 'sous l'inspection particulière de son neveu', le 'vertueux' Rome, dont il garde par contre un souvenir ému: période mémorable à d'autres égards, trop bref intervalle (f.49-50), puisque vient ensuite l'ère de son précepteur Maydieu, homme brutal et inculte: 'Cet homme portait sur son visage l'empreinte inséparable d'un caractère maudit et d'un cœur bas. C'est à lui que je dois la plupart des vices de mon caractère, et il est certain que si le ciel ne m'eût doué d'une sensibilité à toute épreuve, la société de ce misérable m'eût rendu cruel, traître et implacable';[3] elle faillit en tout cas dégoûter définitivement de l'étude un élève pourtant supérieurement doué. Celui-ci oublie tout ce que lui avait appris Rome, en particulier le latin (f.52):

j'en savais fort peu en sortant de chez mon ami Rome, j'en savais encore moins après trois ou quatre ans d'études avec lui [Maydieu]. Cet homme infectait tout ce qu'il enseignait, l'histoire, la physique, les langues, tous les talents qui ont fait depuis le charme de ma vie me parurent insipides tant qu'il fut chargé de m'en apprendre les éléments.

Lors d'un séjour à Paris, on tente ensuite de l'initier aux armes, à la musique, à l'allemand; il se montre toujours aussi rétif et quand il rejoint La Bastide, à quatorze ans, son ignorance est exceptionnelle (f.54). Il ne lit rien, parcourant avec ennui *Télémaque* qu'on vient de lui offrir (f.55). Le premier éveil de l'intelligence intervient lorsqu'il prend intérêt à la composition, à Montpellier, sous l'influence de son grand-père et surtout contre celle de son précepteur: 'j'écrivis l'éloge de Scipion l'Africain avec plaisir'.[4] Lors d'un nouveau séjour

---

2. *Mes soliloques*, f.48. A noter que c'est là un de ses multiples points de rencontre avec Jean-Jacques. Cf. *Confessions*, livre I: le héros a su lire exceptionnellement tôt, et il a oublié comment il a pu apprendre.

3. *Mes soliloques*, f.52. Sur Maydieu, comme sur bien d'autres sujets, le comte changera plus tard d'opinion. Ainsi on le trouve lié à son ancien précepteur, qui devient l'un de ses agents, lorsqu'il fait de l'espionnage contre-révolutionnaire. Cf. Jacqueline Chaumié, *Le Réseau d'Antraigues et la contre-révolution, 1791-1793* (Paris 1965), not. p.27 et 53-54. Cette harmonie politique ne comporte pas forcément une grande estime, et on se demande, à la lecture des *Soliloques*, s'il n'est pas un peu excessif d'écrire, comme Jacqueline Chaumié (sur la base de quels documents?): 'il se forma entre le maître et l'élève une profonde amitié [...] il lui donna une forte culture classique et lui inspira l'amour des lettres antiques'. En ce cas, le d'Antraigues de 1782 est bien ingrat, et mystificateur. Pourquoi un tel retournement, surtout si le chanoine, 'esprit large et ouvert aux idées nouvelles', était lui-même 'en relation avec Rousseau' (Chaumié, p.53)? A lire d'Antraigues, on ne s'en douterait pas.

4. *Mes soliloques*, f.60. Il s'agit, probablement, de composition latine (usage pédagogique courant). Mais le contexte laisse place au doute: 'Mon triste gouverneur [...] s'obstinait de nouveau à me

8

à Paris, à seize ans, il découvre avec ravissement le théâtre: il est violemment ému à la représentation d'*Andromaque*. C'est toutefois la révélation de l'écriture, on le devine, qui le marque à jamais.

ii. Découverte de l'œuvre de Rousseau

A cet endroit de son récit, il évoque pour la première fois J.-J. Rousseau, qui aurait lu son premier essai en 1773 et l'aurait empêché de détruire ce 'barbouillage', y ayant remarqué 'quelques ébauches de génie'. Si d'Antraigues, après l'échec de sa première éducation, devient un autodidacte, comme Jean-Jacques, c'est en effet sous le signe de celui-ci, et grâce à lui. Séparé de la première femme pour laquelle il ait eu du goût, le héros s'ennuie dans une petite ville de garnison, car il abhorre l'état militaire. Il a dix-sept ou dix-huit ans.[5] Pour tromper son oisiveté, il achète un roman: c'est la *Nouvelle Héloïse*. Comme des milliers de lecteurs de sa génération, il tombe sous le charme: il fait dire à ses camarades qu'il est malade, ferme sa porte, et pendant huit jours relit trois fois le roman sans sortir un moment de sa chambre.[6]

Alors, seuls les acteurs de ce roman m'occupaient. J'ignorais quel était son auteur et absorbé dans son ouvrage, il ne m'arriva de songer à lui qu'à la fin de la troisième lecture. Ce fut alors seulement que [...] je remarquai le nom de J.-J. Rousseau. Je retourne chez mon libraire, le priant de me dire si ce J.-J. Rousseau avait écrit d'autres livres. Quelques autres me répondit le libraire en souriant. Eh bien, cherchons-les tous, je les achèterai.

Entrer dans l'œuvre de Rousseau par la *Nouvelle Héloïse*: cet itinéraire pourrait bien être assez banal, de même que le hasard qui préside ensuite aux découvertes de d'Antraigues. Il lit, dans l'ordre, *Emile*, le *Discours sur l'inégalité*, le premier discours, puis le *Contrat social*. Les réactions du jeune officier sont révélatrices: l'*Emile* ne suscite guère son intérêt, il n'en retient que le portrait de Sophie!

faire apprendre quelques mots latins; j'étais résolu à ne pas l'écouter, et ma passivité était telle que je restai un jour entier à ne manger qu'un peu de pain et boire de l'eau plutôt que de lui réciter trois vers d'Ovide. Cependant j'essayai alors pour la première fois mes talents en composition, et j'écrivis l'éloge de Scipion l'Africain avec plaisir, parce que mon grand-père avait approuvé cette occupation malgré mon gouverneur.' Au lecteur de choisir! Certes, 'composition', terme du lexique pédagogique, appelle 'latine' comme son complément naturel. Mais comment composer sans savoir un mot de latin? Bizarre! La logique interne voudrait donc que ce fût une composition française. Mais il faut se méfier des inductions logiques avec notre auteur, qui a en commun avec Jean-Jacques d'être un esprit 'singulier'. Il ne croit pas aux miracles, mais il ne répugne pas à en suggérer quand il s'agit de lui. Au demeurant, on devine que le thème central du passage est ailleurs: dans l'opposition entre le précepteur, l'ignoble Maydieu, et le grand-père (de la lignée maternelle, pourtant). A ce propos, voir ci-dessous, p.13-15.

5. La chronologie de son histoire n'est pas toujours précisée.
6. *Mes soliloques*, f.66.

S'il s'efforce, le plus souvent sans succès, de comprendre le second discours, il est au contraire transporté par celui sur les sciences et les arts. Quant au *Contrat*, il est arrêté par le mot 'si souvent répété' de 'liberté'. Les passages les plus faciles lui inspirent le désir de bien entendre le reste, 'mais je m'épuisais en vains efforts. Alors je sentis complètement mon ignorance, je vis combien de connaissances préliminaires exigeait cet ouvrage pour être bien compris. Dès cet instant se développa en moi avec une énergie qui ne fut jamais attiédie, cet amour des lettres qui m'a enfin dégoûté de tout.' Dans une invocation à Jean-Jacques, son père spirituel, d'Antraigues révèle alors qu'il a repris complètement sa formation intellectuelle pour mieux lire l'œuvre qui le fascine d'emblée, mais qu'il se sent incapable d'appréhender: 'le désir d'entendre tes récits m'inspira la volonté de m'instruire mieux [...] ce fut lorsque tu daignas m'annoncer que j'avais saisi les premiers principes que j'osai jeter sur moi un regard satisfait et [conçus] un orgueil que tes bontés pour moi rendent excusables'.

C'est alors que le jeune comte, travaillant dix heures par jour, se met sérieusement à l'étude du latin, sans parvenir encore à lire Tacite comme il le voudrait. C'est à Jean-Jacques lui-même qu'il attribue le mérite de lui avoir révélé ultérieurement, lors de leur première rencontre, au cours d'une promenade, le secret pour déchiffrer convenablement cet auteur difficile.[7] Pour l'heure, il fait alterner avec l'apprentissage du latin, la lecture obstinée des œuvres de Rousseau, en même temps qu'il s'applique, selon ce modèle, à l'art d'écrire. Une période de seize mois s'écoule ainsi. 'Ma bibliothèque était tout mon univers, j'oubliais les femmes, j'oubliais tout ce qui existait et ne vivais qu'avec les grands hommes dont je lisais les ouvrages.'

Plus tard, quand il passe l'hiver à La Bastide, en 1773-1774, après le retour de 'Milaidi' dans son pays (il a vingt ans), il continue à s'"appliquer fortement à l'étude', passant l'essentiel de son temps à lire J.-J. Rousseau. Chacun de ses séjours dans son 'désert' est désormais consacré à la même activité, le seul ornement de son cabinet étant un buste de Jean-Jacques. Après la mort de celui-ci, ses œuvres et celles des anciens continuent à former le fonds de la bibliothèque du comte, le seul autre ouvrage moderne auquel il soit fait une fois allusion étant l'*Histoire philosophique* de l'abbé Raynal.

Quant à l'histoire des relations entre d'Antraigues et Jean-Jacques, elle est manifestement romancée, quelle qu'en soit (peut-être) la base réelle. La première rencontre aurait eu lieu pendant l'été 1770 à Paris: Jean-Jacques est un

---

7. *Mes soliloques*, fragment publié par Mme J. Chaumié (*La Nouvelle revue française* 152 (1965), p.281), sous le titre 'Milady Howard': 'Il eut la bonté pendant tout ce temps de chercher quelles études m'avaient le plus occupé et, s'apercevant que je m'étais appliqué à l'étude de la langue latine, il me donna d'excellents conseils que je n'ai point oubliés pour me faciliter l'intelligence des auteurs les plus abstraits tels que Tacite. On trouvera ses avis écrits de sa main dans mes papiers.'

ami de 'Milaidi Howard', dont il a rencontré la mère à Wooton.[8] Il est ainsi intimement mêlé au grand amour de d'Antraigues. Sa fonction est celle du 'pourvoyeur'.[9] Il donne une leçon de musique à la jeune femme, lorsque le comte est introduit. Les deux hommes s'entretiennent alors de la *Nouvelle Héloïse*, manière évidente de programmer l'"histoire' qui suit. On reconnaît aisément la trame de l'aventure de Julie et de Saint-Preux: d'Antraigues s'efforce de retrouver, à travers une adaptation qui exprime son expérience propre, les valeurs de l'idéalisme amoureux rousseauiste. Surtout, Jean-Jacques devient un protagoniste essentiel de l'intrigue. Donateur de l'amour, il veille à son épanouissement par ses conseils: il adresse des lettres à chacun des deux amants. Le héros a recours à lui aux moments de crise. Rousseau joue ainsi le rôle du père qui a manqué à d'Antraigues, dont les relations avec sa mère ont toujours été difficiles.

Plus tard, après la rupture, lorsque l'amitié a succédé à l'amour (selon le modèle romanesque mis en œuvre) et que le héros tombe dans une vie dissolue (notamment lors de sa liaison avec Mme de Barral), c'est Rousseau qui entend sa confession et lui permet, par son indulgence, de conserver l'estime de lui-même. Lors de son passage à Genève, sur la voie de la guérison, il visite la maison natale de Jean-Jacques et lui écrit une lettre à l'occasion de ce pèlerinage. Avant son départ pour l'Orient avec son oncle, M. de Saint-Priest, ambassadeur auprès de la Porte, il revoit Jean-Jacques, qu'il trouve très affaibli et, pour la première fois, 'mélancolique': il devine qu'il s'agit d'un adieu. Il est alors gratifié d'une lecture des *Confessions*: détail très peu crédible à cette date (printemps 78), compte tenu de l'humeur du promeneur solitaire, en train de rédiger les huitième et neuvième promenades. 'Je ne pus obtenir qu'une seule lecture,' poursuit d'Antraigues, 'j'en conservais quelques souvenirs qui m'ont rendu la lecture de cet écrit bien délicieuse quand il a été livré à l'impression.' Que cette amitié soit inventée ou non, on ne mettra pas en doute la présence du buste de Jean-Jacques dans le cabinet de travail du comte, dans sa chère solitude de La Bastide; ni le fait que Rousseau est le seul auteur moderne à figurer dans la bibliothèque du château, avec les anciens (f.209):

je passe ma vie à étudier, à écrire, à lire, non les ouvrages à la mode, non les [livres?]

8. Staffordshire. Il y séjourna plusieurs mois au cours de son exil anglais, en 1766.

9. Terme d'analyse du *contenu* narratif (l'"histoire', ou trame événementielle, de l'ordre du *signifié*, opposée au récit, ou texte narratif, de l'ordre du *signifiant*, oral, écrit, etc., selon la terminologie, en voie de s'imposer, de G. Genette, *Figures III*, 'Le discours du récit' (Paris 1972), p.67-267), terme utilisé, au sens propre, dans le cas du conte populaire, ou du mythe. En ce qui concerne l'analyse du contenu-'histoire' en général, voir la postérité de Vladimir Propp (*Morphologie du conte*, Leningrad 1928, en russe, traduction française, collection 'Points' Paris 1970!) C'est à dire l'ensemble des travaux de Lévi-Strauss, de Greimas, et de leurs élèves. Voir la remarquable mise au point de J.-M. Adam, *Le Récit*, 'Que sais-je?', no. 2149 (Paris 1984).

des philosophes [...] Je n'existe plus qu'avec les écrits des anciens et les bons auteurs du siècle passé. Grand Rousseau, toi seul parmi tous les auteurs de ce siècle paraît dans cette bibliothèque où je passe ma vie, toi seul que ton génie égale aux plus fameux écrivains de l'Antiquité, qui n'est égalé par aucun moderne.

Cette lecture de Rousseau, perçu essentiellement dans son hostilité aux Lumières, est sans doute banale parmi les contemporains; on la sait aujourd'hui très contestable. Elle renvoie à la nécessité d'analyser mieux l'idéologie du jeune d'Antraigues, son rapport aux Lumières et au rousseauisme même. Jean-Jacques, le chantre de Julie, devient aussitôt, on l'a vu, l'apôtre de la liberté et surtout le contempteur du monde moderne: c'est à travers le discours sur les sciences, dont les thèmes le 'subjuguent' au-delà de toute possibilité d'analyse,[10] que le comte lit le *Contrat* et relira plus tard le second discours. Rousseau conforte donc en lui un refus pathétique de l'évolution sociale, et la haine du despotisme: c'est en ce dernier sens qu'il lui associe l'*Histoire des deux Indes* de l'abbé Raynal. Jamais les autres philosophes ne leur sont égalés. Ils n'apparaissent guère qu'à travers leur participation au 'complot' qui assombrit la vieillesse de Rousseau (f.193) et comme opposés en tout à celui-ci, à l'exception de Voltaire, le seul à être un peu moins maltraité. D'Antraigues lui rend hommage lorsqu'il en arrive à la découverte de l'œuvre de Rousseau, tout en notant qu'il ne l'appréciera que plus tard: 'Je ne trouvais pas alors la prose de M. de Voltaire aussi séduisante qu'elle m'a paru depuis. Son sel, ses agréables plaisanteries ne me plaisaient pas. Je n'avais pas encore assez de talents pour admirer les siens' (f.67). On aimerait savoir quelles sont les œuvres que d'Antraigues a lues avec un tel plaisir. La seule certitude, c'est que ce n'est pas le poète ou le dramaturge qu'il admire, malgré son goût pour le théâtre: sans doute l'auteur des 'petits pâtés' philosophiques, ce qui nuance sa (relative) hostilité aux Lumières. Pour autant, il ne sera jamais voltairien, si on en croit son récit d'une visite à Ferney, au cours de laquelle il fait preuve d'assez de caractère pour défendre avec vivacité son maître Jean-Jacques contre la malveillance de son hôte.[11] C'est à propos d'une première visite à ce 'dictateur littéraire' qu'il affirme: 'autant j'admirais ses ouvrages, autant j'en détestais l'auteur' (f.164).

Que trouve-t-il dans l'œuvre de Rousseau pour nourrir son imagination, tant dans le domaine politique que dans celui de l'affectivité? Les mêmes éléments que tant d'autres lecteurs de sa génération, mais dans une lumière originale.

10. f.66v: 'Je fus transporté. Je le trouvai clair, juste, pénétré de cette mâle éloquence qui me subjuguait sans que je pusses comprendre pourquoi. Je sentais seulement un attrait invincible qui par degrés saisissait mon cœur.'

11. f.170-72. Episode publié par Duckworth, 'D'Antraigues and the quest for happiness', *Studies on Voltaire* 152 (1976), p.625-39.

2. Le rapport de d'Antraigues à Rousseau et aux Lumières

Ses refus et ses désirs sont induits comme chez Jean-Jacques par une situation de marginal,[1] qui se manifeste tant dans son histoire personnelle et familiale que dans la façon dont il vit son enracinement social. Ainsi, fils d'un père très âgé et d'une mère jeune, il exagère la différence d'âge,[2] pour en tirer une morale: sa mère fut une victime, comme trop souvent les femmes. Cette générosité, cette conviction féministe que rien ne permet de suspecter s'inversent cependant par une réaction probablement inconsciente, mais très significative: le jeune homme idéalise la figure du père, celui-ci bénéficiant du formidable avantage d'avoir à peine été entrevu; et comme la mère, devenue veuve, incarne l'autorité parentale, l'auteur ne cesse de fustiger son comportement despotique, sans jamais omettre, il est vrai, de rendre hommage à sa haute vertu.

Ainsi, d'une part s'exhibe avec une complaisance presque perverse son goût violent de l'indépendance. De l'autre, il compense cette indiscipline par un sentiment de culpabilité toujours sous-jacent, qui se donne parfois libre cours lorsque les fredaines du comte deviennent trop évidemment une occasion de souffrance pour une mère d'autant plus chère alors qu'elle a été plus maltraitée et plus impatiemment supportée: on rejoint ainsi paradoxalement l'image de la mère-victime, le fils s'étant substitué au père comme principe du malheur. Mais surtout, à travers la redistribution des rôles qu'autorise l'absence précoce du père, le jeune comte opère une reconstruction mythique de ses origines, qui exprime surtout la réalité du désir, notamment l'imaginaire social, et traduit donc en profondeur la personnalité du héros. Ainsi, il évoque le triste sort de sa mère, épousée 'à treize ans' par un homme qui en avait 'plus de soixante' (f.47): 'elle ne fut pas heureuse avec mon père, elle sut cependant endurer ses torts sans se plaindre [...] estimée de son époux elle se soumit en tout à ses volontés et sacrifia sa jeunesse à complaire aux désirs d'un vieillard' (f.48).

La pitié, le ton amèrement revendicatif sont évidents ici; mais, d'autre part, le jeune comte admire sa mère pour cette soumission, car elle est pleine de dignité, et elle est *dans l'ordre*. Simultanément, il idéalise le chef de famille qu'il

1. Voir le remarquable article de B. Baczko, 'Rousseau and social marginality', tr. Steven Reichen, *Daedalus* 107 (1978), p.79-92.
2. Selon Pingaud, p.13, le père 'touchait à la soixantaine', la mère avait quinze ans. 49 et 16, précise Duckworth, p.25. Selon les *Soliloques* (f.47), la mère n'a que treize ans, le père plus de soixante.

vient de présenter comme un tyran: tout en avouant qu'à peine peut-il se le rappeler, il en fait un 'vieux militaire', plein d'honneur et de franchise. C'est à partir de là que les rôles se redistribuent. Aux yeux de l'enfant, et même ultérieurement du narrateur, la mère multiplie les abus de pouvoir; d'une dévotion revêche, elle entend que son fils soit vertueux à sa manière. Pis encore, elle délègue son autorité à des éducateurs tyranniques, d'abord les jésuites de Lyon, puis Maydieu, l'ignoble abbé, ancien jésuite lui-même, qui aggrave les exactions des premiers maîtres et, prétendant régner exclusivement par la contrainte, développe chez son élève une fureur d'opposition (f.52-53):

Il employa avec moi le moyen qui me fut le plus odieux, celui de l'autorité. Il me punit souvent sans raison, avec humeur. Dans cet instant commença à se développer dans mon âme cet amour indomptable de la liberté, cette haine invincible pour tous ceux qui dominent les autres qui n'a fait que se renforcer pendant tout le cours de ma jeunesse [...] je ne voyais en lui qu'un bourreau, un tyran [...] il est certain que je l'aurais poignardé si j'eusse eu autant d'audace que j'avais d'horreur pour lui. Ma mère, égarée par les rapports de cet homme le soutint de son autorité, il n'en fallut pas davantage, ma mère, ma vertueuse mère me devint aussi insupportable que lui.

On voit comment, déjà, le narrateur héroïse son ressentiment contre le despotisme éducatif, et ébauche l'idée du 'tyrannicide'. Le jeune héros va bientôt être le spectateur indigné d'abus plus graves, dont sa mère, agissant en qualité de seigneur du lieu, est cette fois la responsable directe: 'j'eus le malheur d'être témoin d'une violence commise par ma mère qui laissa de profondes traces dans mon cœur'. Une jeune paysanne séduite est arrêtée, en vertu du droit de justice du seigneur, jetée dans la prison du château à L'Aulagnet, avant d'être transférée en un autre lieu. L'enfant court implorer sa grâce. 'Ma mère me reçut avec indignation et me la refusa.' La colère du héros redouble quand il apprend le 'crime' de la malheureuse. Il forme le projet de délivrer celle-ci. Sa mère le surveille, lui arrache les clés, et le fait enfermer dans sa chambre. Levé à l'aube, il assiste au départ de la prisonnière enchaînée,

l'impuissance de l'aider aigrit ma rage. Forcé de la renfermer dans mon cœur, elle y fermenta bien des années. Je réfléchis pendant longtemps sur ce que j'avais vu et de là naquit la première horreur que j'ai ressentie pour les principes de ma mère et ma haine pour les tyrans qui se manifesta avec quelque énergie dans tous mes écrits.[3]

La Mère incarne ici le *mauvais* principe seigneurial. Lorsque, plus loin, d'Antraigues relate un épouvantable abus de pouvoir dont se rend coupable l'impératrice

3. f.59-60. A noter que dans cette présentation dramatisée d'une vie transformée en destin, le moment inaugural (ici, celui qui voue le héros à la lutte contre la tyrannie), se présente maintes fois, comme chez Rousseau (une douzaine d'occurrences différentes, ou d'événements fondateurs dans *Mes soliloques*! dont le forfait de Marie-Thérèse, voir ci-dessous, n.20). On a déjà vu le comportement du précepteur: voir ci-dessus!

2. Le rapport de d'Antraigues à Rousseau et aux Lumières

Marie-Thérèse d'Autriche à l'égard d'une jeune aristocrate polonaise (f.199-206, histoire de Mlle Poninski), les deux personnages de despote, la reine et la châtelaine (et mère), tendent à se superposer:[4] point n'est besoin d'être un spécialiste pour entrevoir qu'ici les significations psychanalytique d'une part, sociale et politique de l'autre, sont indissociables. L'histoire personnelle et l'expérience sociale constituent un même tissu. Et d'Antraigues retrouve, en les exprimant, des situations et des figures de l'imaginaire collectif: la méchante reine est aussi la marâtre et la mère abusive ('castratrice').

Cette fonction se retrouve à un autre niveau, assumée collectivement par toute la lignée maternelle: c'est elle qui cherche à faire le bonheur du héros, contre son goût le plus profond, en lui imposant de faire carrière: réussir socialement en se prostituant aux puissants, que le jeune comte déteste.

L'hostilité au 'monde', aux honneurs, c'est-à-dire à la réalité sociale, aux grands et à la Cour, est l'autre leitmotiv dominant des *Soliloques*. Ainsi, après la mort de Virginie, la deuxième femme qu'il a aimée, le comte se réfugie dans son 'désert' de La Bastide (f.146):

Depuis longtemps je sentais que je n'étais point né pour le siècle où je vivais; alors mieux que jamais [...] je compris que je devais renoncer à toute idée d'ambition. Mon naturel indépendant ne pouvait se plier au rôle bas et servile de courtisan. La seule idée de ménager un Grand parce qu'il m'était utile me révoltait. J'avais vu à mon régiment les adroits moyens employés par ceux qui voulaient courir à la fortune, et le seul aspect de leurs intrigues m'avait dégoûté d'eux et de l'objet de leurs désirs [...] L'obstination de ma famille qui ne me prêchait que la nécessité de se gêner pour réussir m'avait encore plus irrité que ne l'auraient fait des dégoûts et des rebuts. Résolu à ne rien faire pour ma fortune, j'étais bien décidé à ne pas rester longtemps capitaine de cavalerie.

Le narrateur avait déjà exprimé les mêmes sentiments au moment où, après le départ de Miladi, le héros découvre que sa famille a sollicité pour lui, et obtenu, une compagnie de cavalerie. C'est alors que d'Antraigues livre une curieuse confidence (f.112):

J'ai le malheur de n'avoir aucun parent du côté paternel, car je n'appelle pas de ce nom quelques alliances illustres qui m'ont laissé des [?][5] avec de grands seigneurs dont je ne me soucie guère. La famille de ma mère est par conséquent devenue la mienne. Les membres qui la composent ont des vertus, des talents, ils m'ont rendu de bons offices, je conviens de tout cela; mais ils n'ont aucune des vertus agréables à mon cœur et leurs talents sont différents des miens et ne sont d'aucun prix pour moi. C'était cependant en m'appuyant de leur crédit que je devais ouvrir le chemin de la fortune, et ils étaient bien disposés à me servir, mais ils voulaient me maîtriser. Dès que je m'en suis aperçu, la

---

4. Voir f.205: 'De l'horreur que les crimes de cette reine inspirent est née ma haine pour la tyrannie.'

5. Mot illisible. A partir de là, nous remplaçons par un [?] un mot que nous ne sommes pas parvenu à déchiffrer.

reconnaissance me devint à charge, et me sentant incapable de m'acquitter envers eux ainsi qu'ils le désiraient, j'ai pris le parti de tout planter là, et de ne plus recevoir aucun service. Ce que j'ai toujours trouvé de singulier en eux est cette fureur inexprimable de m'asservir à leurs idées et de vouloir me rendre heureux à leur manière. Parce que la plupart d'entre eux sont pieux, il fallait que je devinsse dévot, parce qu'ils ont des charges, il fallait que je travaillasse à en obtenir, parce qu'ils sont mariés, il était nécessaire de m'établir. Ils demeurent dans la plus triste ville de province entourés des sots les plus opiniâtres, et il fallait [manquer d'esprit].

Cette image du milieu familial maternel, en consonance avec le personnage de la mère, polarise tous les refus du héros, la hantise de toutes les formes d'asservissement qu'il perçoit: carrière, dévotion, mariage. Ainsi s'ébauche une répartition de l'espace social: alors que le pôle négatif cristallise autour de la famille réelle (maternelle), l'existence possible d'un pôle positif est ménagée par l'effacement de la lignée paternelle. La reconstruction du réel selon les exigences du désir se trahit dans les propos ci-dessus à plusieurs signes.

Comme il reste quelques parents réels, dans l'espace en voie d'idéalisation, il faut les annuler, en les transformant en étrangers. Démarche contradictoire, car leur figure est curieusement ambivalente: supprimés, d'Antraigues les dote de la plus haute excellence sociale, les présente comme des 'alliances illustres', de 'grands seigneurs' auprès de qui la parenté maternelle fait pâle figure.[6] Une rature significative intervient d'ailleurs à leur propos: après 'dont je ne me soucie guère', l'auteur avait ajouté 'et que je n'ai jamais aimés', avant de rayer ces quelques mots. On imagine les raisons de ce repentir. D'Antraigues, gêné, reste à mi-chemin de la dénégation. L'existence concrète de ces parents de la branche paternelle les rend rebelles à l'idéalisation. En leur qualité de *grands* seigneurs, ils représentent superlativement le mal. Mais si le narrateur n'ose se résigner à ne pas les aimer, c'est peut-être qu'il cherche à ménager son propre orgueil seigneurial, attesté d'ailleurs par de multiples symptômes et qui en vient parfois à s'énoncer explicitement. C'est que le père incarne le *bon* principe seigneurial, idéalisé. Certes, son absence permet aussi de lui substituer Jean-Jacques: mais cette métamorphose bourgeoise profanatoire est en un sens prestigieuse, elle tend à l'héroïsation. C'est toute l'interprétation du rousseauisme par d'Antraigues qui est ici en cause. Métamorphose présente jusque dans le texte ci-dessus, par un détail: le refus de l'asservissement aux idées de la famille réelle induit un élément de mimétisme avec Jean-Jacques; à l'image de celui-ci, le héros subit la reconnaissance comme un fardeau, contrepartie du sens de la liberté. Thème caractéristique de l'autobiographie rousseauiste,

6. Ainsi, en aval, le maréchal et la maréchale de Mouchi, dont le narrateur fait deux grotesques, mais ils appartiennent à la plus haute noblesse de Cour. Et ce sont des cousins du côté paternel, réalité difficile à supporter! D'Antraigues s'en tire en redoublant d'agressivité contre ces courtisans qui ont l'insolence d'être de sa famille (celle qu'il se *choisit*)!

développé à la fois dans les *Confessions* et dans les *Rêveries* (sixième promenade), deux ouvrages que d'Antraigues vient de lire.[7] Mais choisir Rousseau ne signifie pas renoncer au père réel, c'est-à-dire à l'être social véritable. L'image du bon seigneur est au contraire confortée par la thématique rousseauiste; l'exaltation de la solitude, contrepartie positive du refus du monde, est liée en effet à peu près exclusivement à la 'retraite' de La Bastide, et celle-ci présente un double caractère: si on peut la qualifier de bourgeoise comme liée à l'étude, à l'écriture, c'est aussi une retraite seigneuriale, 'mes terres', 'mes paysans', 'mon château', sont des expressions aussi fréquentes que 'ma douce solitude' ou 'mon désert'. D'Antraigues développe même, à ce propos, une analyse explicitement sociale (f.114):

Quel charme embellit à mes yeux cette retraite obscure? Le voici. La Bastide est la demeure de mes pères, leurs cendres y reposent, chaque pas me rappelle les auteurs de mes jours, leurs vertus, leur franchise, leur sage s'implicité et ces souvenirs ne sont pas sans charmes pour un cœur tel que le mien. Ils vécurent en paix dans cet asile, loin des honneurs qui leur furent offerts et qu'ils eurent la sagesse de refuser, ils préférèrent la médiocrité à la fortune et la liberté à l'esclavage. Cette vie mâle et indépendante qui les honore à mes yeux est celle que je cherche sur leur trace dans ces mêmes lieux où ils la connurent jadis. Mieux j'ai connu le monde, mieux aussi j'ai apprécié leur haute sagesse. Puisse leur souvenir m'inspirer le courage de les imiter jusqu'au tombeau.

La sagesse, selon l'auteur, emprunte, on le voit, à celle de Rousseau: goût de l'obscurité, haine du 'monde', culte de l'indépendance.[8] Ce qui n'est pas renoncer à l'orgueil de caste: en sympathie avec Jean-Jacques, le comte d'Antraigues reste fondamentalement un féodal, mais d'opposition.

Il est intéressant de voir comment il assimile la pensée sociale égalitaire de Rousseau. Tel trait, isolé, semble une négation abrupte de son propre être social. Au terme d'une description détaillée de son château et du site où il se dresse, alors que chaque élément, doté d'une valeur symbolique, dit à la fois la fierté du maître et celle de l'opposant,[9] le comte en vient tout à coup aux paysans, mais semble bizarrement oublier qu'il s'agit de ses paysans: 'les habitants simples et grossiers seraient plus heureux si abandonnés des hommes ils n'avaient ni Rois, ni Seigneurs, deux sortes de tyrans qui les dévorent'. Certes, cet élan de sensibilité est en consonance avec la 'tristesse voluptueuse'

7. La première partie des *Confessions* et les *Rêveries* viennent de paraître en 1782, quand l'auteur se met à la rédaction de ses *Soliloques*; probablement à l'imitation de Rousseau, les signes en sont nombreux.

8. Il retourne d'autre part ici une opposition caractéristique de Rousseau (et du public 'patriote' qui se reconnaît déjà en lui) entre l'esclavage tranquille et la liberté inquiète (voir ci-dessous, p.41, n.21; p.122). Mais ce retournement (on trouve ici la liberté tranquille opposée à l'esclavage inquiet) est conforme à un aspect voisin de l'idéal de Rousseau. Fidélité donc à celui-ci, en tout!

9. Voir ci-dessous, p.117-20.

que d'Antraigues dit goûter dans cette retraite hautaine, et s'il en vient à s'identifier aux paysans, c'est dans une exaltation paroxystique de la solitude: l'opposant donne congé au féodal. On reste pourtant perplexe devant cet éclair d'amnésie.

Le thème est repris, et la contradiction s'affiche, dans une peinture détaillée des montagnards du Vivarais, sur laquelle se clôt la première partie des *Soliloques*. Les mœurs des ruraux sont ici évoquées avec une précision et une vérité peut-être sans égales dans la littérature du dix-huitième siècle, qu'on chercherait en tout cas en vain dans Rousseau. Mais ce final en dit beaucoup aussi, obliquement, sur le peintre et sur ses rapports ambigus à son objet. D'une part, spontanément, il s'identifie une fois encore aux paysans. Ce peuple rude et grossier a quelque chose du peuple idéal selon Rousseau: à l'écart de la civilisation, il n'en présente pas les stigmates. D'autre part, il a le mérite, exceptionnel en France, d'avoir été persécuté par le monarque-despote et d'avoir héroïquement pris les armes contre lui: d'Antraigues annexe ici la région d'Aubenas au bastion de la résistance huguenote et fait de ses habitants l'âme de la révolte qui suivit la révocation de l'Edit de Nantes: 'la liberté des opinions était le seul bien que ce peuple eût conservé, il devint furieux quand un tyran imbécile osa [le lui] ravir. Il trouva dans son désespoir des forces redoutables et força le plus vain des rois à traiter avec un de [ses] chefs.'[10]

Le destin de ce peuple est par ailleurs expliqué dans le cadre d'une philosophie de l'histoire qui doit certains traits au *Discours sur l'origine de l'inégalité*:

les forêts s'abattirent, les terrains se découvrirent et on vit croître des moissons en des lieux d'où [l']habitant] des plaines n'oserait approcher. Avec l'art de cultiver les terres arrivèrent les fléaux de la propriété des maîtres et des tyrans. Le peuple le mieux placé pour être libre se [?] par ses besoins et se laissa imposer des lois absurdes et tyranniques. Des gens puissants lui dirent qu'ils étaient les maîtres [?] d'un terrain immense; ils le crurent, ils se répandirent sur sa surface et consentirent à lui payer des droits pour obtenir la liberté de cultiver. De ces premiers imposteurs sont nées les maximes [?] dont ce peuple est accablé.

On reconnaît ici la démarche du second discours: le changement dans le domaine de l'économie (au plan subjectif, la logique du développement des besoins) est le principe des transformations politiques. Curieusement, d'Antraigues décrit même d'une façon plus précise que Rousseau l'apparition du régime

---

10. f.210. Certes, la population des environs d'Aubenas était protestante. Mais la guerre civile (fin dix-septième-début dix-huitième siècle), dont le principal héros fut en effet un simple paysan, Cavalier, contre lequel Louis XIV envoya son meilleur général (Villars) et ses meilleures troupes, se développa assez nettement au sud du Vivarais (dans les Cévennes, et la partie non catholique, la plaine de Nîmes). Duckworth précise d'autre part, dans son livre (p.26) qu'Aubenas avait été saccagée par les troupes des Louis XIV, en représailles d'un soulèvement provoqué par une augmentation d'impôts, dont la ville avait été le centre d'organisation en 1670.

féodal, pour la déplorer. Il théorise d'après son maître la condamnation des seigneurs. Mais il semble bien qu'il s'agisse là surtout d'une conséquence de la condamnation du monarque. Entraînement de l'écriture, en quelque sorte, plutôt qu'approfondissement. En effet, selon l'idéologie la plus consciente de d'Antraigues, le despote et le seigneur, loin de vivre en symbiose, sont ennemis. Mais la contradiction vécue conduit ici l'auteur à quelques incohérences, jusqu'à lui faire, occasionnellement, prendre parti contre l'existence même de la noblesse.[11]

La difficulté s'exhibe même dans le morceau considéré, lorsque d'Antraigues en vient à présenter la défense, quelque peu contrainte, d'un régime féodal idéalisé. La principale qualité du paysan devient tout à coup l'intériorisation du lien de servitude sans qu'on puisse trop savoir si l'auteur y voit une vertu ou un vice de caractère:

Ces peuples fiers, querelleurs, indomptables entre eux, implacables dans leurs haines et hardis à se venger ont pour [leur ancien seigneur] une obéissance presque servile; ils accourent à sa voix, à ses pieds [...] ils [l']aiment, [le] respectent, et forcés de lui payer un contrat onéreux sous le nom de censive, ces braves gens le nourrissent de leurs sueurs sans murmure et sans colère.[12]

Le paysan, à première vue, selon la logique du développement dans son ensemble (voire même de façon explicite), est ici en train de dégénérer de son antique fierté. Mais l'incohérence tend à se résoudre, la contradiction s'affichant au contraire, lorsque d'Antraigues semble faire la distinction entre deux espèces de seigneur: le bon, attentif à son devoir de patronage et qui exerce son droit de justice dans un climat d'idylle,[13] et le mauvais, impossible à définir, sinon par la condamnation sévère qu'il appelle.[14] Ce tableau en diptyque (voir notes 29 et 30) se borne à couper la justification idéologique du régime féodal de sa réalité concrète et oppressive: d'une part, le rôle bénéfique du seigneur, père

---

11. Voir ci-dessous, p.57-58.

12. f.211 (nous corrigeons la syntaxe, là où elle devient incohérente).

13. '[Le] seigneur pour peu [qu'il] ait un cœur d'homme [est forcé] de se mêler de tous les ménages. C'est le père commun; à lui aboutissent toutes les plaintes domestiques, toutes les tracasseries des voisins, toutes les disputes entre jeunes gens, toutes les plaintes des filles abusées par leur [?] amant. Il arrange tout, il peut ramener la paix partout. Ses moyens sont doux: c'est la crainte qu'on a de lui déplaire et une certaine autorité née du respect et de l'estime, sans autre droit légal que la déférence qu'on lui porte [...] un reproche, en voilà assez pour réprimer bien des excès' (f.211).

14. (Suite) 'Tous ces soins sont fatigants à la longue, je le sais bien; aussi n'ignoré-je pas qu'il existe des seigneurs assez dépravés pour jouir avidement d'une fortune immense, tribut qu'arrache à la misère la main avide d'un tyran. Ces barbares mangent le sang du peuple sans le connaître et sans l'aimer, je le sais, mais ces gens-là n'ont ni cœur ni entrailles, ce sont des animaux malfaisants que pour le bien public on devrait étouffer. Mais une âme sensible peut-elle voir sans amour ceux qui lui donnent le pain qui le nourrit?' (f.211)

de ses paysans (avec effacement corrélatif du caractère contraignant du droit de justice, remplacé par une bienveillante autorité morale); de l'autre, la fonction maléfique: la perception des droits féodaux, génératrice de misère. Au total, dans le système d'explication de l'auteur, la base de cet antagonisme apparaît comme exclusivement morale; c'est avouer son caractère factice. 'L'âme sensible', plein d'"amour" pour 'ceux qui lui donnent le pain', et 'l'animal malfaisant' qui 'mange le sang du peuple sans le connaître et sans l'aimer' vivent de la même manière aux dépens de leurs paysans.

D'Antraigues fait une seule référence précise aux droits féodaux qu'il perçoit, mais dans un contexte qui innocente cette fonction prédatrice. Avant son départ pour l'Orient, il fait un testament qui libère ses paysans de leur dette, geste magnifié lors de la cérémonie des Adieux, au cours de laquelle le noble comte, tel un seigneur partant pour la croisade, rassemble toute sa maison et se donne le spectacle émouvant de sa grandeur sociale, de sa générosité, et de l'amour que lui portent ses gens.[15] Il reste que le testament comporte un aveu: 'je finissais en remettant à mes infortunés paysans tout ce qu'ils pouvaient me devoir. C'était un objet d'environ cent mille livres.'[16] Cela n'est pas rien, surtout si l'on songe qu'il s'agit seulement d'un *reliquat* de droits féodaux. Un tel détail situe socialement le comte d'Antraigues: éloigné de la Cour et des libéralités du monarque, certes, mais très au-dessus de la 'pauvre noblesse', il est un de ceux qui consomment une part appréciable du surproduit agricole, d'où son attitude ambiguë envers 'ses misérables paysans', auxquels il s'identifie en sa qualité d'ennemi du despote et de ses courtisans, mais non sans mauvaise conscience, car il perçoit plus ou moins obscurément qu'il ne suffit pas d'être 'âme sensible' pour annihiler l'antagonisme social réel. La contradiction s'estompe ou s'annule lorsque le despote peut apparaître comme le seul dévorateur. Ainsi l'auteur résume le récit d'un voyage aux mines d'argent et d'or de Chemnitz, près de Vienne, dont un premier état développé figure à la fin du *Voyage en Turquie*.[17] Comme l'épisode vient après celui de Mlle Poninski, ou de

15. f.194: 'Ce séjour si court fut mémorable pour mes serviteurs et mes amis. S'ils ont une âme, ils ne l'oublieront pas aisément. Le 19 [mai 1778] à 5 heures du matin, je me lève et me hâte de rassembler toute ma maison. Mes enfants, leur dis-je, j'espère vous revoir, mais aussi il se peut que nous ne nous revoïons plus, vous m'avez trop bien servi pour que je vous abandonne aux caprices d'un nouveau maître, écoutez; alors je lus mon testament où j'assurais à tous une subsistance honnête [...] Ces bonnes gens fondaient en larmes, je scellai mon testament devant eux et le leur remis, nous nous embrassâmes tous et ce ne fut pas le moment le moins douloureux de cette triste journée.'

16. A titre de comparaison, l'ensemble des pensions cumulées par Jean-Jacques, pour assurer sa subsistance dans ses vieux jours, dépassait à peine 2000 livres. Voir écrits autobiographiques, *Œuvres complètes*, i.639n. Pour d'Antraigues, l'esprit de pauvreté, sinon celui d'égalité, est un élément de décorum littéraire et idéologique.

17. Voir Dijon, Bibliothèque municipale, ms 1544 ou 1546 (copie mise au net), deuxième partie de la *Relation*.

2. Le rapport de d'Antraigues à Rousseau et aux Lumières

l'abus de pouvoir cruel de l'impératrice d'Autriche, le contexte est déjà celui d'une sévère mise en accusation du pouvoir absolu: 'Témoin des forfaits que se permet un despote, j'allais voir par quels moyens il soutient son empire, et je vis que partout les tyrans sacrifient des hommes, ici pour assouvir leur cruauté, là pour contenter leur faim inextinguible d'or et d'argent.'[18] Trois ans plus tôt, la description de cette visite dans son *Voyage* semble émaillée de réminiscences de Rousseau. On l'entrevoit dans le final: 'Pour forcer les hommes à mourir de misère au milieu des richesses, il faut avoir bien avili la créature, du moins il faut avoir bien abusé.' Mais c'est surtout la peinture détaillée de l'affreux travail du mineur, ou du métallurgiste, qui suscite la réminiscence probable du second discours,[19] et fait d'ailleurs surgir la référence à Rousseau:

il est impossible, à ce que m'ont assuré tous les ouvriers des mines, qu'un homme résiste à ce cruel métier plus de dix ans [...] comme il faut cependant de la vigueur [...] on prend les jeunes gens les plus robustes pour ce travail. Ainsi on détruit l'espèce humaine dans sa source, ainsi se fane dans l'âge de l'amour et des grâces une jeunesse florissante et à laquelle le ciel n'accorda pas la vigueur et le courage pour épuiser [?] l'une et l'autre dans les entrailles de la terre. Toutes ces réflexions sont bonnes pour nous autres hommes, mais que sont les hommes aux yeux des souverains! Rousseau nous l'apprend: *ce sont des troupeaux dont chacun a son gardien qui le soigne pour le dévorer.*[20]

Cette citation du *Contrat social*, presque exacte à un mot près, est donc faite de mémoire,[21] ce qui montre la familiarité de l'auteur, dès cette date, avec l'œuvre théorique de Rousseau.

Voilà quels sont les fondements des attitudes sociales et politiques de d'Antraigues, et de son interprétation du rousseauisme.

18. *Mes soliloques*, f.206.

19. Cf. *Discours sur l'inégalité*, fin de la note IX, *Œuvres complètes*, iii.205.

20. Copie et mise au net du *Voyage en Turquie*, Dijon, Bibliothèque municipale, ms 1546 (B1, ou tome 2), f.86: A Schemnitz, ce 18 août 1779. L'évocation de la mine occupe les f.84 à 93.

21. Cf. *Contrat social*, I, 2: 'Ainsi, voilà l'espèce humaine divisée en troupeaux de bétail, dont chacun a son chef, qui le garde pour le dévorer.'

3. Les amours du comte: imaginaire sexuel et imaginaire social

LES récits des amours du comte, grand sujet des *Soliloques*, sont peut-être plus riches encore en traits significatifs quant à la personnalité sociale la plus profonde de l'auteur. La sexualité de d'Antraigues, comme celle du Jean-Jacques des *Confessions*, dont l'exemple a dû jouer sur ce plan-là aussi, offre en effet une très belle inscription de son imaginaire social.

Schématiquement, deux grandes aventures se partagent la vie du héros: celle avec 'Milaidi' Howard, conçue (ou vécue) en partie à l'imitation de la *Nouvelle Héloïse*; et celle avec Virginie, qui intervient après le départ de Milaidi pour l'Angleterre et la trahison de celle-ci, avouée à son amant dans une lettre, d'où la rupture. La date de la première rencontre avec la jeune anglaise est religieusement transcrite comme celle de la lettre fatale: 25 juillet 1770, et 15 mars 1773. Le héros reverra son ex-maîtresse 'huit ans' après leur séparation, à son retour de Turquie, en 1780. Leur liaison proprement dite, où Jean-Jacques joue un rôle central, ne l'oublions pas, aura duré trois ans. L'histoire de cette passion mériterait à elle seule une longue étude. Notons seulement qu'elle ne saurait se séparer des autres amours, ou aventures, du héros, et que l'imitation de la *Nouvelle Héloïse*, dont les situations sont plus souvent inversées que reproduites, est tout à fait originale, conforme à la personnalité de l'auteur, dont le tempérament est plus exigeant, l'expérience sexuelle manifestement plus riche, ou plus heureuse, que celle de Saint-Preux (ou de Jean-Jacques). Qu'il suffise ici de dire que l'aventure avec Milady, une grande dame, supérieure socialement au héros, s'oppose à la liaison avec Virginie, humble servante. D'Antraigues rencontre celle-ci à Toulouse, en 1774, alors qu'il vient de mettre fin à une intrigue avec la marquise de Montalembert, devenue dès lors son ennemie inexpiable, non par jalousie, mais parce qu'il s'est diverti à faire de l'esprit à ses dépens. Virginie, femme de chambre d'une amie de la marquise, la présidente de Sapti, selon la lecture de Duckworth,[1] rendue vindicative parce que le beau comte a dédaigné ses avances, intervient dans des circonstances rocambolesques pour sauver la vie du héros, que les deux furies cherchent à faire assassiner. La veine sentimentale réapparaît alors: si la jeune fille vient révéler le noir complot de sa maîtresse, c'est que son cœur honnête se révolte, certes, mais c'est aussi qu'elle est sensible au charme de d'Antraigues, qui

---

1. *The D'Antraigues phenomenon*, p.70.

répond aussitôt à ses timides avances. La situation inspire un premier parallèle entre la grande dame et sa femme de chambre, 'en qui le ciel s'était plu à rassembler les douces vertus et les aimables qualités qu'il avait refusées à sa maîtresse'.[2]

Mais le parallèle important de ce point de vue, longtemps secret, met face à 'Milaidi', l'amante idéale, dame de la Cour (d'Angleterre), la petite servante. A ne considérer que la logique de l'"histoire', on pourrait prétendre que, si le héros connaît une période de bonheur sans nuages avec la seconde, sa grande passion pour la première débouche sur l'échec, par l'infidélité de sa maîtresse. Mais c'est dans la logique de l'idéalisation: selon le modèle rousseauiste, l'amitié succède d'ailleurs à l'amour. De plus, comme d'Antraigues ne tarde pas à installer Virginie dans un logement à proximité de sa ville de garnison, il faudrait, pour qu'elle devînt infidèle dans cet état de dépendance, en faire une Manon, personnage tout à fait exceptionnel, exclu d'entrée de jeu. On peut estimer que les amours ancillaires ne comportent guère, par principe, ce type de disgrâce. Impossible confrontation donc? Elle ne tarde pourtant guère à s'établir, dans la mesure où ces deux aventures sont les seules à comporter un engagement total du cœur et des sens. Les autres 'affaires' du héros, si elles ne sont pas un caprice des sens, voire un asservissement honteux, excluent du moins la passion.

Ainsi, la liaison avec la princesse Potoska marque, certes, un retour à l'honnêteté, mais elle est assagie, de part et d'autre, par l'expérience et les désillusions. Il y a bien à nouveau exacte réciprocité, mais la véritable communion est intellectuelle, voire politique. Le sentiment qu'éprouve le héros est explicitement opposé à ceux que lui ont inspiré Milady ou Virginie: 'Nous nous aimions infiniment, mais nous n'étions point amoureux. Elle était bien la femme dont la jouissance me flattait, me plaisait davantage, mais je n'éprouvais auprès d'elle aucune des anxiétés de l'amour. Si mon tempérament eût pu s'éteindre, je me serais plu à l'écouter, à la voir, autant qu'auparavant' (f.173). Ce congé à l'amour semble définitif.[3] A propos d'une autre affaire assez ardente avec une 'femme aimable', l'auteur précise: 'nous nous séparions avec regret mais sans de vives douleurs et bientôt nous cessâmes de nous occuper l'un de l'autre' (f.190). Désormais, tout nouvel engagement appelle, fût-ce de façon implicite, la comparaison avec Milady et Virginie, ainsi définitivement liées l'une à l'autre, à considérer l'œuvre dans son ensemble.[4] C'est que la fille du peuple incarne

---

2. *Mes soliloques*, f.128.

3. A deux exceptions près, encore est-ce discutable: Mme de Mailhet, dans la second partie, incarne en un sens l'idéalisation poussée à un point extrême, puisqu'elle se refuse. Et une paysanne (mi-réelle, mi-fictive) dont il sera question ci-après.

4. La principale qualité des *Soliloques* me paraît être son caractère construit, d'où sa richesse de signification, malgré la médiocrité de l'écriture (en fait, ce n'est qu'un brouillon).

un désir profond du héros.[5] Il affirme, en vivant cet amour, ou plutôt le narrateur affirme à travers lui, qu'il a intériorisé l'idéal rousseauiste d'égalité sociale qui le fascine. Ainsi l'insistance mise sur les qualités morales de Virginie, 'cœur sensible', tend-elle de plus en plus à la rendre digne de l'amante idéale. Le parallèle s'impose d'autant mieux qu'il reste d'abord subtilement en filigrane: l'expérience sexuelle du héros avec Virginie est en effet symétrique et complémentaire de celle qu'il a connue avec Milady. Lors de ce premier amour véritable, pour une dame de la plus haute noblesse, d'Antraigues se comporte selon le code courtois. Certes, à la différence de son modèle immédiat Saint-Preux, il éprouve avec Milady la plénitude du bonheur dans le plaisir. Mais cette réussite est liée à la perception de la supériorité de la dame.[6] Non seulement c'est la race qui s'exhibe en celle-ci dans l'aptitude à vivre la 'volupté' dans la 'décence' mais l'auteur développe avec complaisance le thème du lien entre le désir et le sentiment de dépendance à l'égard de la partenaire sexuelle:

> Elle aimait à gouverner son amant. Plus j'adorais l'indépendance, plus il m'était doux de lui obéir. Je m'honorais du titre de son esclave. Celui qui aime la liberté en fait le plus absolu sacrifice à ce qu'il aime [...] Je me plaisais souvent à me faire ordonner ce que je brûlais d'envie de faire, et je réunissais au charme de satisfaire, celui d'exécuter ses ordres.[7]

On sent le prix, et la valeur érotique au second degré, de ces précisions, situées aussitôt après la scène où Milady prend l'initiative de devenir la maîtresse du héros. Simultanément, on est alors au plus près de l'idéalisation rousseauiste de l'amour. On aura remarqué aussi que d'Antraigues lie cette expérience aux valeurs politiques: le désir d'esclavage de l'amant est explicitement mis en rapport avec le sens de la liberté. L'exaltation de l'indépendance est sous-jacente à cette analyse.

Avec la petite Virginie, c'est du sens de l'égalité qu'il va être question. L'importance de ce deuxième amour est d'abord suggérée par sa qualité propre. Le comte domine sexuellement comme socialement, il est cette fois l'initiateur d'une toute jeune fille de seize ans. Et attentif à sa partenaire, il s'enrichit d'une découverte capitale: l'importance de la réciprocité dans le plaisir. Il trouve l'épanouissement affectif par contagion. Ce qui le conduit, la première fois où ils font l'amour, à égaler sa nouvelle partenaire à Milady (f.130):

> J'oubliai dans ses bras mes dangers et mes infortunes. La volupté qui enivrait ses sens,

---

5. Le parallèle avec Jean-Jacques (qui ne peut s'intéresser vraiment qu'aux 'demoiselles') comporte ici une inversion de valeurs, comme c'est souvent le cas!

6. Comme dans les fantasmes de Jean-Jacques! Ici l'influence des *Confessions* relaie peut-être celle de la *Nouvelle Héloïse*.

7. f.102*v* et 104*r* (le f.103 est constitué par un additif, capital mais malheureusement très difficile à déchiffrer exactement).

l'aspect de son plaisir m'eussent rendu heureux quand je n'aurais pas partagé ses transports. Mais ses grâces et sa jeunesse eussent ému l'homme le plus froid. La seule idée de lui faire connaître le bonheur me transportait et me fit retrouver dans ses bras [...] tous les plaisirs qui jadis embellirent mes plus beaux jours.

Après avoir installé sa maîtresse près de lui, 'dans le quartier le plus désert de Carcassonne, afin de la dérober à tous les regards', le comte a un mouvement de recul devant cette identification profanatoire à Milady, mais c'est pour regretter d'y mal parvenir (f.139):

Cette aimable fille m'aimait avec une tendresse inexprimable. Hélas, si mon cœur n'eût été épuisé par la première passion qu'il a *ressentie*, je lui eusse offert des sentiments dignes des siens. Mais ma sensibilité quoiqu'excessive ne redonnait point à mon cœur ses premières forces. Je l'aimais, je l'adorais, mais sans éprouver ces brûlants transports, cette ivresse, cet abandon que j'avais ressentis auprès de Milaidi et dont *il ne me reste* que des souvenirs. Cependant heureuse de mes soins, elle bornait toute son ambition à en obtenir la continuité. Je les lui devais à trop de titres pour cesser un moment de les lui rendre. Je passais les nuits avec elle et, comme je l'ai déjà dit, le charme inexprimable de la rendre heureuse me faisait partager ses plaisirs..

On aura remarqué la présence intense du narrateur, par l'emploi, assez libre, du parfait, et celui du présent.[8] La poursuite du parallèle jusqu'au moment de l'écriture s'exprime ainsi à travers la dénégation même. Et celle-ci vient expirer sur l'image finale du bonheur que donne un plaisir partagé. Le héros va jusqu'à souhaiter que leur liaison soit définitive, et surtout il envisage d'élever, à ses propres yeux, le statut de sa maîtresse en la conduisant au château familial: 'Résolue à s'attacher uniquement à moi, nous étions déterminés à ne [jamais plus][9] nous séparer et en conséquence mon projet était de l'avoir à La Bastide où je comptais passer l'hiver' (f.143).[10]

Mais c'est la fin prématurée de Virginie, au terme d'une brève maladie où son amant reste onze jours à son chevet, qui magnifie cet amour. La mort opère la suprême idéalisation et met définitivement la petite servante sur le même plan que Milady. C'est alors seulement que la valeur idéologique de la liaison s'explicite, à travers un épisode étrange préfigurant la frénésie du roman noir et qui est appelé par la démesure passionnelle de l'héroïne à son lit de mort: 'Mon ami, me dit-elle, je suis pauvre et n'ai nulle marque d'amour à te laisser qui me rappelle à toi, mon cœur est le seul bien qui me reste: place-le à La Bastide; qu'il habite ce lieu chéri qu'il m'est refusé de voir, c'est le seul bien que j'ai à te laisser' (f.143). Ainsi sera fait. Au-delà de la mort, Virginie conduit le héros à la transgression sociale qui le laissait encore hésitant mais qui réalise

---

8. Formes verbales soulignées par nous.
9. Ici, l'auteur a laissé un blanc dans son manuscrit.
10. *Soliloques*, f.143.

un de ses désirs les plus profonds. D'Antraigues va en effet au-delà du vœu de sa maîtresse, dans une sorte de parade profanatoire: 'Rendu à La Bastide, je l'ai placé [son cœur] dans le tombeau où reposent les cendres de mes Ancêtres. C'est dans le pavillon qui le couvre que souvent je vais songer à ma chère Virginie. J'ai le bonheur d'y renouveler mes regrets' (f.143). Certes, quand il revient en détail sur l'installation de Virginie à La Bastide, le comte indique qu'il a hésité sur le 'choix du lieu où [il] élèverai[t] à l'amour un mausolée digne de recevoir [le] précieux dépôt'. C'est après avoir renoncé à un autre projet qu'il se décide à 'confier le cœur de [son] amie à un lieu inaccessible à tous les accidents qui eussent pu [?] l'en priver'. Mais le récit précise alors la portée idéologique du geste (f.145-46):

Je fis ouvrir le tombeau où reposent mes pères et seul, sans témoins, je pénétrai dans ce lieu paisible et sombre où descendirent ces hommes vertueux [...] Je fixai sans terreur mais avec un serrement de cœur et un trouble involontaire les cercueils qui les renferment. Un de vos enfants, disais-je au fond de mon cœur, vient placer à vos côtés un cœur pareil à ceux que le ciel vous avait donnés. Si Dieu vous rendait pour un moment à la vie, refuseriez-vous d'accueillir parmi vous celle qui sauva mes jours. Elle me chérit comme un frère, regardez-là comme une de vos enfants. Je parcourus ce tombeau plusieurs fois, j'aimais les réflexions que le souvenir de ceux qui y étaient disposés faisait naître en mon cœur et j'ai songé souvent depuis que leur [?] eût été moins chéri si mes ancêtres avaient été ambitieux, avides d'honneurs et de biens. L'idée des crimes qu'ils auraient commis pour aller à la fortune m'eût inspiré alors plus de remords que de regrets. Encore une fois je baignais de mes larmes le cœur de ma Virginie. J'éprouvais une certaine douceur cependant à la laisser dans cet asile. Je la confiai à mes pères, je ne m'en séparai pas [...] Je plaçai ce dépôt si cher sur le cercueil de ma grand-mère que je savais avoir eu un cœur sensible et un esprit très cultivé: il me parut que celui de Virginie était à sa place auprès du sien.

Etrange scène en vérité que cette descente au tombeau, cadre d'une méditation politico-sentimentale révélatrice: le discours aux ancêtres, s'il commence par quelques justifications discutables, qui trahissent la mauvaise conscience, af-firme surtout une double promotion: Virginie, de la plus basse origine sociale, est devenue digne, par ses qualités de cœur et d'esprit (qui en font la réplique de l'aïeule) et par le choix du héros, d'entrer dans la lignée des d'Antraigues; mais réciproquement, cette lignée paternelle est digne de l'accueillir, par le sens de l'indépendance et du véritable honneur qu'elle a toujours manifesté.[11]

11. Peu importe si la réalité ne correspond pas exactement à la fiction, à en croire Pingaud, *Un agent secret*, p.13: 'Là, sous le règne de Henri IV, un certain Trophime de Launai, financier de profession, huguenot de religion, peut-être Suisse d'origine, épousa Marie de Cayres, dernière héritière des d'Antraigues, et recueillit leurs biens et leur nom. Son fils Jacques laissa la réputation d'un tyranneau féodal, vrai "diable", au dire des paysans. En revanche, son petit-fils servit avec honneur dans les armées de Louis XIV, et en 1668 obtint l'érection de sa terre d'Antraigues en Comté. Vers la fin de ce siècle, cette famille était rentrée dans l'Eglise catholique'. Du 'tyranneau féodal' au satellite du despote et renégat du protestantisme, voilà un parcours qui ne correspond

3. *Les amours du comte*

D'une part la fille du peuple devient la grande dame qu'elle mérite d'être, de l'autre les aïeux du comte voient leur grandeur confirmée et consacrée par son adoption.

Cette scène est précédée d'une belle et délicate évocation du 'désert' de La Bastide, où l'on goûte le charme de l'automne et de l'hiver, dans une page qui semble nourrie de réminiscences des *Confessions*, peut-être surtout des *Rêveries*. Ainsi, les principaux éléments du rousseauisme de d'Antraigues, la politique et la sensibilité, sont mis en œuvre autour de cet épisode capital: exaltation de l'indépendance, amour de la nature, sens de l'harmonie entre le paysage et le cœur humain, plaisir cultivé dans la mélancolie et dans le regret, ce dernier thème, dans sa récurrence obstinée, plus caractéristique encore de l'auteur des *Soliloques* que de son maître. Notons enfin que tout se passe comme si l'amour pour Virginie, mieux encore que celui pour Milady, avait fixé l'être moral du héros.[12]

La réminiscence d'une page célèbre de la deuxième promenade, où Rousseau évoque précisément l'approche de l'hiver, semble évidente (cf. les passages soulignés par nous, notamment l'expression si remarquable 'les arbres défeuillés').[13] Par ailleurs d'Antraigues offre un commentaire original de cette

guère au rêve du comte Louis-Emmanuel-Henri-Alexandre! Mais ce rêve seul est significatif.

12. Qu'on juge de tout ceci par un extrait: 'Je me hâtais d'arriver à La Bastide et j'y fus rendu le 7 octobre 1774. Je portai dans ce triste mais aimable séjour une mélancolie naturelle que de profondes douleurs avaient accrue [...] je venais y pleurer la perte de l'amie la plus tendre [...] Dans ces sombres dispositions, la retraite, le silence et un désert, tels étaient les biens dont mon cœur était avide. [...] *L'automne avait déjà flétri les feuilles, leurs pâles couleurs annonçaient l'approche de l'hiver*; déjà sur le sommet des montagnes, l'on voyait *les arbres défeuillés* et les rochers que cachaient leurs ombrages épais [s'avançaient?] nus et décharnés. Dans les vallées, la saison rigoureuse n'était pas aussi avancée, les arbres conservaient encore un reste de leur parure mais chaque jour les en dépouillait, la terre était couverte de leurs débris. J'ai éprouvé que cette saison est la plus favorable à la douce mélancolie. L'aspect sévère d'un hiver rigoureux affecte trop profondément pour laisser germer des sentiments tendres, la mort semble régner sur la nature entière, rien ne nous rappelle à la vie, les sentiments se glacent dans nos cœurs. C'est alors que l'on se livre aux plus amères réflexions. Un homme affecté d'une douleur profonde, un homme dont le désespoir a tari les pleurs cherche l'hiver et il a raison; la campagne à cette époque offre un abri loin de tous les regards, on peut y dévorer ses chagrins. Mais dans l'âge de la [jeunesse?] quand le cœur est plein encore de sentiments vivants et ouvert aux charmes de la sensibilité, c'est l'automne qu'on choisit pour habiter la campagne. Ce passage de la vie à la mort nous présage notre seul avenir, alors seulement il est doux de s'en occuper, on voit le trajet qui nous reste à faire. Mais quand on approche du terme, le chemin est fait, il faut songer à mourir, et c'est je crois ce qui rend cette saison odieuse aux vieillards. Et qu'on ne m'accuse point ici de contradiction. J'ai dit, je le sais, que l'hiver me plaisait à La Bastide; mais [...] il me plaît parce qu'isolé [...] j'y goûte tous les charmes de l'étude. En cette saison si lugubre j'oublie les [autres?] et moi-même pour me livrer sans distraction au plaisir des travaux littéraires. En automne, c'est tout autre chose, je travaille peu mais je pense davantage: je pense à des objets qui me rapprochent de moi et non à ceux qui m'en éloignent' (f.144-45).

13. Cf. *Rêveries*, deuxième promenade: 'La campagne encore verte et riante, mais *défeuillée* en partie et déjà presque *déserte*, offrait partout l'image de la solitude et des *approches de l'hiver*. Il

page, celle d'un homme encore dans le feu de la jeunesse et dont l'expérience de la solitude est bien particulière, différente de celle de Jean-Jacques. La notation finale, où s'affirme le culte du moi, est à la fois pleinement rousseauiste par son sens et caractéristique de l'auteur de *Mes soliloques*.

Désormais Virginie est l'égale de Milady. Ce statut sera souligné plusieurs fois encore, notamment dans la page riche et énigmatique où l'auteur déclare être désormais détaché, par usure affective, de l'amour sensuel, mais retrouver celui-ci dans la culture du souvenir, où les images des deux femmes se superposent:

Je dirigeais mes désirs vers les objets qui avaient jadis charmé mon cœur et retrouvais enfin les plaisirs de l'adolescence. Je jouissais seul. Les sensations étaient l'ouvrage du moment mais les souvenirs qui les faisaient naître étaient celui de la réminiscence. Rien dans l'univers ne m'occupait plus que le passé, je n'existais que pour lui et par lui. Milaidi Howard, Virginie, femmes charmantes que le hasard fit naître l'une pour les honneurs, l'autre pour la servitude, mais que les mêmes vertus et le même cœur eussent dû réunir, femmes adorées et que j'avais perdues, vous êtes les seules de toutes celles qui m'ont charmé dont le souvenir peut encore réveiller mes désirs. Vous seules rallumiez à Lausanne un feu prêt à s'éteindre. En m'occupant de vous, des pleurs coulaient de mes yeux: je m'affligeais, mais j'étais heureux. Le tombeau seul avait pu séparer de moi Virginie, et la plus sainte amitié avait succédé chez Milaidi à l'amour le plus tendre [...] Ces deux femmes se partageaient mon imagination et mon cœur. Je m'efforçais d'oublier toutes les autres. Enfermé dans ma chambre ou caché dans les bois, je ne voulais voir aucun mortel ni en être vu.[14]

Le parallèle entre les deux héroïnes devient ici très élaboré; le thème, sous-jacent jusqu'alors, de l'équivalence entre l'idéalisation par la mort et l'idéalisation courtoise-rousseauiste (qui présente d'ailleurs des traits originaux) est explicitement posé. Au cours de ce surgissement cultivé d'images dans le souvenir, on croit deviner que le héros a recours au 'supplément' de Jean-Jacques,[15] l'allusion

résultait de son aspect un mélange d'impression *douce* et *triste* trop analogue à mon âge et à mon sort pour que je ne m'en fisse pas l'application.' Les termes et expressions constitutifs de la constellation lexicale qui se retrouve chez d'Antraigues sont soulignés.

14. f.166-67. D'Antraigues est alors à Lausanne, chez le célèbre médecin Tissot, qui va restaurer sa santé, ruinée par les excès d'une liaison scandaleuse avec une femme au tempérament de feu, mais perdue de vices, Mme de Barral. Le héros fait de longues promenades dans la campagne autour de Lausanne. Il est sur le point de se lier, entre deux visites à Voltaire, avec la princesse Potoska, épisode important à d'autres égards.

15. Ce mot, si caractéristique de Rousseau dans sa polysémie, est utilisé au moins une fois avec une valeur voisine, sinon identique, dans un additif capital (f.103: il s'agit d'un becquet), rédigé d'une écriture encore plus fiévreuse qu'à l'ordinaire, parfois, hélas, indéchiffrable. D'Antraigues cherche à y adapter à son tempérament exigeant l'idéalisation de la *Nouvelle Héloïse*, et semble tout à coup percevoir qu'il serait bon que le héros ne possédât sa maîtresse qu'une seule fois. Milady formule bien l'interdit, mais adapte et atténue considérablement celui-ci: l'acte sexuel est dangereux... pour sa santé! Ce trop faible obstacle sera bientôt emporté par la fougue des deux amants, encore que l'auteur laisse planer à ce propos une savante ambiguïté, qui joue peut-être

renvoyant d'autre part aux aveux sur sa propre expérience de l'éveil précoce de la sexualité. Mais on remarque surtout le rôle central joué par une conception assez rigoureuse de la réminiscence.[16] Les thèmes rousseauistes semblent

d'ailleurs sournoisement le rôle de piment érotique. En tout cas, l'interdit semble tourné dès sa formulation, par le recours aux fameux 'supplément': 'Ou je vous connais mal ou il vous est plus doux de vivre de privations que de m'imposer de continuels tourments,' déclare Milady à son amant le lendemain du jour où elle s'est donnée à lui. L'auteur poursuit: 'A ces mots, ma frayeur est extrême, elle la dissipe, une santé bien faible rendait les faveurs dangereuses [...]. Cette idée horrible porta à l'instant un voile de terreur sur ces faveurs si décevantes. J'étais prêt à mourir de regrets mais résolu à y renoncer. Elle trouva un tempérament plus doux: l'amour, ce père de la vie, ne cause pas de douleur sans quelque consolation. Il vint m'en offrir de si douces que j'oubliai ce qui m'était ravi. Tout ce que l'on pouvait accorder sans crainte me fut laissé. C'est alors que je sentis que les faveurs sont ce que le cœur les fait être. J'avais obtenu de plus grands biens et ce fut sans regret que je renonçai. L'idée d'affliger celle que j'aimais, éloignait mes désirs et je trouvais dans le sentiment qui m'était réservé tous les biens dont mon cœur est avide. Elle était si heureuse par ce supplément, que je ne pouvais regarder comme imparfaits des plaisirs qui satisfaisaient son cœur.' On admirera l'ambiguïté savante de cet aveu, où l'interdit n'est affirmé que pour être à l'instant même tourné, sa métamorphose érotique étant ensuite réécrite au bénéfice de l'idéalisation amoureuse! Dans un passage antérieur, sans que le mot soit employé, la chose est bien présente, et dans son sens spécifiquement rousseauiste de masturbation. C'est la période où Milady n'accorde encore au héros que de menues privautés (f.97): 'Quand embrasé des feux de la volupté je sentais ma tête s'enflammer, je me levais [...] avec précipitation et cherchais loin d'elle un plaisir imparfait, une jouissance solitaire que je devais encore à son image. Les preuves touchantes d'un amour si soumis enivraient son cœur, l'amour le pénétrait et jamais il ne fut plus à moi qu'au moment où j'essuyais des froideurs, où j'éprouvais un traitement si [austère?].' C'est ici le 'supplément' comme auxiliaire de la vertu! Rien n'est plus rousseauiste dans l'esprit, moins conforme certes à la lettre de la *Nouvelle Héloïse* qu'à celle des *Confessions*: d'Antraigues semble faire le meilleur usage de la connaissance de celles-ci pour transposer le roman dans le sens de son expérience propre. Et il ne fait aucun doute à cet égard que le serment de chasteté fait par le héros, si mal tenu dès le début, ne soit enfin ouvertement transgressé: Milady au cours d'une scène d'un érotisme discret mais très vif, lui fait part en effet de son souhait d'avoir un enfant de lui, pour que leur plaisir soit enfin total (f.107). L'imitation de la *Nouvelle Héloïse* tourne parfois franchement au roman libertin, tendance indiscutable de l'auteur, dont témoignent de multiples épisodes, sans parler même des scènes de harem dans le *Voyage en Turquie*. Pour l'emploi du mot *supplément* par Rousseau, voir notamment *Confessions*, livre III: 'j'appris ce dangereux supplément qui trompe la nature, et sauve aux jeunes gens de mon humeur beaucoup de désordres aux dépens de leur santé, de leur vigueur et quelquefois de leur vie'.

16. Le même thème est récurrent dans le roman épistolaire dont MM. Cobban et Elmes ont publié la série de lettres écrites par le personnage de Jean-Jacques (et dont plusieurs ont passé longtemps pour d'authentiques lettres de Rousseau! R. A. Leigh, éditeur de la monumentale *Correspondance de Rousseau* fait définitivement justice de cette légende en ne retenant aucun de ces textes). Voir Cobban et Elmes, 'A disciple of Rousseau', lettre 2, p.189: 'Te voilà donc amante et pénitente, aimant les fautes et cherchant les regrets, employant un tiers de ta vie à pécher, un tiers à te souvenir voluptueusement que tu as péché, et l'autre tiers à craindre également et le péché et les réminiscences...' (de Rousseau à Cécile, réincarnation du personnage de 'Milaidi Henriette Howard' de *Mes soliloques*). Le thème, issu de la *Nouvelle Héloïse* quant à son composante morale (culpabilité de l'érotisme, et érotisation de la culpabilité), est transposé dans un esprit original, très caractéristique de d'Antraigues. Voir aussi lettre 7 (de Rousseau à d'Antraigues, p.199): 'A présent, venons à la lettre de Cécile sur le charme de la solitude, sur la jouissance des souvenirs, sur l'ivresse qui cause [ou, que causent?] les regrets nés par les réminiscences; à mesure que s'éloignant de l'époque où ils furent conçus, ils perdent ces pointes acérées qui arment les premières douleurs,

désormais bien assimilés, poussés jusqu'à l'exacerbation pour certains (comme celui du regret) ou transmués de façon originale (celui du souvenir). D'Antraigues apparaît ici comme un chaînon important entre Jean-Jacques et le premier romantisme.

Quant au statut final de la jeune femme du peuple, il reste d'ailleurs menacé. En quelques occasions mémorables, où la sensibilité du héros est violemment émue, l'auteur évoque en effet tantôt Virginie tantôt Milady, dont la suprématie est alors restaurée.[17] Certes, c'est peut-être que la mort n'est pas toujours un avantage; mais on peut lire aussi cette incertitude comme le signe d'une tension chez d'Antraigues entre les deux expériences, qu'elles aient été vécues ou qu'elles soient pure fabulation, c'est-à-dire surtout entre deux aspects de son moi idéologique et social.

Une troisième aventure est riche d'enseignements sur l'imaginaire social de d'Antraigues, et cela d'autant mieux qu'il décide en définitive de supprimer l'épisode, trop révélateur sans doute de sa personnalité réelle. Le héros est de retour à son château après le voyage en Turquie de 1778-1779, donc après les deux grands amours de sa vie (1770-1772 et 1774), et même après sa liaison, gratifiante elle aussi, bien qu'en un sens différent, avec la princesse Potoska (1776-1777). Il se donne alors pour maîtresse une toute jeune paysanne de La Bastide. Selon le commentaire de l'auteur, cette expérience serait l'affirmation éclatante de son sens de l'égalité. Mais ce goût persistant des amours ancillaires

et ne conservent que ces affections douces qui vont à l'âme, et qui sans [?] au dehors, ne nous arrachent que des soupirs et des pleurs. Mais comment Cécile a-t-elle connu ces plaisirs du malheur, ces consolations de l'infortune, comment a-t-elle pénétré dans ce domaine de l'expérience? [...] Où a-t-elle pris la connaissance de ces sentiments qu'elle développe sur la puissance décevante des regrets éloignés de la cause qui les produisit?' Cette thématique où la réminiscence se joint à la douceur du regret est un développement original du rousseauisme, que l'on qualifiera de 'préromantique' pour faire vite, malgré l'infirmité de ce concept.

17. Une première fois, pendant sa liaison avec Virginie, il se croit, à cause d'une rocambolesque affaire de duel (voir ci-dessous, p.83-84 et annexe 2), menacé de mort: il écrit alors à Milady 'pour lui dire un éternel adieu' (f.140). Surtout, après sa liaison avec l'ignoble Mme de Barral, qui a fait de lui une sorte de cadavre moral, il sent sa sensibilité renaître à la vue du lac de Nantua: c'est alors le nom de Milady qui vient à ses lèvres, 'son image acheva d'épurer mon cœur, la vertu vint se placer avec elle, et je me crus [lavé] de mes souillures puisqu'il m'était permis de songer à elle sans rougir. Dès cet instant, je redevins ce que j'avais été jusqu'à l'époque fatale qui m'unit à Mme de Barral, et ce que je serai je l'espère jusqu'au dernier jour de ma vie. Vingt fois je parcourus ce lieu témoin de ma résurrection. J'offris aux Dieux qui y règnent mes prières et mes pleurs, et ce ne fut pas sans en répandre que je m'en éloignais' (f.163). On découvre encore ici deux thèmes rousseauistes poussés à leur paroxysme, donc traités avec originalité: celui de la dégénérescence morale comme fruit de la sexualité purement animale; surtout peut-être celui de la régénération par le sentiment de la nature. Toute la peinture du lac de Nantua, qui traduit une sensibilité nouvelle, serait à analyser de ce point de vue. (Voir ci-dessous, p.111, et, pour la matrice de ce paysage, le site du château préféré du comte, La Bastide, dans les montagnes du Vivarais, au nord d'Aubenas, voir p.118-20.)

(le héros s'était déjà déniaisé, à quatorze ans, entre les bras d'une de ses paysannes) marque plutôt un sentiment contraire de supériorité sociale. D'Antraigues, comprenant qu'il exhibe, de façon peu décente, sa qualité de seigneur du lieu, raye l'ensemble de l'épisode.[18] La jeune fille n'est même pas gratifiée d'un nom, signe non équivoque de néant social. La seconde partie des *Soliloques* le révèle par inadvertance: Marianne.[19] Sorte de lapsus, l'auteur oubliant que ce personnage, auquel il fait une brève allusion, n'existe plus.[20] Plus étonnant encore, un ultime lapsus. A la fin de la seconde partie des *Mémoires*, lors du récit de la dernière aventure du héros, avec une actrice, Mlle Sainval l'aînée, l'auteur oublie qu'il a livré le vrai nom de sa rustique maîtresse, et il l'appelle Virginie (oubliant qu'il a fait mourir celle-ci, et que son cœur est enterré dans le tombeau de famille). La fiction semble vraiment préférable à la réalité! Ces incertitudes, régression par rapport à l'épisode central de Virginie, témoignent de la mauvaise conscience du comte d'Antraigues et, déjà, d'une certaine duplicité idéologique dans son adhésion au rousseauisme. Ce qui ne rend pas celui-ci moins profond, ni moins précieux pour l'histoire des idées, au contraire.

18. Voir texte cité en annexe. L'épisode a un support réel: voir ci-dessus, p.1, n.5.

19. Voir f.216. D'Antraigues vient de rencontrer à Vachères (peut-être Flachères, hameau représenté sur la carte Michelin, no.76, à proximité de Privas, c'est-à-dire précisément vers la grand-route de Lyon et Paris: c'est par là que voyage d'Antraigues, qui rentre d'un séjour à Grenoble chez sa sœur, Mme de Viennois) dans les montagnes du Vivarais, une femme mariée à un hobereau, qu'il pare de toutes les vertus pour en faire une maîtresse idéale, Mme de Mailhet. Perfection du romanesque sentimental, puisqu'elle se refusera à devenir sa maîtresse, l'histoire de Mme de Mailhet est conçue, en un sens, comme l'aboutissement de la recherche entreprise avec Milady, à l'imitation de la *Nouvelle Héloïse*. Mais cette héroïne, définie d'entrée de jeu comme celle qu'*il ne faut pas posséder* pour que sa réalité ne s'évanouisse pas (c'est pourtant elle qui obligera le héros, dans un épisode ultérieur, à respecter ce contrat!), est surtout conçue comme l'antithèse de la petite paysanne de La Bastide. C'est après avoir décrit la qualité ineffable du sentiment que lui inspire cette nouvelle idole que d'Antraigues évoque sa compagne du moment: 'Il faut cependant l'avouer, le souvenir de Marianne m'eût sans doute seul empêché de former de nouveaux liens: ses regrets, ses pleurs, son désespoir que je me représentais, éteignaient tous mes désirs; je ne me sentais pas assez fort pour soutenir l'aspect de sa douleur. Je lui avais *créé* [ou cru? Nous avouons préférer de beaucoup la première leçon superbe, sans être certain qu'elle soit la bonne] une âme, je devais la charmer et non en être le bourreau. Je quittais Vachères charmé de revenir à La Bastide et fâché de quitter Vachères, je ne sais comment définir mes sentiments, mais j'ai souvent éprouvé qu'on peut être infidèle sans cesser d'aimer, gens grossiers ne vous applaudissez pas de cet aveu, le cœur peut se laisser surprendre, mais on commande à ses sens et toutes les fois que l'amour se rend maître de nos actions, nous pouvons sans scrupule laisser nos sentiments errer à leur gré et rendre à la beauté l'hommage que tous les êtres animés lui doivent.' C'est bien la thématique de l'épisode abandonné, mais moins caricaturale: Marianne, désormais nommée, à l'écart de la page où elle était définie si grossièrement, tend à devenir une autre Virginie. Il reste cependant encore un arrière-goût d'extrême condescendance dans la tendresse que le héros éprouve à son égard, et le raffinement romanesque dont il fait preuve à ce propos semble peu compatible avec la construction, qui oppose ici, dans le contexte le plus proche, le personnage de la petite paysanne avec celui de Mme de Mailhet, vrai support de l'idéalisation amoureuse.

20. Romanesquement du moins, puisque Marianne est bien réelle (trop, peut-être: fictive, aurait-elle été gratifiée de ce prénom aristocratique, rendu célèbre par Marivaux?).

i. *Le développement intellectuel de d'Antraigues*

Donc, si le goût ardent de l'indépendance entraîne celui de l'égalité, l'expérience propre du comte ne s'exprime guère à travers les thèmes rousseauistes sans un gauchissement de ceux-ci, ou sans une forme de mauvaise conscience, qui se révèle mieux dans la thématique intime que dans les développements politiques explicites: l'identification au petit peuple suscite le malaise de l'auteur, et de son lecteur, avec qui la relation s'établit dans l'équivoque.

4. Le lien aux Lumières en général: un philosophe parmi d'autres

Pour achever de brosser le portrait idéologique du héros, et du narrateur, de *Mes soliloques*, il reste toutefois à montrer comment son lien aux Lumières est probablement plus étroit que ne le laisse supposer le rejet (d'ailleurs peu explicite) de Voltaire au bénéfice de Jean-Jacques, ou telle exclusion – dans la bibliothèque de La Bastide[1] – des 'philosophes du siècle', le seul Rousseau excepté. Il s'agit essentiellement de tout ce qui touche à la religion et surtout à l'Eglise. Le jeune d'Antraigues apparaît en effet comme très sceptique, hésitant tout au plus entre le déisme sentimental de Jean-Jacques et celui (purement intellectuel) de Voltaire. Divers traits de l'histoire personnelle de d'Antraigues, et divers épisodes, qu'ils mettent au premier plan le héros lui-même ou quelque comparse, sont révélateurs à cet égard.

i. Rejet de la foi religieuse

Si les rapports du héros avec sa mère sont difficiles, c'est qu'elle incarne avec vigueur, on l'a vu, l'autorité parentale. Aspect inséparable de la dévotion, que son fils va donc exécrer (f.47*v*):

Si la religion pouvait se peindre sous une forme humaine, c'est elle [sa mère] qu'on eût choisi pour en composer le portrait. Sa vie honorée par l'exercice de toutes les vertus ne fut souillée d'aucune faute. On l'admire sans être tenté pourtant de lui ressembler. Ses principes sont sévères, son âme trop élevée au-dessus des passions humaines n'est pas faite pour connaître les désirs qui nous égarent. Soumise à la foi catholique, elle ne peut se défendre de son intolérance. Remplie d'esprit et douée d'une grande force d'âme, elle [n'osa?] jamais douter de la religion qu'elle professe et les qualités qui souvent conduisent à la philosophie ne [servirent qu'à l'affermir?] dans la piété. Nous vivons éloignés et cherchons ainsi la liberté et la paix, mais mon cœur la chérit.

Ce portrait de la mère-chef de famille, qui ouvre l'autobiographie proprement dite, vaut d'être médité car tous ses thèmes sont fortement récurrents. Il est à peine besoin de les expliciter: l'adhésion étroite et butée à la foi catholique[2] et la vertu excessive sont identifiées comme les principaux éléments de contrainte, que l'éducation a pour but de faire intérioriser, mais qui ne servent en l'occur-

---

1. Voir f.209*v*, juste après le passage cité ci-dessous, annexe 1, p.205.
2. L'auteur parle souvent de 'dévotion', terme fortement péjoratif dans le contexte des Lumières.

rence qu'à nourrir l'esprit de rebellion. La vertu est certes admirable, mais ennuyeuse: d'Antraigues la comprend dans le sens, tout négatif, de puissance coercitive; son dégoût résulte d'un tempérament, d'une histoire personnelle où le désordre a souvent régné; mais c'est aussi le fruit des doctrines du siècle, qui réhabilitent les passions et la recherche du plaisir. Surtout l'antagonisme de plus en plus explicite entre la religion et la philosophie joue au bénéfice de celle-ci: elle requiert, en règle générale, intelligence (de l'"esprit') et 'force d'âme'. Certes, d'Antraigues se plaît à saluer ces vertus dans sa mère, mais il déplore qu'elles soient mal appliquées, servant paradoxalement à renforcer la piété et surtout, par là-même, conduisant à la soumission et à l'intolérance. C'est bien un homme des Lumières qui porte de tels jugements de valeur, fût-ce avec prudence.

Cette étroitesse d'esprit de la mère est reportée sur toute la lignée maternelle, qui s'efforce, rappelons-le, de réduire le héros à la dépendance en le poussant vers la fastueuse carrière de courtisan qu'il abhorre. Et le sens de la liberté dont il se targue s'exerce en premier lieu contre la piété qu'on veut lui imposer: 'Parce que la plupart d'entre eux sont pieux, il fallait que je devinsses dévot.'[3]

ii. Refus du mariage

Autre épisode significatif: deux projets de mariage échouent parce que la mère exige de son futur gendre une dévotion pareille à la sienne. Or, la première fois, le comte est séduit par sa future épouse, Mlle Damembrai (ou Donsembrai?). En décrivant la cour officielle réglée qu'il fait à la jeune fille, il note: 'sentant que mon cœur allait se prendre je me hâtai de lui dépeindre mon caractère, et je m'aperçus bientôt que ma franchise ne m'avait pas gagné le sien. Cette aimable fille voulait un *dévot* [souligné par nous] pour mari et bientôt elle sut que je ne l'étais pas, dès cet instant le mariage fut rompu, non en apparence, mais nos cœurs ne se cherchaient plus' (f.150). Cet éloignement n'exclut pas quelques scènes assez vives. Ainsi: 'Je tenais la main de ma danseuse, je la serrais, et cette aimable créature, oubliant que *j'étais un impie* [souligné par nous] la serrait aussi. Cette légère faveur me transportait, ma tête était en délire et je cessais bientôt de m'occuper de la danse quand j'eus lu dans ses yeux l'appel de son cœur' (f.150).

La rupture effective avec la belle famille intervient à l'occasion d'un incident burlesque, et c'est alors que l'auteur compose un bref et mélancolique final à ce petit roman sentimental convenable:[4] 'Je fus affligé de ce contre-temps. Mon

3. f.112. Cf. texte cité ci-dessus, p.14.
4. Qui connaît un ultime rebondissement: l'adieu, assez tendre, des deux jeunes gens.

cœur choisissait la simplicité et la douceur de Mlle [Damembrai?], et c'est parce que je l'aime encore que je regarde comme un bonheur de n'être pas son époux, avec des *principes si opposés aux siens* [souligné par nous].'[5] Du point de vue qui nous arrête ici, on observera que les mots ou expressions employés successivement par l'auteur (souligné par nous) sont en progression: ne pas être dévot, c'est seulement faire preuve d'une sage modération, assez répandue. Mais le héros se déclare ensuite *impie*, et le narrateur affirme que ses *principes* sont tout à fait opposés à ceux de celle qu'il a failli épouser. Le mot *principes* implique un choix médité, et d'Antraigues continue à lui attribuer une importance essentielle, puisque cette raison seule le conduit à se féliciter de n'être pas devenu l'époux d'une femme qu'il aime encore! L'anecdote du second mariage manqué suit immédiatement la première. Mme de Champigny, qui a ménagé la rencontre précédente, se met en tête de marier à sa fille le héros devenu libre. Cette fois, d'Antraigues trouve les beaux-parents adorables, et la fiancée ne lui déplaît pas. Mais il retrouve la même difficulté, et il refuse, bien que tenté: 'Madame de Champigny était dévote, elle voulait sinon un dévot pour gendre, au moins *un bon catholique ferme dans sa croyance*, on ne demandait de moi que l'assurance que j'avais une foi intacte, mais comment accorder ce que je devais à la vérité, et ce que mon intérêt semblait me [dicter]?' (f.152*r*).

La vérité est donc que la foi du jeune comte n'est pas intacte et qu'il ne se considère pas, à cette époque, comme 'un bon catholique ferme dans sa croyance' – conviction nettement réaffirmée dans la lettre de refus, très prévenante d'ailleurs, qu'il adresse à Mme de Champigny, et qu'il s'est résigné à écrire au terme d'un débat de quinze jours où 'de subtils raisonnements s'offrirent à [son] imagination pour abuser [sa] raison et justifier un mensonge [mis?] à si haut prix'. Voici sa justification (f.152):

Mon respect pour *vos principes* ne peut cependant anéantir les miens. Ils sont *fort opposés aux vôtres*, et je trahirais votre confiance en me montrant autre que je ne suis. Tel est, Madame, l'*obstacle invincible* qui s'oppose à mes vœux. Vous avez voulu un aveu de ma façon de penser: le voilà, Madame. Il me perd sans doute dans votre esprit, mais eussé-je mérité les bontés dont vous m'honorez si pour prix de votre confiance j'avais eu la lâcheté de vous abuser.

Nouvelle et énergique affirmation par d'Antraigues de ses *principes* irréligieux, 'obstacle invincible' à son entrée dans une belle-famille dévote, ou même simplement pieuse.

5. *Mes soliloques*, f.151.

iii. Discussions doctrinales

Les analyses que présente l'ouvrage confirment pour l'essentiel ce qui ressort des épisodes romanesques, même si elles tendent plutôt à en atténuer la portée. Il est d'ailleurs bien artificiel de séparer ces analyses de leur contexte romanesque (ou, si l'on préfère, vécu). La plus importante s'insère dans le récit de l'amour pour Milady Howard. Après être devenu l'amant de la jeune anglaise, le héros forme avec elle, son époux, et quelques amis, une petite société choisie, étroitement unie, qui compense la médiocrité de la grande, comme dans la *Nouvelle Héloïse*. Il y a là, entre autres, deux esprits supérieurs, le baron de Gleichen, une sorte de substitut de Rousseau, et le baron de Koch (ou de Kock), que la forme de son intelligence apparenterait plutôt à Voltaire.[6] Dans un tel cercle, les intérêts intellectuels sont vastes: 'On se doute bien que traitant dans notre société les objets les plus intéressants en tout genre, il fut question de religion.'[7]

iv. Choix du déisme, contre l'athéisme et l'orthodoxie

La doctrine que développe alors l'auteur semble d'ailleurs d'une cohérence douteuse, même si l'on tient compte de son évolution. D'Antraigues note d'abord que, dans la situation d'esprit où il se trouve, il ne peut plus supporter le 'joug' que sa mère lui a imposé et 'rejette à la fois tous ses principes'. Puis il écrit que dans un premier temps il se persuada 'qu'il n'y avait d'autre principe des choses que le hasard'.[8] C'est par une rupture assez déconcertante qu'il expose la conviction à laquelle il a fini par aboutir:

Je trouvai dans le matérialisme d'insolubles difficultés. J'en trouvai d'aussi forte dans le déisme, et mon goût réglant ma croyance, je choisis dans ces ténébreuses doctrines celle qui me plaisait davantage. Pour changer d'affection, je changeai de principe. Un examen plus réfléchi ne me montra que désespoir dans *l'affligeante doctrine des athées*[9] et paix et douceur dans [celle] des déistes. Ma première erreur provenait de n'avoir pas pu

6. Sans que ces équivalences (assez approximative dans le second cas) soient explicitées. Encore que Gleichen soit un admirateur de Jean-Jacques, tout en étant un ami de Voltaire, à qui il présentera plus tard le héros. Mais il semble légitime de poser de telle équivalences, dans la mesure où beaucoup d'éléments de l'univers romanesque de d'Antraigues ont une valeur symbolique. La parenté de Gleichen-Rousseau s'exprime d'ailleurs par de trop nombreux traits pour ne pas sauter aux yeux. Elle résulte surtout de l'identité de leur fonction auprès du héros.

7. *Mes soliloques*, f.104.

8. Avouons qu'ici, quelques mots très difficiles à déchiffrer peuvent venir nuancer, voire modifier cette thèse matérialiste (banale dans la deuxième moitié du siècle).

9. Souligné par nous. Cette expression pourrait être une réminiscence de Rousseau, *Rêveries*, troisième promenade, où Jean-Jacques, dénonçant les 'philosophes modernes [...] missionnaires d'athéisme et très impérieux dogmatiques', ajoute 'jamais je n'adoptai leur *désolante doctrine*'.

[séparer?] des fatras de la religion catholique l'idée pure et sublime d'une intelligence céleste. Ce dogme d'esclave des catholiques [?] hors l'église point de salut m'avait fait rejeter également tout ce qu'ils croient, et dans mon aveugle précipitation, j'avais conçu pour tous leurs dogmes la haine que la plupart méritent réellement. Mais quand mes yeux malhabiles jusqu'alors apprirent à discerner l'ouvrage des hommes et [l'œuvre?] de Dieu, je reconnus mon erreur: la vérité se manifesta à mes regards et j'adorai Dieu dans toute la sincérité de mon âme. Mais ce dogme seul plaisait à mon âme; mon cœur et ma foi se refusaient à tout autre.[10]

La cohérence doctrinale n'est sans doute pas le point fort de l'auteur: il avoue d'ailleurs qu'il se perd dans les arcanes de la théologie et de la philosophie. Mais du moins discerne-t-on quelques thèmes-clés auxquels il tient, et qu'il doit peut-être à son maître Rousseau.

v. Une religion subjective: refus du prosélytisme

N'est-ce pas l'exemple de Rousseau qui confirme le comte dans son humilité intellectuelle et, surtout, qui l'autorise à affirmer si nettement les droits de la subjectivité en matière de croyance? L'un des aspects les plus frappants de la religion de Jean-Jacques, c'est qu'elle est définie comme le fruit des besoins affectifs de l'individu[11] (on comprend que l'orthodoxie en ait frémi!). De même, la découverte de l'amour par d'Antraigues modifie l'assise de sa croyance[12] et

10. *Mes soliloques*, f.104-105. L'influence de Jean-Jacques semble ici évidente. Voir *Emile*, livre IV, *Œuvres complètes*, iv.568: 'Ce qui redoublait mon embarras était qu'étant né dans une Eglise qui décide tout, qui ne permet aucun doute, un seul point rejeté me faisait rejeter tout le reste, et que l'impossibilité d'admettre tant de décisions absurdes me détachait aussi de celles qui ne l'étaient pas. En me disant: Croyez tout, on m'empêchait de rien croire et je ne savais plus où m'arrêter.' La religion de d'Antraigues doit – en profondeur et jusque dans le détail de l'argumentation – beaucoup à celle du Vicaire. Toute cette page de Rousseau (assez longue) serait à citer ici, car elle est le modèle principal (peut-être exclusif) de la méditation philosophique du jeune comte. Il n'échappera jamais (même dans sa période de reniement – voir notre deuxième partie) à une imprégnation aussi profonde.

11. Voir, par exemple, *Rêveries*, troisième promenade: 'Je ne doute point, il est vrai, que les préjugés de l'enfance et les vœux secrets de mon cœur n'aient fait pencher la balance du côté le plus consolant pour moi. On se défend difficilement de croire ce qu'on désire avec tant d'ardeur et qui peut douter que l'intérêt d'admettre ou rejeter les jugements de l'autre vie ne détermine la foi de la plupart des hommes sur leur espérance ou leur crainte'. Ou encore: 'Non, de vaines argumentations ne détruiront jamais la convenance que j'aperçois entre ma nature immortelle et la constitution de ce monde et l'ordre physique que j'y vois régner. J'y trouve dans l'ordre moral correspondant et dont le système est le résultat de mes recherches les appuis dont j'ai besoin pour supporter les misères de ma vie. Dans tout autre système, je vivrais sans ressources et je mourrais sans espoir. Je serais la plus malheureuse de toutes les créatures.' En d'autres termes, la plus forte preuve de l'existence de Dieu, c'est qu'il est nécessaire au bonheur de Jean-Jacques.

12. Encore qu'à lire son autobiographie, on ait le sentiment que ce qui le caractérise, très tôt, c'est une relative indifférence en matière de religion. On ne trouve guère à signaler, en sens contraire (mais peut-être est-ce plutôt une confirmation) qu'une crise de mysticisme dans son enfance, à l'époque du catéchisme, et surtout à l'issue de la période où la découverte de la sexualité,

le pousse à s'émanciper. Au-delà, que retenir? L'affirmation du déisme, bien sûr, contre le matérialisme. La fermeté de cette adhésion, insouciante des difficultés doctrinales, doit sans doute quelque chose au début de la 'Profession de foi du Vicaire savoyard' et, peut-être surtout, à la troisième promenade, où Rousseau fait un bilan de ses opinions religieuses, expliquant en particulier qu'il croit ce qu'il a décidé jadis de croire, bien qu'il ait oublié les raisonnements de l'*Emile*, parce qu'il a plus besoin que jamais de cette croyance.[13] Principalement s'exhibe ici une opposition passionnelle à l'intolérance, et par là même à l'Eglise catholique, qui en a souvent donné l'exemple. Il est permis d'entrevoir toute la philosophie du siècle derrière cette violente critique. Mais peut-être n'est-il pas besoin de chercher au-delà de Rousseau, puisque celui-ci en développe les principaux thèmes. Ainsi l'adage 'hors de l'église point de salut' est examiné et d'autant plus sévèrement condamné dans l'*Emile* que Rousseau l'a atténué en le transposant.[14] Certes, c'est ici un point d'accord entre tous les philosophes: Voltaire, dont le *Traité sur la tolérance* paraît en même temps qu'*Emile*, goûtait fort, on le sait, la 'Profession de foi du vicaire', malgré sa haine pour l'auteur de celle-ci. Mais l'exemple du jeune calviniste expatrié, figure de Jean-Jacques lui-même, que catéchise le vicaire, semble être dans l'esprit de d'Antraigues quand il expose comment il a été guéri de 'l'aveugle précipitation' qui lui faisait rejeter, sans examen, tous les dogmes des catholiques (Rousseau disait: du christianisme).[15] Le jeune expatrié étant la figuration

avec un jeune garçon de peu son aîné, provoque un vif sentiment de culpabilité. Cf. f.49-50: 'Mon cœur encore désolé par mes souvenirs écouta volontiers les premières instructions religieuses de mes maîtres et se livra tout entier à leurs leçons. Je croyais avec une aveugle docilité et la peinture que mon confesseur me fit des peines réservées aux pêchés qui m'avaient charmé, remplit mon âme d'effroi. La terreur amortit mon tempérament, mais mon cœur sentait la soif d'aimer et je devins dévot. Je fis une retraite et m'adonnais à toutes sortes de pratiques religieuses. Ces courts instants qui ne sont plus revenus me parurent délicieux. J'aimais Dieu de toutes les forces de mon âme sans trop savoir ce que c'était que Dieu; mon imagination suppléait à mon entendement. J'ai souvent regretté l'illusion que l'âge et l'étude ont détruite.' Ce sont là les souvenirs d'un homme dégagé de toute croyance. Cette phénoménologie, assez fine, de l'expérience religieuse, ne doit-elle pas d'ailleurs, en deçà de son originalité, quelque chose à l'expérience de Rousseau?

13. Voir textes cités ci-dessus, n.10, 11.

14. Voir *Emile*, livre IV, iv.554-55: 'Il faut croire en Dieu pour être sauvé. Ce dogme mal entendu est le principe de la sanguinaire intolérance, et la cause de toutes ces vaines instructions qui portent le coup mortel à la raison humaine en l'accoutumant à se payer de mots.'

15. Voir *Emile*, livre IV, iv.560-61: 'Il avait vu la sublime et primitive idée de la divinité défigurée par les fantasques imaginations des hommes, et trouvant que pour croire en Dieu, il fallait renoncer au jugement qu'on avait reçu de lui, il prit dans le même dédain nos ridicules rêveries et l'objet auquel nous les appliquons; sans rien savoir de ce qui est, sans rien imaginer sur la génération des choses, il se plongea dans sa stupide ignorance avec un profond mépris pour tous ceux qui pensaient en savoir plus que lui.'

Par contre, la condamnation se fait directe et brutale dans le chapitre 'De la religion civile', du *Contrat social*, dont d'Antraigues pourrait ici s'inspirer. Voir livre III, iv.469: 'Mais quiconque ose dire, *hors de l'Eglise point de salut*, doit être chassé de l'Etat.' Sur la 'Religion civile' à l'époque évidente de Jean-Jacques à sa sortie de l'hospice des catéchumènes de Turin,[16] d'Antraigues s'identifie donc à celui-ci, tout en faisant jouer auprès de lui-même à Rousseau, auteur d'*Emile* et de la *Nouvelle Héloïse*, le rôle du vicaire. Sa répulsion pour la 'doctrine de l'Enfer' est aussi celle de Jean-Jacques: elle lui paraît 'si affreuse, d'une si odieuse noirceur que jamais [il n'a] pu [se] résoudre à [se] redire à [lui-]même les raisons que les prêtres emploient pour l'établir'. Il est conforté dans ce refus par son identité de vue avec ses amis, 'de quelque secte qu'ils fussent', et surtout avec Milady: 'son cœur n'était pas fait pour croire à l'enfer'.[17]

D'Antraigues est proche de Rousseau encore par son refus de principe de tout prosélytisme: pour lui comme pour son maître, la religion est affaire de conscience, strictement individuelle; prétendre imposer une croyance quelconque est un scandale à la fois intellectuel et moral. Enfin, l'auteur des *Soliloques* rejoint très profondément l'esprit de Jean-Jacques quand il donne les raisons de son horreur pour l'athéisme:

De toutes les doctrines celle des athées fut la seule que [j'abhorrai?]. Je ne déteste plus que cette [?] morale qui arme le fort contre le faible en privant celui-ci de tout espoir et l'autre de toute crainte. L'athéisme est la foi des scélérats, c'est là celle qui convient aux brigands dont le cœur médite des forfaits que la frayeur d'un être vengeur les empêcherait d'exécuter.[18]

La nécessité de donner un fondement religieux à la morale est, pour Rousseau, la preuve essentielle de l'existence de Dieu. Elle tient à la fois à son expérience d'homme du peuple et à sa philosophie sociale: la foi est, selon lui, l'unique consolation des faibles et des misérables, l'athéisme une doctrine faite pour les puissants.[19] Or, c'est dans ce domaine surtout que le comte tient, on l'a vu, à s'identifier à Jean-Jacques, par hostilité aux grands et au despote.

La religion d'Antraigues, même si elle semble impliquer une très large assise philosophique, ne requiert donc pas, pour l'essentiel, d'autres lectures que celle de Rousseau: mais c'est aussi que celui-ci reste, malgré ses désaccords et sa profonde originalité, un authentique représentant des Lumières.

---

révolutionnaire, voir R. Barny, communication au colloque Hegel, Poitiers-Heidelberg (voir Bibliographie).

16. D'Antraigues le sait d'autant mieux qu'il vient de lire les *Confessions*.

17. Comme Julie (*Nouvelle Héloïse*, sixième partie, lettre 8, ii.696); ou comme Mme de Warens (*Confessions*, livre VI, i.229).

18. *Mes soliloques*, f.105-106.

19. Voir entre de multiples textes, ce passage de la *Nouvelle Héloïse*, cinquième partie, lettre 5, de Saint-Preux à Milord Edouard: 'L'athéisme [...] est naturellement désolant; s'il trouve des partisans chez les Grands et les riches qu'il favorise, il est partout en horreur au peuple opprimé et misérable, qui voyant délivrer ses tyrans du seul frein propre à les contenir, se voit encore enlever dans l'espoir d'une autre vie la seule consolation qu'on lui laisse en celle-ci.'

vi. Diatribes anticléricales

Il est un point toutefois sur lequel d'Antraigues se sépare de son maître, un ton d'extrême violence anti-cléricale: 'Quand la lecture et la réflexion m'eut dévoilé l'horreur des religions créées par les prêtres, quand j'eus découvert leurs fourberies [...] leur impudence [...] je ne [pus] les tolérer.' L'affirmation de son déisme semble inséparable de ces diatribes:

Le sang coule par tous les autels. Mais il n'est pas donné aux hommes de se contenter du culte pur du déisme et d'obéir à la loi naturelle. Le mal qu'ont fait les religions est aussi vieux que le monde et durera autant que lui; la paix qu'elles prêchent est un mot vain pour leurs ministres; c'est eux seuls qui ajoutent aux religions les dogmes qui les distinguent, la base de toutes est la même, leurs accessoires différents, et c'est pour ces accessoires que l'on s'égorge.

Certes, la réflexion de d'Antraigues aboutit à un credo déiste positif, semblable à tant d'autres (Voltaire comme Rousseau); mais il ne peut s'empêcher de la clore par une déclamation contre les prêtres.[20] Même si Jean-Jacques n'a pas toujours été tendre pour ceux-ci, il y a une différence d'accent entre son disciple et lui.

Rhétorique superficielle de tout jeune homme? Mais l'auteur approche de la trentaine quand il rédige ces pages. Il semble que son expérience intime, son ressentiment contre les rigueurs, injustes selon lui, exercées par les ecclésiastiques chargés de son éducation (en particulier, l'abominable Maydieu) l'aient ouvert à une propagande philosophique plus radicale dans ce domaine que celle de Rousseau. A tel point que la foi même semble ébranlée dans son fondement par cet anti-cléricalisme.

vii. Voltaire et Potoska

A en juger par quelques anecdotes, d'Antraigues paraît moins sévère pour les athées que ne l'implique la condamnation théorique de leur système, entraînée peut-être par la sympathie pour la doctrine sociale de Jean-Jacques. Ainsi, le comte raconte avec humour la tentative infructueuse de Voltaire pour convertir au déisme la princesse Potoska, considérant avec une grande indulgence, sinon avec sympathie, les convictions athées de celle-ci. La princesse est d'ailleurs

20. 'Je crois en Dieu, je le crois bon, tout puissant et juste, je crois que le méchant est puni et le sage récompensé, je crois à une vie à venir, mais je suis persuadé que cette vie sera au bout d'un temps également heureuse pour tous, l'éternité des peines est un dogme infernal, je préfère l'athéisme à cette horrible croyance, la loi de Dieu est inscrite dans tous les cœurs, le culte est inutile à sa gloire et n'est bon que pour les sociétés auxquelles il sert de point de ralliement. Mais pour que le culte soit saint, il faut [réformer] les prêtres; tant qu'ils résisteront, ils seront nuisibles, ces gens-là ne s'abreuvent que de sang, il leur faut des hommes pour les dévorer.'

un personnage que le héros admire absolument, il se met à son école en politique.[21] Aussi l'athéisme de Mme Potoska est-il saisi de l'intérieur, même si le narrateur n'est pas en totale communion avec elle, alors que les vains efforts de Voltaire sont ironiquement évoqués de l'extérieur:

la vue de la princesse rendit à Voltaire toute la gaîté de ses jeunes ans; je doute qu'il ait jamais, en aucun temps de sa vie paru plus aimable. Il voulait convertir la princesse et un tel missionnaire devait faire des prosélytes. Il n'eut cependant aucun succès. Mme Potoska dédaignant tous les préjugés divers qui gouvernent [le monde?] [...] était devenue athée non par un libertinage d'esprit trop commun en ce siècle, mais par la force même de sa raison qui ne se rendait qu'à l'évidence: ne trouvant point l'existence de Dieu démontrée, elle l'avait rejetée. Je rends justice à Voltaire, il n'est aucun raisonnement

21. La Pologne est une source d'exemples pour l'idéologie anti-despotique. D'Antraigues peut déjà avoir eu en mains la première édition des *Considérations sur le gouvernement de Pologne* (Genève 1782, ou Londres 1782 pour l'édition séparée). Rien ne permet de l'affirmer, mais on comprendrait mal que d'Antraigues ne se soit pas immédiatement procuré cet inédit de son 'maître'. Au reste, le symbolique de la Pologne, héroïque et républicaine, s'affirme déjà dans le *Contrat social*, avec une formule qui deviendra un slogan de la littérature anti-despotique, puis patriote, celle 'd'un vertueux Palatin dans la Diète de Pologne: *Mala pericolosam libertatem quam quietum servitium*' (III, 4). (Voir R. Barny, *Jean-Jacques Rousseau dans la Révolution*, 5 vol. dactylographiés, pour la destinée révolutionnaire de cette formule, très vite devenue le signe d'un engagement politique, même en l'absence de toute autre indication.) L'intuition capitale de Colin Duckworth, qui assigne à la Saint-Huberty, devenue la maîtresse, puis l'épouse du comte, un rôle déterminant dans l'évolution intellectuelle et politique de d'Antraigues, pourrait peut-être trouver déjà ici son application. En, effet, la comtesse Potoska semble anticiper ce rôle d'initiatrice qui correspondrait donc, en deça de la contingence des événements d'une vie, à une tendance profonde (sans doute inconsciente) du héros. (Voir, en ce qui concerne 'Milady', ci-dessus, p.23-24.) Malheureusement, la silhouette de la Saint-Huberty n'apparaît que dans les toutes dernières pages de la seconde partie des *Mémoires*, à l'arrière-plan: d'Antraigues est, à l'Opéra, l'un des admirateurs de la grande actrice et, première chanteuse, *anonyme parmi la foule*. Duckworth a de toute évidence, avec les deux romans ultérieurs de d'Antraigues, qu'il a pu consulter dans des collections privées, des éléments plus solides que nous pour étayer sa hypothèse. Il cite notamment la lettre d'une certaine Anna, une des conquêtes du comte: 'ta Saint-Huberty m'a plongé le poignard au fond du cœur. Tu me niais ce que l'univers me disait, ce qu'elle disait elle-même, ce que j'ai vu à l'Opéra. Oui, je t'ai vu, et j'en crois aux jaloux regards. Je t'ai vu deux fois. Tu ne cessais de l'écouter et d'applaudir. Elle avait les yeux sur toi, dans *Phèdre* surtout. Tu reçus toute la prière à Vénus, ses yeux ne quittaient pas les tiens, les tiens lui rendaient ses regards' (Duckworth, p.186, orthographe modernisée par nous). On peut, en tout cas, formuler avec prudence une hypothèse non contradictoire avec celle de Duckworth (plutôt complémentaire, nous semble-t-il, bien que d'un autre ordre): cet effacement presque total de la Saint-Huberty dans les *Mémoires* n'indique-t-il pas que notre auteur avait davantage de goût pour la création romanesque (ou, si l'on veut, la fabulation) que pour l'autobiographie 'véritable', celle qui se rapprocherait le plus de la chronique? Certes, la chronologie commande, mais rien n'interdisait à d'Antraigues de mener ses mémoires au-delà de 1784. Il lui restait encore quatre ou cinq ans avant d'être totalement absorbé par une activité d'un autre ordre (il avait, d'ailleurs, déjà publié en 1781 une brochure en faveur de Necker, qui venait de 'quitter le contrôle général des finances avec les apparences de la disgrâce'. Voir Pingaud, *Un agent secret*, p.47. Dans ses *Mémoires*, d'Antraigues ne dit rien de cet épisode qui prélude, pourtant, à sa carrière de pamphlétaire politique), qui consista peut-être aussi, d'ailleurs (à travers l'indéniable sincérité de son engagement politique), à faire de sa vie un roman. Selon Duckworth (p.142), c'est entre 1783 et 1786 que d'Antraigues s'est tourné vers le roman personnel, avec *Henri et Cécile*.

qu'il n'employât pour la ramener mais le sentiment intérieur manquait à la princesse, et souvent convaincue, jamais elle ne fut persuadée. Si ce délire de la raison peut obtenir grâce à tes yeux, être suprême, être bon et bienfaisant, sans doute ta clémence lui pardonnera cette erreur. Eh! Quel besoin cette âme élevée a-t-elle d'une [croyance?] si douce ou si redoutable pour le reste des mortels? Son cœur n'attend pas[22] d'être encouragé par l'espoir pour bien faire, et tes récompenses sont vaines pour celle qui est payée de ses bienfaits par le charme exquis de faire des heureux. Voltaire ne réussit donc point à la rendre déiste.[23]

Ce texte pose certains problèmes. On s'étonnera que l'auteur oppose un 'libertinage d'esprit' qu'il désapprouve, à la force de la raison qui, ne cédant qu'à l'évidence, aboutit pourtant au même résultat: le rejet de l'existence de Dieu. Sans doute, d'Antraigues entend-il se démarquer de la 'secte encyclopédique', ennemie de Rousseau, mais sans condamner formellement l'athéisme. Autre difficulté: si l'auteur tolère, voire admet, cette attitude intellectuelle, il la désapprouve, puisqu'il la qualifie de 'délire de la raison' et qu'il invoque 'l'Etre suprême', mais une telle 'erreur' ne devrait pas selon lui être punissable. La solution paraît être la suivante: d'Antraigues se démarque du déisme purement rationnel, à la manière de Voltaire: celui-ci n'ignore certes pas le thème de l'impuissance de la raison, mais en l'occurrence il l'oublie, et son comportement souligne qu'il n'en a pas tiré toutes les conséquences comme Jean-Jacques, qui rejette radicalement la théologie rationaliste, et lui substitue le 'sentiment intime', absent chez la princesse. L'exemple de Mme Potoska montre d'autre part que la morale n'exige pas dans tous les cas un fondement divin, comme l'enseigne Rousseau. Certes, on le sait, celui-ci a développé le thème de l'athée vertueux, avec le personnage de M. de Wolmar. Mais la princesse n'est pas un simple être de raison, pure intelligence, de l'espèce de l'époux de Julie, et on peut croire que d'Antraigues est moins révulsé par l'athéisme que son maître Jean-Jacques qui, de ce point de vue, conçoit plutôt Wolmar comme un moment dans une dialectique que comme un être vivant et sensible.

Il semble donc que d'Antraigues soit, davantage que Jean-Jacques, dégagé de la servitude de la foi (qu'elle soit ou non orthodoxe). Les éléments doctrinaux de son œuvre nuancent, mais sans la contredire, la qualification d''impie' qu'il se décerne lui-même. Il raconte aussi que son oncle, M. de Saint-Priest, après l'avoir invité à le suivre dans son ambassade en Turquie, cherche à l'écarter au dernier moment en l'accusant de 'ne pas avoir de religion', ce qu'il ne conteste guère.[24] Telle remarque, incidente, tend à confirmer la fragilité de sa croyance,

22. Première rédaction: 'n'a pas besoin', rayée. La correction en surcharge met mieux en valeur le caractère effectif du comportement vertueux, étranger à toute croyance.
23. *Mes soliloques*, f.170-71.
24. f.193: 'Je lui répondis [...] Je m'honore infiniment de ne pas vous convenir et de n'être pas de votre religion.' 'Petit billet' provocateur qui ne signifie sans doute pas que le comte revendique

pourtant affirmée dans son credo, en une vie éternelle: après le récit de la mort de Virginie, dans une invocation à celle-ci, le narrateur se demande, dans un mouvement qui ne saurait être pure rhétorique, 's'il survit quelque chose de nous après le trépas'.[25]

D'Antraigues, emporté par son désir forcené d'indépendance, seçoue donc le joug de l'autorité même dans un domaine où Rousseau prétend (au moins en partie) s'y soumettre: celui de la religion.

Sur deux autres points, d'ailleurs liés, le jeune comte s'éloigne du rousseauisme, pour s'identifier, on va le voir, à ces 'lumières' que condamne Jean-Jacques en particulier dans le *Discours sur les sciences et les arts*, dont la lecture a pourtant bouleversé le héros. Peut-être est-ce donc inconsciemment que d'Antraigues prend ici ses distances: signe d'une différence profonde.

viii. Le libertinage des mœurs

Cette tendance est plus nette encore que celle au 'libertinage d'esprit'. Certes, il condamne la vie de Cour; c'est en s'égarant à la Cour que Milady est devenue infidèle, et il la conjure, au-delà d'une rupture dès lors inévitable (selon un système de valeurs dont il est loin de soupçonner le caractère relatif, historiquement daté), de s'éloigner de cette sentine. Les propos sévères du moraliste ponctuent de nombreux épisodes, sans que cela efface leur caractère nettement libertin. Telles petites histoires lestes, ou scabreuses, témoignent que l'auteur a dû lire Crébillon, Duclos et Nerciat avec un plaisir vif. Ceux-ci sont ses maîtres en littérature, autant peut-être que le romancier de la *Nouvelle Héloïse*. D'Antraigues auteur de *Mes soliloques*, et même du *Voyage en Turquie*, présente à un très haut degré cet amalgame si caractéristique du siècle. Le

---

une totale extériorité par rapport au christianisme; mais du moins que sa religion, si tant est qu'il lui en reste, est fondamentalement étrangère à celle d'un catholique ferme dans sa foi et constant dans sa pratique.

25. f.143. Virginie, d'ailleurs, a refusé d'être assistée par un prêtre à son lit de mort, et le narrateur parle avec respect de ses 'principes'; cette indépendance d'esprit est un aspect de sa supériorité intellectuelle, qui s'ajoute à sa qualité de 'cœur sensible' pour faire triompher l'inversion sociale, dont le personnage est l'exemple majeur de l'œuvre: 'Plus instruite que les femmes ne le sont, elle s'était occupée à la lecture chez son père avocat à Lyon. Redoutant l'indigence par sa mort, elle avait déployé dans la servitude des vertus que cet état eût dû anéantir, et n'avait jamais mieux mérité les faveurs de la fortune que quand elle fut plongée dans la misère.' Il faut attendre cette oraison funèbre pour découvrir que Virginie n'est pas une simple paysanne, comme le sera Marianne et comme l'a déjà été Manin, l'initiatrice. En un sens, elle est d'une condition plus basse encore, puisque le héros l'a élevée jusqu'à lui quand elle était dans la 'servitude' (domestique d'une dame). Mais, par son origine, elle appartient à la petite bourgeoisie. Elle est issue d'un milieu en voie de déchéance sociale, comme Jean-Jacques, ce qui rend compte de sa culture, impensable autrement (ainsi, Marianne a 'peu d'esprit'!).

personnage du comte est le plus souvent tout à fait opposé à celui de Saint-Preux découvrant les salons parisiens, sauf, encore est-ce bien discutable, lors de sa première aventure avec une actrice connue, Mlle Dubois, au milieu des fêtes données pour le couronnement de Louis XVI.[26] Certes, le héros n'est pas dépourvu de timidité: mais ce charme de débutant fait davantage penser à la maladresse madrée de Meilcour dans *Les Egarements du cœur et de l'esprit* qu'à la balourdise de Saint-Preux. Surtout on retrouve la polissonnerie du narrateur de Crébillon, plutôt que la gravité implacable de Jean-Jacques-Saint-Preux. Et très vite, quelques jolies scènes de genre, dans l'esprit de Boucher ou de Fragonard, introduisent à un univers qui n'est plus (l'a-t-il jamais vraiment été?) celui de la *Nouvelle Héloïse*. Il faudrait évoquer ici beaucoup d'autres épisodes, plus pimentés, pour donner une image juste et complète de *Mes soliloques*. Qu'il suffise de dire que, dans ce roman autobiographique (ou autobiographie romancée?) où la construction est la principale qualité, chaque épisode semble nécessaire à l'équilibre de l'ensemble, au portrait du principal protagoniste, et à l'élaboration complète de sa vision du monde. Si d'Antraigues se situe bien loin du génie de Rousseau, il n'en a pas moins composé une œuvre plus chatoyante,[27] ouverte aux divers courants du siècle, et qui témoigne d'une personnalité littéraire, comme d'une idéologie, complexe, et même à certains égards fascinante.

ix. Goût du 'monde'

Le comte reste d'autre part, quoi qu'il en dise et peut-être quoi qu'il veuille, un mondain. Il gronde contre le monde, les mœurs de la cour comme des salons, mais il ne peut se résoudre à renoncer aux principales qualités, non plus qu'à certains préjugés qui font de lui un parfait 'homme du monde'. Ainsi, s'il tonne contre la grande ville, Paris, s'il évoque face à cet enfer la solitude bienheureuse de son désert, en des termes qui font plus d'une fois penser à Jean-Jacques, il est par contre profondément parisien, aussi à l'aise dans un salon que son maître l'est peu.

26. f.61, 62-64. Ces fêtes ayant eu lieu en mai 1770, le héros, né le 25 décembre 1753, est dans sa seizième année. Il est donc, déjà, notablement plus précoce que Saint-Preux. L'autobiographie corrigerait-elle ici le modèle littéraire?

27. Scènes sentimentales, scènes polissonnes, voire franchement érotiques, scènes grinçantes de démesure passionnelle, qui annoncent le roman noir.

x. Satire des sociétés provinciales

Le comte laisse parfois échapper son mépris pour la ridicule société de province, comme par inadvertance; mais il reprend le thème pour le développer avec de plus en plus de force et de virulence satirique. Il déteste moins encore les toutes petites villes de garnison (Carcassonne, Verdun) que les villes moyennes, à prétentions, pleinement provinciales donc: Montpellier, qu'il a habitée long-temps; Toulouse, lieu de l'aventure désagréable avec Mme de Montalembert, où il a été contraint de se battre en duel à l'issue d'une machination, dont le but était plus encore de le convaincre de lâcheté que de le faire périr;[28] Grenoble enfin, où il est obligé de visiter sa sœur Mme de Viennois: il ne supporte pas la prétention à l'esprit et au sentiment, la lourdeur de la conversation, l'inculture, la bestialité des hommes, la vulgarité des femmes. Ces sociétés sont insipides, car elles sont une caricature de la vraie.[29] On découvre ainsi que les perpétuels déplacements entre La Bastide et Paris sont nécessaires à l'équilibre affectif et intellectuel de d'Antraigues.

28. Voir ci-dessous, et annexe 2.
29. Pour Montpellier, voir f.82: 'J'étais dans un cercle comme un corps sans âme, toujours distrait [...] égaré et ne répondant à personne. Aussi, faut-il l'avouer, Montpellier est-il habité par les plus insipides mortels de la terre, il semble que la grâce et l'esprit ne puissent germer sur ce [...] sol [...] je n'ai jamais pu concevoir qu'une ville aussi charmante fût peuplée d'aussi sots habitants. Les hommes y sont débauchés, sans galanterie, grossiers, curieux, bavards et méchants. Les femmes disent qu'elles sont sages, et j'en serais certain si tous les hommes me ressemblaient [...] toujours guindés, ayant de hautes prétentions et un esprit au-dessous du médiocre tels sont les habitants de Montpellier dans ce qu'on nomme l'ordre de la noblesse. Le peuple est gai, enjoué, malin et en général porté aux plaisirs. Mais ce qu'on nomme la bonne compagnie est l'assemblage grotesque de tous les ridicules et de toutes les prétentions.' Voir encore f.102, 112. Pour Grenoble, voir f.160-61, et surtout, au début de la 'suite de mes mémoires, La Bastide, 9 décembre 1789', la sortie la plus violente, f.213-14. Même Genève, malgré son idéalisation par les souvenirs de Jean-Jacques, n'est pas épargnée par les sarcasmes du comte, f.163: 'admis dans quelques sociétés, je trouvai que ceux qui les composent méritent peu les éloges que leur prodigue Rousseau. Les femmes y sont précieuses, les hommes pédants et les jeunes gens des singes maladroits de tous nos ridicules.' Il est vrai que cet éreintement va servir de prélude à l'affirmation du rousseauisme du comte: les Genevois ont dégénéré dès qu'ils ont perdu leur indépendance et parce qu'ils se trouvent dans une situation morale pire encore que celle que J.-J. cherchait à conjurer dans sa *Lettre à d'Alembert sur les spectacles*: 'Ainsi furent anéanties', poursuit d'Antraigues, 'avec la liberté de ce pays les vertus qu'elle avait fait éclore et qui ne subsistent point sans indépendance. Maintenant que des tyrans règnent à la place des [?] leurs sujets mécontents mais énervés se distraient de leurs maux par les charmes du vice ou de l'intérêt, et bientôt Genève n'existera plus que dans les écrits sublîmes de Rousseau. La ville qui en portera encore le nom, peuplée de maîtres et d'esclaves, ne sera plus digne de l'avoir vu naître.'

xi. Les bons mots du comte: 'l'exploit de salon'

La vivacité d'esprit est aux yeux du héros aussi importante qu'un 'cœur sensible':[30] il en use, en ce qui le concerne, et même en abuse parfois. En tout cas le narrateur recueille avec gourmandise ses bons mots, dignes d'un Rivarol ou d'un Beaumarchais, répliques fulgurantes pour abattre un ennemi,[31] ou simples rosseries gratuites pour faire rire l'assistance, parfois pour reprendre l'avantage en se tirant d'un mauvais pas. Ainsi lors de telle scène à Varsovie, lors du retour de l'ambassade turque; elle oppose le héros à son compagnon, M. de Sainte-Croix: 'Nous étions convenus que pour éviter les frais inutiles d'une grande parure, nous ne paraîtrions en Pologne qu'en uniforme.' Mais Sainte-Croix rompt ce contrat en faisant venir secrètement de Paris 'par une jalousie et une malignité fort déplacées [...] pour mille louis d'habits les plus riches'. Il cherche à éclipser le comte, et à lui donner un ridicule, en un pays où 'ainsi qu'à Paris l'empreinte d'un ridicule est indélébile'. D'Antraigues dissimule son étonnement, fait semblant de ne pas être offensé et 'malgré le sourire malin de Sainte-Croix qui s'empressait d'exhiber sa garde robe' il contient son 'sentiment'. Ce même jour, il 'fait prier à dîner' son compagnon chez la princesse Potoska qui, pour 'faire connaître' le héros, 'avait invité chez elle les principaux seigneurs de la cour'. Le comte laisse partir Sainte-Croix et arrive à la réception une demi-heure après lui, vêtu de noir 'depuis la tête jusqu'aux pieds':

A mon aspect lugubre, tout le monde se regarde avec étonnement. Sainte-Croix, brillant comme un Céladon, avait l'air aussi surpris que les autres [...] je m'avance et me place à côté de la princesse. Peu après elle me demande quelle perte j'ai faite, si c'est ma mère. Non, Madame, lui dis-je, heureusement tous mes parents sont pleins de santé. C'est de ma garde-robe que je porte le deuil: l'opulence du Marquis de Sainte-Croix l'a tuée subitement. Qui eut les rieurs de son côté, ce ne fut pas mon Adonis. Jamais homme ne fut plus humilié. Il fallut expliquer pourquoi il était si magnifique et moi si modeste, et je dis franchement ce qui en était. Depuis cet instant, chaque fois qu'on voyait mon habit noir à côté de sa dorure on ne cessait de sourire. Le Roi ne put s'en empêcher le jour qu'il nous invita à dîner et mon Sainte-Croix, outré de dépit, quitta Varsovie et s'en alla à Berlin. J'ai oublié ce trait dans mes mémoires,[32] mais j'ai été bien aise de le placer ici.[33]

Tous les ingrédients de l'exploit de salon sont réunis dans cette scénette: le héros a été agressé; il prend sa revanche devant un public nombreux et choisi

---

30. D'où, entre autres raisons, la gêne que suscite l'épisode de la liaison avec une paysanne ayant aussi 'peu d'esprit' qu'on peut l'imaginer (et, en l'occurrence, que peut le souhaiter le héros!).

31. Ainsi le 'petit billet' provocateur à M. de Saint-Priest, cité ci-dessus, p.42, n.24.

32. Il s'agit du *Voyage en Turquie*.

33. *Mes soliloques*, f.195-96.

(les 'principaux seigneurs de la Cour'); la scène est aussi prestigieuse qu'on peut le souhaiter, puisqu'un ridicule est aussi redoutable à Varsovie qu'à Paris, référence suprême, cela vaut la peine d'être noté, sous la plume de cet amoureux de la solitude champêtre; il y a progression de l'intérêt, pour mettre dans tout son relief le mot cruel soigneusement préparé. Le rire, ou plutôt le sourire blessant du public, manifeste la victoire du héros; mais le triomphe n'est total qu'avec l'apparition de l'arbitre suprême, le roi. Surtout, ceci est capital, c'est de règle dans la littérature mondaine et libertine, la victime, humiliée, est socialement détruite; elle en prend acte en désertant le théâtre du combat: le marquis de Sainte-Croix prend la fuite, il abandonne Varsovie pour un espace infiniment moins prestigieux, Berlin. On notera aussi que l'impeccable mise en scène, au sens propre, du bon mot, touche à l'art du théâtre. Divertissement mondain par excellence, pour lequel le héros a le goût le plus vif. Il a pris, dans son adolescence, lors d'un de ses premiers séjours à Paris, les leçons du grand acteur Lekain (f.64). Il a joué la comédie chez Voltaire, avec le même Lekain et la princesse Potoska.[34] L'art du théâtre, celui de la conversation, celui des bons mots surtout, toutes ces qualités font de d'Antraigues un type achevé de mondain. Et il ne s'agit pas en l'occurrence du simple entraînement d'un instant, puisque dans cet ouvrage, placé sous le signe de Jean-Jacques, l'auteur est 'bien aise de placer' un 'trait' oublié dans son *Voyage en Turquie*! Ce sont de tels exploits qui lui valent, bien entendu, quelques haines féroces, telle celle que lui voue son ex-maîtresse, madame de Montalembert. Il s'accusera, plus tard, d'avoir été gratuitement méchant, et d'avoir provoqué par 'vanité, sottise, orgueil'[35] une 'vengeance cruelle', au total bien méritée. Mais qu'importe! Là aussi, le narrateur – tout en multipliant les modalisations qui condamnent sa vanité imprudente – n'a pas laissé perdre le trait qui doit contribuer à sa réputation.[36] Plus près en cela de Voltaire (et de tant d'autres) que de Jean-

34. f.171. Il joue dans *Tancrède*, *Adélaïde du Guesclin*, dans *Brutus*: 'pour cette fois, j'eus lieu de me croire un vrai talent, du moins en reçus-je l'assurance de la bouche de Voltaire et de Lekain'.
35. f.148: 'J'examinai avec sévérité ma conduite et celle de Mme de Montalembert, je trouvai que le premier tort était de mon côté, et me demandai souvent avec une amère ironie quel droit j'avais de [navrer?] son cœur qu'elle me retirait, et s'il suffisait qu'elle cessât de m'aimer pour devenir coupable à mes yeux. Oh, vanité, sottise, orgueil, voilà, voilà les vrais motifs de ma conduite. Sa vengeance avait été cruelle, il est vrai, mais qui avait réduit au désespoir un cœur trop sensible pour n'être pas ému de mes criminelles invectives?'
36. f.126-27. La Marquise de Montalembert dont le héros est l'amant pendant deux mois, est à la fois libertine et intéressée: 'Soit que j'eusse cessé d'être aimable, soit que ma bourse fût épuisée, Mme de Montalembert me chassa et le président de [?] mon cousin, me succéda [...]. Je me livrai imprudemment au plaisir malin de la ridiculiser, mes mordants sarcasmes la déchirèrent: elle n'osait plus se montrer. Sûr de ce honteux avantage, je redoublais d'épigrammes. Enfin un jour qu'irritée à l'excès de mes railleries, elle m'attaquait ouvertement devant sept ou huit personnes: "scélérat, me dit-elle, vous m'avez trompée. Eh bien, repris-je, faites-moi pendre: pour vous tromper, il faut être faux-monnayeur!" Ce mot cruel [...] dont j'eus la bassesse de me glorifier me coûta cher: il

Jacques, il pousse le paradoxe jusqu'à se glorifier du sens de la répartie dont il fit preuve pour défendre celui-ci, bassement calomnié par le châtelain de Ferney.

désespéra une femme vindicative, justement courroucée contre moi, mais qui s'avilit et se plongea dans l'ignominie par les infâmes moyens qu'elle mit en œuvre pour se venger.'

5. Idées politiques explicites de d'Antraigues

LES éléments de portrait ainsi mis au jour résultent de l'analyse des comportements du personnage tels qu'ils s'expriment ou se trahissent dans l'imaginaire: considérer *Mes soliloques* comme un roman à la première personne constitue en effet l'hypothèse la plus compréhensive, même si la base biographique est probable ou certaine pour plus d'un épisode.[1] Par l'étude de l'imaginaire, on peut espérer avoir dégagé le fondement des idées politiques explicites de d'Antraigues, dont certaines sont déjà en pleine lumière. Il faut maintenant y revenir, pour en brosser un tableau d'ensemble plus complet, en utilisant simultanément pour cela le premier ouvrage du jeune comte, le plus riche en textes directement politiques, le volumineux manuscrit du *Voyage en Turquie*.[2]

Cet ouvrage est, lui aussi, explicitement écrit sous le signe de Rousseau. Citons ici Léonce Pingaud: 'Rousseau venait d'écrire, dans ses *Considérations sur le gouvernement de Pologne*, un traité de politique expérimentale. Il suggéra à d'Antraigues l'idée d'un travail semblable sur l'empire turc, et lui traça même le plan. Il résolut d'aller en recueillir sur place les éléments.'[3] M. Cobban a retrouvé le passage auquel son prédécesseur fait ici allusion: 'Cet ouvrage,

1. La composition, le principal, sinon le seul aspect littéraire de l'œuvre, est en effet artifice. Elle suffit à modifier l'éclairage et à investir chaque détail d'une signification plus riche que dans la pure contingence du réel.

2. Le manuscrit aurait été rédigé, à en juger par les indications internes, au cours du voyage, de la fin de 1778 à la fin de 1779. Ainsi, la deuxième partie est constituée d'un certain nombre de lettres, datées pour la plupart de la seconde moitié de 1779 (il est probable que ce sont les lettres supposées, à en juger par leur ampleur: moyen assez artificiel d'organiser la matière, où l'on peut soupçonner l'influence du roman épistolaire. Le voyage a d'ailleurs, déjà, une composante romanesque très nette.) Pingaud pense que l'ensemble a été rédigé après le retour du comte, en 1781. Selon diverses indications portées sur le manuscrit 1543-1544 de la Bibliothèque municipale de Dijon, il a été revu et corrigé à la fin de 1783. L'introduction ainsi qu'une sorte de post-face, qui pourraient avoir été rédigés postérieurement, ne sont pas datées. La copie du mémoire (qui n'est pas de la plume du comte) n'est pas datée. Or, selon les indications qui figurent au début et à la fin du manuscrit, la première partie (et l'essentiel) de *Mes soliloques* a été écrite entre le 21 juin et le 20 octobre 1782, la seconde commencée le 9 décembre 1784. Duckworth (*The D'Antraigues phenomenon*, p.142) précise que les *Mémoires sur la Turquie* furent écrits en septembre 1779-1780. Les deux ouvrages sont donc très proches l'un de l'autre dans le temps. Il y a même un effet de superposition, lorsque l'auteur en arrive, dans son autobiographie, à l'époque de son voyage: il résume, renvoie à son Mémoire, et comble quelques lacunes.

Il semble donc légitime d'embrasser les deux ouvrages d'un même regard.

3. Pingaud, *Un agent secret*, p.18-19. Nous nous permettons de passer par l'intermédiaire du livre de Pingaud, dans la mesure où nous avons parcouru plus rapidement le *Voyage* que *Mes soliloques*. Pingaud semble avoir lu avec attention les deux cahiers déposés à Dijon, mais par malheur il ne donne aucune référence, et nous n'avons pas encore localisé certains textes qu'il cite ou résume.

entrepris sans connaître mes forces, était destiné à complaire aux désirs de l'homme le plus célèbre de ce siècle, et le plan que j'ai suivi est celui qu'il m'a donné lui-même.'[4] Dans *Mes soliloques*, d'Antraigues écrit seulement (f.192):

En quittant le service, j'étais résolu à satisfaire le plus vif de mes goûts, celui des voyages, et en conséquence, j'avais obtenu d'un ministre de mes amis qu'il me permettrait de le suivre dans son ambassade. Je me disposais à me rendre auprès de lui quand le Comte de Saint-Priest, mon oncle, ambassadeur à la Porte, me proposa de partir avec lui à Constantinople, à l'expiration de son congé, c'est-à-dire le 1er mai 1778. J'aimais peu Mr de Saint-Priest [...]. D'après nos dispositions respectives, je n'avais point songé à lui. Cependant l'idée de voir ces pays si [beaux?] que jadis habitaient des nations si illustres, ces pays couverts des débris fastueux de la superbe antiquité, le charme de respirer l'air de la Grèce, de visiter ces îles qui, toutes, sont intéressantes par les souvenirs qu'elles rappellent et plus que tout [...] l'espoir de parcourir l'Egypte me décidèrent à l'instant. J'acceptai les offres de mon oncle avec le plus vif empressement.

Ce sont donc les souvenirs de l'Antiquité qui séduisent le jeune voyageur. Il va retrouver son Plutarque sur le terrain. Et on sait à quel point ces images sont liées à Rousseau. D'ailleurs, lors du séjour à Paris préalable au départ, d'Antraigues aurait revu son maître, deux mois et demi environ avant de prendre la mer. C'est au cours de cette visite que Jean-Jacques lui aurait lu les *Confessions*: 'En le quittant, je me dis mille fois, Grand homme je ne te reverrai plus, et lui-même pensait comme moi, il pleurait en me disant Adieu' (f.193).

L'image de Jean-Jacques traverse plusieurs fois l'esprit de son disciple, au cours de son voyage en Turquie, ou de la 'relation' qu'il en fait. Ainsi, d'Antraigues visite d'abord les îles grecques. Sur un rocher escarpé, qui domine la mer, il 'grave le nom de celle qu'[il a] tant chérie, et [le quitte] avec le même regret qu'[il l'avait] jadis quittée elle-même'. C'est l'occasion d'évoquer le 'divin Rousseau', inséparable de la grande passion du héros.[5] Peu de temps après son arrivée à Constantinople, il apprend la mort de Jean-Jacques; il dit même avoir reçu une lettre que son maître, assailli par le pressentiment de sa fin prochaine, lui adressa trois jours avant celle-ci.[6] Enfin, dans une lettre (chapitre) datée de Cracovie, le 26 juillet 1779, où il vient de décrire les salines de Wiéliczka, spectacle presqu'aussi effrayant que va l'être, trois semaines plus tard, celui des

---

4. Cité par Cobban et Elmes, 'A disciple of Rousseau', p.183.
5. Copie mise au net du *Voyage en Turquie*, Dijon, Bibliothèque municipale, ms. 1545 (A1), f.93. A noter que c'est l'image de Milady qui surgit alors dans la mémoire du héros, non celle de Virginie. Il est vrai que la première est la seule à être liée au personnage de son donateur, Jean-Jacques, et que c'est peut-être surtout celui-ci qu'il s'agit alors d'évoquer. La *Nouvelle Héloïse*, par des liens d'ailleurs subtils et contradictoires, est presque aussi présente dans le *Voyage* que le *Contrat social*, dans la mesure où ce premier ouvrage du comte est à bien des égards, déjà, un roman (à la fois érotique et sentimental).
6. Cf. Pingaud, *Un agent secret*, p.21.

mines de Chemnitz, il évoque une fois encore Rousseau, pour se désespérer de sa perte:

Si j'ai mal dépeint ce lieu et les idées qu'il a fait naître, ce n'est pas que je n'aie vivement senti, mais c'est que mon talent est faible, et que je n'ai plus cet aristarque célèbre qui eût daigné corriger mes erreurs et me donner à la fois la leçon et l'exemple. Le désir de me montrer digne de lui m'inspirait un [?] de courage, une ardeur que je n'ai plus. Oui, grand, sublime Rousseau, tu as manqué encore plus à mon cœur qu'à mes écrits.

Si un assez long fragment de la phrase suivante est illisible, son sens reste clair: d'Antraigues conclut sur l'idée qu'un homme assez heureux pour avoir éveillé, comme lui, l'intérêt de Jean-Jacques a le droit 'de ne plus consulter personne et de ne pas chercher à réparer une perte qu'[il sent] chaque jour devoir être irréparable'.[7]

i. Haine du despotisme

La présence de Rousseau n'est pas moins nette dans les analyses, encore qu'il ne règne pas sans partage. Son émule reprend en effet, comme le note Pingaud, le thème huguenot de la France-Turquie, sur le mode philosophique.[8] Dans une sorte de post-face, d'Antraigues définit clairement son propos:

Lecteurs inattentifs qui, en parcourant cet écrit n'avez été étonnés que de la férocité des Tyrans de Turquie et de la stupide patience de leurs esclaves, portez vos regards sur votre patrie, et voyez si les maux qui nous accablent n'annoncent pas à nos infortunés descendants des malheurs plus cruels encore. Un Despote à l'entendre est le représentant de Dieu sur la terre, il est tout, ses peuples ne sont rien. Sa volonté connue est la loi.[9]

L'auteur n'est pas moins clair quant à son but: 'Puissent mes écrits tomber dans des mains courageuses et les embraser de l'amour de la liberté et de la haine des tyrans. J'ose croire qu'il est utile d'apprendre à la postérité les crimes de ce siècle, et de venger l'opprobre par la tombe des scélérats' (f.142). On mesure, dès cet extrait, l'extrême violence de l'inspiration anti-despotique chez d'Antraigues. On en sait les racines, dans la révolte que suscite l'autorité de la famille et des éducateurs. Outre les actes d'arbitraire de la part du pouvoir politique dont il a été, dans ce climat, le spectateur indigné, il y a ceux dont il

---

7. *Voyage en Turquie*, ms. 1546, f.60.
8. *Un agent secret*, p.19. Pour la source de cette inspiration, voir *Les Soupirs de la France esclave* (anonyme) (Amsterdam 1689; Paris 1976). Cf. notamment troisième mémoire, 'Les tristes effets de la Puissance arbitraire et despotique de la Cour de France: que cette puissance est tout aussi despotique que celle du Grand Seigneur', p.25-40. D'Antraigues a pu avoir connaissance de ce pamphlet très célèbre encore au dix-huitième, qui sera réédité en 1788-1789, au moment de la campagne des pamphlets, dans la perspective de la 'révolution aristocratique'.
9. *Voyage en Turquie*, manuscrit original, Dijon, ms. 1544, f.143.

aurait failli être la victime lui-même: sa famille, peut-être même, croit-on comprendre, sa mère, l'aurait menacé d'une lettre de cachet vers l'automne 1770, pour l'obliger à rompre sa première liaison suivie avec Mlle Dubois et à rejoindre son corps.[10] Vers mars 1778, son oncle, M. de Saint-Priest, pour se débarrasser de lui, après l'avoir invité à le suivre dans son ambassade, 'se préparait à demander au ministre un ordre pour [le] faire arrêter'.[11] Ainsi est-il autorisé à remarquer, à propos de l'"horrible forfait' de l'impératrice Marie-Thérèse qu'il n'a pas réussi à empêcher: 'Qu'on juge maintenant de l'horreur naturelle que je dois témoigner pour le despotisme. Hélas! Je n'en juge pas par théorie, j'en ai vu les plus abominables excès' (f.207). Cette haine des despotes va jusqu'à se manifester, maintes fois, par l'exaltation du tyrannicide. Certes, le mot, bien qu'il soit ancien, n'a été popularisé que par la Révolution[12] et ne semble pas appartenir au vocabulaire de d'Antraigues. Mais l'idée est bien présente. D'abord dans le registre de la bouffonnerie. Un jour, l'ignoble Maydieu surprend son élève, dans sa chambre, entre les bras d'une jeune

---

10. *Mes soliloques*, f.64v.

11. f.193. D'Antraigues aurait paré le coup en soumettant son tuteur à un chantage, dont la nature exacte reste mystérieuse, mais exercé à travers une lettre au principal ministre, M. de Vergennes, annexée au manuscrit et qui semble avoir disparu ou avoir été reclassée. Elle a, en fait, été publiée par L. Pingaud, *Lettres inédites du comte d'Antraigues* (Paris 1895), p.5-11. Cette lettre, datée de Paris, 17 mars 1778, est déposée aux Archives nationales, AF III 44. Elle fait partie du fameux portefeuille enlevé à d'Antraigues par Bonaparte, et envoyé au Directoire. Rédigée dans un moment d'humeur, elle n'a pas été envoyée, mais, selon d'Antraigues, la menace a suffi à effrayer son oncle qui dès lors ne s'opposa plus à son départ. C'est une longue et venimeuse diatribe contre M. de Saint-Priest, et l'occasion pour l'auteur d'affirmer fièrement les principes tout opposés qui guident sa propre conduite. Qu'on en juge par deux extraits: 'Le Comte de Saint-Priest, ambassadeur du roi à la Porte [...] songeait, dit-il, à me faire avoir une cornette des chevau-légers, et j'avais fort peu secondé par ce qui ne s'accordait ni avec ma fortune, ni avec mes désirs, et dont je savais d'ailleurs que le comte [...] n'avait l'air de s'occuper que pour se donner envers moi une espèce de ton d'autorité et de prévenance dont je n'ai jamais été la dupe. Il imagina tout le contraire, et croyant que l'ambition me soumettait à ses caprices et m'engagerait à souffrir ses impertinences, il m'écrivit au sujet des brouilleries de ma mère et de ma sœur une lettre au moins extravagante par le ton boursouflé qu'il s'arroge avec moi'. (D'Antraigues vient de développer, presque aussi vivement que dans *Mes soliloques*, les raisons qui ont amené sa démission de l'armée. Il va expliquer qu'au reste, son oncle ne l'a invité à partir avec lui en Turquie que parce qu'il avait déjà un projet de voyage à Naples, avec le baron de Talleyrand, délégué à l'ambassade.)

Et voici la péroraison, en forme de chantage: 'Si le roi juge convenable que je renonce à ce voyage, pour parer au tort que le comte de Saint-Priest fait à ma réputation, je rendrai cette lettre publique, je l'enrichirai de détails propres à en faciliter l'intelligence et attendrai à Paris quel effet elle produira. Si, prévenu par lui, vous refusez de faire parvenir ma justification au roi, je prendrai le public pour juge.'

Je ne crains rien, Monsieur, parce que ma cause est juste et qu'on peut me faire beaucoup de mal, mais je prouverai jusqu'à ce qu'on m'étouffe que ceux qui m'accusent ont tort avec moi.'

12. Voir notamment, l'éditorial du no.74 (4-11 décembre 1790) des *Révolutions de Paris*, de Prudhomme, 'Tyrannicides', p.443-55: le successeur de Loustalot (Sylvain Maréchal?) y défend le tyrannicide comme une institution salutaire.

paysanne, Rose (indigne remplaçante de Manin, l'initiatrice de l'adolescent): soufflet, puis le précepteur tombe 'à coups redoublés' sur la malheureuse; pour la protéger, l'enfant (il a quatorze ans!) s'empare d'un canif, et veut déjà poignarder le despotique personnage; par bonheur, celui-ci court chercher protection auprès de la mère du héros, échappant à une juste punition.[13] Un peu plus sérieusement, par-delà les despotes subalternes, tel le colonel de Talleyrand, le comte, plein des images héroïques de l'Antiquité, envisage d'étendre cette pratique au plan politique. A propos du crime de Marie-Thérèse contre la malheureuse Poninski, le héros, dans un mouvement rhétorique, regrette que les grands exemples soient perdus de faire périr les tyrans (f.205*v*).

La rhétorique n'est certes pas absente du *Voyage*, mais le thème, outre qu'il est récurrent, semble souvent traité de façon plus réfléchie, comme un développement de l'analyse politique. D'abord à propos de la Turquie,[14] mais surtout quand l'auteur affirme la responsabilité personnelle de tout monarque, clé de voûte d'un système oppressif: 'Je le sais, les rois sont abusés, mais ils veulent l'être, mais s'arrogeant sur la vie et l'état de leurs sujets un pouvoir tyrannique, ils sont coupables de tout le mal qu'ils font et qu'on fait en son nom. Toujours un tyran trouvera des ministres, c'est le tyran lui-même qu'il faut frapper' (f.140-42). Il imagine alors un héros moderne, copie-conforme des Anciens et qui débarrasserait les peuples du despote. 'Ma mémoire honorée sera votre égide. Vos rois sauront qu'il est des bras tels que le mien qui savent punir les tyrans [...] conservez à la liberté ce poignard qui armait ma main quand je punis votre maître. Un tel homme mourrait, je n'en doute pas, mais sa mémoire honorée vivrait dans tous les âges' (f.140-42). L'usage de la prosopopée est certes le signe d'une effervescence rhétorique. Mais c'est un point de doctrine important pour d'Antraigues que la culpabilité du despote (de ses agents et de sa Cour) qui lui permet d'innocenter le régime seigneurial en tant que tel, c'est-à-dire de s'innocenter lui-même, voire d'héroïser son propre statut. Le trait distinctif de sa dénonciation, en effet, c'est qu'au lieu de rester abstraite, elle s'applique très précisément au roi de France: 'un tel homme se trouvera-t-il, j'en doute, et en ce moment il n'est pas nécessaire. Le prince qui tient le sceptre, faible mais bon, n'est pas oppresseur, et il peut ne pas le devenir, mais sous Louis XV, oh temps d'horreur! éloignez-vous de ma mémoire' (f.142). Ce jugement n'est pas dépourvu de lucidité. L'auteur du *Voyage* partage certes les illusions sur le jeune roi, mais jusqu'à un certain point

---

13. *Mes soliloques*, f.59*r*.
14. *Voyage en Turquie*, ms.1543, f.124: 'Je ne puis me refuser à remarquer les funestes et abominables effets de l'ignorance et du despotisme. Je voyais une étendue de pays immense, inculte, desséché, et des malheureux abusés par la religion se courber sous le joug du monstre qui les dévore [...] qu'ils eussent dû poignarder.'

seulement, puisqu'il laisse entendre qu'à ses yeux, c'est l'institution monarchique même qui pervertit l'homme et produit les despotes.[15] Sentiment qu'il s'attache à théoriser tant bien que mal, par des bribes empruntées à la doctrine démocratique du *Contrat social*, et quelques réminiscences du *Discours sur l'origine de l'inégalité*:

En quelque pays qu'on puisse être, quand un homme annonce des lois par ce seul mot, tel est mon plaisir, les hommes ramenés à l'état de nature par la corruption du gouvernement ne sont forcés d'obéir qu'autant qu'ils y sont contraints, et quand enfin l'excès de l'oppression armc tous lcs bras, car le glaive menaçant sa fureur, les cris annonçant et précédant les ravages de la mort [*sic*], alors l'Empire inondé de sang voit frapper son tyran et ses satellites. La voix du ciel est alors celle du peuple et la punition des tyrans l'acte le plus légitime de la volonté populaire.[16]

On voit ce qui séduit d'Antraigues dans les dernières pages du second discours (voir passage cité, p.20-21 et n.17): d'une part la métaphore du monstre à la tête hideuse, l'évocation des troubles et des calamités, mouvement rhétorique à l'origine d'une phrase frémissante et embrouillée jusqu'à l'incorrection; mais surtout, au-delà de cette peinture des maux du despotisme, la

15. A comparer avec *Contrat social*, III, 6, *Œuvres complètes*, iii.412: 'si l'éducation royale corrompt nécessairement ceux qui la reçoivent, que doit-on espérer d'une suite d'hommes élevés pour régner?' Thème déjà développé par Racine, dans *Athalie* notamment! Et auquel Saint-Just allait donner un retentissement immense, dans le premier discours qu'il prononça à la tribune de la Convention, sur le jugement de Louis XVI: '*On ne peut point régner innocemment* [souligné par S.J.]: la folie en est trop évidente. Tout roi est un rebelle et un usurpateur.' Voir *Œuvres complètes de Saint-Just*, éd. Charles Vellay (Paris 1908), i.364-72, et particulièrement p.369. Soit à peu près l'époque à laquelle d'Antraigues publiait *Exposé de notre antique et seule légale constitution française!* (voir ci-dessous, seconde partie).

16. Copie mise au net du *Voyage*, ms.1545, Introduction, p.10. Cf. *Discours sur l'origine de l'inégalité*, seconde partie, *Œuvres complètes*, iii.190-91: 'C'est du sein de ce désordre et de ces révolutions que le Despotisme élevant par degrés sa tête hideuse et dévorant tout ce qu'il aurait aperçu de bon et de sain dans toutes les parties de l'Etat, parviendrait enfin à fouler aux pieds les Lois et le Peuple, et à s'établir sur les ruines de la République. Les temps qui précéderaient ce dernier changement seraient des temps de troubles et de calamités: mais à la fin tout serait englouti par le monstre; et les Peuples n'auraient plus de chefs ni de Lois, mais seulement des Tyrans [...]. C'est ici le dernier terme de l'inégalité, et le point extrême qui ferme le Cercle et touche au point d'où nous sommes partis: c'est ici que tous les particuliers redeviennent égaux parce qu'ils ne sont rien, et que les Sujets n'ayant plus d'autre loi que la volonté du Maître, ni le Maître d'autre règle que ses passions, les notions du bien et les principes de la justice s'évanouissent derechef. C'est ici que tout se ramène à la seule Loi du plus fort, et par conséquent à un nouvel Etat de Nature différent de celui sur lequel nous avons commencé, en ce que l'un était l'Etat de Nature dans sa pureté, et que ce dernier est le fruit d'un excès de corruption. Il y a si peu de différence d'ailleurs entre ces deux états, et le Contrat de Gouvernement est tellement dissous par le Despotisme, que le Despote n'est le Maître qu'aussi longtemps qu'il est le plus fort, et que sitôt qu'on peut l'expulser, il n'a point à réclamer contre la violence. L'émeute qui finit par étrangler un Sultan est un acte aussi juridique que ceux par lesquels il disposait la veille des vies et des biens de ses Sujets. La seule force le maintenait, la seule force le renverse; toutes choses se passent ainsi selon l'ordre Naturel.'

justification de la révolte contre le despote, à l'aide de la théorie démocratique en voie d'élaboration. On voit aussi en quel sens l'auteur corrige Rousseau: celui-ci prétend se tenir au niveau des principes et s'interdit (croit-il) de formuler la moindre critique à l'égard du gouvernement du pays qui l'accueille. Par le rappel de la formule officielle 'tel est notre bon plaisir', d'Antraigues explicite qu'il vise, lui, le pouvoir absolu en France même. L'œuvre politique de Rousseau est du reste une riche mine à exploiter dans un sens anti-monarchique. On en a déjà vu l'exemple dans un additif au *Voyage en Turquie* inséré dans *Mes soliloques*.[17] Quoi qu'il en soit, d'Antraigues dégage avec assez de précision, dans son *Mémoire*, les traits essentiels de la monarchie absolue, identifiée au despotisme. Il utilise pour cela Jean-Jacques, comme aussi certains thèmes généraux de la littérature philosophique; et il rencontre sur ce terrain un grand adversaire, Montesquieu, qu'il pourrait être le premier à affronter dans cet esprit, en l'opposant à Rousseau.

Qu'il entende bien traiter de la monarchie française, il le souligne maintes fois. Ainsi par telle allusion précise au fameux lit de justice, dit 'séance de la flagellation':[18] 'Français [...] le plus vif, le plus méprisable des Rois n'a-t-il pas osé vous dire qu'il ne tenait son sceptre que de Dieu et de son épée, qu'à Dieu seul était dû le compte de son administration.'[19] Le jeune comte n'est pas moins clair lorsque, dans la définition de son projet, on découvre, en filigrane, les principes antagonistes de l'*Esprit des lois*:

En étudiant ce que c'était que le Despotisme, j'ai appris à connaître aussi la Royauté. J'ai cherché s'il existait quelque différence entre le Sujet et l'Esclave et je n'en ai trouvé aucune. J'ai voulu donner une définition claire de ce qu'était la Loi en France et en Turquie, et j'ai vu qu'en ces pays infortunés la volonté d'un seul [constituait] la règle de tous.[20]

Dans ce cadre, on peut discerner d'abord une mise en valeur violemment

17. Voir ci-dessus, p.20 et n.17. L'utilisation anti-monarchique de Rousseau est essentiellement le fait des adeptes de la 'révolution aristocratique', mais aussi de certains futurs patriotes comme J.-P. Brissot. Voir R. Barny, *Jean-Jacques Rousseau dans la Révolution*, thèse (1977) (B.U. de Besançon, Paris X Nanterre, et Musée J. J. Rousseau de Montmorency), tome ii.
18. Le 3 mars 1766. Après l'emprisonnement du Procureur général du parlement de Rennes, La Chalotais, et de divers autres magistrats, et le recrutement par le gouverneur de nouveaux juges, les autres parlements du royaume protestent. Pour briser cette fronde, Louis XV va inopinément au parlement de Paris. Il y lit la déclaration que résume ici d'Antraigues, réaffirmation sans originalité, mais de façon percutante, de l'absolutisme de droit divin: 'En ma personne seule réside la puissance souveraine; de moi seul mes cours tiennent leur existence et leur autorité; à moi seul appartient le pouvoir législatif, sans dépendance et sans partage [...]; l'ordre public tout entier émane de moi, et les droits et les intérêts de la nation, dont on ose faire un corps séparé du monarque, sont nécessairement unis dans mes mains, et ne reposent qu'entre mes mains.'
19. *Voyage*, ms.1543, f.142.
20. *Voyage*, copie et mise au net, ms.1545, Introduction, p.1.

satirique des moyens du despotisme. Le plus universel et le plus puissant est la religion, qui asservit les âmes et rive les chaînes des esclaves. La religion est un 'instrument d'oppression',[21] nulle maxime n'est développée avec autant de complaisance. La Turquie ne fait que révéler, en l'exagérant, un aspect de la réalité française: 'L'ignorance et la religion, une foi vive et constante' qui ont plié 'dès longtemps les esprits à la servitude'.[22] La philosophie et les Lumières y ont été proscrites plus efficacement qu'en Occident (f.264):

Le génie hardi et tyrannique de Mahomet n'a eu de meilleur moyen pour asservir [ses peuples] que d'éloigner d'eux les lumières et la philosophie. En cela semblable à tous les chefs des religions modernes qui ont désolé l'univers [...] le glaive appuie les préceptes, et ici les menaces de la religion sont toujours accompagnées de la vengeance du prince.

Cela n'empêche pas d'Antraigues d'être encore plus sévère pour le christianisme que pour l'islam:

La religion catholique est tellement la religion des tyrans que Jésus écrit lui-même de faire rendre à César ce qui lui appartient [...] L'Evangile rempli d'ailleurs de maximes touchantes est le livre consolateur des infortunés, mais jamais sa morale n'armera la main du citoyen pour la vengeance publique. Ce n'est pas en détachant les cœurs de tous les biens terrestres qu'on apprendra aux citoyens à défendre leurs droits, et à punir les Princes assez hardis pour les enfreindre.[23]

Ces remarques sont évidemment inspirées du chapitre 'De la religion civile' du *Contrat social*. En harmonie avec elles, mais trop conforme à l'attitude constante de l'auteur pour qu'il soit besoin d'imaginer un modèle, l'attaque contre le clergé de France, principal soutien du trône: 'N'est-il pas plaisant de voir ce peu d'hommes privilégiés composer le premier Ordre de l'Etat. En tout pays, quand le Despotisme favorisera le Clergé, le Clergé penchera [ou prêchera?] pour maintenir le Despotisme' (p.78). Quant aux moines, d'Antraigues a pour eux le mépris de tous les hommes des Lumières. Son passage au mont Athos lui donne l'occasion d'en brosser le portrait-charge:

Cette montagne est le siège de la sottise et de la superstition, elle est peuplée de moines grecs [...] Ils sont [...] assez semblables aux nôtres [...] Livrés au libertinage le plus raffiné, ils s'occupent à chanter les louanges de Dieu et à piller les misérables Grecs [...] Ils ont abondamment tout ce qui est nécessaire. Le célibat leur est ordonné, mais on assure qu'ici comme dans l'Eglise romaine, le célibat des prêtres est fort incommode pour leurs voisins.[24]

La religion étant heureusement affaiblie en France, le recours essentiel du

---

21. *Voyage*, copie et mise au net, ms.1545, Introduction, p.32.
22. *Voyage*, ms.1544, f.147.
23. Copie, ms.1545, p.74.
24. *Voyage*, ms.1543, f.110.

despotisme est désormais constitué par les troupes réglées: 'Leur force [des tyrans] n'est plus que dans leurs armées; ils commandent parce qu'ils sont les plus forts.'[25] Au moment du choix décisif, quand d'Antraigues a décidé de démissionner de l'armée, la prise de conscience de la fonction répressive de celle-ci a été déterminante:

Assez d'autres sans moi brigueront l'honneur d'être les satellites du despote. Si le ciel m'eût fait naître dans une République, alors j'eusses ressenti ce que c'est que l'amour de la Patrie. Mais en France, ce mot tant prononcé ne signifie rien: où les lois ne règnent pas, où la force commande, on ne voit plus de Citoyens, un Maître, trois cent mille soldats et vingt millions d'esclaves, voilà, voilà tout ce qu'on trouve en France. Des bras subalternes ornés de chaînes, des malheureux écrasés et mourant dans la misère, voilà, voilà quelles sortes d'hommes peuplent ce pays infortuné. Dans un tel état de choses, me dis-je, l'amour de la Gloire est une chimère, reste le désir d'esclave d'opprimer, de commander, de s'enrichir.[26]

L'armée est donc le concentré de tous les vices du régime monarchique-despotique. A cela s'oppose le souvenir idéalisé des républiques antiques, réfracté par l'œuvre de Jean-Jacques. C'est en effet toute une conception du monde qui soutient le refus de d'Antraigues, fondée sur le sens de la liberté: les satellites du tyran, instruments de l'esclavage du peuple, sont eux-mêmes des esclaves. Le goût de la richesse est lié à celui du pouvoir, ce qui confirme la présence active du rousseauisme dans ce tableau.

D'Antraigues se montre un pur disciple de Jean-Jacques quand il dénonce, dans le même esprit, un autre moyen d'asservissement et de démoralisation des peuples, l'existence des grandes villes capitales:

les grandes capitales menacent la liberté publique dans les Républiques et [assurent?] les ravages dans les Monarchies. C'est là que vont se façonner à la servitude les sujets qui s'en approchent ou y habitent. L'Empire est sacrifié à l'existence de la Capitale [...] C'est parce qu'un Etat a commencé à se corrompre qu'il existe des capitales, c'est pour qu'il soit toujours corrompu que dans les Monarchies les Rois s'efforcent d'y rassembler leurs sujets afin que ce goût de corruption civile y éteigne l'amour de la liberté et la haine des tyrans.[27]

On sait à quel point ce développement d'un thème livresque traduit, à son niveau, le déchirement intime de l'auteur, solitaire par choix, contempteur du 'monde', et homme de salon impénitent.

Mais le principal instrument du despotisme en France, tant au plan idéologico-moral que directement politique, c'est, selon d'Antraigues, la noblesse. A ce propos, le jeune comte va bien au-delà de Jean-Jacques, qui reste très prudent dans l'application de ses principes (p.77):

25. Copie, ms.1545, Introduction, p.3.
26. *Mes soliloques*, f.191r.
27. Copie, ms.1545, p.13.

Oui, [...] la noblesse héréditaire est un fléau qui dévore une patrie et dont les Etats ottomans se sont garantis. Cette noblesse, bien qu'elle ait perdu le droit de vexer les peuples, elle n'en a pas perdu le droit par état [*sic*], elle est ennemie de par état [*sic*], elle, elle est imbue de préjugés contraires à l'ordre public, par état elle est dévouée aux tyrans. Les tyrans créent et assurent l'existence de la noblesse, et tous sé réunissent pour mépriser et dévorer le peuple qui les nourrit.

Certes, le manuscrit de d'Antraigues n'est souvent qu'un brouillon, mais rarement à ce point. La phrase (fidèlement transcrite par le copiste) trahit par ses soubresauts, sa syntaxe incorrecte, à la fois la fièvre de l'âme sensible et l'incertitude de la pensée. On se souvient d'une hésitation semblable, dans *Mes soliloques*, quant aux droits de justice du seigneur.[28] Que choisir, la réalité du rapport oppressif ou sa correction par un vertueux seigneur, qui peut n'être aussi qu'une fiction pour rendre ce rapport tolérable en le travestissant? Retenons en tout cas que pour le jeune comte au sommet de l'exaltation, la noblesse est un fléau pire encore que l'Eglise catholique. Ce thème est la cristallisation la plus ostensible du déchirement intérieur que vit le disciple aristocrate de Jean-Jacques.

En développant cette thématique, d'Antraigues ne peut pas ne pas trouver sur son chemin Montesquieu. Certes, le principe 'point de monarque, point de noblesse; point de noblesse, point de monarque' est inscrit dans l'*Esprit des lois*,[29] mais affecté d'une valeur contraire. Les 'pouvoirs intermédiaires, subordonnés et dépendants' sont en effet le caractère distinctif de la monarchie, opposée au despotisme (II, 4). Or, l'auteur du *Voyage en Turquie* entend démontrer l'identité de ceci et de cela:

La noblesse, dit-on en France, est le soutien de la Monarchie. Vraiment, je le crois, c'est bien le moins que lui doivent les nobles de la soutenir parce qu'elle les élève aux dépens de leurs égaux. Voyez ce qu'est un noble en Suisse, et imaginez si les nobles de France ne préfèrent pas la tyrannie qui les élève au pouvoir légitime qui les placerait simplement au rang des Citoyens. Un grand homme a dit que ces rangs intermédiaires qu'occupe la noblesse tempéraient l'autorité royale et l'éloignaient du despotisme. Avec tout le respect que je dois à ce beau génie, j'ose croire qu'il s'est lourdement trompé. Comment les satellites du tyran peuvent-ils enchaîner la tyrannie, comment ceux qui ne seraient plus si l'autorité d'un seul était soumise à la volonté de tous peuvent-ils devenir les défenseurs de ce peuple qu'ils ont le privilège d'avilir et d'opprimer à leur gré.[30]

L'identification de la noblesse au monarque est précisément la cause essentielle du rejet de celle-là par d'Antraigues. Ce qui le conduit à réfuter avec passion la théorie de l'honneur, principe de la monarchie, comprise comme la justification morale de ce régime odieux:

28. Cf. ci-dessus, p.17-19, et le texte cité p.19-20, n.13 et 14.
29. Livre II, ch. 4.
30. Copie, ms.1545, p.75-76.

5. Idées politiques explicites de d'Antraigues

Ces vains préjugés, si barbares, si puérils, que Mr de Montesquieu appelle honneur, que sont-ils donc, qu'ont-ils pu faire d'utile à l'Etat, et quant à l'Etat, je veux dire au Peuple [...] L'honneur les armerait contre leur patrie pour soutenir les volontés du despote; l'honneur, ce barbare honneur leur commande d'égorger ce peuple infortuné [...] et quel sentiment noble et généreux inspire ce barbare honneur tant vanté? Rien.

Le frémissement de la sensibilité, traduit maladroitement par l'excès rhétorique, est le signe que là encore quelque chose de profond est en cause: le comte n'a-t-il pas été torturé par ce 'préjugé' de l'honneur quand il le contraignait au duel? Montesquieu apparaît ainsi comme le défenseur de l'idéologie nobiliaire dans ce qu'elle a de plus périmé; et d'Antraigues inscrit en filigrane son propre code de valeurs, opposant la vraie 'noblesse' morale aux préjugés mortels à celle-ci que nourrit l'institution de la noblesse héréditaire. C'est la racine intellectuelle, c'est-à-dire, en fait, le fruit affectif de la conviction la plus spontanée de l'auteur, la thèse de la monstruosité morale du courtisan (p.78):

A Versailles, là se rassemble la plus haute noblesse de l'Etat. C'est là qu'elle doit exercer son empire et paraître avec le plus d'énergie [...][31] de corrupteurs, d'infâmie et de bassesse, contempler les vertus de la noblesse. Là végète dans la mollesse un imbécile tyran enivré d'éloges perfides entouré [...][32] meurtrier pour ses sujets. La cour réunit pour votre perte ces nobles, vos éternels ennemis, toujours prêts à éteindre tout sentiment honnête dans l'antre du tyran avide de vos biens que leur maître vous arrache et qu'il leur distribue. La soif de l'or est le sentiment qui maîtrise tous ces courtisans prodigues.

La véhémence de d'Antraigues (phrases non terminées, mots illisibles) est cette fois le symptôme d'un excès de passion: il découvre l'ennemi principal, dont la haine qu'il lui porte lui permet de préserver tant bien que mal sa propre identité de féodal perplexe.

Cette opposition frontale à Montesquieu entraîne l'auteur à prendre explicitement à partie celui qui lui apparaît dès lors comme l'adversaire idéologique principal:

Monsieur le Président de Montesquieu avait un beau et grand génie, mais il [...] songeait à plaire aux Rois, à flatter les Grands, il voulait justifier tout ce qu'il voyait, sa grande âme était maîtrisée par les préjugés de l'enfance, il voulait être de l'Académie, obtenir des grâces, et les peuples n'en donnent pas dans les Etats monarchiques.

D'Antraigues en vient à combattre au fond la doctrine qui lui paraît sous-tendre *L'Esprit des lois*. Ainsi, la méthode même, définie comme la justification du fait accompli est mise en cause. Et on voit déjà se profiler à l'arrière-plan l'image de Jean-Jacques, qui incarne le désintéressement absolu, antithèse du grand personnage et de l'académicien servile par ambition et avidité. Non seulement

31. Espace blanc.
32. Espace blanc.

d'Antraigues s'identifie au plan moral à son maître, mais la méthode, les principes politiques de Rousseau ne tardent pas à organiser implicitement, la réfutation de Montesquieu:

Suivant moi il n'existe qu'un seul Etat bien administré, et de quelque manière qu'il soit gouverné, quand le Peuple peut renverser [...] et faire mourir les tyrans, le gouvernement est juste et sagement établi. Quand le gouvernement opprime le Peuple et qu'il n'existe aucun moyen pour arrêter sa tyrannie, il n'existe plus de rapport entre le gouvernement et ceux qui sont gouvernés. Je ne vois plus que des esclaves. Alors s'établit par la nature des choses un état de guerre [...] entre l'oppresseur et les opprimés.

Ce sont les concepts du *Contrat social* qui sont à l'œuvre dans cette critique. L'auteur refuse la typologie politique compliquée de Montesquieu, dont l'effort de fidélité à la richesse du réel est compris comme un choix du fixisme; il lui substitue la théorie rousseauiste qu'un seul régime est légitime, celui où la souveraineté populaire est respectée.[33] Dans le détail de l'argumentation même, on entrevoit le concept du rapport entre le peuple comme souverain et le peuple comme sujet. On trouvait déjà la théorie du *Contrat*, derrière le second discours, quand d'Antraigues affirmait que le pouvoir absolu, '[ramenant les hommes] à l'état de nature par la corruption du gouvernement', ne faisait pas droit et autorisait son propre renversement, 'acte le plus légitime de la volonté populaire'. Dans le texte ci-dessus, une seule manifestation de démesure rhétorique, symptôme d'immaturité: à la faculté de changer le gouvernement, soigneusement établie dans le *Contrat social*, le jeune comte ajoute celle de faire périr le despote!

Mais l'essentiel est que la perspective de d'Antraigues, comme celle de Rousseau et à l'opposé de Montesquieu, consiste alors à transformer la société. A cela se rapporte encore la thèse, appelée à un bel avenir révolutionnaire, que la France n'a pas de constitution:

Montesquieu, pourquoi employez-vous à égarer les peuples ce génie divin que Dieu vous a donné pour les éclairer? Que voulez-vous nous dire avec vos lois fondamentales, où sont-elles? Vous vous avilissez jusqu'à louer notre Constitution, comme s'il pouvait en exister quand celui qui doit la conserver commande à dix mille nobles prêts à inonder[34] de leur sang le trône du tyran.[35]

D'Antraigues, en posant cette antinomie rigoureuse entre Rousseau et Mon-

---

33. Voir *Contrat social*, ii, 6: 'Tout gouvernement légitime est républicain [...] Je n'entends pas seulement par ce mot une Aristocratie ou une Démocratie, mais en général tout gouvernement guidé par la volonté générale qui est la loi. Pour que le Gouvernement soit légitime, il ne faut pas que le Gouvernement se confonde avec le Souverain, mais qu'il en soit le ministre: alors la monarchie elle-même est république'.

34. 'cimenter' (lecture de Pingaud, *Un agent secret*, p.47).

35. *Voyage*, copie, ms.1545, p.78.

tesquieu, fait en quelque sorte figure de précurseur dans le domaine des idées. Il semble, à en juger par son exemple, que ce parallèle développé au détriment de l'*Esprit des lois* soit d'abord une caractéristique de la contestation aristocrate du pouvoir absolu aux approches de 89. Mais ce sont, dans un premier temps, les défenseurs de l'absolutisme qui systématisent l'opposition: ainsi dans les gros traités de Leroy de Barincourt, *Principe fondamental du droit des souverains*,[36] et *La Monarchie parfaite*.[37] Puis la thèse est reprise, avec une nouvelle inversion de valeur, donc retour approximatif à la perspective de d'Antraigues, par les idéologues patriotes. Ainsi, Mounier, à l'époque où il est encore révolutionnaire, attaque vivement la politique et la méthode de l'*Esprit des lois*, dans ses *Nouvelles considérations sur les Etats-Généraux de France*, attitude qui se généralise aussitôt.

Cette interprétation stable, à travers ses finalités politiques diverses, ne fait certes pas justice à la complexité du chef-d'œuvre de Montesquieu. Les premiers à proposer une lecture au second degré, voisine des approches modernes, notamment des chapitres sur la monarchie et le despotisme, sont le même J.-J. Mounier, lorsqu'il en vient, à partir de 1790, à étudier attentivement l'*Esprit des lois* pour réfuter le *Contrat social*, 'bible' des révolutionnaires;[38] et Marat, qui n'accepta jamais le point de vue patriote dominant sur Montesquieu.[39] On conçoit en tout cas l'intérêt pour l'histoire des idées des analyses de d'Antraigues.

S'il dénonce les maux dont souffre la France travaillée par le despotisme, l'auteur du *Voyage*, bien qu'il développe moins cet aspect, ne néglige pas les remèdes. Il reconnaît tout d'abord qu'il existe, en France, un frein aux 'efforts constants de la tyrannie', inconnu en Turquie, mais il est extérieur au plan politique, donc aux intentions du pouvoir, c'est 'une certaine urbanité de mœurs, quelques usages chaque jour abolis'.[40] Encore est-il pessimiste à cet égard: ce frein se dégrade dans la mesure où le despotisme est un agent de démoralisation. Ainsi, le peuple français apparaît-il comme 'léger, insouciant [...] habitué à tous les vices des âmes faibles' (p.3). Ce n'est pourtant pas une raison pour désespérer. Le livre même de d'Antraigues est en effet un acte politique, témoignage

---

36. Genève 1788, 2 vol.

37. Genève 1789. Voir l'analyse de ces ouvrages in R. Barny, *Jean-Jacques Rousseau dans la Révolution française*, thèse dactylographiée (1977), ou nos articles 'Les aristocrates et Rousseau dans la Révolution', *Annales historiques de la révolution française* (oct.-déc. 1978), notamment, p.541-42, et 'Remarques sur la pensée aristocrate', *Cahiers d'histoire de l'Institut de recherches marxistes* 20-21 (1977), notamment p.41-42.

38. Voir notre intervention au colloque de Vizille, octobre 1984, 'L'évolution idéologique de Jean-Joseph Mounier (entre Rousseau et Montesquieu) 1789-1801', actes du colloque, *Bourgeoisie de Province et révolution* (Grenoble 1987), axe III, p.80-101.

39. Cf. Barny, 'Montesquieu patriote?', *XVIIIe siècle* 21, *Montesquieu et la Révolution*, p.83-95, et 'Montesquieu dans la Révolution française', *Annales historiques de la Révolution française* 279 (janvier-mars 1990), p.49-73.

40. Copie, ms.1545, Introduction, p.1.

de confiance en ses 'compatriotes': 'J'ai cru qu'en leur décrivant tous les excès du despotisme, je leur inspirerais la volonté de s'en garantir.'[41] C'est ici que le ton se fait franchement optimiste (p.3):

Les lumières de la philosophie éclairant, malgré les Rois, toutes les parties de la France ont découvert aux peuples leurs droits imprescriptibles [...] les tyrans ont pâli. Démunis de l'appui de cette religion servile à laquelle on ne croit plus, ils ont vu se briser le lien le plus terrible dont la tyrannie [?] les âmes humaines [...] ils commandent parce qu'ils sont les plus forts, mais le peuple n'ignore plus qu'il est le maître des rois. La philosophie en brisant l'idole de la superstition lui a rendu avec la conscience de ses droits le pouvoir de les défendre et celui de les recouvrer [...] Est-il superflu en l'avertissant des écueils que la religion sème sur ses pas de lui apprendre à adorer cette philosophie rude et ferme à laquelle il doit, sinon la liberté, du moins le moyen de la recouvrer.

Bel acte de foi dans la puissance émancipatrice des Lumières que cette déclaration d'intention. D'Antraigues apparaît ici comme un philosophe militant parmi les autres. Certes, c'est encore la présence de Jean-Jacques qui est sensible dans la référence aux 'droits imprescriptibles' des peuples. Mais l'attaque contre la religion, au nom de la philosophie libératrice, est d'un paroissien du Vicaire singulièrement émancipé. On pourrait sans doute estimer que l'auteur est ici fidèle à un autre aspect du rousseauisme, celui qu'exprime la 'religion civile'. Mais il est plus simple de croire qu'il s'inscrit dans une conception plus large des Lumières, où Rousseau, malgré son originalité, a sa place. En tout cas, le ton d'optimisme 'prérévolutionnaire' de cette page est frappant.

Il reste à parler d'un ultime moyen de lutte contre le despotisme: les parlements. Certes, c'est loin d'être décisif aux yeux de d'Antraigues. Mais il s'agit d'une grande question politique, surtout depuis les années cinquante, et la réaction de notre auteur est donc intéressante à étudier. On regrette d'autant plus qu'il n'ait pas eu l'occasion d'exposer ses vues dans le détail qu'on les sent hésitantes, contradictoires, comme chaque fois que se pose à lui un problème politique concret. Les éléments qu'on peut rassembler à cet égard permettent toutefois d'entrevoir l'originalité de l'opposition du comte et ses limites, sinon d'en prendre tout à fait la mesure.

On l'a vu faire une allusion sévère à la fameuse séance de la flagellation,[42] où Louis XV, confronté à une fronde parlementaire d'une insolence sans précédent, a voulu en finir avec les sourdes prétentions des cours souveraines à partager le pouvoir législatif, c'est-à-dire à contester l'absolutisme qu'elles reconnaissent officiellement. Mais si d'Antraigues stigmatise le despotisme de Louis XV, ce n'est pas qu'il soit pour autant favorable aux magistrats. Ceux-ci

41. p.2. Voir aussi le passage cité ci-dessus, p.51.
42. Voir ci-dessus, p.55, et n.18.

semblent souvent n'être à ses yeux que des privilégiés aussi détestables que les autres. On devine que son hostilité à 'Mr le Président de Montesquieu' tient aussi à un tel sentiment. C'est un aspect de son refus des 'pouvoirs intermédiaires subordonnés et dépendants'.[43] Il lui arrive de préciser les raisons de son hostilité, comme dans l'ajout terminal au *Voyage*:

le [...] Roi qui assure ne tenir son empire que de Dieu n'osa-t-il pas les anéantir ces Parlements [...] Ont-ils la moindre énergie? Ainsi qu'en Turquie, ils paient au Tyran les places qu'ils occupent. De quels impôts vous ont-ils garantis? Prompts à défendre de vaines prérogatives et prompts à trahir vos droits, ne les a-t-on pas entendu prêcher le despotisme au pied du trône, et dire à leur maître qu'il ne devait qu'à Dieu seul le compte de son administration?[44]

En bref, non seulement l'opposition des parlements est stérile, mais ce n'est qu'un faux-semblant. D'Antraigues rejoint ici Voltaire dans son hostilité tenace aux cours souveraines, qu'il avait osé, presque seul, manifester lors de la suppression de celles-ci par le chancelier Maupeou en 1771. L'auteur du *Voyage* apprécie avec lucidité le caractère étroit, intéressé, de l'opposition des parlements qui, au nom des peuples, défendent surtout... leurs propres privilèges. Il y a, selon lui, à cette impuissance, voire à cette nocivité, une cause rédhibitoire, la vénalité des charges, qu'il attaque contre Montesquieu, dans un esprit semble-t-il tout rousseauiste,[45] ou du moins républicain à l'antique:

On n'achète point le droit de défendre les intérêts des peuples; Celui que l'on élève au-

43. Voir copie, mise au net du *Voyage*, ms.1545, f.76. Le Parlement semble mis ici sur le même plan que la noblesse, mais il manque, calamiteusement, quelques mots: 'Le Parlement, malgré l'auteur [?] ce pouvoir. La noblesse dont voulait parler Mr de Montesquieu s'est enorgueillie, et le peuple qui lit peu, entendant un grand homme publier que la royauté n'était pas le despotisme, a oublié le poids de ses fers. Mais qu'on me dise ce que c'est que ce pouvoir que Mr de Montesquieu avoue émaner du Monarque, ne dépendre que de lui seul. Peuvent-ils lui résister, ne peut-il les anéantir. Vingt millions d'hommes ne doivent-ils pas courber la tête quand le Roi a parlé [...] et n'est-il pas le maître de tenir quand il lui plaît ce qu'il appelle son lit de justice, où du haut de son trône, entouré de glaives et le sceptre à la main, il publie les édits les plus oppressifs, les plus cruels, et les voit s'exécuter sans résistance?' Le détail de l'argumentation semble bien montrer que l'auteur confond ici la noblesse et les Parlements. En prétendant parler de celle-là, il traite en effet le problème des cours souveraines, définies, déjà, comme un obstacle fragile et factice aux volontés du despote.

44. *Voyage*, ms.1543, f.145-46.

45. Encore que Jean-Jacques soit extrêmement prudent sur ce point, comme chaque fois qu'il risque de toucher à une question spécifiquement française. Voir *Contrat social*, III, 6, *Œuvres complètes*, iii.409-10: 'Ce même rapport [du Prince aux sujets] augmente à mesure que le Gouvernement se resserre, il est dans son maximum quand le Gouvernement est dans les mains d'un seul. Alors il se trouve une trop grande distance entre le Prince et le Peuple, et l'Etat manque de liaison. Pour la former, il faut donc des ordres intermédiaires: il faut des Princes, des Grands, de la noblesse pour les remplir.' Jean-Jacques est ici sous l'influence de Montesquieu, que d'Antraigues rejette absolument. A l'époque révolutionnaire, les disciples patriotes de Rousseau lui reprocheront plus d'une fois cette faiblesse (tel l'abbé Fauchet), alors que les aristocrates y applaudiront.

dessus de ses égaux est prêt à les trahir pour acquérir ce métal précieux auquel il doit sa place. Quand Démosthène armait les Athéniens contre leur tyran, ce n'était pas l'or qui l'avait conduit dans la tribune aux harangues [...] Lorsque l'immortel [Chéréas?][46] perçait le cœur du tyran de Rome, il n'avait pas acheté le droit d'être le vengeur public. Tant que le peuple n'aura pas de défenseurs de son choix, tant que le courage et l'éloquence ne seront pas des titres suffisants pour protéger le peuple, on verra des tyrans, des lâches qui les flatteront et des esclaves qui accourront les adorer.[47]

Attaquer la vénalité des charges dans un contexte de dénonciation du goût de la richesse et de la dégénérescence de l'homme moderne, c'est bien être fidèle à l'esprit de Jean-Jacques, même si celui-ci s'est gardé d'une pareille attaque. D'Antraigues semble même appeler de ses vœux une démocratisation profonde du régime, où le peuple choisirait (élirait?) ses défenseurs. Mais sans doute la volonté négatrice (de la monarchie) reste-t-elle prépondérante. L'aspect réformateur (ou pré-révolutionnaire) reste sous-jacent. Il arrive pourtant à l'auteur de nuancer son point de vue quant à l'institution même des parlements. Identifiant la France à la Turquie, et les gouverneurs de provinces aux pachas, il écrit (f.148):

Les lettres de cachet ne sont-elles pas leurs poignards, et qui de vous est à l'abri de leurs atteintes. Il faut en convenir, vos Parlements si faibles quand il s'agit d'arrêter un Souverain sont hardis à résister à leurs satrapes; sans la crainte que ces corps inspirent, on verrait vos Provinces désolées, soumises à l'autorité despotique d'un imbécile commandant, endurer ses outrages et recevoir en silence les mêmes [?] qu'en Turquie les pachas prodiguent aux peuples avilis.

S'agit-il seulement de choisir le moindre mal? Ce n'est pas tout à fait sûr, car les gouverneurs de province, comme l'armée, sont directement entre les mains du despote et constituent, à ce titre, le mal radical. D'Antraigues reconnaît au contraire une relative indépendance aux parlements. C'est dire que l'idéologie antidespotique développée par ceux-ci n'est pas totalement étrangère à la sienne propre. Il avait déjà tenu, dans son introduction, des propos assez contradictoires de ce point de vue:

J'ose dire que le Peuple est plus heureux sous le gouvernement arbitraire d'un seul, entre les mains de qui est déposée son autorité, que s'il existait un pouvoir créé par le Roi et devenu indépendant de lui: ce seraient autant de tyrans, et les peuples, opprimés à la fois par [leurs] rois et par [leurs] seigneurs n'auraient pas l'unique ressource qui leur reste en France, où quelquefois, au moins, les Parlements humilient et punissent cette noblesse si fière et si ennemie par sa nature du Peuple.[48]

46. Cassius Chéréas, le meurtrier de Caligula? On pourrait tout aussi bien lire Brutus, mais Chéréas semble être une référence plus habituelle à d'Antraigues, Caligula, et non César, étant le type du despote sanguinaire. Il apparaît à ce titre dans le *Contrat social* (I, 2). Voir le texte reproduit par MM. Cobban et Elmes, dans leur article 'A disciple of Jean-Jacques', p.343.

47. *Voyage*, f.146.

48. *Voyage*, copie, ms.1545, f.77-78.

Si on rapproche cette page de celle (un peu en amont) où l'auteur confondait noblesse et Parlement, il semble que l'on nage en pleine incohérence. Voilà que le Parlement devient, en effet, un moyen efficace de contenir la noblesse qui, mieux que les fonctionnaires royaux, incarne le despotisme! Dans cette mesure, le comte d'Antraigues pourrait passer pour le représentant le plus pur de l'idéologie parlementaire!

Paradoxe difficilement soutenable, bien sûr. Pour tenter de situer cet étrange personnage, il faut brosser un rapide tableau du mouvement antidespotique une ou deux décennies avant 1789.[49] Ce mouvement atteint son paroxysme et prend une ampleur sans précédent à l'époque de la 'révolution Maupeou', qui liquide les parlements. Alors les poses héroïques des 'Pères de la patrie' s'affirment dans un climat de large sympathie. Certes, les philosophes restent un peu à l'écart, ils sentent que ce n'est pas là leur combat – à l'exception de Voltaire, mais celui-ci s'engage en faveur du pouvoir, contre les magistrats, les assassins de Calas et de La Barre. Bien des bourgeois, futurs révolutionnaires, s'exaltent pourtant à l'unisson des robins et reçoivent alors leur première formation politique, dans un contexte où se mêlent la tradition de la Fronde et les souvenirs des républiques anciennes. Madame Roland et Brissot en ont témoigné plus tard: 'lors des décisions de la Cour et des Parlements en 1771,' écrit la première, 'mon caractère et mes opinions m'attachèrent au parti de ces derniers; je me procurais toutes leurs remontrances et celles-là me plaisaient davantage dont les vérités étaient les plus hardies'.[50] La jeune plébéienne ne connaît pas encore Jean-Jacques, mais elle lit Plutarque avec ferveur, et surtout, elle a déjà une expérience de la rancœur sociale. Brissot avoue de son côté une expérience similaire dont il ne se glorifie pas: 'J'étais jeune alors, je m'escrimais avec ardeur pour le parti parlementaire, qui, par parenthèse, ne valait guère mieux que l'autre.'[51] Beaucoup de jeunes bourgeois ont dû vivre la crise dans le même état d'esprit. C'était, écrit un chroniqueur, 'le choc du parti de la liberté naissante contre le despotisme; le choc du parti de la religion contre la philosophie; le choc du parti de l'autorité militaire et absolue contre l'autorité tempérée'.[52]

Au-delà de cet engagement populaire, au moins relatif, la situation présente surtout un double et étrange caractère. D'une part, c'est un grand, un prince du sang, Conti, qui protège et dirige la campagne de pamphlets antidespotique;

---

49. Voir R. Barny, *Le Rousseauisme avant 1789, un prélude idéologique à la Révolution française*, Annales de la faculté de lettres de Besançon (Paris 1985). Voir surtout ch.3: 'La première utilisation politique du *Contrat social*'.

50. *Mémoires*, éd. Cl. Perroud, i.89.

51. *Le Patriote français*, 29 juin 1790.

52. Soulavie, *Mémoires historiques et politiques du règne de Louis XVI* (Paris an x), ch.13, ii.176.

celle-ci reprend dès l'avènement de Louis XVI, pour l'assaut final contre le chancelier. L'opposition est, certes, une habitude ancienne pour les princes du sang, rivaux du monarque. Or, Louis XV craint particulièrement Conti, il a brisé la grande carrière militaire qui s'ouvrait à celui-ci; mais il doit maintenant affronter son 'génie fier et factieux'.[53] Homme de culture, au tempérament de tribun, Conti vient souvent siéger au parlement: 'il aimait les cours augustes des Pairs, où il pouvait déployer son éloquence, car il est très instruit sur les matières de jurisprudence, de législation, sur l'histoire'.[54] 'Mon cousin l'Avocat', disait ironiquement, mais avec une pointe de jalousie, Louis XV. Dès la révocation des parlements, il s'enferme dans une solitude hautaine, détournant plus que jamais à son profit la fronde des robins et même, dans une mesure plus difficile à apprécier, la rancœur des petits nobles contre les courtisans. C'est lui qui aurait été le premier à réclamer les Etats-Généraux![55]

Dans cette lumière s'éclairent d'un jour singulier les rapports entre le 'Citoyen' Conti et le 'Citoyen' Rousseau, son protégé, son 'client', auquel il s'efforce d'imposer, non sans succès, un véritable lien de vassalité.[56] Le prince considère Jean-Jacques comme son philosophe. Or, le deuxième trait de la situation, c'est justement la présence massive du *Contrat social* dans la littérature antidespotique de la période, au moins à partir de l'avènement de Louis XVI, qui peut laisser présager une politique plus libérale.[57] Deux ouvrages l'attestent avec éclat: le *Catéchisme du citoyen*, de l'avocat bordelais Saige, et l'*Ami des lois* paraissent à ce moment (début 1775) et seront bientôt condamnés par le parlement ressuscité, sous l'influence des 'gens du Roi'[58] (en l'occurrence, surtout l'avocat-général Seguier); mais aussi sans doute parce qu'ils poussent les doctrines parlementaires à leur limite, jusqu'à un point de hardiesse insoutenable pour le commun des magistrats. Or, ce sont deux compilations d'extraits ou de paraphrases immédiatement reconnaissables du *Contrat social*, sans que le nom de Rousseau soit jamais prononcé. La théorie démocratique du *Contrat* est développée dans tous ses aspects. Mais à cet ensemble théorique, qui permet d'invoquer fastueusement la souveraineté du peuple, est jointe une partie traitant

53. Voir *L'Espion anglais*, tome IV, lettre XLV (article nécrologique sur Conti).

54. *L'Espion anglais*, tome I, lettre datée de Paris, 15 novembre 1773.

55. Voir chevalier de Metternich, *Lettres historiques* (Londres 1788-1792), tome VIII, lettre XIII, p.214-15.

56. Voir la mise au point de Jean Fabre, 'Rousseau et le prince de Conti', *Annales de la Société J.-J. Rousseau* 36 (1963-1965), p.7-68.

57. En effet, l'agitation antidespotique l'emporte bientôt: le 24 août 1774, Maupeou est renvoyé; le 27 octobre la nouvelle du rappel des parlements est officielle.

58. D'Antraigues ne fait jamais cette distinction, pourtant importante et qui pourrait l'aider à mettre de la cohérence dans sa critique: l'antagonisme entre défenseurs et ennemis du despotisme traverse en effet, institutionnellement, les cours souveraines. Mais l'auteur du *Voyage* semble encore peu attentif aux 'détails' de la politique française.

des problèmes politiques concrets de l'heure: et là, toutes les prétentions des cours souveraines sont prises en charge. Amalgame doctrinal suspect, puisqu'il associe les thèses de la souveraineté populaire à celles de la monarchie modérée. Amalgame politique instable surtout, aux yeux de l'historien, encore que l'insta-bilité ne soit apparue qu'en 1788-1789, au cours de la crise finale du régime.

Au plan doctrinal, d'Antraigues semble (pour une fois) plus cohérent que les idéologues au service de Conti, dans la mesure où il s'est efforcé de liquider Montesquieu, c'est-à-dire les thèses de la monarchie 'tempérée': il est donc plus à l'aise dans son attachement à la théorie démocratique du Contrat, même s'il ne l'expose pas par le menu, comme Saige dans son *Catéchisme du citoyen*. D'Antraigues gagne aussi sans doute en cohérence, dans la mesure où il pousse la composante antimonarchique du rousseauisme au-delà de celui-ci, jusqu'au refus de la noblesse de naissance. Même si c'est effervescence d'âme sensible, dont on a vu l'ambiguïté, elle suffit à le rendre méfiant devant les aspects du parlementarisme ouvertement liés à la réaction nobiliaire.

Pourtant, son va-et-vient quant à l'appréciation du rôle des parlements reproduit les hésitations de bien des contemporains. Une page des *Soliloques* exalte même la vertu antidespotique du Parlement. C'est un éloge de M. de Malesherbes, qu'il connaît depuis longtemps et rencontre souvent à Paris au printemps de 1778: 'Placé à la tête d'une Cour souveraine, il défendit les droits des peuples avec cette mâle énergie qui fait pâlir les tyrans.'[59] Les remontrances de la Cour des Aides sont en effet parmi les plus énergiques et préludent à la diffusion d'une idéologie véritablement patriote. Mais le recours aux théories de la monarchie tempérée et la défense des prétentions spécifiques des parle-ments n'en sont pas absents.[60] L'éloge que fait d'Antraigues de l'action des cours souveraines semble donc ici, dans sa banalité même, désigner son apparte-nance au mouvement antidespotique au sens le plus large. Il resterait à se demander comment il a réagi en 1771, époque où éclate la crise, et au cours de l'été de 1774, quand l'agitation reprend. A en juger par les *Soliloques*, il était exclusivement absorbé par ses problèmes personnels: son amour pour Milady Howard, au moment de la révolution Maupeou, ses pénibles mésaventures toulousaines, et la brève et tragique liaison avec Virginie (à supposer qu'elle ne soit pas totalement imaginaire) lors de l'avènement de Louis XVI. Tout au plus

---

59. *Mes soliloques*, f.193v.
60. Voir les remontrances célèbres du 18 février 1771 contre Maupeou, rédigées par Malesherbes et diffusées clandestinement. 'Aujourd'hui, Sire, nous devons vous exposer [...] le système destruc-teur qui menace la nation entière [...] on veut enlever à la nation les droits les plus essentiels d'un peuple libre [...] les Cours sont aujourd'hui les seuls protecteurs des faibles et des malheureux [...] Tous les corps, excepté les Cours sont réduits à une obéissance muette et passive [...] les Cours sont donc les seules à qui il soit encore permis d'élever la voix en faveur du peuple.'

peut-on remarquer que M. de Poncharamet, le bretteur contre lequel on l'oblige à se battre est 'conseiller à l'ancien Parlement de Toulouse', donc victime lui-même du despotisme. Honnête homme d'ailleurs, il apparaît surtout, paradoxalement, comme un représentant de l'esprit féodal,[61] à travers son goût (discrètement brocardé) pour les armes.[62] Ironique inversion des valeurs! Mais c'est là un lien bien lâche avec l'événement. On retiendra surtout que le jeune comte semble alors très loin de se passionner pour les affaires *concrètes* de l'Etat et échappe au climat d'exaltation dont témoignent les souvenirs de Brissot ou de Mme Roland. La mesure de son originalité est peut-être là: il ne s'intéresse encore à la politique que sur la base de son expérience propre de fils aîné, d'amant, de seigneur féodal mal dans sa peau, et n'a pas le loisir d'être attentif aux développements de la situation en France, malgré ses attaches avec quelques grands personnages. En témoigne ce qu'il écrit, à la fin de la deuxième partie de ses *Mémoires*, de sa liaison intime avec M. de Malesherbes. Il exalte la figure de ce grand homme de bien, mais stylise sa carrière: selon lui, Malesherbes s'est éloigné du pouvoir volontairement après en avoir mesuré l'infamie, comme on sauve son âme. Or, ce n'est pas tout à fait exact: s'il est bien exact que le premier président de la Cour des Aides, rétablie, homme de cabinet plutôt qu'homme d'action, refuse dans un premier temps d'entrer dans le gouvernement Turgot au cours de l'été de 1774, quand on lui offre presque le poste de Garde des Sceaux,[63] il finit par se laisser convaincre et rejoint le 'gouvernement des philosophes' à l'heure des pires difficultés. Secrétaire d'Etat à la maison du roi, il entre en fonctions le 21 juillet 1775. Partie prenante dans les projets de réforme les plus hardis, dont il est souvent l'inspirateur, il est entraîné dans la chute du 'philosophe' Turgot, après avoir eu, il est vrai, la tentation de démissionner un peu auparavant, lorsqu'il comprend que Louis XVI n'aura pas l'énergie de les soutenir jusqu'au bout. Sous la plume de d'Antraigues, cet épisode, d'une extrême richesse, devient:

Cet homme illustre avait approché du siège de l'administration, ses mains pures avaient touché le timon de l'Etat, qu'il abandonna bientôt quand il connut de près les facilités qu'a un ministre pour faire le mal et les obstacles invincibles qu'il rencontre pour opérer le plus léger bien. Les sages du jour ont blâmé sa retraite, ont taxé son caractère de faiblesse, il a dédaigné les critiques de ces hommes futiles et s'est rendu justice en s'éloignant à jamais d'un lieu peuplé par les plus lâches tyrans et les plus vils esclaves.[64]

61. Voir *Mes soliloques*, f.127v: 'Je me nomme Poncharamet, me dit-il, je suis conseiller de l'ancien Parlement, et quoique homme de robe, je ne sais pas endurer un affront.'
62. f.128: 'un homme [...] qui avait la réputation de manier vigoureusement les armes, ayant d'ailleurs remporté sept ou huit fois le prix de l'escrime dans les salles de Toulouse où un pareil art obtient des encouragements'. Ces dispositions belliqueuses et sportives ne sont manifestement pas celles du comte!
63. Voir Pierre Grosclaude, *Malesherbes témoin et interprète de son temps* (Paris 1961), t.i.
64. *Suite des mémoires*, f.221.

Oui et non, car en la matière, les détails font tout: on ne soupçonne pas que le gouvernement Turgot a été renversé par une coalition hétéroclite, et on n'a pas la moindre idée du bien que Malesherbes a tenté de faire: c'est d'autant plus regrettable que certaines de ses options ne doivent guère rencontrer l'assentiment de d'Antraigues, qui serait plutôt du côté de ses ennemis et qui ne retient de son exemple (comme de l'œuvre de Rousseau) qu'une leçon très générale d'opposition au 'despotisme',[65] c'est-à-dire au régime monarchique. Malesherbes est certes bien loin d'une telle attitude! Le comte promet néanmoins de se transformer en chroniqueur politique, pour faire entendre les leçons de l'ex-ministre (f.220-21):

Nos conversations, dont il faisait tous les frais, roulaient d'ordinaire sur l'administration, dont il connaissait si bien les secrets et les vices, et sur les événements politiques du moment.[66] Ses idées claires et sûres découvrirent à mon regard un monde nouveau, bien fait pour fortifier en mon âme la haine des tyrans et l'amour de la liberté [...].[67] Dans la suite de mes mémoires, j'aurai souvent l'occasion de parler de lui et de nos veillées. Heureux si ma mémoire me retraçait tout ce que je lui ai entendu dire: alors ces mémoires [...] ouvrage d'un particulier obscur et qui le suivront au tombeau passeraient avec gloire à la postérité; elle honorerait de son estime l'écrivain qui lui laisserait le dépôt précieux des sentiments d'un des plus grands hommes de ce siècle. Malheureusement la foule des objets qui nous ont occupés en si peu de temps a détruit en partie l'impression qu'ils m'ont faite, et ma mémoire surchargée peut à peine se rappeler quelques traits épars, qui trouveront place dans mes mémoires à mesure que l'occasion de les placer se trouvera.

A peine l'auteur vient-il de faire une promesse qu'il se récuse donc! Nous comprenons que son 'grand homme' est surtout présent pour enrichir une galerie de portraits mondains (f.220):

Jamais je n'ai connu d'homme plus aimable que Mr de Malesherbes. Il a au suprême degré cette modestie naturelle et facile qui plaît tant quand elle accompagne de grands talents et une belle réputation. Pour le bonheur de ceux qui l'écoutent, ce grand homme aime à parler. Ce goût pourrait-il être un défaut dans celui qu'on prend tant de plaisir à entendre?

Voilà les vraies raisons de l'admiration du comte, celles d'un homme de salon. Peu importe le détail des conversations qu'il nous promet de rapporter! D'ailleurs cette promesse même est surtout celle d'un homme de lettres, soucieux de la 'postérité' et qui ne cherche en définitive qu'à placer 'quelques traits' dans une œuvre soigneusement équilibrée; ce n'est pas celle d'un observateur attentif de la politique française. Loin de se transformer en chroniqueur

---

65. Voir le texte cité ci-dessous.

66. Nous sommes au moins en 1783, peut-être en 1784 (selon une indication chronologique relative à une intrigue à peu près contemporaine, f.221r, puis f.223r).

67. Ici s'insère le passage cité ci-dessus, p.68 et n.64.

d'histoire, il n'aura même pas le loisir de faire profiter son lecteur des 'traits' auxquels il entend finalement se réduire. Il se hâte d'oublier même cette promesse moins ambitieuse, pour faire le récit d'une ultime conquête amoureuse, celle de l'actrice Mlle Sainval, ou plutôt pour enrichir d'une touche inédite (et c'est le dernier épisode) son grand tableau de la vie amoureuse et sexuelle. D'Antraigues préfère décidément parler de lui, ou, si l'on veut, poursuivre son œuvre romanesque. Et, en un sens, le lecteur n'y perd rien.

Ce d'Antraigues encore adolescent à bien des égards mais résolument homme de lettres, avec lequel nous venons de faire connaissance, aurait-il connu une évolution avant la grande crise de 1788-1789, qui le voit entrer dans la lutte politique avec un premier livre publié qui le rend célèbre du jour au lendemain? Certains indices rendent une telle hypothèse plausible. Le roman épistolaire dont A. Cobban et R. S. Elmes ont transcrit une partie (les lettres de Rousseau)[68] semble marquer en effet un infléchissement de la thématique et amorcer, par exemple, sinon un retour à la religion, du moins quelque atténuation de l'agressivité anticléricale. Se fondant sur des critères internes (événementiels), les auteurs de l'article estiment que ces lettres ont dû être écrites entre 1781 (retour d'Orient) et janvier 1784 (date d'une copie de la lettre 13, selon une indication figurant au verso). Ce troisième roman serait donc à peu près contemporain des deux manuscrits déjà analysés, encore qu'il soit déjà possible de le décaler vers 1784. Mais, outre la thématique (nouvelle à certains égards, on va en juger), plusieurs détails peuvent faire penser à une date un peu plus tardive, dans la mesure où ils témoignent, eux aussi, d'un changement d'attitude. Ainsi, le baron de Gleichen est un personnage important de *Mes soliloques*. C'est le membre le plus attachant de la petite société réunie à Montpellier autour de Milady Howard à l'époque heureuse des amours du comte avec celle-ci (1772-1773). Il a une influence intellectuelle et morale considérable sur le héros. Personnage paternel, substitut de Jean-Jacques à bien des égards, par l'emprise qu'il exerce, par son idéologie, son culte de l'héroïsme, son humeur sombre, l'élévation de son caractère, il est aussi une sorte de lien vivant aux Lumières. Ami de Voltaire, c'est lui qui introduit le héros à Ferney. Le rôle qui lui est confié situe déjà le jugement que porte sur lui le narrateur; en outre, tous les commentaires à son propos sont vivement élogieux.

Or, dans le roman épistolaire, la première lettre de Rousseau contient une violente attaque contre Gleichen. Cette lettre est consacrée à 'une histoire mélodramatique de meurtre et de séduction, qui a pour cadre les Indes'[69] et dont le protagoniste essentiel (il tient le rôle du méchant) est Lord Clive.

---

68. 'A disciple of Rousseau'.
69. 'A disciple of Rousseau', p.187.

Rousseau s'indigne qu'il soit reçu par sa correspondante, Cécile, l'héroïne: 'un monceau de deux millions de cadavres, voilà le trophée du monstre qui ose approcher de toi!' L'antagonisme entre Jean-Jacques et ce personnage n'est donc pas seulement circonstanciel, il est politique. Lord Clive incarne le type du chef militaire, satellite du despote.[70] Or, Gleichen apparaît sinon comme un de ses adulateurs, du moins comme quelqu'un qui a la faiblesse de le tolérer: 'J'y vois [aux côtés de l'héroïne] ce lâche Gleichen devenir son complice, puisqu'à son aspect, son épée inanimée reste dans le fourreau.' Voilà Gleichen dans un emploi tout à fait imprévu pour un lecteur des *Soliloques*. Certes, cet indice n'est pas une preuve: c'est Jean-Jacques qui formule le jugement, et il peut arriver à d'Antraigues d'être en désaccord avec lui, surtout dans un roman. En outre, la condamnation de Gleichen tient au fait qu'il ne se comporte pas, pour une fois, selon ses principes. On trouve d'autre part, mais toujours sous la plume de Rousseau, dans une page de critique littéraire, une appréciation favorable au *Télémaque*, présenté comme un modèle,[71] alors que d'Antraigues avouait dans *Mes soliloques* le mortel ennui que lui inspira la lecture de ce roman (quand il était encore très jeune, il est vrai).

Si ce ne sont là que vétilles, essentiel, par contre, est l'infléchissement de la thématique dans la lettre 13 (p.343-55). 'Lettre d'un extrême intérêt pour l'histoire des idées', écrivent les auteurs de l'article. La thèse que l'amour romantique tire sa source de l'ascétisme religieux et de la chevalerie est intéressante en elle-même. Plus encore le sujet principal de la lettre. Le médiévalisme très accusé, l'admiration pour ces reliques de l'époque de barbarie gothique que sont les châteaux forts, s'associe à une sympathie aussi marquée pour les idéaux du moyen âge. Corollaire de cet engouement, une réaction contre les idées du siècle et les prétendues 'lumières de la philosophie'. Il est malaisé d'ajouter à cette analyse. La lettre entière (fort longue!) serait à citer ici. A noter que M. Cobban, dans son enthousiasme, va jusqu'à trouver plausible l'attribution à Rousseau (p.344). Nous ne partageons pas cet avis, mais il est bien exact que d'Antraigues fait preuve d'une maîtrise de l'expression que l'on ne trouve guère dans les œuvres précédentes. S'il vaut la peine de reproduire quelques passages, c'est toutefois moins pour le style (il est encore loin de celui de Rousseau!) que pour l'intérêt des thèmes développés.

---

70. Robert, Lord Clive: 'Son nom reste lié à la conquête du Bengale [...] fondateur d'Empire parmi les plus grands.' En fait, il agit surtout au nom de la puissante compagnie des Indes, la couronne étant mise devant le fait accompli, voir notamment Ph. Sagnac, *La Fin de l'ancien régime*, *Peuples et civilisations: histoire générale*, xii.109-14. Mais la rage antidespotique de d'Antraigues néglige ces menues différences.

71. 'A disciple of Rousseau', p.193 (lettre IV). La 'première lecture [d'un roman] doit laisser dans la mémoire [...] le grand but moral sans lequel tout ouvrage de ce genre, fût-il écrit comme Télémaque, n'est qu'un chiffon'.

D'Antraigues est sans doute l'un des premiers à trouver un plaisir intense dans la contemplation d'un vieux château, ou de ruines:

Jamais je n'ai approché d'un château antique sans un vif sentiment de bonheur qui à la fois m'arrachait un sourire et des pleurs. Lorsque dans mes voyages pédestres, dans cet heureux temps que j'appelle bien sincèrement le bon temps de ma vie, où pauvre mais gai, affamé mais content, j'étais assez instruit pour tout sentir sans l'être assez pour rien enseigner, j'approchais de ces châteaux élevés il y a six siècles, je les gravissais pour parvenir jusques à leurs ruines. Lorsque je n'y trouvais que des murs couverts de lierre, de ronces, d'épines, je me frayais une route [...] je me plaçais au milieu de ces décombres que depuis des siècles les bêtes sauvages avaient seules visités, et je m'asseyais pour regarder tout cela, jusqu'à ce que transporté dans un autre siècle, je m'attendrissais; je fondais en larmes. Ces ruines désolées, ces images de la destruction me causaient de trop vifs regrets. Je m'enfuyais enfin, le cœur gros de soupirs et le cœur riche de rêveries.

Dans ce tableau, l'auteur montre qu'il a assimilé certains thèmes-clés de Rousseau. D'une part, Jean-Jacques incarne déjà, outre le personnage de l'âme sensible, celui du sentimental, nerveux, prompt aux effusions et exposé aux effondrements. Mais surtout d'Antraigues a bien saisi l'opposition, capitale dans l'univers de Rousseau, entre le bonheur lié à l'innocence du jeune âge, définie par son antériorité à l'engagement dans l'écriture, et le malheur lié à cette métamorphose de l'homme du peuple en homme public, voué à 'enseigner' au lieu de se contenter de 'tout sentir'. Mais si d'Antraigues est sensible à la qualité des thèmes, il est incapable de pasticher la phrase. Il faut relire, après cette page, celle où Jean-Jacques évoque le charme des voyages à pied.[72] Au sens du rythme, à la musicalité suggestive, s'oppose, chez le disciple, une lourde période explicative, où l'on trébuche, notamment sur les éléments de subordination. Au crédit de l'auteur, par contre, un développement original de la thématique. Resterait à apprécier s'il y a disparate ou harmonie de l'ensemble. L'idéalisation du passé historique n'est pas incompatible avec l'univers de Rousseau, tout en lui restant étrangère sous cette forme. On restera plus hésitant devant une sorte de fascination de la mort, déjà présente dans les *Soliloques*.[73] On peut la situer, peut-être, dans le prolongement d'une page célèbre de la *Nouvelle Héloïse*, mais elle n'est pas en consonance avec l'œuvre autobiographique. Il y a un optimisme de Jean-Jacques, une exaltation de la vie (jusque dans cet admirable poème de la vieillesse que sont les *Rêveries*) tout à fait étrangers à l'univers de son disciple.

L'exaltation du passé médiéval est liée en profondeur à un thème voisin,

---

72. *Confessions*, livre IV, i.158, 162-63: 'La chose que je regrette le plus dans les détails de ma vie dont j'ai perdu la mémoire est de n'avoir pas fait des journaux de mes voyages. Jamais je n'ai tant pensé, tant existé, tant vécu, tant été moi, si j'ose ainsi dire, que dans ceux que j'ai faits seul et à pied. La marche a quelque chose qui anime et avive mes idées'.

73. En particulier avec le bizarre épisode du cœur de Virginie et son ensevelissement lors d'une envoûtante descente au tombeau.

fort peu rousseauiste mais très caractéristique de d'Antraigues lui-même: l'idéalisation du monde féodal, à travers le personnage du bon seigneur, heureux au sein de sa famille, entouré de ses gens:

plus douces milles fois étaient mes sensations lorsqu'au lieu de ruines abandonnées, je trouvais un vieux manoir dans toute sa gothique beauté, entretenu, habité par des hommes simples qui n'avaient pas été assez riches pour tout gâter en réformant les vieilles tapisseries qui firent il y a trois siècles l'admiration de la gentilhommière et le vieux fauteuil qui, pendant 300 ans, fut le berceau du fils de famille et son lit de mort, quand, épuisé d'ans et de bonheur, environné de ses jeunes enfants, il quittait la vie en répandant ses bénédictions sur tout ce qui l'environnait, et quittait ce monde porté par les vœux de tous les siens au pied du trône de l'éternel. Lorsque j'entre dans ces vieux manoirs à longues et obscures salles, que j'aperçois ces énormes cheminées qui ralliaient la famille entière autour d'un ardent foyer, ces longues cours, ces tours élevées [...] je me sens ravir à mon siècle, j'échappe à mon âge, à mes maux, et tant qu'on me laisse à mes illusions, je sens mon existence m'échapper sans autre souci que de voir, sentir, me ressouvenir et jouir.

Conforme au rousseauisme, dans ce texte, le désir d'échapper au siècle, la culture complaisante de l'imaginaire ('l'illusion'), et même, à la limite, le repli sur le passé, mais dans sa valeur d'asile plutôt que comme idéal positif. On sait que la grande œuvre de Rousseau avait été, à première lecture, pour le jeune officier renfermé en lui-même, le *Discours sur les sciences et les arts*.[74] Mais le château vu de l'intérieur, c'est le comte dans son propre château de La Bastide, revivant l'existence, idéalisée, de ses aïeux. S'il arrive à Jean-Jacques d'évoquer un château, c'est un château imaginaire, et toujours vu de l'extérieur s'il devient réel, dans une page des *Confessions* où l'humour accroît la distance sociale:

Je croyais pouvoir tout faire, atteindre à tout: je n'avais qu'à m'élancer pour m'élever et voler dans les airs [...] en me montrant j'allais occuper de moi l'univers; non pas pourtant l'univers tout entier; je l'en dispensais en quelque sorte, il ne m'en fallait pas tant. Une société charmante me suffisait [...] un seul château bornait mon ambition. Favori du Seigneur et de la Dame, amant de la Demoiselle, ami du frère et protecteur des voisins, j'étais content; il ne m'en fallait pas davantage.[75]

Voilà le bon seigneur de Jean-Jacques, déjà attentif au bonheur de son entourage, mais explicitement irréel, idéal, et infiniment éloigné. Le jeune proscrit volontaire vagabonde pour la première fois, détaché de tout, à travers la Savoie, et le narrateur note, un peu en aval, de plus en plus doucement ironique (i.48):

je pars pour Annecy. J'y pouvais être aisément en un jour; mais je ne me pressais pas,

74. Voir ci-dessus, p.10, et *Mes soliloques*, f.66v: 'Au discours [le second] succéda celui sur les Sciences et les Arts. Je fus transporté: je le trouvai clair, juste, pénétré de cette mâle éloquence qui me subjuguait sans que je pusse comprendre par quel charme, je sentais seulement un attrait invincible qui par degrés saisissait mon cœur.'
75. *Confessions*, début livre II, i.45.

j'en mis trois. Je ne voyais pas un château à droite ou à gauche sans aller chercher l'aventure que j'étais sûr qui m'y attendait. Je n'osai entrer dans le château, ni heurter; car j'étais fort timide. Mais je chantais sous la fenêtre qui avait le plus d'apparence, fort surpris, après m'être longtemps époumonné, de ne voir paroître ni Dames ni Demoiselles qu'attirât la beauté de ma voix ou le sel de mes chansons; vû que j'en savais d'admirables.

A l'humour se mêle déjà l'émotion, car c'est le prélude à la rencontre avec madame de Warens.[76] En tout cas, les châteaux en Vivarais du comte, parents de ceux qu'il imagine Rousseau en train de visiter, sont bien différents des châteaux... en Savoie de Jean-Jacques.[77]

Certes, le thème féodal est présent dans l'œuvre de Rousseau, avec le domaine de Clarens de la *Nouvelle Héloïse*, mais lié à des éléments qui lui donnent une valeur extrêmement complexe et en modifient la portée.[78] Encore qu'on puisse

76. 'J'arrive enfin; je vois Made de Warens. Cette époque de ma vie a décidé de mon caractère. Je ne puis me résoudre à la passer légèrement, [...] C'était le jour des Rameaux de l'année 1728. Je cours pour la suivre: je la vois, je l'atteins, je lui parle... Je dois me souvenir du lieu; je l'ai souvent depuis mouillé de mes larmes et couvert de mes baisers. Que ne puis-je entourer d'une balustre d'or cette heureuse place! que n'y puis-je attirer les hommages de toute la terre!
Quiconque aime à honorer les monuments du salut des hommes n'en devrait approcher qu'à genoux.
C'était un passage derrière sa maison, entre un ruisseau à main droite qui la séparait du jardin, et le mur de la cour à gauche, conduisant par une fausse porte à l'église des Cordeliers' (i.48-49). On appréciera le contraste entre le 'monument' fastueux dans la mémoire et l'humilité du lieu réel, malgré le charme vénitien des caneaux de Chambéry. Comme entre le ci-devant château imaginaire et la modeste maison, cadre de la rencontre, aussi miraculeuse qu'inespérée cette fois!

77. On ne trouve, chez Rousseau, que deux châteaux réels. L'un dans sa correspondance: d'Antraigues n'aurait pu en entendre parler (encore est-ce peu probable) que s'il eût vraiment été un intime de son 'maître'. Il s'agit du château de Trye, en Normandie, où le prince de Conti, 'protecteur' de Jean-Jacques, accueille et boucle celui-ci, fuyant l'Angleterre, pour lui interdire de pénétrer dans le ressort du parlement de Paris et sauver ainsi son propre personnage politique (l'alliance avec le parlement) en achevant d'affoler un homme à l'imagination déjà malade. Ce château est une prison pour Jean-Jacques, et les seuls fantasmes qu'il suscite sont de terreur. Le second auquel il fasse allusion est tout différent: c'est celui du maréchal duc de Luxembourg, dans le parc de Montmorency, où il est reçu après son expulsion de chez Mme d'Epinay à l'Hermitage. Ce n'est pas sans un mouvement de vanité servile qu'il en parle, au livre x des *Confessions* (i.520-21), mouvement qui consternera certains de ses admirateurs révolutionnaires (revue de la seconde partie des *Confessions*, sans doute par Mercier, en 1789, dans les *Annales patriotiques* de Carra). Mais, même s'il s'agit d'une 'demeure enchantée', la perspective de Jean-Jacques reste celle d'un humble serviteur qui exalte, de l'extérieur, 'l'affabilité de ce bon seigneur'. Au demeurant, d'Antraigues ne pouvait connaître la seconde partie des *Confessions*, parue en 1789 (sauf si lecture lui en fut faite en 1778, comme il le prétend, sans d'ailleurs préciser la durée, donc l'étendue, de ces lectures).

78. Pour le dire très vite, la *Nouvelle Héloïse*, écrite en même temps que le *Contrat social*, semble constituer une approche différente du même problème: comment faire régner la justice? Wolmar, le bon seigneur, être de raison, est une sorte d'incarnation de la volonté générale, toujours droite. Son despotisme est donc juste. Il reste que Rousseau élabore simultanément des modèles politiques différents, voire opposés: l'un ultra-démocratique, l'autre féodal, mais rationalisé et idéalisé, avec des aspects bourgeois (développement de la richesse, productivité, etc.), opposés au stérile honneur aristocratique. D'Antraigues peut s'attacher à ce second modèle, et s'en nourrir de préférence (sans très bien s'en rendre compte) tout en le confondant avec le premier.

deviner chez Jean-Jacques des traces de la pensée féodale en voie de diversifica-
tion, sous une forme 'populaire', philanthropique; en particulier, dans la conception du domaine de Clarens, l'influence de 'l'Ami des hommes', le marquis de
Mirabeau, féodal lié aux Lumières (qui offrira en 1766 l'hospitalité au fugitif,
alternative à la 'protection' du prince de Conti).[79]

Le second grand thème de cette lettre prêtée à Rousseau, corrélé à l'éloge
du passé féodal, est l'hostilité envers les philosophes, coupables d'avoir attaché
une valeur péjorative au 'gothique' et dépoétisé la religion:

il fut un temps dans notre Moyen-âge qui fut celui de la sensibilité par excellence, où
tout fut sentiment et bonheur [...] Oh, philosophes impitoyables, ce temps fut celui où
vous n'étiez pas connus [...] où la raison de tout un peuple vous eût couverts de boue,
et étouffés de mépris, ce temps fut celui où la religion régnait avec un empire qu'il vous
a plu d'appeler superstition, ce temps fut celui où l'on crut à tout, excepté à vos
désolantes doctrines, ce temps fut celui où l'on s'abreuvait d'aimables erreurs, au lieu de
s'empoisonner de vos détestables vérités.

Alors on voulait pour être heureux alimenter son cœur. Tout a été perdu quand on
n'a voulu que montrer ses talents, faire briller son esprit.

Alors on existait pour soi. On a voulu exister dans les autres et par les autres.

Dès lors le bonheur fut évanoui, les marchands d'opinions sont arrivés, sous le nom
d'auteurs et de philosophes, le règne des fripons a commencé et celui de la vertu a fini.

79. Cf. aussi l'influence possible sur Rousseau, dans le même courant d'idées et de sensibilité,
du livre célèbre du chevalier d'Arcq, *La Noblesse militaire, ou le patriote français* (1756). Il va sans
dire que si Rousseau a pu lire avec sympathie le chevalier d'Arcq, à cause de son éloge de la
pauvreté du bon vieux temps, contre le développement bourgeois de la richesse et contre les
Lumières, il n'en va pas de même de d'Antraigues, celui-ci allant jusqu'à rejeter la noblesse
précisément parce qu'elle est 'militaire'! Dans ce domaine, et à cette époque, le disciple paraît plus
'révolutionnaire' que le maître! (Cela d'autant que le chevalier d'Arcq, qui polémique contre *La
Noblesse commerçante*, entend défendre la monarchie – dont il se fait une conception certes assez
mythique – et utilise parfois des concepts issus de l'*Esprit des lois*, énergiquement rejetés par l'auteur
de la *Relation du voyage en Turquie*.) Tels passages qui ont dû séduire Jean-Jacques (fasciné par le
type du vieux militaire 'spartiate') ne pouvaient que provoquer la colère de d'Antraigues s'ils lui
sont tombés sous les yeux. Ainsi le début: 'Noblesse militaire: depuis quand ces deux mots ne sont-
ils plus synonymes parmi nous? Avons-nous donc si fort dégénéré de nos ancêtres pour distinguer
ceux qui nous représentent ces antiques héros? Est-il donc plusieurs genres de noblesse [...] un
auteur estimable, philosophe et citoyen, mais citoyen prévenu contre les vrais ressorts de la saine
politique, propose aujourd'hui de rendre la noblesse commerçante', et la conclusion, p.200-201:
'En permettant à la noblesse de commercer, la noblesse indigente deviendra riche, je le veux, mais
toute la noblesse le deviendra bientôt par les mêmes voies et bientôt ainsi [...] il n'y aura que des
commerçants et plus de nobles. Il n'y aura donc que de l'intérêt et plus d'honneur. Il n'y aura donc
plus de nerf dans l'Etat puisque celui-ci dépend du préjugé de l'honneur, et nos mains, au lieu
d'avoir la vigueur nécessaire pour donner des fers, auront à peine la force de les porter' (3e édition,
in 12, s.l. 1756). Si d'Antraigues est explicitement opposé à ces points de vue d'un séide du
'despote', c'est déjà pourtant un peu dans le même sens qu'il idéalise la figure du père absent, et
le statut de ses aïeux. Ces recoupements laissent entrevoir la complexité idéologique de la réaction
nobiliaire dans la seconde moitié du dix-huitième siècle et montrent en tout cas que, là aussi,
d'Antraigues se situe *en marge*.

N'est-ce pas l'inversion de la furieuse rhétorique anti-cléricale du comte? La charge contre les philosophes remplace celle contre les prêtres. Certes, l'athéisme avait déjà été qualifié de 'désolante doctrine', mais la religion, surtout catholique, ne se trouvait pas exaltée pour autant, ses adversaires n'étaient pas honnis. L'auteur se bornait à dénoncer, en termes assez vagues, les calomniateurs de Rousseau. Ici, les criminels ont une identité précise: c'est la secte philosophique, ennemie du sentiment religieux (pas seulement de l'étroitesse du dogme, ou du fanatisme des Eglises), voire matérialiste. Ce revirement s'affichait déjà dans la lettre 4,[80] dont l'essentiel est une critique de l'*Agathon* de Wieland,[81] apprécié comme un mauvais roman à thèse, ouvrage de propagande anti-religieuse. A ce propos, Jean-Jacques met en accusation 'la philosophie moderne, athéiste par principe et intolérante par goût' qui 'ne veut souffrir la vertu nulle part, ni dans les cieux ni sur la terre, et pour la bannir même du souvenir des hommes [...] affecte en détruisant l'idée de la divinité de présenter ses ministres souillés de tous les vices infâmes que ces misérables recèlent dans leur âme'.

Cette affectation déplacée ressemble fort à celle de d'Antraigues lui-même dans son *Voyage en Turquie*. Toujours est-il que le fanatisme n'est plus ici celui des prêtres, mais de leurs ennemis. Et 'Diderot et ses complices' ne tardent pas à être pris à partie, en raison de leur monisme matérialiste: ils ne veulent pas convenir 'que nous sommes composés de deux espèces'. Buffon même est rangé parmi les coupables:

avec son beau génie, il n'est autre chose qu'un athée dans l'étude dont il nous donne les éléments. Le génie ne suffit pas [...] il faut la sublimité du génie réunie à la sensibilité de l'âme pour nous découvrir à travers les mystères de la nature [...] ce mystère incompréhensible, qui ne s'explique pas avec des paroles mais avec des sentiments, et qui nous montre au-delà de cet univers le grand tout [...] auteur premier, mobile, source de tout, et but unique auquel tout tend et auquel tout se rapporte.

Ce cause-finalisme, plus proche de Bernardin de Saint-Pierre ou de l'abbé Pluche que de Rousseau (encore qu'il soit teinté de quelque panthéisme), pourrait marquer déjà une tendance, chez d'Antraigues, au retour à l'orthodoxie. L'idée que la critique anti-religieuse mutile l'âme humaine en détruisant le sens du mystère, semble elle aussi plutôt en marge du rousseauisme, même si elle est en consonance avec certains de ses thèmes essentiels. Dans le même esprit, la grande lettre 12 insiste surtout (perspective à la fois plus proche de

---

80. 'A disciple of Rousseau', p.192-96.
81. Traduit en français dès 1768, puis en 1777. La traduction dont il est fait état dans le roman est attribuée au baron de Koch, qui apparaissait déjà dans *Mes soliloques*, comme membre de la petite société réunie autour de Milady Howard. Il pourrait être assez vain de se demander si cette traduction a véritablement existé en manuscrit.

Jean-Jacques et plus originale) sur les liens de la sensibilité avec la religion: le moyen âge, grâce au christianisme, a vu l'épanouissement parfait de la sensibilité humaine.[82]

A Rousseau appartient incontestablement l'idée, réitérée,[83] d'une religion morale, obstacle aux vices des riches et des puissants, consolatrice des opprimés.

La trouble séduction du pêché, à travers celle du repentir, peut être celle d'un lecteur de la *Nouvelle Héloïse*. Mais la défense, inspirée de la religion *catholique*, dépasse certes l'attachement à l'idéal du Vicaire, malgré l'éloge célèbre de l'évangile que comporte le livre IV de l'*Emile*. Quant à l'exaltation de la valeur sensible du culte, elle rend un son nouveau. C'est ici un jugement esthétique porté sur le catholicisme; d'Antraigues apparaît comme un précurseur du *Génie du christianisme* plutôt que comme un fidèle disciple de Jean-Jacques, resté assez proche de la sévérité calviniste à travers ses variations.

Il est vrai que cet éloge conjoint du moyen âge et de la religion catholique, est lié romanesquement à l'amour, qui reste le thème essentiel de l'ouvrage. La foi catholique favorise l'épanouissement de l'amour, tel est, au fond, l'argument principal de la lettre, adressée à une amoureuse par son confident et directeur de conscience. Cette foi favorise la passion d'abord par l'interdit même qu'elle prononce:

Quels spectacles ravissants que cette jeune femme vraiment chrétienne, vraiment croyante de toute son âme, surprise tout à coup par l'ineffable charme de l'amour, entraînée dans ce qu'elle aime par son cœur et ses sens, leur déclarer la guerre au nom de son dieu et de sa foi, s'attachant à son amant en raison de tout ce qu'elle lui sacrifie [...] confiant à ce Dieu terrible toutes ses faiblesses, tous ses malheurs, toutes ses fautes; s'accoutumant enfin à ne voir en lui que l'ami de son cœur, le Dieu qui lui créa un amant, confondant ses désirs avec ses prières, et se composant de toutes ces contradictions une religion aimable, charmante, où tout se confond et semble se contredire, mais où tout est plaisir, amour, consolation et espoir.

La défense du catholicisme apparaît dès lors comme le premier temps d'une dialectique de la passion. Elle a surtout une fonction instrumentale!

82. 'Du 11e au 14e siècle [...] est placée l'époque que le ciel accorda à la sensibilité humaine pour jouir d'elle-même dans toute sa plénitude. Une religion enchanteresse créée pour la consolation des âmes tendres et le soutien de l'adversité, dont la céleste mélancolie est l'aliment inépuisable d'une félicité sans mesure [...] Une religion où tout est réprimant et rempli d'indulgence, où la faute est défendue mais où le repentir est la source inépuisable du pardon, qui défend les pensées mais qui console les faiblesses, un dieu terrible au crîme heureux, mais qui bénit le coupable qui inspire miséricorde [...] Une religion alors dans tout l'éclat de ses illusions et de sa beauté, environnée de sectateurs immaculés dans leur croyance, plus asservis par ses douceurs qu'effrayés de ses menaces, des cérémonies pleines de majesté, inspirant toutes mélancolie et tendresse. Enfin une religion qu'il est possible de mal observer, mais qu'il fut impossible de ne pas chérir [...] Telle fut la religion catholique, telles furent ses illusions et ce que de froids raisonneurs ont appelé depuis ses superstitions.'

83. Voir note précédente.

De la même façon, la chevalerie, inséparable de la religion chrétienne, permet contradictoirement l'idéalisation de l'amour, en assurant le pouvoir de la femme, et conduit, par le refus, à l'ivresse sensuelle.[84]

C'est la thématique traditionnelle de la courtoisie que d'Antraigues a retrouvée, transposée mais triomphante, dans la *Nouvelle Héloïse*. Les 'froids raisonneurs' commettent surtout un crime contre l'amour! Donc il y a bien chez l'auteur réévaluation du catholicisme, mais dans une perspective bien particulière et dans un contexte romanesque.[85] Il pourrait se faire que l'infléchissement de la thématique soit surtout un élément romanesque et ne corresponde pas à une évolution idéologique décisive. Mais s'il ne s'agit encore pas d'un changement en profondeur, on peut admettre que cette variation romanesque est un prélude et dessine la voie par laquelle la métamorphose pourra se produire, dans un contexte politique en mutation profonde.

Même si l'on néglige cette incertaine évolution, la personnalité idéologique du jeune d'Antraigues apparaît donc des plus complexes. Un premier antagonisme, explicitement politique, a déjà été analysé. Il suffira d'en dégager les données essentielles. D'une part, un adolescent se révolte devant le despotisme de sa famille,[86] mais aussi devant la servilité dont les siens font preuve à l'égard des grands et du pouvoir, pour tenir leur rang. Il est doublement humilié donc, par le statut dépendant de sa caste – la noblesse de province – à l'égard des gens

---

84. 'A cette même époque parut la chevalerie, mélange heureux d'honneur, d'intrépidité, d'amour, de religion, de fidélité, et de mépris de la mort, ah, femmes fortunées, jamais vous n'eûtes plus d'éclat; jamais vous n'eûtes plus d'empire [...] Oh! Cécile, quelles institutions! Elles se saisissaient à tout ce qui compose l'être physique et moral [...] C'est alors, ce fut dans ces antiques manoirs que l'amour s'embellit des attraits éternels de la réserve et du silence [...]. L'honneur qui permettait d'aimer plaçait la gloire dans la résistance, et dès lors les faveurs devinrent une faiblesse. C'était l'honneur vaincu par l'amour qui reconnaissait son maître. Il fallait cacher sa défaite, et quiconque osait se vanter d'un pareil triomphe en flétrissant son amie, descendait au rang des lâches. Quelle heureuse idée d'avoir fait un devoir du plus doux des plaisirs et d'avoir pu placer le secret de l'amour sous la garde même de l'honneur.

L'obscurité, le secret sont les véhicules de l'amour, etc.'.

Cette perspective n'est en priorité ni religieuse, ni morale, mais résolument hédoniste.

85. Ainsi tel conseil de Jean-Jacques à sa destinataire laisse rêveur. Il vient après l'éloge enthousiaste de la religion catholique: 'Essayez, Cécile, de suppléer au charme de l'amour combattu par la piété, accordant la [?] à l'amour; mais à travers tant de regret que ce triomphe ressemble à un sacrifice.' La religion serait donc seulement le meilleur moyen d'obtenir la fin souhaitée, moyen auquel l'intelligence du développement de la passion permet de suppléer. Et Cécile, l'héroïne, semble étrangère à la chaleureuse conviction de Jean-Jacques, qui ne l'exprime que comme un exemple pédagogique, pour assurer l'épanouissement de l'amour. L'ensemble de l'œuvre rétablirait, probablement, un équilibre que détruit la lecture de la seule lettre de Jean-Jacques. D'ailleurs, celui-ci même parle des belles 'illusions' du christianisme, et non de sa vérité. D'Antraigues n'est-il pas ainsi fidèle en profondeur à la religion de Rousseau: Dieu existe, puisqu'il est nécessaire au bonheur de Jean-Jacques!

86. L'absence d'image paternelle à laquelle s'identifier et l'abusive tutelle de la mère sont, certes, un élément formateur de la personnalité morale et idéologique du comte.

de Cour, du monarque et de ses 'valets', et par sa propre dépendance, qui lui paraît reproduire la première. Il va jusqu'à s'identifier aux véritables opprimés, le petit peuple. Mais cette générosité paraît factice et fragile, car le héros a d'autre part profondément intériorisé certaines valeurs essentielles de la féodalité. Il se conduit et pense très souvent en seigneur de village, et éprouve le malaise que comporte, sinon tout à fait une double identité, du moins deux désirs d'identification résolument contradictoires.

ii. L'individualisme: féodal ou bourgeois?

Un autre antagonisme, moins ostensible et moins grinçant, semble se développer dans les régions plus secrètes où s'élaborent les nouvelles mentalités collectives. Celui qu'on appelle souvent, sans la moindre ironie, le 'beau Comte' représente le type achevé du mondain: homme de salon, homme d'esprit, homme de plaisir, il incarne une sociabilité raffinée, qui reste d'essence aristocratique (même si quelques roturiers viennent se fondre dans le creuset des cercles parisiens élégants). Simultanément, un individualisme forcené marque en profondeur ses rapports au social, jusqu'à faire de lui (au-delà de la contingence de ses va-et-vient entre la capitale et le 'désert') un solitaire par goût, presque un asocial. Cet individualisme (encore que marqué, lui aussi, de traits contradictoires) peut à bien des égards se rattacher à l'idéologie bourgeoise en voie de formation. Il ne s'agit pas ici de rouvrir, dans sa forme générale, le débat important mais embrouillé sur les rapports ambigus de l'individualisme noble, traditionnel, et de l'individualisme bourgeois, moderne.[87] Mais on pourrait presque définir celui-ci à l'aide de certains aspects très concrets du comportement de d'Antraigues, tant leur implication sociale crève les yeux.

Dissolution des liens familiaux et refus de principe du mariage

Soit l'image que se fait l'héros de la famille – et, par là de son rapport à sa caste et au groupe social même. On sait qu'il ne supporte pas l'autorité de sa mère, veuve, et de ceux qui la représentent. Leur correspondance n'est qu'une longue litanie de récriminations réciproques.[88] Le comte, tout en affichant son estime pour elle, s'efforce de plus en plus de la tenir à distance. Cette expérience de la dissolution des liens familiaux pourrait être une cause occasionnelle de la vocation résolue du héros pour le célibat. Mais ce goût, lorsqu'il devient un

---

87. Voir, par exemple, Paul Bénichou, *Les Morales du grand siècle* (Paris 1948), livre qui constitue la première pièce, et l'une des plus importantes, du débat.

88. Voir notamment Dijon, Bibliothèque municipale, ms.1547, lettres de sa mère, 159 f.; ms.1548, lettres diverses, dont 8 lettres de sa mère, et 6 lettres de d'Antraigues à sa mère.

choix, a sans doute un sens plus large. Car l'éloignement de principe pour tout mariage n'est pas immédiat: le héros regrette l'échec des deux premiers projets (en 1775: il avait donc vingt et un ans), bien qu'ils aient été, selon la règle, formés pour lui par sa famille (c'est-à-dire sa mère).[89] Il est franchement hostile à un troisième projet, en 1782, parce que le beau-père qui s'offre à lui, M. de Laverdy, incarne tout ce qu'il hait: ancien contrôleur général des finances, c'est un serviteur du monarque, dont la tâche fut de rançonner le peuple pour satisfaire l'avidité de son maître et fournir aux dissipations de sa cour.[90] 'En m'alliant à lui, je ne devenais pas son parent mais son complice,' écrit l'auteur dans une sorte d'avant-propos:[91] c'est en effet pour dégoûter cet odieux personnage de son alliance que le comte s'est mis à rédiger l'histoire de sa vie,[92] auto-portrait dont la lecture allait servir de préservatif. Et c'est à ce propos qu'il affirme nettement son 'éloignement pour le mariage'. Il se dit 'résolu', dès cette époque, 'à vivre et à mourir en célibataire'. Lors du récit ultérieur des deux fiançailles successives, de 1775, le narrateur tient d'ailleurs à marquer son désaccord avec le héros: c'était un comportement absurde: 'Je réfléchis sur mon état et fatigué des troubles continuels où je vivais depuis deux ans, ne pouvant cependant renoncer aux femmes, je crus que je ferais bien de me marier. Cette folle idée s'empara tellement de moi que je me décidai à épouser Melle [Damembray]. Jamais, je crois, il ne se vit pareille folie.'[93] Folie donc, aux yeux de l'auteur, qui prend ici ses responsabilités. Mais pourquoi? La conception que le héros se faisait alors du mariage était certes d'un extrême réalisme: simple moyen de satisfaire l'instinct sexuel sans s'attirer d'ennuis, c'est-à-dire en respectant l'ordre. Il sera certes tenté, lorsque son cœur va se prendre, de poétiser un peu; c'est surtout, d'ailleurs, lors de ses secondes fiançailles, avec Mlle de Champigny, qu'il évoque le bonheur simple qu'il pourrait goûter dans une telle union: 'cet établissement [...] me promettait un bonheur constant et le seul dont mon cœur fût avide, celui de vivre avec de bonnes gens, d'en être chéri et de couler mes jours en paix loin de la cour et des fumées de l'ambition'.[94]

---

89. Voir ci-dessus, p.34-35, l'anecdote des deux mariages manqués.

90. La *Biographie Michaud* ne présente pas du tout la même image de M. de Laverdy (né en 1723, exécuté le 24 novembre 1795: 'contrôleur général en 1763 à la place de Bertin [...] honnête homme et impuissant dans le ministère des finances [...] n'ayant ni l'esprit de la Cour ni l'esprit de sa place, comme ministre il fit tout le mal, même le bien'. C'est donc en tant que type social que d'Antraigues lui voue une exécration passionnée.

91. *Mes soliloques*, f.46-47.

92. Cet écrit instrumental (sans doute détruit) serait donc la première ébauche de *Mes soliloques*, que d'Antraigues définit alors comme ses 'Mémoires', repris, dans une perspective toute différente, pour son propre plaisir.

93. *Mes soliloques*, f.149.

94. f.151*v*. Cf. aussi, au début de l'histoire de Mlle Poninski, séparée du jeune homme qu'elle aime, cette virulente sortie contre le despotisme des familles qui impose les unions mal assorties,

5. Idées politiques explicites de d'Antraigues

Mais c'est alors que l'auteur vient s'interposer une nouvelle fois, pour disqualifier brutalement ce rêve: 'C'est à cette époque que la plus dangereuse des tentations vint assaillir mon cœur. Je n'avais qu'à désirer d'être heureux pour l'obtenir, je plaisais à la fille, le vieux père me caressait et la mère me trouvait de son goût.' Singulière déclaration! C'est en effet lorsque tout semble parfait que le danger est le plus grave. C'est bien le mariage en lui-même, hors de toutes les circonstances qui peuvent en faire un échec, qui constitue le piège! On sait qu'en définitive l'union projetée achoppera sur un obstacle: la foi religieuse solide exigée du héros, qui a l'honnêteté de ne pas cacher, si tenté qu'il soit, son impuissance à satisfaire une telle exigence. Il l'a échappé belle! En fait, le refus de se faire dévot, qui le sauve, n'est pas un détail futile. L'esclavage de la foi révèle et symbolise l'esclavage social, dont le mariage est une clé de voûte institutionnelle![95] Les projets de mariage du comte s'effondrent dans un contexte où il refuse en même temps les travaux sordides du courtisan, auxquels sa mère prétend le contraindre pour 'aller à quelque chose', selon la belle formule classique et aristocratique. Il s'agit, dans l'un et l'autre cas, de *s'établir*: 'A peine débarquée dans cette ville [Paris], ma mère m'annonce que son projet est de m'établir, d'avancer ma fortune et de me faire faire des connaissances. Cette perspective était peu réjouissante pour un cœur tel que le mien [moi] qui ne voulait plus de femme et qui détestait l'obligation de chercher des patrons et de leur faire ma cour' (f.153*r*). La constellation lexicale qui caractérise cette page, porte un sens clair: refuser une 'femme', c'est, certes, refuser l'établissement, mais, du même coup, rejeter l'obligation d''avancer sa fortune' en faisant sa 'cour' à des 'patrons'. Le mariage, considéré exclusivement

'les barbares préjugés, les tyranniques lois, les absurdes et gothiques maximes s'opposaient à cet hymen. Depuis que des tyrans ont décidé qu'il ne suffirait pas de s'aimer pour devenir époux, depuis que ce n'est plus au cœur d'un amant à chercher son épouse, et que des pères dénaturés se mêlent des mariages de leurs enfants, l'inclination ne décide plus de rien, c'est un malheur de naître sensible' (f.201). D'Antraigues, 'âme sensible', défend donc le mariage d'inclination. Mais cet aspect de son féminisme (voir Colin Duckworth, 'D'Antraigues's feminism') n'efface pas ses objections de principe.

95. Il se montre également sévère pour le mariage de sa sœur, Mme de Viennois: elle a épousé un imbécile, donc c'est un échec ('Peu avant mon départ de Verdun, ma sœur avait épousé le Marquis de Viennois. C'est bien le plus sot mariage qu'elle pût faire. Cet homme d'une naissance illustre, et honnête homme d'ailleurs, est chagrin, malade, jaloux et n'a aucune qualité aimable pour faire oublier tant de vices. Ma mère songeait à m'établir', f.149*v*). Il expose à ce propos la nécessité du divorce (il écrira, sur ce sujet, une brochure pendant sa période révolutionnaire). Mais il fait preuve d'une ironie de principe lorsque sa dernière maîtresse (dans ses mémoires), Mlle Sainval, envisage de convoler. Voir f.224: 'Elle me traita fort mal, ne me menaçant plus de mourir, mais de se marier. Je lui représentai combien ce parti était insensé.' Ici, le comte serait pourtant délivré par le mariage d'une maîtresse qui s'accroche. Mais cette menace ne saurait être à ses yeux qu'un excès rhétorique bouffon! Et si d'aventure elle était sérieuse, il ne peut s'empêcher de la combattre, plus attaché à ses principes qu'à la commodité du moment. Ce principe est l'objet d'un attachement passionnel!

en tant qu'institution, est refusé pour cause de malaise social profond, par un adolescent qui ne trouve plus de place honorable dans le monde. Il rejette d'un coup toutes les servitudes, dans une frénésie d'indépendance désespérée, qui confine à l'anarchie. C'est le statut social de la caste à laquelle il appartient qui est fondamentalement en cause. Et l'aristocratie même en vient à être contestée, de l'intérieur, pour cause d'impossibilité à vivre. Il est très frappant de voir que le souci de la continuité de la race n'existe plus chez d'Antraigues, dans la vie réelle. Il le dit explicitement, au moment où il décide de quitter le *service* (encore un mot symbole!). Il s'est livré alors, pour prendre sa décision, à une sorte d'expérience imaginaire (à la manière des 'philosophes' analytiques, tel Condillac). Supposons, s'est-il dit, que je sois aussi ambitieux, et 'fait pour la servitude' qu'en réalité je suis 'idolâtre de l'indépendance'. Qu'en arrivera-t-il?

C'est au moment qu'elle sera réalisée [l'espérance de faire carrière] que les glaces de l'âge m'annonceront qu'il faut tout abandonner. Décidé à ne point me marier, que m'importe que dans le coin poudreux d'une masure on vienne un jour déterrer quelques parchemins où [sera écrit] un tel fut officier Général. Les rats mangeront ces vains titres longtemps après que les vers auront rongé ce cœur avili qui les acheta par tant de bassesse. Non, me dis-je. [f.191]

S'il refuse le mariage, c'est qu'il n'y a plus d'avenir pour un homme comme lui. Abandonne-t-il dès lors l'idéologie féodale du sang bleu? Pas tout à fait. Mais elle n'existe plus pour lui que dans le culte des aïeux, c'est-à-dire dans ses liens au passé, et surtout peut-être dans le rêve du passé. D'Antraigues reste solidaire de ses aïeux, mais il ne saurait plus avoir de *descendant*. C'est l'idéologie *fin de race* au sens propre!

On voit en quoi ce refus rejoint l'idéologie bourgeoise, mais sans se confondre avec celle-ci. La réaction de d'Antraigues est purement destructrice: de la négation il ne ressort aucune affirmation. Alors que le bourgeois idéalise, contre la dissolution aristocratique, la famille nouvelle qu'il prétend construire ou préserver. Ainsi, d'Antraigues est totalement insensible à l'aspect constructif et bourgeois, sur ce plan, de la *Nouvelle Héloïse*.

Il reste que la liberté à laquelle il aspire, principe explicite de ces refus, liberté qu'il tend même à sacraliser (quand s'estompe le rejet brutal, le sursaut de dégoût qui en est la source), est bourgeoise plutôt qu'aristocratique: elle est en effet pure émancipation de l'individu. La contrainte de la patrie ne se profile qu'à l'horizon lointain, elle reste même assez livresque. Le comte n'a jamais médité sérieusement, à cette date, sur la sagesse organisatrice de M. de Wolmar, ou sur le despotisme de la volonté générale. Il y a rencontre entre sa propre révolte et l'étape initiale de la révolte bourgeoise, celle-ci instituant le premier moment d'une dialectique de la liberté.

5. Idées politiques explicites de d'Antraigues

Refus du service militaire et dégoût des armes

D'Antraigues se comporte franchement en renégat de l'aristocratie dans un autre domaine, où son refus est sans doute plus crûment révélateur encore. Ainsi, son dégoût pour la carrière militaire présente deux caractères, successifs ou simultanés. D'une part, c'est un dégoût des *armes*: il n'est pas disposé à verser le sang, pas plus le sien que celui des autres. Il a pour le duel une horreur qui semble avoir nourri en lui la mauvaise honte. Selon son premier biographe, il aurait été accusé de lâcheté, pour avoir refusé de se battre en duel.[96] Il est troublant de constater que son autobiographie romancée comporte une interminable et rocambolesque histoire de duel. Il raconte une affaire de vengeance féminine pour expliquer comment, mis en demeure de se battre en duel, il a dû refuser dans un premier temps, pour finalement exiger lui-même que la rencontre ait lieu, afin de couper court à une campagne de calomnies qui de Toulouse s'étend jusqu'à sa ville de garnison, Carcassonne.

Duckworth a découvert un ensemble de lettres qui attestent que le comte fut bien, comme il l'affirme, victime de calomnies de la part de deux femmes malveillantes. Ainsi, le chevalier Pomier écrit à d'Antraigues, de Montpellier, le 2 octobre 1775: 'Si quelqu'un doute de votre bravoure, vous aurez de quoi leur répondre et les faire repentir d'ajouter foi aux libelles que quelques dames de Toulouse font courir contre vous. Vous n'ignorez pas qu'elles vous en veulent [...] mais vous aurez nombre d'honnêtes gens et de distinction qui vous justifieraient s'il était nécessaire.'[97] Suit une liste de témoins auxquels recourir en cas de besoin. Il est surprenant que d'Antraigues ne l'ait pas utilisée dans son autobiographie romancée. Son récit, et ses protestations semblent au contraire révéler une obscure mauvaise conscience. On en jugera.

D'Antraigues est donc forcé de revenir à Toulouse, pour se battre avec un M. de Poncharamet, conseiller au parlement, mais surtout redoutable bretteur, que Mme de Montalembert et une complice (la présidente de Sapti, maîtresse de Virginie) ont dressé contre lui grâce à un mensonge. Les deux hommes ont

---

96. Pingaud, *Un agent secret*, p.15-16: 'Il se fit mettre, dès qu'il le put décemment, en reforme, sous prétexte que sa santé lui rendait impossible l'usage du cheval. Ses ennemis ont raconté depuis qu'il avait dû quitter son régiment, après une provocation en duel à laquelle il avait refusé de répondre. Il a su si bien, depuis, éviter toute occasion de tirer l'épée qu'on doit accorder quelque créance à cette accusation.' Et Pingaud cite un de ces 'racontars', 'Précis de mes opérations pour la défense de la religion et de la royauté pendant la révolution', in *Recueil de divers écrits relatifs à la révolution*, par H. Froment, secrétaire du cabinet du roi, octobre (s.l.), p.54-55, 74: 'J'ignorais que M. d'A avait servi dans son régiment [du baron de Talleyrand]; j'ignorais que son amour pour les belles-lettres, joint à une terreur invincible qu'il a toujours éprouvée à l'aspect d'une épée hors du fourreau, l'avaient forcé de quitter le service pour philosopher sans danger dans le château de ses pères'.

97. Duckworth, *The D'Antraigues phenomenon*, p.90. Orthographe modernisée par nous.

déjoué dans un premier temps la manœuvre, l'adversaire du héros étant bientôt convaincu de la bonne foi de celui-ci. Les bruits malveillants redoublent cependant, et Poncharamet, lui aussi éclaboussé, accepte de se battre; l'affaire se termine enfin, après de multiples rebondissements, à la gloire du héros. Mais elle est trop compliquée, elle occupe trop souvent le premier plan sans nécessité évidente, pour que cela ne suscite pas quelque gêne. La gêne de l'auteur lui-même se manifeste, en tous cas, lorsqu'il supprime la dernière référence à cette campagne de calomnies, qu'il avait d'abord fait renaître à Verdun, longtemps après la fin heureuse, alors donnée comme définitive, de l'affaire.[98]

D'Antraigues n'est pas seulement en délicatesse avec l'épée, objet dont il exècre le maniement, mais symbole qu'il ne peut se résoudre à liquider. L'autre aspect des choses, c'est qu'il rejette la carrière des armes parce que c'est un métier d'automate. A plusieurs reprises, l'auteur brosse une peinture satirique de l'exercice, à la manière de Voltaire de *Candide* (certes moins enlevée). Ainsi, dès son premier contact,[99] il est consterné par la stupidité de la vie militaire. Il approche de sa dix-septième année; il vient de quitter Paris, où sa famille l'a contraint à rompre avec sa première maîtresse en titre, l'actrice Mlle Du Bois (ou Dubois):

Présenté à mes nouveaux camarades, je cherchais un cœur qui pût recevoir le mien, je sentais le besoin d'épancher mes secrets avec un ami, je le cherchai longtemps, je renonçai enfin à l'espoir de le trouver et me plongeai dans la plus noire mélancolie. Les devoirs de l'état militaire m'ennuyaient sans me distraire. Ces devoirs pénibles, fatigants, ne disent rien au cœur et n'offrent rien à l'esprit. Un bas-officier me faisait pirouetter des heures entières à droite, à gauche, remuer en tous sens un lourd fusil, monter, descendre de cheval, et courir ou m'arrêter à sa volonté. Je me crus un automate entre les mains de ce personnage, et bientôt, fatigué d'un tel rôle, je ne parus plus aux exercices et m'enfermais dans ma chambre. Ceux qui me commandaient étaient bons et faciles; je ne fus ni inquiété ni réprimandé; je voulais être oublié, on m'oublia.[100]

Le jeune comte se met donc à l'écart. On doute que cette attitude ait pu lui valoir les sympathies dont il lui arrive de se targuer.[101] D'autant qu'au dégoût

98. Voir annexe 2, l'analyse et les extraits les plus significatifs de l'épisode du duel.

99. Il s'agit en fait de son passage aux Carabiniers (16 ans). Il ne dit rien d'une expérience précédente chez les Gardes du corps (14 ans).

100. *Mes soliloques*, f.66.

101. Il admet parfois que son originalité déplaît. Voir f.148 (la scène est cette fois Verdun en 1775): 'Au printemps, les exercices recommencèrent. La foule des officiers redoubla et je fus accablé d'ennui, arraché à mes études par le plus frivole et le plus sot exercice, obligé d'agir comme une marionnette par l'ordre d'une espèce d'homme qui à la vérité leur ressemblait beaucoup, et n'avais pas un instant. Excédé de ce tracas, je feignis d'être malade, et relégué par ce motif dans ma retraite, à peine je paraissais en public. Cette manière de vivre qui me rendait singulier déplut à trois ou quatre de mes camarades.' Cf. déjà, lors de sa découverte de l'armée (f.68): 'Je pris une telle aversion pour l'état militaire que je ne pouvais cacher, même à mes camarades, mon mépris pour cette profession.'

pour l'état qu'il est contraint d'accepter, se lie bientôt le mépris de l'homme de culture pour la masse inepte de ses camarades et de ses supérieurs. La solitude dans laquelle il s'enferme est studieuse et ostensiblement désapprobatrice. Les pires sarcasmes qu'il lance contre son colonel, le baron de Talleyrand, ont trait aux prétentions littéraires de celui-ci, un imbécile.[102]

Choix d'une destinée d'homme de lettres

Le jeune officier passe son temps, au service, à lire et à écrire, témoignant déjà de sa vocation d'écrivain. Les valeurs qu'il affirme ainsi, à l'encontre des siens, sont celles d'une classe nouvelle, à laquelle il est certes loin de s'identifier consciemment, mais dont l'exemple, sans doute à travers la médiation de la littérature 'philosophique', oriente en profondeur son comportement. Son oncle M. de Saint-Priest, auquel il porte une haine passionnée, lui fait à ce propos une remarque d'une pertinence aiguë: 'Vous ne voulez du service que par acquit; soit que vous vous négligiez, dans votre métier, soit que vous l'abandonniez, vous perdrez toute considération dans le monde, parce qu'il n'y en a pas pour qui ne tient à rien. Vous croyez que l'esprit, les belles-lettres suppléent à cela, et vous vous trompez.'[103] Le tuteur du héros situe avec lucidité le conflit de valeurs: son neveu est en train de s'encanailler en refusant le service des armes pour se consacrer à la littérature.

Choisir une destinée d'homme de lettres, voilà en effet, cette fois, une attitude bourgeoise positive. Et d'Antraigues-personnage ne cesse de manifester – ou de trahir, ce qui est encore plus significatif – un idéal d'écrivain. Ainsi sa formation sexuelle (le passage de la première expérience homosexuelle à un goût décidé pour les femmes) s'effectue curieusement à travers les *récits* d'un laquais.[104] La plupart de ses aventures aboutissent à l'écriture d'une œuvre et

---

102. Voir f.138: 'Sans aucun esprit [...] mais réunissant autant de prétentions qu'il a d'ineptie, il aspire au titre d'homme de lettres, et ainsi que ses pareils, rempli de vanité, subjugué par la flatterie, il déteste ceux qui ne sont pas disposés à se dévouer à sa sottise.' Voir aussi, f.148-49, l'épisode de la querelle entre le héros et son colonel. La hargne de celui-ci a quelque chose à voir avec sa vanité et sa bêtise.

103. Saint-Priest à d'Antraigues, 8 février 1777, cité in Pingaud, p.16. Dans *Mes soliloques*, d'Antraigues situe fin février – début mars une violente dispute qui s'élève entre son oncle et lui, à propos de sa démission. Voir f.192. Voir aussi la lettre de chantage contre M. de Saint-Priest, écrite à Vergennes, datée du 17 mars, citée ci-dessus, p.52, n.11.

104. Voir f.55: 'La solitude m'était devenue dure, sans pouvoir en apprécier encore les attraits [...] Ma mère ne pouvait pénétrer les motifs d'un changement si étrange. Un de ses laquais fut plus adroit, il me pénétra et devint mon confident; par lui se découvrit un nouvel univers à mes avides regards. Ses instructions simples, mais claires et précises, étaient écoutées avec une insatiable curiosité. Par lui tous les détails de la volupté me furent connus; mon amant ne fut plus pour moi qu'un objet de réminiscence, et les femmes eurent pour jamais la première place dans mon cœur.

semblent donc n'exister que comme prétexte à cette élaboration littéraire. C'est ainsi que le lecteur est sans arrêt renvoyé à des manuscrits qu'il trouvera dans les 'papiers' du héros-auteur. La dernière aventure de d'Antraigues, avec une actrice, Mlle Sainval l'aînée, présente une structure bien intéressante de ce point de vue. Elle est dès l'abord présentée comme un *roman*, l'auteur jouant sur les deux sens du mot. C'est en effet une intrigue sentimentale (d'une tonalité nouvelle); mais c'est aussi, littéralement, à travers l'échange de lettres entre les deux protagonistes, un *roman épistolaire*.[105] En même temps, c'est une intrigue libertine, réglée, puisque Mlle Sainval, après la rupture, publie les lettres (sens habituel au roman libertin: elle les répand dans le public pour déconsidérer son ex-partenaire. C'est un des rites de la rupture) et menace même de les *éditer*! On ne sort vraiment pas de la littérature.

Plus étrange encore la façon dont le héros apprécie la lettre qu'il adresse à Milady après l'infidélité que celle-ci vient de lui avouer, lettre de rupture en un sens, mais où s'exhibe aussi le désir d'un approfondissement-idéalisation de l'amour, puisqu'il s'agit de transformer la passion en amitié (selon la leçon, très approximativement comprise, de la *Nouvelle Héloïse*!). Le héros apprécie son œuvre non pas en amant, mais en auteur:

En lisant cette lettre, on ne se douterait pas des peines incroyables qu'elle m'a coûtées pour la *composer*.[106] C'est celui de tous mes écrits que j'ai le plus souvent recommencé. La douleur, le chagrin m'avaient tellement abattu que je ne retrouvais plus en moi les *talents* qui jadis *m'avaient fait briller* dans des jours prospères et qui s'étaient éteints dans l'adversité [...] quinze jours de *travail*[107] purent à peine me suffire pour composer cette lettre que j'ai trouvée depuis *si plate, si mal dite*.

Combien ces premiers moments où j'étudiais les éléments de cette science amoureuse sous un maître simple mais naïf furent délicieux. Mon ardente imagination commença alors à se développer avec une vigueur que je n'ai plus été le maître à modérer. Mon laquais m'apprenait le physique de l'amour et mon jeune cœur en devinait toute la moralité en me peignant les délices de ce moment divin où l'on expire dans les bras de ce qu'on aime. Il me fit deviner sans me les dire tous les transports, tous les sentiments du cœur qui pouvaient rendre cette union céleste.' Etrange initiation sexuelle! Certes, c'est la préface à la jouissance réelle que le héros va connaître entre les bras de Manin, la maîtresse du laquais que celui-ci lui abandonne une nuit de temps à autre. Mais, à négliger la significative et inquiétante médiation de Martin, le laquais, on retiendra surtout le caractère bizarrement livresque de cette sensibilisation à la sexualité: des *récits* font connaître 'tous les détails de la volupté' et font entrevoir l'ivresse du cœur à travers celle des sens! C'est déjà une vocation de romancier qui s'affirme ici. Même si l'auteur se réfère en réalité à son expérience du plaisir quand il prétend reconstituer ses sentiments d'avant celle-ci.

105. Voir *Suite des mémoires*, f.223r: 'Jetés l'un et l'autre, elle par sa folie, moi par curiosité et ennui dans le pays des romans, nous en commençâmes un. La base de ces sortes d'ouvrages est d'ordinaire un commerce épistolaire. Je commençai par de petits billets auxquels on répondit par de longues lettres'. Les deux romans se construisent donc simultanément, et on ne sait plus trop lequel des deux est l'instrument de l'autre, objet essentiel de d'Antraigues-écrivain plutôt qu'amant.

106. Souligné par nous.

107. Souligné par nous.

86

Le héros-écrivain rejette résolument à l'arrière-plan le héros-amant!

Comportement bourgeois spécifique, puisque le type social réel de l'écrivain indépendant, libéré (ou tendant à se libérer) du servage que constitue le mécénat aristocratique, est en effet apparu au dix-huitième siècle: essayiste, journaliste, il est surtout romancier, tel Marivaux et, surtout, l'abbé Prévost: celui-ci passe pour être le premier écrivain à n'avoir vécu que de sa plume.[108] Ce type s'épanouit dans la seconde moitié du siècle, avec deux variétés opposées, celle représentée par Diderot, qui se bat pour la reconnaissance de la propriété littéraire,[109] dans la perspective d'un développement bourgeois, et celle réduite au seul Jean-Jacques, exemplaire unique, qui prétend être écrivain-artisan:[110] il gagnera son pain comme artisan (copiste de musique), l'écriture lui fournissant un simple salaire d'appoint: on sait que, selon lui, écrire ne doit pas devenir un métier; c'est une exigence pour rester véridique et pour dispenser un message utile à la société.

Telle est la vocation de Rousseau, depuis la fameuse illumination de Vincennes, d'où est sorti le premier discours. D'Antraigues, sans être conscient de l'existence de ce conflit important, encore que secondaire, entre Jean-Jacques et son ancien ami et 'aristarque', est séduit par l'héroïsation de l'écrivain.

Circonstances de la composition de Mes soliloques

On se souvient que le comte s'était lancé dans son premier ouvrage (connu) pour dégoûter de lui un aspirant beau-père calamiteux. Mais il se remet à écrire ses 'mémoires' pour son seul plaisir, à l'imitation probable du Jean-Jacques des *Confessions* et, surtout, des *Rêveries*.[111] Après une interruption, il y revient en

---

108. Voltaire a certes fait beaucoup dans ce sens. Dès les *Lettres philosophiques*, il affirme l'éminente dignité de l'homme de lettres. Mais sa prodigieuse fortune a une autre source: la spéculation. En ce qui concerne Prévost, voir J. P. Kaminker, 'L'abbé Prévost', *Europe*, no.415-16 (nov.-déc. 1963), p.5-55.

109. Voir *Lettre sur le commerce de la librairie*, et *Sur la liberté de la presse*, texte partiel édité et annoté par Jacques Proust (Paris 1964).

110. Voir Michel Launay, 'Les problèmes politiques dans la correspondance de Rousseau', in *Jean-Jacques Rousseau et son œuvre, problèmes et recherches*, colloque de Paris, 16-20 oct. 1962 (Paris 1964), p.265-82; et *Jean-Jacques Rousseau écrivain politique* (Cannes, Grenoble 1971).

111. Voir l'avant-propos de *Mes soliloques*, f.46v-47r. L'auteur raconte que, retrouvant par hasard l'ébauche destinée à M. de Laverdy, il la relit avec plaisir et décide de tout réécrire: 'Je trouve un charme inconcevable à me rappeler dans ma solitude les courts instants de ma jeunesse. Je suis encore trop près de ces heureux moments pour en avoir perdu le souvenir. Je jouis encore de mon bonheur en le retraçant, et ayant perdu celle qui fut la félicité de ma vie. Cet ouvrage [...] deviendra un jour le livre le plus intéressant pour moi dans ma vieillesse; quand l'âge aura glacé mon cœur, je le retrouverai dans cet écrit. Je croirai revivre encore au bord du tombeau. Je l'eusse composé plus tôt, j'aurais écrit sans couleur et sans talent; plus tard, j'eusse perdu le feu de la jeunesse et la sensibilité se fût éteinte. Je choisis donc l'époque la plus favorable de ma vie, trop près des événements que je dois retracer pour avoir pu oublier la moindre circonstance, assez éloigné

1784, et il fait alors état d'une nécessité d'un autre ordre, dans une page liminaire curieuse et révélatrice:

Il y a deux ans que j'ai cessé d'écrire mes mémoires. J'ai essayé de composer quelques ouvrages. Je ne sais si le peu d'intérêt qu'ils m'inspirent est la cause du peu d'énergie qui s'y trouve, mais jamais je n'écrivis avec tant de peine, tant de fatigue et si peu de goût. Il est singulier mais il est vrai que ce ne sont point les idées qui me manquent. Jamais mon cœur ne fut plus rempli de sentiments agréables, jamais mon imagination ne fut plus riante, plus riche. Dès que je suis seul, elle m'offre mille tableaux enchanteurs, sur chaque sujet qui m'occupe elle me fait naître des rapports, des vues qui me charment et me jettent dans les plus douces rêveries. Prends-je la plume, je deviens froid, aride, je ne trouve plus en moi ce feu qui jadis m'animait. Je ne puis expliquer cet étonnant phénomène; cependant je crois que dans le premier âge des idées de gloire, des vanités d'auteur, l'espoir d'être lu, connu, célèbre, me donnait un courage que je n'éprouve plus à présent parce que ces brillantes chimères ne m'abusent plus. Sentant le besoin d'écrire et ne pouvant le satisfaire,[112] ne trouvant aucun attrait à m'occuper de ce qui m'est

cependant pour pouvoir en parler sans transport et avec cette volupté tranquille et douce qu'on ne goûte que dans la *réminiscence*' (souligné par nous). A comparer avec le passage célèbre des *Rêveries*, à la fin de la première promenade: 'je n'écris mes Rêveries que pour moi. Si dans mes plus vieux jours [...] je reste, comme je l'espère, dans les dispositions où je suis, leur lecture me rappellera la douceur que je trouve à les écrire, et faisant renaître ainsi pour moi le temps passé doublera pour ainsi dire mon existence.' D'Antraigues pourrait réagir aussi à tel autre passage des *Rêveries* (deuxième promenade): 'J'ai bientôt senti que j'avais trop tardé d'exécuter ce projet. Mon imagination déjà moins vive ne s'enflamme plus comme autrefois à la contemplation de l'objet qui l'anime, je m'enivre moins du délire de la rêverie; il y a plus de *réminiscence* [souligné par nous] que de création dans ce qu'elle produit désormais'. Il paraît se souvenir aussi de cette confidence de la quatrième promenade: 'J'écrivais mes *Confessions*, déjà vieux, et dégoûté des vains plaisirs de la vie que j'avais tous effleurés et dont mon cœur avait bien senti le vide. Je les écrivais de mémoire. Cette mémoire me manquait souvent ou ne me fournissait que des souvenirs imparfaits et j'en remplissais les lacunes par des détails que j'imaginais en supplément de ces souvenirs, mais qui ne leur étaient jamais contraires. J'aimais à m'étendre sur les moments heureux de ma vie, et les embellissais quelquefois des ornements que de tendres regrets venaient me fournir. Je disais les choses que j'avais oubliées comme il me semblait qu'elles avaient dû être, comme elles avaient peut-être été en effet, jamais au contraire de ce que je me rappelais qu'elles avaient été'. Cf. aussi *Confessions* (i.128): 'J'écris absolument de mémoire, sans monuments, sans matériaux qui puissent me la rappeler. Il y a des événements de ma vie qui me sont aussi présents que s'ils venaient d'arriver; mais il y a des lacunes et des vides que je ne peux remplir qu'à l'aide de récits, aussi confus que le souvenir qui m'en est resté.' D'Antraigues, comme à son habitude, imite en s'efforçant de préserver son originalité. A vingt-neuf ans (à peine), il ne peut pas se permettre d'adopter la perspective d'un vieillard, comme le Rousseau des *Rêveries*. Il transpose donc et fait de sa différence un avantage: assez proche de la période évoquée pour se souvenir de tout, assez éloigné pour que la patine du souvenir ait déjà accompli son œuvre à la fois apaisante et artistique. S'il néglige la profonde dialectique rousseauiste qui fait de l'oubli un moment essentiel du souvenir, il élabore déjà sa thématique originale de la réminiscence à partir d'une fugitive indication de Jean-Jacques (peut-être utilise-t-il ici l'*Essai sur l'origine des connaissances humaines*, section 2, chap. 1, de Condillac).

112. C'est presque le retournement de la célèbre formule de Jean-Jacques, lorsque celui-ci raconte la genèse de la *Nouvelle Héloïse*, dans la seconde partie des *Confessions*: 'Dévoré du besoin d'aimer sans jamais l'avoir pu bien satisfaire, je me voyais atteindre aux portes de la vieillesse, et mourir sans avoir vécu' (livre IX). Etrange mimétisme! Même si le 'dévoré du besoin d'*écrire* sans

étranger, je vais m'occuper de moi, l'intérêt personnel sera mon mobile, c'est le seul sentiment qui ne s'éteint qu'avec notre existence.[113]

Retenons de cette page un aveu et une confidence, qui se recoupent sans que l'auteur y prenne garde. L'aveu: d'Antraigues n'a d'abord été possédé que par une vaine gloriole littéraire, le désir de se faire une place et un *nom* (la célébrité) dans la république des lettres. Valeur spécifiquement bourgeoise, substitut du renom aristocratique. Mais c'est là tomber au niveau des écrivailleurs que dénonce Jean-Jacques, ce marginal des Lumières. La confidence: le comte va désormais se détourner de la vocation littéraire abstraite qui fut la sienne au début (née de la pression sociale des Lumières, en train de conquérir l'hégémonie, ce dont notre auteur ne s'avise pas). Il va rétrécir sa cible, mais en transformant radicalement (sans s'en aviser davantage) son idéal de l'écriture. Il s'agit, conformément cette fois à la leçon explicite de Jean-Jacques, de ne plus s'occuper que de soi.[114] Idéal individualiste de culture, d'exaltation du moi, qui s'affiche dans toute l'œuvre autobiographique de Rousseau, surtout dans ce couronnement qu'en sont les *Rêveries du promeneur solitaire*. Seulement il s'agit là d'une fidélité à Rousseau dont le comte ne s'aperçoit pas qu'elle trahit en fait la leçon profonde de son maître. Qu'en était-il, en effet, avant cette conversion exemplaire de Jean-Jacques à l'individualisme radical? La fonction sociale de l'écriture[115] est née de l'illumination de Vincennes, c'est-à-dire de la cristallisation subite, à la lecture d'une thèse scandaleuse, d'un sentiment lentement mûri. Chez d'Antraigues, l'illumination par la philosophie, ou par

jamais l'avoir pu satisfaire', si contraire à l'esprit de Jean-Jacques et si proche en même temps, ne peut pas être la réminiscence d'une formule qui ne sera livrée au public qu'en 1789 (publication de la deuxième partie des *Confessions*), il y a suffisamment de passages, déjà, qui s'en rapprochent, dans la première partie ou dans les *Rêveries*, pour que notre auteur la réinvente par réminiscences diffuses mais pour en trahir le sens. Jean-Jacques n'a pas à rêver, lui, une carrière d'écrivain célèbre. Il rêve, au contraire, du destin d'homme du peuple qui aurait dû être le sien, sans la fatalité, s'il était resté fidèle à son milieu d'origine (mouvement que d'Antraigues, d'ailleurs, reproduit à plusieurs reprises. Ainsi lorsqu'il évoque le bonheur simple qui aurait pu être le sien, en épousant Melle de Champigny; voir ci-dessus, p.80). Il y a d'autres exemples d'un tel regret: transporté par son désir d'être un homme célèbre, le comte le voit alors réalisé, comme pour Jean-Jacques!

113. *Mes soliloques*, f.147.

114. Voir texte cité ci-dessus, p.88-89, et n.112, 113. Voir aussi cette note, f.228, sous un fragment de gravure représentant d'Antraigues lui-même: 'Dans mes vieux jours, occupé alors de moi seul, je lui rendrai la justice qu'il mérite'. Après l'interruption des mémoires, le manuscrit se transforme en une sorte de journal, très épisodique: une note tous les quatre ou cinq ans. La première (f.225) est du 13 mai 1803; la dernière (f.234r) du 15 avril 1810; la note-légende du portrait n'est pas datée, mais se situe entre celle du 8 juillet 1804 (f.227r) et celle du 15 janvier 1804, à Dresde (f.229).

115. Ceci très schématiquement, car cette fonction sociale même s'exerce en défense de l'individu. Mais l'analyse de cette dialectique individualisme-adhésion au groupe social nous entraînerait trop loin (voir le livre important de B. Baczko, *Rousseau, solitude et communauté*, Wien 1970; Paris, La Haye 1974 pour la traduction française).

Jean-Jacques, ne remplace pas, ou fort mal, la vocation militante, philosophique et politique née sous le chêne de Vincennes, en communion avec Diderot et contre lui. Car Jean-Jacques, lui, est effectivement devenu un écrivain, au sens le plus élevé du terme, en 1749-1750. Le repli sur soi, dont la cause prochaine est le complot, plus ou moins fantasmatique,[116] est surtout l'ombre portée de la vocation littéraire (c'est-à-dire, de l'œuvre philosophique-sociale, politique, qui isole Jean-Jacques au sein même du groupe de ses plus proches amis, et le met sur la *marge* des Lumières). Rien de tel, pour l'heure, chez d'Antraigues: il semble ne reproduire que le deuxième temps d'une dialectique, par là même privée de son sens. L'aveu final reste donc la réalité essentielle. L'auteur de *Mes soliloques* cherche à se faire un nom en devenant écrivain. Il ne faudrait pourtant pas y voir un sentiment factice, totalement fabriqué à l'imitation d'autrui. C'est un désir intense, une véritable nécessité intérieure chez d'Antraigues, née du malaise social qu'il éprouve, et pour en sortir. On retrouve l'image d'une aristocratie en perdition: si le comte d'Antraigues est dans ce domaine fortement influencé par l'idéologie bourgeoise, c'est pour la transposer à partir de son expérience intime de féodal malheureux, marginalisé, et pour répondre à ses besoins propres.

La mauvaise honte: sa famille a obligé le comte à s'humilier pour faire fortune

Cette pression de l'idéologie bourgeoise, ou, pour mieux dire, le recours qu'elle offre dans le besoin, se manifeste plus directement dans les dernières pages des mémoires.[117] Le héros est de retour à Paris après trois ans d'absence, en 1783, semble-t-il: il est dans sa trentième année.[118] Le traumatisme qui nourrit sa haine violente des grands seigneurs, despotes et esclaves, méprisants et méprisables par nature sociale, s'est-il reproduit? Le souvenir en a-t-il été rappelé par quelque événement? Ou, *a contrario*, parce qu'il est enfin devenu un homme libre par sa démission? Il écrit en tout cas à ce propos ses pages les plus amères, sur le statut de client qu'on a voulu lui imposer:

116. Avec une solide base réelle, les meilleurs érudits l'ont montré. Voir ci-dessus, p.65-67, les allusions au rôle néfaste joué par le prince de Conti (qui ne font que s'inscrire à la suite d'un ensemble d'études érudites, de J. Fabre, P. Grosclaude, J.-L. Lecercle) – sans parler des 'anciens amis' (Diderot, d'Holbach), beaucoup plus tôt identifiés par Rousseau, à tort ou à raison, comme des ennemis; ou encore des ennemis réels (Voltaire, Choiseul, que d'Antraigues a en horreur, peut-être pour cette raison, mais surtout en sa qualité de principal ministre, 'vizir' du despote Louis XV).

117. D'Antraigues a oublié le titre porté jadis sur la première page de son manuscrit et ne désigne plus son ouvrage que comme l'histoire de sa vie, ou ses mémoires. On lit d'ailleurs, f.213, en titre: 'Suite de mes mémoires'.

118. La chronologie est imprécise dans le détail. Le milieu de l'année 1783 est un *terminus a quo*. 1784 est plus probable.

5. Idées politiques explicites de d'Antraigues

Que dans Rome déjà dégénérée, dans Rome luttant contre le despotisme, on [s'attache?] à la valeur de César, d'Antoine, ou de Pompée, on sent même dans le crime des hommes qui abandonnent la cause publique pour celle des tyrans une certaine grandeur qui en impose, parce qu'après tout ces illustres scélérats eurent de grandes vertus. Mais qu'ont d'imposant les Grands de nos jours, ces valets d'un monarque imbécile, ces esclaves d'un vizir [insensé?]? Quelles qualités ont-ils pour excuser leurs vices? Ce sont les crimes obscurs et bas qui établissent leur crédit, ces hommes abjects ont des ames de boue [...] leurs manœuvres non ignorées pour maintenir leur crédit donnent une idée du maître qu'ils servent et des courtisans qui l'entourent. C'est cependant à ces êtres si vils qu'il faut bassement prodiguer les respects et les hommages, c'est dans leur maison que l'on se hâte d'amener une jeunesse [?] afin de lui faire adorer le vice avant le temps même où elle peut être vicieuse. Si on veut avoir l'idée d'un personnage dégoûtant par l'excès de son avilissement, par son embarras, par sa honte même, qu'on se présente un jeune homme amené par son père chez un de ces favoris du jour; qu'on regarde l'air rampant du protégé, l'air insolent du protecteur, qu'on imagine quels sentiments de haine fait fermenter dans un cœur noble et libre la vue de ces êtres si vains et si bas devant lesquels on vient humilier son jeune courage.[119]

Ce jeune homme en colère, parce que sa famille l'oblige à un comportement méprisable auprès des puissants, c'est le comte lui-même, comme il le rappelle peu après, pour affirmer triomphalement qu'il revient désormais à Paris 'libre et maître de [lui]' et qu'il ne songe pas reparaître 'chez ces [vils] protecteurs' (f.220). Jusqu'où est-il allé? Selon son biographe, 'ses parchemins n'ayant pas été reconnus d'une antiquité suffisante, il ne fut point admis à monter dans les carrosses du roi, et par dépit autant que par goût, il se fit citoyen de la grande république des lettres'.[120] D'Antraigues ne souffle mot de ce détail vraisemblable. S'il est exact,[121] cet oubli serait alors bien révélateur de l'ambi-

119. *Suite des mémoires*, f.219r-220.
120. Pingaud, p.17. Confirmé par Duckworth, p.141.
121. En effet, Pingaud ne révèle pas ses preuves. Mais le fait est confirmé par Mme J. Chaumié, *Le Réseau d'Antraigues et la contre-révolution*, p.28, qui n'en dit pas davantage: 'Il tente de se faire recevoir à Versailles. Mais ses quartiers de noblesse ne sont pas jugés suffisants pour être admis à monter dans les carrosses du Roi. Première blessure à son amour-propre qui sera à l'origine de sa rancune contre la noblesse de cour.' La chose est confirmée par M. Peronnet, 'D'Antraigues en 1787', *Annales historiques de la révolution française* 187 (1967), p.88-104, où sont reproduites deux lettres du comte. M. Peronnet y indique notamment: 'D'Antraigues fournit en outre un certain nombre de précisions sur lui-même: il ne connaît pas le roi', et l'auteur précise: 'Il n'a pu être présenté au roi, par manque d'ancienneté dans l'ordre de la noblesse. Il a présenté aux bureaux de l'Ordre du Saint-Esprit, en 1776, une demande de présentation en bonne et due forme, prétendant remonter sa noblesse jusqu'au XIIe siècle, en la rattachant à une famille ancienne d'Ile-de-France, alors éteinte, les Lannoy. Le généalogiste n'a eu aucun mal à démontrer la fausseté de ses allégations (BN, Cabinet des titres, Chérin, 118)'. Le comte n'avait alors que treize ans; la chose remonterait donc au premier voyage à Paris. On peut conjecturer que sa main était alors guidée par sa mère. Quoi qu'il en soit, dans ses mémoires, l'action se situe en une seule fois à Versailles, lors des fêtes données pour le mariage du Dauphin, le futur Louis XVI, en mai 1770. Le héros entre tout juste dans sa seizième année. Il loge au château, chez le duc de Villequier, gentilhomme de la chambre en exercice. Mais il s'agit de dresser un cadre pour sa rencontre avec l'actrice Mlle Dubois, qui va

guïté de sa conscience sociale. Quoiqu'il en soit, les signes abondent, comme dans la page ci-dessus, que le jeune comte souffre de la situation dépendante et humiliée de sa caste et en éprouve un amer ressentiment. Il est bien en sympathie, par là, avec la réaction nobiliaire qui se manifeste dès le début du siècle. C'est le fondement de ses attitudes politiques les plus explicites. Cette rancœur sociale qui ressurgit – avec quelle violence! – dans la seconde partie de ses mémoires, avoue ainsi sa ténacité, les circonstances individuelles qui la produisent ayant disparu; elle appelle, comme défense, le recours à certains thèmes-clés de l'idéologie bourgeoise, qui s'affirment dans le contexte proche avec une netteté sans précédent.

devenir sa maîtresse. La cour, la fête, le feu d'artifice ne sont qu'un arrière-plan lointain pour une délicieuse scène de genre, dans l'intimité d'une petite pièce, ou plutôt dans l'embrasure d'un œil-de-bœuf (f.51-52). De Versailles, il ne sera jamais plus question. Serait-ce à cette époque que le jeune comte aurait joué le rôle d'un solliciteur éconduit? Seize ans, ce pourrait être l'âge du malheureux jeune homme qu'il évoquera ensuite, traîné par son père; 'personnage dégoûtant par l'excès de son avilissement' (voir ci-dessus). 'Jadis,' conclura alors l'auteur, 'j'ai éprouvé tous ces sentiments; tourmenté par ma famille, il fallut porter chez ces gens honorés par la tourbe insensée un front peu habitué à souffrir d'autre joug que celui de l'amour et de l'amitié. Enfin, je brisai ces liens importuns dont ces imbéciles avaient voulu m'enlacer' (deuxième partie, f.220). Mais la période de sollicitations obstinées à la suite de sa mère, à laquelle l'auteur fait allusion, est très postérieure à l'épisode de Mlle Dubois. Dans un premier temps, après le retour de Milady en Angleterre, le héros se retrouve 'capitaine de cavalerie', sans l'avoir souhaité. Sa famille a sollicité pour lui (vers 1772-1773: il touche à sa vingtième année, voir f.112-13). Les démarches auxquelles l'oblige sa mère interviennent après l'épisode des deux mariages manqués par la faute du jeune comte, sans doute dans le courant de 1775: vingt-deux ans environ. Ce sont, apparemment, des démarches auprès de grands seigneurs, parents éloignés (tels le maréchal et la maréchale de Mouchi) ou non. Si ces manœuvres humiliantes ont pour cadre la Cour, cela n'est pas précisé. On penserait plutôt, d'après le contexte, à quelque hôtel particulier, à Paris (voir f.152-53): 'Ils m'accueillirent avec cet air de supériorité que j'ai toujours dédaigné! La vanité des grandeurs humaines remplit toute la capacité de ce maréchal de Mouchi; sa majestueuse moitié accoutumée à toute l'étiquette de l'ancienne Cour n'a pu en la quittant en abandonner la morgue, on la croirait sur un trône quand on entre dans son salon, un évêque allant de son fauteuil à l'autel marche avec moins de dignité qu'elle, et tout ce fatigant cérémonial se répète à [...] chaque quart d'heure. Qu'on juge de mon triste état quand, admis dans un vaste salon, je me vis entouré de ces figures majestueuses. Je tressaillis d'aise quand j'eus enfin regagné ma voiture. Je jurai de ne plus remettre les pieds dans cette auguste maison. Jusqu'à ce jour, je n'ai pas été tenté d'enfreindre mon serment. Pendant un mois cependant, soumis aux volontés de ma mère, je fus mené de maison en maison, présenté à tous les Grands Seigneurs de Paris, et ce fut sans contredit le temps le plus ennuyeux de ma vie. Enfin, quand elle vit que, semblable à un automate, je n'avais ni esprit ni cœur pour suivre ses directions, elle m'abandonna, et elle fit bien, car j'étais déjà si excédé que je me disposai à lui avouer que je renonçais à tout si les honneurs ne s'obtenaient qu'à ce prix.' L'humour satirique, la causticité du tableau où le grand benêt qui se laisse conduire par sa mère n'est guère moins ridicule que les majestueux pantins devant lesquels il s'incline, l'insistance sur l''ennui' d'une telle existence, son moindre mal, atténuent à peine l'amertume et la rancœur sociale de la victime, ainsi déshumanisée, réduite, mieux que par l'armée, au statut d'automate. Car le jeune comte a obéi! Il a le droit d'en vouloir à ceux qui l'ont ainsi conduit à s'humilier, à manifester un manque de caractère qui le culpabilise.

5. Idées politiques explicites de d'Antraigues

Eloge des sociétés parisiennes

Paradoxalement, cet éloge intervient au moment même où d'Antraigues, provincial en exil à Paris, regrette son désert. Il se serait longtemps refusé à ce voyage: c'est la nécessité qui le ramènerait dans la capitale, mais il en donne une explication singulièrement confuse et suspecte: sa famille ironise sur son séjour à La Bastide, présenté comme une fuite. On le traite d'"homme grossier et sauvage'. Et c'est par amour-propre, pour prouver que s'il tourne le dos aux honneurs dont ils sont esclaves, ce n'est pas par ineptie, mais par mépris. 'Pour les obtenir', il n'aurait 'qu'à y prétendre'. Et c'est cette vaine démonstration qui le ramènerait dans l'antre de tous les vices, l'obligeant à faire violence à son goût décidé pour la solitude champêtre, asile contre la corruption (f.216). Justification filandreuse, d'autant moins convaincante que le héros se refuse désormais à se présenter chez les protecteurs potentiels qu'il fut obligé de voir jadis, et qui le dégoûtent!

Toujours est-il que, reprenant son couplet habituel sur l'opposition Paris-La Bastide (là l'esclavage, ici la liberté), voilà que le comte se trouve (par mégarde?) en train de faire l'éloge des sociétés parisiennes, parce que le talent (artistique, littéraire) y est du moins reconnu et respecté (f.219): on y

rend à l'homme célèbre un hommage infiniment flatteur en le prévenant sans cesse et en lui prodiguant des honneurs que dans les provinces on trouve excessifs, parce que dans ces lieux éloignés de la capitale le talent est plus envié que loué, et que des nobles oisifs et ignorants trouvent fort singulier que l'admiration des hommes se fixe sur autre chose que sur de tristes parchemins.

Que voilà un curieux contempteur de la capitale! En réalité, d'Antraigues a besoin de ce théâtre parisien, non seulement parce qu'un homme d'esprit ne peut briller nulle part ailleurs,[122] mais aussi parce que c'est le milieu par excellence des Lumières. Les gentillâtres de province, auxquels le lie une solidarité de caste, sont pourtant les hommes les plus méprisables: les plus incultes, les plus attachés aux principes d'un autre âge qui les maintiennent dans la dépendance et dans la crasse intellectuelle. C'est un des leitmotive de d'Antraigues, dans sa dénonciation des cercles provinciaux. A la sottise, à la prétention, à l'élégance se mêle toujours le préjugé nobiliaire. Voici Grenoble (f.213):

Le ciel donna à ses habitants une bonhomie excessive. Ils la dédaignent et veulent être de beaux-esprits. Jamais le sot préjugé de la naissance ne fit autant d'esclaves qu'en cette ville peuplée de nobles tous entichés de leurs titres et séparés de ce qui est roturier avec autant de soin et d'opiniâtreté que les premières castes chez les indiens le sont des castes inférieures.

122. Voir ci-dessus, sur d'Antraigues 'mondain', critique de la société provinciale, p.44-46.

C'est là un trait distinctif de l'espèce; les nobles de Montpellier, eux aussi, reçoivent souvent leur paquet.[123] Défenseur d'une caste qu'il méprise, d'Antraigues manifeste avec un éclat particulier, la contradiction sociale fondamentale qu'il vit. Car il n'oublie jamais que la source du mal est à Versailles, retrouvant par là son lien à ces Pourceaugnac pitoyables et posant du même coup, contradictoirement, la thèse morale essentielle à l'idéologie bourgeoise, la nécessité de faire droit au mérite personnel (f.219v):

Il faut avoir reçu du ciel [...] un esprit bien bas, une âme bien propre à la servitude pour se déterminer à fréquenter les Grands Seigneurs avec le projet annoncé de s'appuyer de leur crédit pour monter aux honneurs. Quel espoir même que celui de voir en France les gens de mérite occuper les grandes places, puisque pour les obtenir il faut commencer par s'en rendre indigne. Ah! Qu'on me dise quel sera l'homme de mérite qui [pour] se faire connaître se dévouera à passer près des ministres [de la fortune?] les plus tristes jours qu'ait vus s'écouler créature humaine?

Revendiquer ainsi les droits du mérite personnel contre le pouvoir du monarque, c'est en un sens combattre dans l'intérêt de sa caste, en désignant la cause politique du mal dont elle souffre; mais c'est en même temps s'en désolidariser, car il la juge sans illusion et sans complaisance et rompt en fait avec les valeurs qu'elle défend. Il met au tout premier rang les valeurs de l'intelligence: 'esprit médiocre', 'sot', 'imbécile' sont les épithètes dont il use le plus volontiers pour disqualifier quelqu'un.

Voilà donc d'Antraigues en train de camper, à bien des égards, sur les positions des Lumières: là où se rencontrent bourgeoisie et noblesse libérale! Mais il prétend rester fidèle en même temps à sa caste sociale, composée d'individus ridicules qui lui inspirent une pitié méprisante! C'est dire à quel point il incarne les contradictions des Lumières.

123. Voir *Mes soliloques*, f.82: les nobles de Montpellier 'toujours guindés, ayant de hautes prétentions et un esprit au-dessous du médiocre'; f.102: 'Jamais en aucun lieu du monde, on ne vit tant de sots rassemblés!'

6. Premier bilan du rousseauisme du jeune d'Antraigues

CET essai d'approfondissement de la personnalité sociale de d'Antraigues permettra de mieux saisir la portée (et les limites) de l'influence de Rousseau, les voies selon lesquelles elle opère, à travers, déjà, certains choix et exclusions significatifs; et de brosser un premier bilan de son rousseauisme avant l'épreuve décisive de la Révolution.

Tout d'abord, la fidélité à Jean-Jacques est loin encore d'exclure l'adhésion au courant philosophique en général. Il y a même plus probant à cet égard que la controverse anti-religieuse, banale par ses thèmes sinon par sa virulence, que l'on trouve à chaque instant sous la plume du comte, ou son éloge mitigé de Voltaire. Tel obscur travail d'étudiant fanatique semble traduire une véritable fascination des Lumières: ainsi, parmi d'autres dossiers, cette copie, de la main de d'Antraigues, de la correspondance de Voltaire avec l'abbé d'Olivet, de 1732 à 1768![1] Mais s'il apparaît plus d'une fois comme un simple épigone des philosophes, sa ferveur pour Jean-Jacques tient aussi à la polémique de celui-ci contre les Lumières. L'influence du maître des 'âmes sensibles' est d'ailleurs plus omniprésente chez le jeune d'Antraigues que celle du théoricien politique, encore que l'opposition des deux aspects soit assez vaine, leur unité étant au cœur de la critique du rationalisme dogmatique et étroit des 'philosophes' (ou que Rousseau leur prête).

i. Lecture de *La Nouvelle Héloïse*

Il reste que nous avons surtout aperçu le lecteur de la *Nouvelle Héloïse* et des œuvres autobiographiques. Il reste à préciser le caractère de cette lecture. L'intrigue centrale de *Mes soliloques*, l'amour du héros et de Milady Howard, est démarquée, on l'a vu, de la *Nouvelle Héloïse*. Mais dans un esprit propre à d'Antraigues. D'une part, on est souvent très proche du libertinage. L'auteur emprunte des situations à Rousseau, mais en général pour les inverser. C'est ainsi que le triangle Saint-Preux-Julie-Wolmar est profondément modifié. Milady est déjà mariée lorsqu'elle se donne au héros: Lord Howard (proche par son caractère de Lord Edouard plutôt que de Wolmar) n'a donc pas du

---

1. Dijon, Bibliothèque municipale, ms.1553. Voir aussi ms.1551: recueil composé par d'Antraigues (dont *Réflexions sur le bonheur de la marquise Du Châtelet*).

95

tout pour fonction d'assurer l'épanouissement de l'amour des deux amants, en servant d'obstacle et d'instrument d'idéalisation. Celle-ci, puisqu'elle est essentielle, n'est pas absente; mais, obtenue par d'autres moyens, elle reste beaucoup plus fragile, et surtout plus équivoque, que dans la *Nouvelle Héloïse*.[2] En outre, c'est l'infidélité de Milady qui conduit à la rupture, assurant en définitive l'idéalisation de façon plutôt artificielle, alors que c'est Saint-Preux qui était infidèle, mais aussitôt pardonné, il n'avait à subir qu'un ironique sermon et les reproches de sa conscience. Une riche série d'autres liaisons dans l'ouvrage de d'Antraigues (comme dans sa vie d'ailleurs) viennent en outre équilibrer l'intrigue principale et servent à l'interpréter. Enfin, en harmonie avec cette métamorphose du couple formé par les deux amants, il n'y a, dans *Mes soliloques*, aucune idéalisation du mariage,[3] de la famille, de la maternité. D'Antraigues est insensible à cet aspect de la *Nouvelle Héloïse*, qui faisait les délices du public bourgeois; il semble, littéralement, ne pas l'avoir lu. Au total, le lien amoureux semble, dans son univers, coupé de son insertion sociale – sauf lorsqu'il est question de son propre mariage. Perspective plus étroitement individualiste que celle de Jean-Jacques, plus pessimiste aussi: la mort de Julie exprime, certes, le triomphe irrépressible de la passion, mais sans que soit remise en cause l'image heureuse de la famille bourgeoise, honnête, prospère et bien ordonnée.[4] Au fond, l'anarchisme que certains ennemis ont dénoncé à tort chez Rousseau semble bien être une tentation très forte chez son disciple!

ii. Influence essentielle de l'œuvre autobiographique

Plus multiforme encore et omniprésente que celle de la *Nouvelle Héloïse*, l'influence des *Confessions* et des *Rêveries*. Tout d'abord, il semble évident que l'idée même des *Soliloques* est un fruit de la lecture de l'autobiographie de Jean-

---

2. Voir ci-dessus, p.24, et surtout p.28, n.15.

3. Voir sur d'Antraigues et le mariage, ci-dessus, p.79-82.

4. La seule manifestation – possible – d'esprit bourgeois dans la liaison d'Antraigues-Milady est la contrepartie paradoxale d'un des thèmes les plus libertins: Milady veut que son amant la rende mère, mais c'est pour que leur plaisir soit total (à un âge où le seul contraceptif était la prudence). Objection: comment Lord Howard pourrait-il accepter ce bâtard? Réponse: l'héroïne n'envisage pas de commettre une telle infamie. Elle a une fortune personnelle: elle dotera l'enfant de l'amour, et il n'y aura pas de captation crapuleuse d'héritage. f.107: 'Milord, qui tolérait nos amours et dont la philosophie dédaignait les propos vulgaires [nous voilà bien loin de la *Nouvelle Héloïse*] serait-il indifférent sur cet article, et recevrait-il volontiers au nombre de ses enfants le fils d'un étranger? [On n'envisage pas un instant que ce puisse être une fille. On va directement au crime le plus horrible.] Ne craignons rien, dit Milady, je respecte trop mon mari [!] pour admettre un étranger dans sa famille [...] Ma fortune indépendante, ma dot est de plus de cent mille écus de rente; avec de tels avantages, je fais un sort à l'enfant de l'amour.' Nous voilà en pleine intrigue bourgeoise, mais la plus sordide.

Jacques.[5] La première partie des *Confessions* paraît 'probablement en avril 1782', et, en même temps, imprimées à la suite, les *Rêveries du promeneur solitaire*.[6] Or, c'est 'le 21 juin 1782, à 3 H de l'après-midi' que le comte se met à rédiger *Mes soliloques*. La façon dont il en explique la naissance est doublement démarquée de Rousseau. On se souvient que la première ébauche en aurait été un autoportrait destiné à dégoûter M. de Laverdy, qui lui offrait sa fille en mariage. Des *Confessions* vient l'idée que le dévoilement d'un caractère implique l'histoire d'une vie. Là encore d'Antraigues retourne son modèle, mais faussement: ce n'est pas en effet pour montrer sa bonté, mais sa méchanceté, qu'il s'exhibe... Seulement, il s'agit de passer pour méchant aux yeux d'un méchant! La seconde naissance de son livre, la vraie, s'inspire plutôt, on l'a vu, des *Rêveries*. Il s'agit de revivre sa jeunesse, mais pour lui seul. Il tombe par hasard, un jour, sur le manuscrit destiné à M. de Laverdy. Il est tout surpris de le relire avec plaisir. Il se met à le refondre: désormais, comme Jean-Jacques, il ne composera plus ses mémoires que pour converser avec lui-même.[7] On jurerait que ce n'est pas la découverte de son hypothétique manuscrit (l'ébauche serait d'ailleurs toute récente) qui le pousse à s'installer à sa table de travail!

iii. Peinture de l'initiation sexuelle

Les références aux *Confessions*, les simples réminiscences, surtout, des *Confessions* ou des *Rêveries* se pressent à un tel point, qu'il faudrait un long chapitre pour les indiquer toutes, ou même pour en donner une idée correcte. Bornons-nous à l'essentiel. D'Antraigues a dû être encouragé dans la peinture osée de son initiation sexuelle par la hardiesse sans précédent dans un tel domaine dont Rousseau donne l'exemple. Il ne s'agit pas tellement des deux premières femmes dont il a joui: une paysanne de La Bastide, Manin, que son tempérament déjà exigeant l'amène à remplacer dans les meilleurs délais, quand il se transporte dans un autre château, par une de ses pareilles, Rose. Plus osée et plus neuve semble la peinture antérieure de son expérience homosexuelle chez les jésuites de Lyon.[8]

Episode bien entendu original par rapport aux *Confessions*, encore que la découverte du 'supplément' puisse faire penser à Jean-Jacques et que l'initiateur du petit collégien soit un jeune piémontais de quatorze ans, dont la nationalité doit peut-être quelque chose aux épisodes de l'hospice des catéchumènes de

---

5. Ce titre même pourrait résulter d'un croisement entre *Confessions* et *Rêveries*.
6. Bernard Gagnebin, notice bibliographique, *Œuvres complètes*, i.1890.
7. Voir ci-dessus, p.87, n.111.
8. *Mes soliloques*, f.49.

Turin, où le naïf Jean-Jacques subit lui aussi des invitations et des tentatives d'approche, mais qui le dégoûtent. Il reste que d'Antraigues a pu se complaire à évoquer une déviation sexuelle, parce que les *Confessions* l'y incitent. Surtout, la composante sociale bientôt explicite de sa sexualité est derechef conforme au modèle de Jean-Jacques: initiation grâce aux *récits d'un laquais*, Martin, qui lui prête bientôt sa propre maîtresse, Manin.[9] Une telle situation est d'une richesse explosive: on retrouve, implicite, dans ce triangle bizarre, la tentation homosexuelle.[10] La sensibilité au récit annonce déjà un homme qui aimera peut-être mieux encore écrire de l'amour que le faire, ou pour qui le charme de le faire sera un prélude au charme plus vif encore d'en écrire: vocation littéraire, de romancier![11] En outre, le fait que le principal initiateur (et objet de désir?) soit un laquais, espèce sociale ignoble entre toutes, trahit chez le héros (sinon chez le narrateur) un intense désir de s'encanailler, meilleur piment d'une sexualité incandescente et quelque peu dévoyée, symétrique de la préférence obstinée de Jean-Jacques pour les 'demoiselles'.[12]

iv. Le sentiment de culpabilité: le 'crime' du jeune comte

Autre influence, plus manifeste encore et liée d'ailleurs à la peinture de l'éveil sexuel: la culture d'un trouble sentiment de culpabilité. Comme Jean-Jacques dans l'histoire célèbre du ruban de Marion,[13] d'Antraigues a commis son propre

9. Voir ci-dessus, p.85, n.104.

10. Jean-Jacques n'évoque cette déviation, à deux reprises (livre II, i.66-69: épisode de l'hospice du San-Spirito; et livre IV, i.164-68: aventures déplaisantes au cours de ses voyages à pied), que pour dire le dégoût qu'elle lui inspire. Mais un spécialiste examinant d'un œil impitoyable le trio Saint-Lambert – Jean-Jacques – Sophie d'Houdetot (*Confessions*, livre IX) ne s'en laisserait sans doute pas compter. Tel érudit peu favorable à Rousseau n'a-t-il pas fait d'ailleurs mieux encore, en allant chercher dans sa relation à son père la preuve de son homosexualité latente?

11. Voir encore, ci-dessus, p.84-85. De plus, la liaison avec l'infâme Mme de Barral aboutit à la composition d'un roman pornographique, que son auteur renonce à publier, mais qu'il ne se résigne pas à détruire! Il suggère en effet sa présence dans ses papiers, et continue à s'adresser à son lecteur éventuel! Voir *Mes soliloques*, f.157: 'Si je n'ai pas le courage de brûler ce mauvais ouvrage, on verra avec quelle énergie, quelle chaleur [d'idées?] il est écrit.' Si le moraliste se condamne sans appel, on voit que l'*auteur* reste plutôt content de lui-même! L'intrigue avec Mme de Barral permet d'ailleurs à d'Antraigues d'évoquer une perversion qui le fascine: l'homosexualité féminine devient le vice favori de sa libertine maîtresse, et il est admis en tiers dans ses jouissances, d'où quelques scènes très épicées. Mais il faut ici évoquer, plutôt que celle des *Confessions*, l'influence de la littérature érotique. L'ouvrage scandaleux, que le héros renonce à publier, semble être de la même veine. Mais les épisodes de la princesse Ghika dans la *Relation du voyage en Turquie* sont précisément dans ce goût: la différence est qu'ils ne mettent pas en scène de grands personnages du royaume de France!

12. Voir *Confessions*, livre IV, i.134: 'D'ailleurs des couturières, des filles de chambre, de petites marchandes ne me tentaient guère. Il me fallait des Demoiselles. Chacun a ses fantaisies; ç'a toujours été la mienne.'

13. Voir *Confessions*, fin du livre II, i.84-87.

crime épouvantable, justification de la culpabilité et surtout instrument de rédemption. Non seulement la fonction, mais la nature même du crime est comparable: il s'agit d'une calomnie atroce, qui risque de briser une vie. D'Antraigues a eu, dans son enfance, un seul précepteur qu'il ait aimé et qui lui ait appris quelque chose, dans un intervalle entre le collège des jésuites et l'abominable abbé Maydieu: un tout jeune homme, Rome, neveu du maître de pension publique auquel le petit garçon a été provisoirement confié. Il ne se sépare pas de lui sans une grande crise de larmes. Or, lorsque sa mère devine qu'il a été initié, c'est bien entendu cet ami fidèle et scrupuleux qu'il accuse. Le crime, comme chez Rousseau, est soigneusement mis en scène, suggéré à l'avance, préparé. On en trouve l'annonce dès la scène de la séparation déchirante avec Rome:

> ses larmes couvrirent souvent mon visage, et je sens encore les miennes prêtes à couler [...] De pareilles scènes se reproduisent à ma mémoire avec la même force que le jour même que j'en fus le témoin. Cet aimable mortel vivra dans mon cœur tant que le ciel lui conservera le mouvement [...] Je l'ai souvent revu depuis avec l'intérêt le plus tendre, mais bientôt le lecteur indigné verra quelle récompense il reçut de moi pour le prix des soins qu'il m'avait donnés.[14]

Le crime lui-même est raconté avec le souci de ménager l'intérêt dramatique et surtout de mettre en valeur les thèmes rousseauistes de l'ingratitude superlative et du repentir ineffaçable, douloureux mais salvateur (f.50-52):

> Après un séjour de quelques mois en Vivarais, ma mère se rendit à Montpellier [...] et me conduisit avec elle. Je restai plusieurs mois sans gouverneur. C'est dans cet intervalle que je commis un crime que m'a pardonné le mortel honnête et doux que j'avais outragé, mais que je ne puis me pardonner à moi-même, et dont le cruel souvenir m'arrachera des pleurs jusqu'aux portes du tombeau. Ma mère dont la vigilance tendresse songeait à tout, s'aperçut en m'observant que j'étais beaucoup plus instruit que je ne devais l'être des mystères que l'amour n'apprend que dans un âge plus avancé. Elle s'enquit avec tendresse d'où pouvaient me venir ces leçons précoces, et ne trouvant aucun de ceux qui m'instruisaient capable de me corrompre, elle imagina que la pension de Mr Rome n'avait pas été pour moi une école de bonnes mœurs; elle me fit jaser et me flattant par de tendres caresses, elle exigea de moi un aveu pénible; elle voulut savoir qui m'avait instruit des secrets que je devais ignorer. J'eus la bassesse d'inculper mon tendre ami Rome, mon barbare cœur osa l'accuser des crimes les plus vils; mes confidences m'attirant sans cesse de nouvelles caresses, j'imaginai toujours de nouvelles calomnies. Enfin, il devint manifeste que mon meilleur ami avait été le corrupteur de ma jeunesse et m'avait appris tous les secrets que mon impure imagination avait devinés ou reçus d'un autre que de lui. Ma mère justement irritée, écrivit à son oncle une lettre accablante pour le malheureux neveu, elle lui dévoilait tous mes aveux et lui en faisait des plaintes amères. Quel dut être l'étonnement de cet infortuné, il n'avait réchauffé qu'une vipère dans son sein. Ame grande et simple sans doute, tu devrais me mépriser et me haïr,

14. *Mes soliloques*, f.50.

mais ton cœur connut-il jamais la haine; et le plus douloureux sentiment qui le toucha fut sans doute de me voir aussi abject que je l'étais en effet. Il répondit et se justifia avec cette douceur inaltérable qui ne l'abandonna jamais. Sa lettre que me lut [ma mère] me plongea dans une telle confusion que je ne puis concevoir encore comment je n'expirai pas de douleur. Son innocence était empreinte sur mon visage bien mieux encore que dans sa lettre. Ma mère [fixa?] les yeux sur moi et y lut sa justification et mon opprobre. J'essuyai d'elle des reproches amers [des châtiments sévères] mais inutiles; j'étais impassible, la honte et le regret m'abîmaient. Combien la douleur de mon tendre Rome me fut plus douloureuse que les rigueurs de ma mère! A l'instant s'offrent en foule à mes souvenirs tous les soins de ce vertueux mortel. Ces souvenirs déchirent mon cœur en lambeaux. Je me cachai dans ma chambre n'osant voir la lumière du jour. Cependant j'eus la force de lui écrire pour lui avouer mon crime et implorer sa clémence: il me répondit avec cette tendresse indulgente qui perce le cœur du coupable, mais il me pardonnait et ce mot écrit de sa main me rendit à la vie. Quelques années après ces événements, je l'ai revu à Lyon et mon premier mouvement à son aspect fut de tomber à ses pieds, il me releva, rendit à mon âme accablée une gaieté que le repentir avait éteinte. Je le trouvai pauvre, mais content, j'eus le bonheur de lui faire accepter quelques dons, il m'accorda la grâce de lui être utile. Ses discours me rappelèrent un temps fortuné et me ramenèrent presque à l'époque heureuse qu'il me retraçait. Je vis que ni le temps ni mes fautes n'avaient attiédi les sentiments qu'il avait eus pour moi et que son âme élevée ne connaissait d'autre plaisir que celui d'aimer. En comparant le temps que j'avais passé près de lui et celui que j'avais vu s'écouler depuis, j'en sentis toute la différence. La mort m'enleva bientôt ce tendre ami et je ne demande à Dieu pour toute récompense que de me retrouver un jour auprès de lui.

Trop édifiante histoire! La reproduction presque intégrale de l'épisode permet d'apprécier à quel point l'auteur est à la fois loin et près de Rousseau. Aussi loin que possible par ses maladresses de style: tel savoureux poncif ('il n'avait réchauffé qu'une vipère dans son sein'!) en fait le précurseur du pire roman populaire: Ponson Du Terrail ou Xavier de Montépin, plutôt que des romantiques. Parfois un éclat rhétorique intempestif, une outrance viennent briser le mouvement du récit ('ces souvenirs déchirent mon cœur *en lambeaux*'!). Mais la thématique est proche de Jean-Jacques, encore que soigneusement transposée, jusque dans le détail de l'histoire. Ainsi, on sait que Rousseau tend à opérer un transfert de culpabilité sur ceux qui l'ont (maladroitement) interrogé.[15] D'Antraigues procède de la même façon, et il se montre plus madré encore: il apparaît en effet que la véritable coupable est sa mère, qui le séduit et l'oblige au crime par ses perfides caresses, dans le même moment où le narrateur l'accable des éloges les plus chaleureux (sa 'vigilante tendresse' songe à tout, elle s'enquiert avec tendresse, etc.). Elle est encore coupable, quand elle

15. Voir *Confessions*, i.86-87: 'Si l'on m'eût laissé revenir à moi-même, j'aurais infailliblement tout déclaré. Si M. de La Roque m'eût pris à part, qu'il m'eût dit: Ne perdez pas cette pauvre fille; si vous êtes coupable, avouez-le moi; je me serais jeté à ses pieds dans l'instant; j'en suis parfaitement sûr. Mais on ne fit que m'intimider quand il fallait me donner du courage.'

a percé à jour le mensonge, de sévérité excessive et tout à fait inutile, conformément à son caractère constant.[16] Le rapport pédagogique, affectif et sexuel est celui-même (inversé) de la *Nouvelle Héloïse*, avec le décalage que cela entraîne par rapport à l'épisode des *Confessions* (Rome a l'âge approximatif de Saint-Preux, non celui de Marion: il est donc de beaucoup l'aîné du héros, alors que Jean-Jacques et Marion sont deux enfants). En outre, la substitution d'un sexe à l'autre (Rome à Marion) est conforme à l'attrait pour la thématique homosexuelle. A cet égard, un autre parallélisme tout à fait rigoureux saute aux yeux: le 'tendre ami Rome' (expression récurrente) incarne l'objet du désir, comme Marion, calomniée par un sentiment d'amour qui n'ose pas s'avouer. Chez d'Antraigues, la substitution est plus nettement marquée entre l'initiateur souhaité et l'initiateur réel (ou du moins la confusion de celui-ci et de celui-là): il s'agit, comme dans les *Confessions* d'une déclaration d'amour honteuse, donc indirecte. Ce qui est simple timidité chez Jean-Jacques s'aggrave chez le petit comte de la conscience d'une perversion. Même étourdissement terrifié, enfin, du coupable, qui dilue ou annule sa responsabilité. 'J'aurais voulu m'enfoncer, m'étouffer dans le centre de la terre', écrit Rousseau, à quoi correspond 'Je me cachai dans ma chambre, n'osant voir la lumière du jour.' Mais, à ce stade, d'Antraigues a déjà avoué son mensonge à sa mère. Il se prépare à l'avouer à son ami-victime, le 'vertueux Rome'. C'est ici la différence fondamentale: le thème du repentir subit une transposition capitale, riche de signification. Jean-Jacques, lui, n'avoue pas. Le secret continue à peser sur sa conscience, assurant la pérennité du repentir. En fait, il avoue au *public*. C'est la finalité explicite des *Confessions* (i.85-86):

ce souvenir cruel me trouble quelquefois et me bouleverse au point de voir dans mes insomnies cette pauvre fille venir me reprocher mon crime, comme s'il n'était commis que d'hier. Tant que j'ai vécu tranquille, il m'a moins tourmenté; mais au milieu d'une vie orageuse, il m'ôte la plus douce consolation des innocents persécutés: il me fait bien sentir ce que je crois avoir dit dans quelque ouvrage, que le remords s'endort durant un destin prospère, et s'aigrit dans l'adversité. Cependant je n'ai jamais pu prendre sur moi de décharger mon cœur de cet aveu dans le sein d'un ami. La plus étroite intimité ne me l'a jamais fait faire à personne, pas même à Mme de Warens. Tout ce que j'ai pu faire a été d'avouer que j'avais à me reprocher une action atroce, mais jamais je n'ai dit en quoi elle consistait. Ce poids est donc resté jusqu'à ce jour sans allègement sur ma conscience, et je puis dire que le désir de m'en délivrer en quelque sorte a beaucoup contribué à la résolution que j'ai prise d'écrire mes confessions.

Voici donc l'acte de confession au sens propre, qui rend compte du titre: l'écriture, pour employer le terme propre des linguistes, prend une valeur *performative*.

16. Voir ci-dessus, p.13-14.

v. Opposition entre le statut de d'Antraigues
et celui de Rousseau

D'Antraigues se borne à donner le récit d'une confession, d'abord surprise, puis faite de plein gré à celui qui possède le pouvoir d'absoudre. Enorme différence: d'Antraigues n'a pas besoin du public, mais c'est dire aussi qu'*il n'a pas ce recours à sa disposition*: il n'a pas de public. C'est l'opposition de son statut avec celui de Jean-Jacques qui s'avoue ainsi. On peut faire l'hypothèse que le ruban de Marion, au-delà de ses implications psychologiques évidentes, symbolise pour Rousseau la malédiction qui pèse sur lui depuis qu'il est devenu un écrivain, un homme public: cette destinée, qui fait sa grandeur, est aussi sa faute; elle lui apporte le malheur. On sait que la vocation de d'Antraigues est moins exigeante, il s'en désole parfois, il voudrait tant être homme de lettres! Mais il n'a pas non plus à en payer le prix. Il ne semble pas d'ailleurs qu'il saisisse, malgré son intuition, la dialectique infernale liant chez Jean-Jacques la vocation d'écrivain à la critique virulente des Lumières. Aussi l'inspiration née de la lecture de l'œuvre autobiographique de Rousseau ne saurait être pleinement fidèle à celle-ci. Il reste que les réminiscences abondent sous sa plume, liées souvent au thème-clé de la confession. Telle formule semble un pastiche de Jean-Jacques. A la fin du récit de la liaison avec Mme de Barral, le narrateur commente: 'Ici finit l'aveu le plus humiliant qui me restait à faire.'[17] Il lui reste toutefois encore à avouer une action des plus noires, au cours de l'épisode de la persécution de mademoiselle Poninski par l'impératrice d'Autriche: il a tenté, une nuit, d'abuser de sa malheureuse protégée, réfugiée dans son appartement.[18] 'Faut-il avouer toutes mes fautes?' se demande-t-il avant d'en venir à ce récit (f.203*v*). 'Sans doute, puisque c'est l'aveu de mes faiblesses que j'écris.' Plus singulièrement encore, d'Antraigues ne jouissant pas du statut qui lui permettrait de se confesser au public se confesse... à Rousseau. Ainsi après sa malheureuse liaison avec Mme de Montalembert, l'épuisante affaire du duel, et surtout peut-être les dégradantes démarches auprès de grands seigneurs qu'il s'est laissé imposer, il se sent triplement coupable (f.53*v*):

J'allai enfin voir mon illustre ami J.-J. Rousseau. J'avais eu la bassesse de rester un mois à Paris sans songer à lui, mais j'eus la franchise de lui l'avouer.[19] Ma *véracité*[20] me mérita

---

17. *Mes soliloques*, f.162.

18. Faut-il remarquer que la tentative de viol constitue aussi (surtout?) une scène supplémentaire dans le tableau exhaustif d'une vie sexuelle? ou plutôt une scène à faire dans un roman libertin, où la recherche de la variété des situations est une des principales qualités?

19. Tour syntaxique à peu près constant chez d'Antraigues. Ce pourrait être un provincialisme, car la langue d'Oc possède ce tour, ou paraît le posséder, pour celui qui l'entend mal.

20. Souligné par nous.

ma grâce. Je tremblais qu'il ne m'interrogeât sur ma vie passée. Combien d'*aveux pénibles* avais-je à lui faire; ce moment redouté arrivé enfin, et je trouvais cet homme que je croyais si sévère rempli d'une si tendre compréhension pour moi que je *me plus à lui retracer l'histoire de mes fautes.* Il m'en fit sentir l'importance avec cette énergie, cette profonde sensibilité qui lui étaient si naturelles, et revenant ensuite aux souvenirs des temps les plus fortunés de ma vie, il me parla longtemps de celle que j'avais le plus aimé[e]. Au nom seul de Milady, des pleurs coulèrent de mes yeux. C'était dans cette même ville qu'était né ce sentiment d'amour que le temps n'éteindra jamais....

vi. Le thème de la véracité

C'est bien faire ressortir la fonction de Jean-Jacques, qui apparaît ici non seulement comme adjuvant, mais comme personnage principal du roman, l'intrigue amoureuse n'étant plus, en ce sens, qu'instrumentale. La *véracité* à l'égard de Rousseau, la confession qui lui est faite sont homologues de la véracité et de la confession dans l'œuvre autobiographique de Rousseau. Celui-ci n'est pas seulement le personnage fraternel, au sens psychique du terme: le besoin d'identification à Jean-Jacques présente chez son disciple et fils spirituel[21] une portée sociale, on pourrait même dire ontologique, presque explicite.[22] Rousseau, à travers sa pensée sociale et son génie littéraire, est une véritable source de vie, il incarne l'espoir de rédemption, en même temps qu'il est le pourvoyeur de la quête du héros. Rattaché à la thématique générale de l'ingratitude, on trouve aussi le motif, si caractéristique de la psychologie, de la morale, et de la politique rousseauistes, de la reconnaissance comme fardeau intolérable. Ce motif figure dans la page, déjà analysée dans une autre perspective, où d'Antraigues dénonce le despotisme de sa famille maternelle, notamment des personnages importants qu'elle comporte: 'ils étaient bien disposés à me servir, mais ils voulaient me maîtriser. Dès que je m'en suis aperçu, la reconnaissance me devint à charge, et me sentant incapable de m'acquitter envers eux ainsi qu'ils le désiraient, j'ai pris le parti de tout planter là et de ne plus recevoir d'eux aucun service' (f.112-13).

A cet égard, l'exemple de Mme Potoska, autre incarnation de l'héroïsme et

---

21. L'auteur appelle d'ailleurs Rousseau son père à plusieurs reprises!

22. Pour vérification, s'il en était encore besoin, le héros satisfait aussi ce besoin de confession auprès du baron de Gleichen, substitut de Jean-Jacques, après, cette fois, la dégradante liaison avec Mme de Barral, expérience la plus avilissante et sur le chemin de la guérison (entre la guérison spirituelle par l'illumination du lac de Nantua, et la guérison physique, grâce au traitement miraculeux de Tissot, à Lausanne): 'J'eus le bonheur inespéré de rencontrer le baron de Gleichen. Son regard réveilla mes remords, il *reçut mes aveux*, et sa constante amitié me rassura. Non, me dit-il, il n'appartient point au vice de changer ce cœur que formèrent [...] l'amour et l'amitié' (cf. Rousseau: 'l'amour et l'amitié, les deux idoles de mon cœur'!).

de la générosité (et liée à Jean-Jacques à travers le thème polonais), est encore plus clairement significatif. Voici l'éloge qu'en fait le héros (f.190):

Personne [...] n'eut au même degré que Mme Potoska cet art si précieux de *rendre des services sans faire sentir le poids de la reconnaissance.*[23] Il fallut que je connaisse cette femme aimable pour me faire convenir qu'*il est doux d'être obligé.* Ma famille m'avait inspiré à cet égard des préjugés dont je n'ai pu me défaire, elle m'a tant exalté les minces preuves de l'intérêt qu'elle prenait en moi qu'en vérité je préférerais une insulte à un bon office *tant le poids de la gratitude me semble accablant.*

Ce sont deux espaces moraux (et sociaux) qui s'opposent ici, conformément à la leçon de Rousseau, chez qui l'ingratitude est le symptôme d'un désir de profond renouvellement moral et social.

Autre leitmotiv de Rousseau adopté par d'Antraigues: le serment d'être fidèle à la vérité. 'J'ai dit le bien et le mal avec la même franchise,' lit-on dès la scandaleuse préface des *Confessions.* 'Je n'ai rien tû de mauvais, rien ajouté de bon, et s'il m'est arrivé d'employer quelque ornement indifférent, ce n'a jamais été que pour remplir un vide occasionné par mon défaut de mémoire.'[24] Ce refrain se répercute tout au long de l'œuvre, et il est une dernière fois développé, analysé, précisé, dans la quatrième promenade, sur le mensonge, où Rousseau examine sa provocante devise, *Vitam impendere vero*, et revient sur les *Confessions.* Ce motif lié, on vient de le voir, à 'l'aveu',[25] est récurrent; il figure par exemple dans la lettre que le héros des *Soliloques* adresse à Miss Georgina (ou Gcorginia),[26] la cousine de Lady Howard, dont la provocante beauté, la sensualité conquérante a failli l'entraîner à la faute contre celle qu'il aime. Il lui avoue, pour expliquer qu'il se dérobe désormais, au lieu de rechercher les séances de lecture où leur émotion partagée les a jetés dans les bras l'un de l'autre,[27] son amour pour une autre:

23. Souligné par nous.
24. *Confessions*, livre i, i.5.
25. Voir ci-dessus, texte cité, p.101, n.22.
26. Il semble que la graphie de d'Antraigues soit souvent fautive, ou simplifiée: Georgini, Georgina.
27. Milady Georginia, fille de Milady Spenser, et plus tard duchesse de Devonshire, amie de Milady Howard, est présentée comme 'une des plus belles femmes d'Angleterre'. Ce personnage forme avec son amie, héroïne principale, un tableau en dyptique. En un sens, elle incarne le type de femme inverse de Milady Howard, la volupté conquérante, malgré son jeune âge (seize ans): 'ses yeux brillaient d'un feu plus voluptueux que tendre [...] si l'expression de la pudeur eût orné ce beau visage, jamais on n'eût pu trouver de plus belle image de la vertu. Mais la chaleur des désirs s'exprimait par ses regards brûlants [...] Jamais on n'annonça si bien presque dans les attitudes les plus simples la soif des jouissances et le besoin du plaisir. Non, je ne puis exprimer quelle volupté ornait cette belle créature, on était hors de soi en la regardant, on eût expiré si on l'eût fixé longtemps. La cruelle lisait dans les cœurs et se plaisait à les enivrer de ses charmes. Ses yeux quand elle vous adressait la parole s'accordaient peu avec ses discours, ils exprimaient les transports les plus lascifs, et j'en fus souvent déconcerté [...] heureusement pour le salut des

6. Premier bilan du rousseauisme du jeune d'Antraigues

Maintenant recevez mes derniers aveux. Que ma *véracité* me mérite ma grâce. Hélas je suis faible, mais non pas criminel. Ce cœur, Miladi, que vous honoriez de votre estime en était indigne, il vous abusait; oui ce cœur qui semblait s'offrir à vous dépend d'un autre à qui depuis longtemps l'amour l'a uni. Avec vous, une demi-confidence serait déplacée, recevez la toute entière. Milaidi Howard est celle que le ciel rendit arbitre de mon sort. C'est à ses pieds que je dois passer ma vie. Maintenant jugez moi, et prononcez mon arrêt. Je serais mort plutôt que de vous abuser plus longtemps et je sens trop combien je fus coupable pour être jamais tenté de le devenir. Oh Milaidi [...] daignez ne plus agiter ce cœur sur lequel vos regards ont tant d'empire [...] il dépend de vous de m'ôter la raison s'il dépend de vous de me déchirer, tourmenté par mes remords, attaché à celle que j'ai juré d'aimer, enchaîné cependant par vos attraits. Les hommages d'un cœur avili par l'inconstance sont-ils dignes de vous être offerts? Non; une flamme plus pure doit échauffer la vertu. Je ne suis pas fait pour t'intéresser, beauté divine, je suis indigne de te plaire, mais je suis digne de ta pitié. Si vous cessez de m'aimer, si je vous deviens odieux, si vous me défendez votre présence, je subirai avec respect et en silence un châtiment que j'ai mérité. Mais si la compassion m'obtient votre indulgence, si vos regards daignent encore se tourner vers moi, s'ils me disent que je suis pardonné, oh Milaidi, je n'ai vu ici en vous qu'une femme aussi belle qu'[insensible?], désormais vous serez pour moi un dieu tutélaire à la clémence de qui je devrai le bonheur et la vie.[28]

mortels, elle avait un esprit médiocre et plus d'ardeur que de sensibilité' (f.95). C'est avec cette dangereuse jeune femme que le héros va se trouver quotidiennement en tête à tête. Lady Spenser lui demande en effet de diriger les lectures françaises de sa fille et de lui lire lui-même 'les livres français qui pourraient lui plaire'. Ayant bénéficié des leçons de Lekain, le comte est un excellent lecteur, plein de feu. Georginia aime les romans. Après Clarisse, on passe à la *Nouvelle Héloïse*, et lorsque d'Antraigues est en train de lire la lettre où Julie mariée dit à son amant un éternel adieu, la jeune anglaise, en pleurs, tombe dans les bras du héros 'couvrant [son] visage de baisers et de larmes'. On comprend qu'il perde un instant la tête (f.98).

28. *Mes soliloques*, f.99v; souligné par nous. Nous n'avons pas résisté au plaisir de citer une grande partie de cette lettre (le début aussi est admirable) pour montrer d'Antraigues romancier sous son meilleur aspect. Il est évident que c'est, à première vue, une fort belle page de roman libertin. Quant à la fonction de la lettre, le héros fait d'une pierre deux coups: il déclare son amour, par personne interposée, à la femme qu'il aime, tout en se ménageant celle dont il se sert. Il institue secrètement entre les deux femmes à la fois une rivalité et une émulation vertueuse qui doit le conduire au triomphe: et c'est en effet le prélude à l'initiative que prend Milady Howard de devenir sa maîtresse. On voit que le héros n'est que faussement passif: il a su solliciter l'initiative désirée, sans manquer au respect qu'impose le code courtois, et avec autant d'ardeur que de discrétion, deux qualités essentielles et fort difficiles à associer. Travail d'expert! Cette stratégie est aussi savante que celle de Valmont auprès de Mme de Tourvel. On en vient à se demander si d'Antraigues n'avait pas lu aussi les *Liaisons dangereuses* (le roman de Laclos est paru, ne l'oublions pas, en avril 1782, précisément à la même date que les *Confessions* et les *Rêveries*!). Quant à la lettre en elle-même, à la fois caressante, insinuante, respectueuse, pleine de dignité, pas une faute de ton (le début, plus difficile encore, puisqu'il rappelle l'aventure ébauchée avec la destinataire, un moment d'égarement, est parfait: respectueux, mais très suggestif, le héros développe la déclaration d'amour que Milady Georginia vient de lui faire par son comportement!). Cette fin semble d'ailleurs laisser la porte entr'ouverte à une possible aventure avec Georginia, voire même l'appeler. Mais l'aventure n'aura pas lieu: c'est la frontière, subtile parfois, entre le roman libertin et le roman sentimental-courtois, renouvelé par Rousseau. On appréciera dès lors comment le couple des deux cousines, Julie et Claire, se trouve originalement transplanté dans un univers semblable et pourtant différent. C'est sur cette base que la thématique sentimentale peut se développer et que le thème devenu

Le motif de la confession véridique devient parfois thème essentiel dans les mémoires de d'Antraigues comme chez Rousseau. Ainsi, à la fin de l'épisode interminable et pénible du duel, dont on a vu l'importance capitale et la richesse de signification,[29] l'auteur affirme: 'Ainsi fut terminée cette cruelle affaire. Je l'ai racontée avec vérité sans affaiblir ni déguiser mes fautes' (f.142). On sait comment et pourquoi la perspective judiciaire reproduit exactement ici celle des *Confessions*: d'Antraigues est engagé dans un procès douloureux contre son monde et contre une part de lui-même. Telle autre notation reproduit l'ouverture des *Confessions*, ou, mieux encore, la page de la quatrième promenade où Rousseau revient sur les *Confessions* et développe l'esthétique du mensonge romanesque comme instrument d'une vérité supérieure, absolument fidèle à la véracité et inattaquable au plan moral. Comme Rousseau revenant sur les *Confessions*, d'Antraigues, arrivant dans son récit à l'époque de son voyage en Turquie, revient sur la relation qu'il a faite de celui-ci: 'En ce moment, mes mémoires[30] doivent suppléer à *Mes soliloques*. J'ai raconté avec le plus grand détail toutes les circonstances de mon voyage. Si j'ai quelquefois enrichi mes récits de quelques épisodes, je puis assurer que j'ai dit que ce que j'ai cru vrai.'[31]

Le roman d'amour de Jean-Jacques et de Mme de Warens vient souvent se superposer à celui de Saint-Preux et de Julie, lorsque l'aventure des deux amants est revécue dans le souvenir; surtout le mouvement lyrique qui célèbre le bonheur enfui est très caractéristique de Jean-Jacques. Ainsi lorsque d'Antraigues s'éloigne de Milady:

Ici finit le bonheur de ma vie. Il ne me reste plus à tracer que ses ennuis. Oh! Temps fortuné dont j'ai écrit l'histoire, tu ne dois plus revenir pour moi, je le sais trop, mais ce n'est pas trop de ma vie entière pour te regretter, embellir par ton souvenir les moments qui me restent encore à vivre, que je descende au tombeau entouré des douces images

simple motif de la *véracité* est heureusement importé des *Confessions*. Le personnage de Jean-Jacques se superpose ici à celui de Saint-Preux, pour lui conférer une richesse d'expérience accrue et la profondeur incomparable et douloureuse de son intimité.

29. Voir ci-dessus, p.82-84, et ci-dessous, annexe 2.

30. Le vocabulaire de d'Antraigues est hésitant: les mémoires, c'est ici la *Relation du voyage*; de plus en plus souvent, ce sont les *Soliloques* qui sont désignés par le terme *mémoires* (qui devient exclusif quand il apparaît dans le titre de la deuxième partie, en 1789). C'est sans doute avouer que le voyage n'est guère moins personnel et littéraire que *Mes soliloques* et appartient au groupe des œuvres romanesques.

31. f.195, et cf. *Confessions*, livre I, passage cité, ci-dessus, p.87, n.111, et *Rêveries*, quatrième promenade, i.1035-36; suite du passage cité ci-dessus: 'Je les écrivais de mémoire [les *Confessions*], cette mémoire me manquait souvent et j'en remplissais les lacunes par les détails que j'imaginais en supplément de ces souvenirs, mais qui ne leur étaient jamais contraires [...] Je disais les choses que j'avais oubliées comme il me semblait qu'elles avaient dû être, comme elles avaient peut-être été en effet, jamais au contraire de ce que je me rappelais qu'elles avaient été.'

de ma première jeunesse, que ces instants si délicieux du premier âge me fassent supporter avec moins d'amertume les soucis de l'âge mûr.[32]

Certes, d'Antraigues est moins à l'aise que Rousseau dans l'expression du lyrisme.

vii. Le thème du regret, de la mélancolie

D'autre part, on observe un début de gauchissement du thème: l'auteur des *Soliloques* célèbre moins le bonheur présent, dans la conscience tragique de sa fragilité et de sa brièveté que le regret du bonheur qui vient de s'achever. D'Antraigues est déjà au-delà d'un bonheur que Jean-Jacques reconquiert sans cesse, même dans les *Rêveries*. D'où une tonalité autre. On glisse de 'Ici commence le court bonheur de ma vie'[33] à 'Ici finit le bonheur de ma vie'. Dans ce traitement nouveau du thème du bonheur s'exprime une sensibilité différente, plus sombre. Rappelons l'originalité de d'Antraigues lorsqu'il cultive le lyrisme du regret, affirme qu'il y trouve son plaisir, voire son seul bonheur possible, et explique la fonction vitale, chez lui, de la *réminiscence*: le passé est le vrai domaine du bonheur, bien plus que chez Jean-Jacques; la puissance du lyrisme convoque presque toujours dans les *Confessions* ou les *Rêveries* la jouissance présente. La qualité de l'écriture tient de fort près, ici, à l'idéologie. Le pessimisme, chez d'Antraigues, tend en effet à submerger l'évocation du bonheur. Il est original dans l'orchestration de la *mélancolie* (un de ses maîtres mots) somptueuse ou funèbre, car cela peut aller jusqu'à une certaine complaisance, étrangère à Rousseau, pour le thème de la mort.

viii. La solitude

La célébration par d'Antraigues de la solitude, surtout de la solitude-asile, est beaucoup plus proche dans l'esprit, souvent dans la lettre, de Jean-Jacques. Ici les réminiscences des *Rêveries* et des *Confessions* abondent. Comme chez Rousseau, la solitude apparaît d'abord comme un destin, mais elle est bientôt appréciée comme un goût et devient enfin un choix. Voici La Bastide:

Je suis peut-être le seul être au monde qui trouve des charmes à cette demeure sauvage, mais si mon goût est bizarre, il n'en est que plus vif. Quand j'eus perdu le seul bien qui m'attachait au monde, il était naturel de chérir un asile impénétrable, où l'œil des oisifs

---

32. *Mes soliloques*, f.112.
33. *Confessions*, début du livre IV: ainsi Rousseau prélude-t-il à l'évocation des Charmettes.

et où les importuns ne pouvaient atteindre; mais quand mes malheurs[34] m'ont rendu la retraite moins [précieuse?] ce goût si vif pour La Bastide ne s'est point attiédi, il s'est accru sans cesse.[35]

Ce thème est orchestré dans des dizaines de passages.[36] D'une tonalité encore plus rousseauiste, l'éloge de la solitude champêtre, l'automne, qui permet de se consacrer à la culture de soi: 'Je pense [alors] à des objets qui me rapprochent de moi, et non à ceux qui m'en éloignent' (f.145). L'individualisme est ainsi une tendance dominante et précieuse de l'âme sensible, avant d'être élaboré doctrinalement. Donc, le thème de la solitude est bien perçu, comme chez Jean-Jacques, sous deux aspects: positif, c'est le recueillement qui permet l'étude, l'écriture (mais n'est-ce pas la même chose?), la culture de soi; négatif, c'est un retranchement contre le monde hostile, recours essentiel, nécessaire, sans lequel le moi s'effondrerait. Car les méchants assaillent d'Antraigues, comme Rousseau, et on se demande si la conspiration ourdie par deux femmes offensées et qui s'étend de proche en proche comme un cancer à travers la France, de Toulouse à Narbonne, et de là jusqu'à Verdun, n'a pas la même fonction que le thème du complot chez Jean-Jacques dans ses dernières années: exprimer un malaise social, le sentiment d'un décalage avec le public.[37]

Dans l'expression du thème de la solitude, nous n'avons pas assez insisté sur

34. D'Antraigues entend sans doute l'éloignement de ses malheurs. De telles négligences de rédaction sont fréquentes! Peut-être le caractère obsessionnel du thème du malheur entraîne-t-il l'inversion.

35. *Mes soliloques*, f.114.

36. Quelques exemples: d'Antraigues à l'armée: 'Je fuyais mes [camarades?]. Je cherchais la solitude et la paix. Quand à l'abri des importuns, je m'étais dérobé à tous les regards, avec quels délices je [contemplais] les traits de ma belle maîtresse, quels ardents transports excitaient cette image céleste, mieux gravée encore dans mon cœur que dans le portrait que je ne cessais de regarder [...] il me semblait que je l'aimais' (f.113): cette rêverie érotique et romanesque est la plus fréquente chez Jean-Jacques, sinon la plus originale. La solitude est sa condition nécessaire. Voir encore f.166: le héros se promène dans la campagne autour de Lausanne et préserve farouchement sa solitude, que la princesse Potoska arrivera pourtant à violer, en y mettant beaucoup d'obstination et d'astuce: 'Mon état seul [il est malade] m'eût éloigné de toute société. A ce motif s'en joignait un autre non moins impérieux [...] Déjà se développait avec une énergie irrésistible mon goût pour la solitude. Je me plaisais à m'y nourrir de mes réflexions et à me livrer à l'étude.' Voir f.124, après la 'trahison' de Milady: 'ce fut en ce lieu solitaire que s'opéra l'entière guérison de mon cœur'; f.144, après la mort de Virginie: 'mon amour pour la solitude s'accrut au fur et à mesure que de tels souvenirs me la rendaient nécessaire'; f. 147, à Verdun, en garnison: 'Bientôt [...] excédé des devoirs de la vie civile, je me renfermai chez moi, mon cœur plein de souvenirs précieux [...] rendu au bout d'un mois à mes livres, je retrouvai la solitude au milieu de cette triste ville comme au milieu de mes déserts.'

37. D'Antraigues n'avait pas pu lire les *Dialogues* (non publiés) non plus que la correspondance (à moins qu'il ait vraiment été intime avec Jean-Jacques dans les années 70!). Mais il a dû être impressionné par la prolifération du thème du complot dans les *Rêveries*, et sensible à sa valeur sociale davantage qu'à l'expression symbolique de la vieillesse – à laquelle un si jeune homme ne pouvait guère, encore, s'attacher.

ce qui fait l'originalité du personnage de d'Antraigues par rapport à Jean-Jacques, et colore son idéologie comme sa sensibilité propre: le traitement fréquent du thème du souvenir comme regret, avec idéalisation du passé, comporte souvent un dégoût de la vie et de lui-même tout à fait étranger à Jean-Jacques: non seulement celui-ci se perçoit comme bon, mais il a la vocation du bonheur, vocation qui tend à s'inverser chez son disciple. Un thème d'avenir, amplement développé par certains romantiques, se trouve déjà chez d'Antraigues: l'usure de la vie. Quand il se retranche dans la solitude à Lausanne, fuyant les avances de Mme Potoska, sa maladie n'est pas seulement physiologique. La destruction de la santé du héros par la débauche comporte une valeur symbolique, dégagée par le narrateur (f.166):

on conçoit sans peine qu'à mon arrivée à Lausanne, je désirais peu de faire de nouvelles connaissances. Mon état seul m'eût éloigné de toute société. A ce motif s'en joignait un autre, non moins impérieux. *J'avais déjà assez vécu en peu d'année.* J'avais vu et éprouvé des revers qui sans attendre le laps de temps avaient formé mon cœur et fixé mon opinion sur le monde et ses vices. Déjà se développait avec une énergie irrésistible mon goût pour la solitude.[38]

La restitution du texte complet montre bien ce qu'a de particulier le tempérament (à l'en croire l'expérience) de d'Antraigues: le repli sur soi est chez lui aussi une conséquence de l'usure affective et morale, du dessèchement du cœur. Chez Jean-Jacques le refus du monde n'entame pas, au contraire, l'intégrité de l'homme et de la nature, il est destiné à la préserver. S'il était déjà, lui aussi, perpétuellement souffrant, ce n'était pas dans le même sens que son disciple: même le vieillard des *Rêveries* reste jeune, le 'complot' ayant, entre autres vertus, celle de socialiser la déchéance de la vieillesse et de préserver la vitalité de Jean-Jacques.

Cette fatigue de l'âme devient, paradoxalement, chez d'Antraigues, un objet de jouissance: 'En cet instant, accablé d'ennuis, de dégoûts, rassasié de tout, je ne sentais en mon cœur qu'une mélancolie profonde qui me détruisait et que je chérissais' (f.153v). C'est incontestablement, au-delà d'une certaine consonance avec le rousseauisme, un accent nouveau qui se fait entendre ici. La vocation de la mélancolie, ainsi que le trouble bonheur qui se nourrit de regrets sont des thèmes majeurs de *Mes soliloques*, alors qu'ils sont tout juste latents chez Jean-Jacques, même dans les *Rêveries du promeneur solitaire*. Voici un échantillon de cette thématique nouvelle et riche d'avenir: 'Bientôt j'éprouvai que ce pays était le seul qui convînt à mon *cœur désolé*, là je me *nourrissais sans distraction* du sentiment profond qui m'avait fait vivre, là *tout entier à ma douleur* je pouvais à loisir *pénétrer mon âme de mes regrets et me nourrir de mes chagrins*'

---

38. Souligné par nous.

(f.116*v*; souligné par nous). Ce plaisir paradoxal est même lié explicitement au thème de la mort (f.143*v*-144; souligné par nous):

C'est dans le pavillon qui le couvre[39] que souvent je vais songer à ma chère Virginie. J'ai *le bonheur d'y renouveler mes regrets* [...] La douloureuse et irréparable perte que je venais de faire m'inspira une tristesse dont j'ai gardé une forte teinte le reste de ma vie. Mon *amour pour la solitude* s'accrut au fur et à mesure que de tels souvenirs me la rendaient nécessaire. J'*aimai à me pénétrer de mes regrets, à m'en nourrir, à rassasier mon cœur des larmes* que l'amour le plus infortuné me faisait répandre.

L'originalité du thème insuffle même ici au style une qualité rare chez d'Antraigues. On pourrait certes arguer que de tels sentiments résultent de la contingence de l'événement, la mort de la femme aimée, la petite Virginie. Ce serait lourdement se tromper, puisque cet épisode semble précisément un des rares à être complètement imaginaire: ce romantisme désespéré, macabre même, avec le détail de la descente au tombeau pour ensevelir le cœur d'une maîtresse adorée, exprime à n'en pas douter un aspect caractéristique de la sensibilité de l'auteur, qui privilégie le passé et la mort. Dans cette direction se développerait d'une part le premier romantisme, de l'autre le roman noir.[40]

La solitude la plus gratifiante est bien entendu, comme chez Jean-Jacques encore, celle qui a pour cadre la nature, qu'il s'agisse d'une solitude vraie ou d'une solitude à deux.[41] Ainsi on en arrive au dernier thème, sinon issu de l'œuvre autobiographique et romanesque de Rousseau, du moins en consonance avec celle-ci, celui de la nature: d'Antraigues ne le traite pas en effet sans une originalité certaine.

39. Le tombeau des ancêtres, où est enseveli le cœur de Virginie.

40. Si certains thèmes de celui-ci s'annoncent, voire quelques aspects du style, il ne s'ensuit pas que d'Antraigues soit déjà représentatif du roman noir: il reste beaucoup plus classique de proportion. Il ne cultive pas systématiquement la terreur, il n'y a pas, chez lui, antagonisme brutal entre le bien et les personnages incarnant les forces du mal, pas de satanisme. Bref, d'Antraigues reste encore un homme des Lumières. Ne fût-ce que par la nature de son érotisme, et l'appartenance de son œuvre à la littérature de la mondanité.

41. Voir les promenades du héros et de la princesse Potoska (après qu'ils sont devenus amants) autour de Lausanne, f.174: 'La princesse aussi sauvage que moi avait refusé de faire aucune connaissance à Lausanne [...] Nous parcourions à pied les environs de cette ville, et malgré les frimas et les glaces, nous retournions souvent à notre forêt de Sauvabelin. Les glaçons pendaient aux branches, la terre était jonchée de feuilles, souvent les arbres étaient couverts de neige, à peine pouvait-on sans être pénétré d'humidité s'enfoncer dans les allées, et cependant sans craindre les rhumatismes, ma princesse et moi parcourions gaîment ce pays agreste d'où les rigueurs de l'hiver éloignent tous les citadins. Quand nos mains et nos pieds engourdis nous refusaient tout service, nous regagnions la tour des Signeaux, où la princesse avait fait pratiquer une cheminée. Ses valets y entretenaient un feu bien ardent qui nous égayait au retour de nos promenades [...] réchauffés auprès d'un foyer bien ardent, nous entendions avec plaisir le sifflement des vents dont l'humble toit de notre cabane nous défendait mal, délivrés de l'importun babil des valets. Nous nous hâtions de les renvoyer.'

ix. La nature

On retrouve la fonction compensatrice de la nature: c'est un aspect important de l'analyse de la société chez d'Antraigues comme chez Rousseau. Asile contre les importuns, elle est, chez ce dernier, un signe de la méchanceté de l'homme social.[42] Pour l'un comme pour l'autre, symptôme du mal social: d'Antraigues développe cette thématique, on l'a vu, en faisant de la contemplation de la nature, plus explicitement que Jean-Jacques (bien qu'avec moins de force suggestive), une thérapeutique: le moi meurtri, moralement affaissé et perverti (en cela surtout consiste l'originalité) se régénère par la contemplation d'un beau paysage. Après sa liaison destructrice avec Mme de Barral, sur le chemin de Lausanne, où il va consulter le grand médecin Tissot, qui va entreprendre une cure miraculeuse, la guérison du héros commence à s'opérer par la rêverie devant le site du lac de Nantua. C'est bien davantage même qu'un prélude, il ne reste plus que le corps à guérir, l'âme l'est déjà, par ce contact vivifiant: la sensibilité du héros est puissamment ébranlée, il la croyait morte, il en recouvre miraculeusement l'usage, il est sauvé:

Je croyais que déjà tout sentiment tendre et honnête était mort dans mon âme. Avec quelle céleste extase, avec quel doux mouvement, je sentis que si mon corps était détruit, mon cœur vivait encore. Ah! charmant lac de Nantua, ce fut sur vos heureux bords qu'accablé du poids de mes fautes, je me sentis revivre [...] Que ne puis-je élever sur ces rives sauvages un monument digne de mon bonheur et de ma reconnaissance, que ne puis-je y élever de ma main un autel de [?] au divin élément qui veille au salut des hommes.[43]

L'intensité de la conscience de soi élève spontanément l'auteur jusqu'à un panthéisme diffus auquel ne manque qu'une élaboration doctrinale plus poussée. Le sentiment de la nature est aussi, par le jeu des correspondances, un moyen puissant d'expression du moi. D'Antraigues est ici davantage tributaire de Rousseau: on a vu comment, en marge d'une page célèbre des *Rêveries*, il prend conscience, dans un paysage automnal, des sympathies de sa nature.[44]

La nature idéale de d'Antraigues n'est pourtant pas exactement la même que celle de Jean-Jacques. N'est-ce pas aussi un peu pour cette raison, en même temps que par un sentiment d'humilité bien compréhensible, que d'Antraigues renonce à évoquer le paysage rousseauiste type, le lac de Genève? Bien entendu,

---

42. C'est ici que la nature, d'expérience intime, devient un concept philosophique clé, avec l'opposition entre l'homme de l'homme et l'homme de la nature. On sait que le second discours a été conçu au cours de promenades dans la forêt de Saint-Germain (*Confessions*, livre VIII, i.388-89), l'image concrète étant nécessaire à la conceptualisation. Mais d'Antraigues a du mal à suivre son maître sur ce terrain.

43. *Mes soliloques*, f.162v.

44. Voir ci-dessus, p.27, n.12.

il s'en défend, et affirme que son admiration pour ce site sublime est égale à la conscience de son impuissance (f.165):

En me rendant à Lausanne, je parcourais avec délices les bords de ce lac de Genève, si bien décrit par mon illustre ami. Quel paysage délicieux! Quels aspects uniques enchantent à la fois le cœur et l'imagination. Le sentiment de ma faiblesse arrête ma plume qui allait les décrire. Divin Rousseau, en lisant tes écrits, elle me tombe des mains.

'Délice', 'enchantement', que tout cela est banal, pauvre, abstrait! Certes, les pages de l'"illustre ami" ont dû faire redouter la comparaison, qu'il s'agisse de la célèbre lettre du lac, dans la *Nouvelle Héloïse*, où Saint-Preux, restaurant le rapport pédagogique, ressuscite secrètement (sans y prendre garde?), dès le début de la promenade, le lien érotique qui l'unissait autrefois à Julie.[45] Ou qu'il s'agisse de la page la plus tardive, la plus parfaite, la merveilleuse évocation qui surgit au moment où Jean-Jacques retrouve son lac après quelques années d'absence:

L'aspect du lac de Genève et de ses admirables côtes eut toujours à mes yeux un attrait particulier que je ne saurais expliquer, et qui ne tient pas seulement à la beauté du spectacle, mais à je ne sais quoi de plus intéressant qui m'affecte et m'attendrit. Toutes les fois que j'approche du pays de Vaud, j'éprouve une impression composée du souvenir de Mme de Warens, qui y est née, de mon père, qui y vivait, de Melle de Vulson qui y eut les prémices de mon cœur, de plusieurs voyages de plaisir que j'y fis dans mon enfance, et, ce me semble, de quelque autre cause encore plus secrète et plus forte que tout cela. Quand l'ardent désir de cette vie heureuse et douce qui me fuit et pour laquelle j'étais né vient enflammer mon imagination, c'est toujours au pays de Vaud, près du lac, dans des campagnes charmantes qu'elle se fixe. Il me faut absolument un verger au bord de ce lac et non pas d'un autre; il me faut un ami sûr, une femme aimable, une vache et un petit bateau. Je ne jouirai d'un bonheur parfait sur la terre que quand j'aurai tout cela. Je ris de la simplicité avec laquelle je suis allé plusieurs fois dans ce pays là uniquement pour y chercher ce bonheur imaginaire.[46]

On comprend qu'une telle page décourage: elle est de toute évidence inimitable. Non seulement Rousseau y concentre ce qu'il a écrit auparavant, mais c'est un paysage bien plus rêvé que perçu: fruit d'une expérience singulière, il est une projection de l'inconscient et du désir, et se présente comme tel. D'Antraigues ne peut y puiser qu'une invitation à être lui-même et à découvrir son propre paysage intérieur. Certes, en compagnie de la princesse Potoska devenue sa maîtresse (et restée son amie) il parcourt une dernière fois le pays de Vaud, et le lac, sur les traces de Julie et de Saint-Preux:

Aurions-nous quitté ce pays sans parcourir le pays de Vaud, ce lieu céleste qu'honorent

45. Lettre XVII de la quatrième partie: 'Là j'expliquai à Julie toutes les parties du superbe horizon qui nous entourait.'
46. *Confessions*, livre IV.

à jamais Julie, Claire et Saint-Preux? Je ne me le serais pas pardonné! Le trois avril,[47] nous nous rendîmes à Vevey. Nous remontâmes le lac jusqu'à [Vallenfrance?] La princesse me donna à dîner à Château-Chillon. Nôtre retour fut moins [désastreux?] que celui d'Héloïse. Nous allâmes après-dîner parcourir les montagnes, nous y cherchions un chalet plus heureux que Saint-Preux [...] Nous revînmes à Vevay en bateau et y arrivâmes à neuf heures, nous rappelant le roman qui nous rendait ces lieux si agréables et nos cœurs souvent [?] de ces douces réminiscences.[48]

Mais ces horizons n'émeuvent le héros que par sympathie. La réminiscence est purement littéraire. La sensibilité de d'Antraigues est accordée à un autre paysage, dont les éléments sont certes dispersés dans son œuvre, mais se regroupent autour de trois sites principaux: le lac de Nantua, la montagne au nord et à l'est de Lausanne, et bien entendu, surtout, les montagnes du Vivarais. C'est ainsi qu'il arrive au lac de Nantua préparé à recevoir la révélation par la contemplation des paysages qu'il traverse (f.163):

Déjà l'aspect des [sommets?] romantiques qui ornent la route de Lyon à Nantua avait ému ma sensibilité. J'oubliai ma vie avec Mme de Barral, le souvenir des temps précédents venait rafraîchir ma mémoire [...] je me sentais attendrir, je versais des pleurs [...] En ce moment de félicité, je recommençai d'exister [...] ce fut dans ces heureuses dispositions que j'arrivais au lac de Nantua: sur le *pendant d'une haute montagne*, à la gauche, s'élèvent des bois épais et leurs branches que *ne mutila jamais la cognée* se plongent presque à la surface des eaux. A la droite sur une *autre montagne aussi couverte de bois* est en balcon un chemin étroit, peu élevé au dessus du lac. Le plus profond silence régnait de toute part, et j'ai peu vu de *paysage aussi sauvage*, il est vrai, mais aussi attrayant. Une cascade de cent pieds de hauteur *domine* ce beau lieu. De loin, on entend le bruit de sa chute, et bientôt le cœur épris de ces *sombres beautés* se livre à la *mélancolie*.

Nous avons souligné les expressions caractéristiques: la haute montagne et les bois épais semblent importer davantage que le lac lui-même. La situation encaissée de celui-ci pourrait être un élément qui favorise l'identification: la haute cascade n'est là que pour souligner cet effet de profondeur. Le désir d'imaginer un site primitif, inviolé, est sinon plus banal, du moins probablement inspiré de Jean-Jacques.[49]

Le paysage, pour émouvoir, doit être *sauvage* et même *sombre*. C'est une qualité essentielle de la beauté selon d'Antraigues, qui incite à la *mélancolie*, dans laquelle il se complaît. Le mot semble beaucoup plus fréquent que sous la plume de Rousseau. L'adjectif *romantique*[50] appliqué au site, dont on trouve

47. Probablement 1777.
48. *Mes soliloques*, f.175.
49. Cf. le second discours et les méditations dans la forêt de Saint-Germain où il a pris naissance. Cf. aussi le récit de l'excursion de la Robaïla dans la septième promenade, ainsi que toute la septième.
50. Rappelons que le mot est emprunté à l'anglais *romantic*. Auparavant le français en exprimait approximativement la valeur par *romanesque*. Au début *romantique* ne s'applique qu'au paysage:

un exemple fameux dans la cinquième promenade,[51] est aussi d'un emploi courant.[52]

Les excursions dans les environs de Lausanne révèlent un site assez comparable. Ce qui séduit le promeneur, c'est surtout, en effet, la vue de la muraille des Alpes barrant l'horizon, et la proximité de la forêt (f.168):

Je sortais dès le grand matin [...] et passais la plus grande partie de la journée dans les bois. Lausanne, bâtie sur une hauteur, *domine* le lac de Genève; l'aspect des *hautes montagnes* de la Savoie, leur teinte *sombre* et leur aridité donne au côté du lac qui les baigne un aspect *farouche* et *sombre*. J'aimais à le contempler et c'est ce que je faisais souvent en me promenant à Montbenon, espèce d'esplanade couverte d'arbres, d'où l'on jouit d'un coup d'œil très agréable.

Si les éléments sont ici quelque peu modifiés, l'impression d'ensemble est la même: le spectacle reste *sombre*, et même *farouche*. Si les montagnes de la Savoie sont arides, l'observateur est dans les *bois*. L'excursion dans les environs de Lausanne lorsque le héros est chassé de sa promenade favorite par l'insistance que met à le rencontrer Mme Potoska n'est pas moins gratifiante (f.174):

Je parcourus les environs de Lausanne, je les trouvai charmants, enchanteurs. Après avoir gravi quelque sentier au dessus de la haute ville, on arrive à un *ravin profond* où

c'est un pittoresque particulièrement touchant et suggestif, où l'homme retrouve son émotion. D'Antraigues est peut-être l'un des premiers à associer aussi nettement le mot *romantique* à un sentiment de mélancolie. Sur l'histoire du mot *romantique* dans notre langue, voir Alexis François, 'Romantique', *Annales de la Société J.-J. Rousseau* 5 (1909): il semble que Letourneur soit bien l'introducteur du mot, dans la préface de sa traduction de Shakespeare, en 1776, soit un ou deux ans avant la reprise du mot par Rousseau, six ou sept ans avant la généralisation de son emploi, sous la plume de d'Antraigues.

51. 'Les rives du lac de Bienne sont plus sauvages et *romantiques* que celles du lac de Genève, parce que les rochers et les bois y bordent l'eau de plus près': c'est la situation qui se retrouve au lac de Nantua, mais exagérée. Rousseau ajoute en effet 'mais elles ne sont pas moins riantes', terme auquel s'opposent les 'sombres beautés' de d'Antraigues. Le lac de Nantua, à 479 mètres d'altitude, est bordé, au nord (à gauche) comme au sud, de hauteurs dépassant mille mètres. A gauche est la forêt de Montréal, qui tombe à pic dans le lac. A droite (au sud), on trouve les bois de la montagne de Chamoise et des Monts d'Ain (1127 m). La petite route en balcon, entre Port et Nantua, existe toujours, alors que la route principale, dans la vallée, joint la Cluse à Nantua. Quant au lac de Bienne, il est bordé au nord par la chaîne du Jura, sa rive sud donne sur la plaine, tout au plus sur des collines peu élevées (150 m de dénivellation au maximum). Il ressemble davantage en cela au lac de Genève qu'à celui de Nantua.

52. Une dizaine d'emplois environ – nous ne les avons pas tous relevés. Cf. cependant f.144r (voyage en Catalogne après la mort de Virginie): 'Je me plus à parcourir cette belle province. Elle a conservé un aspect *romantique* fait pour charmer les cœurs tendres', et f.197: 'La princesse me fit parcourir ses maisons de plaisance. Elle en a de charmantes aux portes de Varsovie. Elvanof surtout me paraît le lieu le plus champêtre et le plus *romantique* que j'aie jamais vu. C'est une majestueuse forêt dont la princesse a fait son parc. De belles eaux, des allées superbes [...] tout cela en grand, le parc ayant une lieue d'étendue, des asiles mélancoliques.' Chaque fois, l'adjectif, appliqué à un paysage, connote un sentiment complexe, où la mélancolie s'épanouit en plaisir: thème récurrent, exprimé peut-être cent fois!

est élevé un moulin; sans ce bâtiment et les ouvriers qui l'occupent, ce pays offrirait *la tranquillité et le silence d'un désert. De toutes parts des montagnes vous entourent*, on gravit celle qui est sur la gauche et on arrive par des sentiers délicieux à une *forêt bien touffue* [...] *des allées sombres* et sinueuses vous conduisent à des points de vue d'une beauté, d'une fraîcheur exquises.

Le promeneur se laisse également charmer par 'l'aspect sauvage de quelques *précipices* où l'on descend sans peine et sans danger'. Mais aussi, ajoute-t-il, surtout sensible cette fois à la valeur rousseauiste d'asile de la nature, 'quand assis dans un des leurs *ravins*, on lève ses regards, on n'aperçoit que le ciel et des bois, on est *libre et dérobé à tout l'univers*'.

Retrouvant ainsi un fantasme habituel à Jean-Jacques, le désir d'insularité, voire d'incarcération, son disciple marque pourtant sa préférence pour un paysage plus tourmenté, plus sombre. C'est en aval qu'il exhibe une nouvelle fois son goût pour la nature hivernale, en compagnie cette fois de la princesse et dans une tonalité plus enjouée: 'malgré les frimas et les glaces nous retournions souvent à notre forêt [...] les glaçons pendaient aux branches, la forêt était jonchée de feuilles mortes, souvent les arbres étaient couverts de neige... [nous] parcourions gaiement ce pays agreste d'où les rigueurs de l'hiver éloignaient tous les citadins' (f.174).

Il est un autre paysage hivernal plus caractéristique encore de la sensibilité singulière du comte; il est vrai, que c'est dans les montagnes du Vivarais, autour de La Bastide (f.116; souligné par nous):

L'aspect de ces maisons de nos pères *entourées de bois, de ces eaux claires et limpides* qui, semblables à des *nappes de cristal* les [couvrent?] et les arrosent est ravissant et porte à l'âme une *tristesse tendre et voluptueuse*, dans laquelle il est difficile de ne pas se plonger quand les *frimas et l'hiver ont dépouillé la terre de sa parure, qu'il ne reste plus de feuilles que celles du noir sapin, lorsque la neige a blanchi les vallons et couvert les montagnes, et que des glaces pendent de toutes parts, ce pays est affreux. Des vents violents* y soufflent sans cesse et le *bruit des torrents ajoute un sentiment de terreur à la tristesse dont on est pénétré*; cependant, je dois l'avouer, ce pays me *plaît encore en ces temps lugubres: une mélancolie profonde s'empare de moi*, j'oublie l'univers et ceux qui l'habitent; retiré dans mon cabinet assis devant un feu de bois ardent entouré de mes livres *je coule des jours fortunés dans cette espèce de tombeau*; mon cabinet placé *loin du bruit dans un lieu retiré*, orné de tout ce qui peut flatter mon *imagination et me donner de précieux souvenirs*, devient mon *unique société*. Je vis avec ces hommes *rares dont l'antiquité s'honore et j'oublie mon siècle* pour m'occuper du leur.

Ce paysage hivernal, aux caractères fortement accusés, rassemble, supporte l'essentiel des thèmes moraux propres à d'Antraigues. Traits accusés du tableau: les *bois*, les *noirs sapins* apportent la teinte *sombre* qui plaît au cœur du héros; les traits spécifiques de l'hiver, *neige, glaces qui pendent, vents violents* accentuent encore cette impression de base. Une seule note apparemment contraire, d'autant plus remarquable qu'elle est assez rare sous la plume de l'auteur: 'les eaux claires et limpides', soulignée par une image très classique dans sa sobriété 'nappes de cristal'; est-ce un élément qui apporte la gaîté, avec la valeur érotique des eaux courantes? Dans le contexte, il ne semble pas: cette eau paraît immobile, presque dormante, en tous cas glaciale. On est surtout sensible au contraste avec le *noir sapin* que viennent accuser la neige et les glaces; dans ce paysage en noir et blanc, l'image du cristal accuse le contraste, et connote le froid plutôt que la richesse. Paysage aux arêtes vives, aux contrastes marqués donc, d'où émane une certaine dureté: c'est d'ailleurs le cadre dans lequel l'auteur évoque la vie rude des paysans du Vivarais, habitants des maisons situées au premier plan et auxquels le comte s'identifie[53] (les 'maisons de *nos pères*', écrit-il). Les valeurs explicites de ce paysage sévère sont d'ailleurs celles qui caractérisent la sensibilité de d'Antraigues, mais portées à leur plus haut degré. C'est ainsi qu'il y a une progression de la *tristesse tendre et voluptueuse*, née de l'aspect *ravissant* du tableau, au *sentiment de terreur et de tristesse* dont on est *pénétré*. Et pour mieux marquer le caractère singulier de cette valeur superlative, d'Antraigues précise: 'je dois *l'avouer*, ce pays me plaît *encore en ces temps lugubres, une mélancolie profonde* s'empare de moi'. Cette mélancolie dans laquelle il se plaît à s'ensevelir, colorée par la *terreur* et l'aspect *du paysage*, est exceptionnelle et bizarre, le contemplateur solitaire se plaît à le faire ressortir; ses thèmes habituels sont ici portés à l'excès: c'est dans ce contexte, déjà suggérées par la qualité du paysage, transmuées en un paysage intérieur original (par rapport à celui de Jean-Jacques), que s'affirment les valeurs fondamentales de la solitude, de l'étude, du regret, du souvenir. D'Antraigues écrivain désire construire son œuvre à l'écart du monde (presque en asocial: son cabinet de travail est un *tombeau*), entièrement tourné vers lui-même, le passé, ses souvenirs, et cultivant la jouissance paradoxale des regrets, allant presque jusqu'à suggérer une certaine fascination de la mort; le tombeau symbolise à la fois le passé (les aïeux) et sa propre mort. On discerne mieux en quel sens d'Antraigues annonce et prépare le premier romantisme: celui – pour donner une détermination sociologique grossière – des aristocrates vaincus. Mais cet ensemble de thèmes sont ici profondément vécus, dans une perspective qui reste généreuse (fragilement, sans doute, ou trop naïvement). C'est en tout cas l'entrée du paysage hivernal dans la littérature (absent depuis les poètes baroques du début du dix-septième siècle),[54] avec des valeurs morales attachantes et fortes.

Faut-il ajouter que les faiblesses du style, trop habituelles chez d'Antraigues, qui écrit, au fil de la plume, un brouillon, cessent d'être sensibles ici. Il y a

53. Voir ci-dessus, p.17-20, sur l'antagonisme-identification entre le seigneur et ses paysans.

54. On trouverait des textes précurseurs chez Théophile de Viau, Saint-Amant, avec lesquels Rousseau présente aussi des consonances troublantes dans les *Rêveries* (mais ce ne sont pas exactement les mêmes que celles de l'Antraigues).

même quelques bonheurs de rythme, en particulier ce suggestif effet d'harmonie imitative 'Des *v*ents *v*iolents y *souffl*ent *s*ans *cœ*sse et le *b*ruit des *torrents* ajoute un sentiment de *terreur* à la *tristesse* dont on est *pénétré.*' Pas si mal, pour une improvisation!

Cette évocation de la nature sous ses aspects les plus redoutables, voire effrayants, n'est certes pas absente de l'œuvre de Rousseau, encore qu'elle soit propre à la *Nouvelle Héloïse*. Après tout, lorsque d'Antraigues contemple les hautes montagnes de la Savoie, de sa promenade boisée située dans les environs de Lausanne, c'est... Meillerie qu'il découvre, dont le rocher a été rendu célèbre par Saint-Preux. Mais le rocher de Meillerie symbolise précisément les violences meurtrières de la passion; pour Jean-Jacques, il faut dépasser ce désordre, et le vrai bonheur s'incarne dans les horizons modérés de Clarens, dans les riants paysages du pays de Vaud. Ou, plus tard, de l'île Saint-Pierre. D'Antraigues au contraire a un goût décidé pour les déserts, quelque arides qu'ils soient. La richesse d'un beau terroir ne le touche pas. Ses promenades dans les bois autour de Lausanne rappellent un dernier élément qui lui est cher (f.168*v*-169):

le froid commençait à se faire sentir et souvent il me forçait à chercher des abris où les rayons du soleil pussent me réchauffer; je m'avisais enfin, quand j'étais transi de me réfugier dans une *petite tour* élevée à vingt pas de la forêt [...] qui avait servi de signal pendant la guerre, et qui en effet se nomme la tour des Signeaux; elle est bien placée pour son usage, on découvre de ce lieu une étendue immense de pays, on domine toute la ville et *depuis longtemps cette tour tombe en ruines*, les portes en ont été enlevées. Je la visitai et trouvai que son intérieur était commode pour s'y mettre à l'abri du froid et des pluies. Je passai ma vie à parcourir ces lieux agrestes, et mon cœur se nourrissait des *plus agréables souvenirs*, des *regrets les plus doux* et s'efforçait d'oublier les importuns qui m'avaient si cruellement agité. Je me croyais désormais à l'abri de toute recherche.

La tour en ruines, bientôt investie, va servir de refuge habituel; elle deviendra un peu plus tard un nid d'amour pour le comte et sa princesse, mais surtout une retraite pour s'entretenir politique, s'exalter aux récits des malheurs de la Pologne, fomenter des projets de révolte contre les despotes... et élaborer des textes de discours qui devront être prononcés à la Diète! La tour en ruines n'est donc pas un élément décoratif ou modestement fonctionnel du paysage, elle a une valeur symbolique d'autant plus évidente qu'elle est aménagée et habitée par le héros. En vérité, c'est d'un retour imaginaire à La Bastide qu'il s'agit: voilà le paysage qui joue, pour d'Antraigues, le rôle vital, nourricier du lac de Genève chez Rousseau, un désert et un vieux château féodal!

La *sombre mélancolie de ce désert* convenait à mon cœur. Je suis peut-être le seul être au monde qui trouve du charme à cette *demeure sauvage*, mais si mon goût est bizarre, il n'en est que plus vif. Quand j'eus perdu le seul bien qui m'attachait au monde, il était naturel de chérir un *asile impénétrable* [...] Mais [...] ce goût si vif pour La Bastide ne s'est point attiédi, il s'est accru sans cesse. En parcourant l'Asie, l'Egypte et l'Europe, les moments les plus doux pour mon cœur étaient ceux où j'entrevoyais le terme de mon voyage et la stabilité de mon séjour dans ce *château jeté comme par hasard dans des lieux inaccessibles*. [f.114]

Cette évocation anticipe Combourg plutôt qu'elle ne rappelle le séjour de Jean-Jacques dans le parc du château de Montmorency, où il fut un temps l'hôte du maréchal de Luxembourg.[55] Elle est plus éloignée encore de la page, que le comte avait lue, sur les châteaux en Savoie de Jean-Jacques![56] Car le paysage idéal du comte n'est pas séparable de sa demeure seigneuriale. Il l'évoque dans une page capitale, déjà analysée dans la perspective de l'imaginaire social de l'auteur.[57] 'Quels charmes embellit donc à mes yeux cette retraite obscure? Les voici.'[58] Outre les valeurs directement idéologiques qu'il affirme – culte des aïeux, idéalisés; goût de la puissance sociale, mais épurée de sa composante oppressive et transmuée en une sorte de philanthropie éclairée – d'Antraigues dessine en effet, d'un trait puissant, un paysage presque fantastique. C'est la matrice évidente de celui qu'il retrouvera au lac de Nantua, sans en prendre conscience, mais le modèle est plus vigoureux et plus riche encore que sa reproduction (f.115*r-v*):

Le château est bâti sur un rocher de basalte. Ce *rocher élevé* est baigné par un ruisseau qui coule au pied et dont les eaux brisées par le choc continuel des rochers cachés au fond du torrent s'échappent avec fracas. Le lit que ce ruisseau s'est *creusé à une profondeur immense* offre au regard du naturaliste une *preuve de l'antiquité du monde*. C'est avec *peine et danger* qu'on peut y descendre; quand on y est parvenu on se trouve entouré par *deux montagnes de basalte coupées à pic*; on n'aperçoit plus que ces espèces de *murs noirs et lugubres* [...] Le roc au sommet duquel est bâti le château est [...] entouré de trois côtés par ce torrent, et serait par conséquent *inaccessible* si on n'avait jeté un *pont sur ces abîmes, au dessus d'un gouffre affreux* à l'entrée duquel les rochers se rapprochent. On a ensuite pratiqué une avenue depuis ce pont jusqu'au château, et sur des terres transportées on a planté des *tilleuls et des marronniers* qui se sont élevés, et devenus très *épais, ils couvrent* le côté du château qu'ils ombragent et ajoutent encore à son *aspect sauvage*. Cette entrée n'est point la principale du château; c'est au milieu d'une des ailes qu'a été pratiquée l'entrée dans le lieu le plus accessible; un *fossé profond* qu'on traverse sur un pont-levis en défend l'entrée; au devant du pont-levis a été élevée une esplanade soutenue par des *voûtes énormes* et couvertes de gazon; au delà de l'esplanade est plantée une allée de tilleuls très beaux, cette allée est *couverte de leur ombre impénétrable*, et au bord de cette allée sont pratiquées trois autres allées en amphithéâtre d'une *obscurité presque effrayante*. L'aspect du pays est *sauvage, mélancolique, sombre de toutes parts*, et à la distance de deux cents toises s'*élèvent de hautes montagnes, des rochers nus* en couronnent les cîmes; mais des *bois de châtaigniers épais et touffus* les couvrent presque jusqu'au sommet; un vallon

---

55. Voir *Confessions*, livre X, i.495, 517-22.
56. Voir *Confessions*, début du livre II, et ci-dessus, p.73.
57. Voir ci-dessus, p.72-73.
58. *Mes soliloques*, f.114.

profond couvert de *prairies escarpées* se présente pour point de vue au corps du logis placé au milieu du château. Les montagnes qui entourent le torrent qui baigne les trois côtés du château s'élargissent en ce lieu, l'eau du ruisseau devient plus [calme?] [...] mais ce vallon ne se prolonge que pendant un quart de lieue; à ce terme est placée une *énorme montagne qui semble en boucher l'entrée* [...] cette montagne *aride, élevée* couverte de ponces et de *pierres calcinées* fut jadis un volcan. Sa cîme offre encore la couleur du *jaillissement des torrents embrasés de flammes et de basaltes*. Le paysage opposé à celui-ci n'est pas aussi beau mais il est *aussi triste* et me plaît autant. Derrière le château, la gorge des montagnes plus escarpée, est *couverte* d'un côté par des *bois épais jusqu'au ruisseau*. L'autre côté n'offre qu'un rocher de basalte d'une *hauteur effrayante* taillé à pic jusqu'au bord de l'eau.

C'est presque un paysage catastrophe que ce site nourricier de la sensibilité et de l'imagination de d'Antraigues. Certes, on pourrait aisément écraser l'auteur par une comparaison avec Rousseau. Le style est heurté, assez lourdement explicatif et répétitif, dénué de pouvoir de suggestion: d'Antraigues, ici, n'est pas poète comme Jean-Jacques. Mais mieux vaut mettre en relief la réunion d'éléments caractéristiques, décalque de la réalité sans doute, mais choisis et interprétés par un tempérament et révélateurs d'une personnalité vigoureuse. D'abord le profil du paysage: très profondément encaissé,[59] il se retrouvera dans le site du lac de Nantua. On retrouve les bois épais, notamment sur les pentes escarpées, et qui plongent à pic dans la rivière tumultueuse; mais qui ombragent aussi le château! S'y ajoute la suggestion d'une nature ingrate, stérile, dure à l'homme. Alors que Saint-Preux, comme Jean-Jacques, célèbre la fertilité.[60] On trouve enfin deux éléments mythiques, l'un et l'autre liés

59. La rêverie de d'Antraigues est ici informée par la réalité: La Bastide, au fond d'une vallée à 700 m d'altitude environ, est encastrée entre des murailles volcaniques au sud, à l'est, au nord. Ces montagnes dépassent toutes largement 1000m: suc du Goulet 1275m; avec une série de hauteurs qui s'étagent jusqu'au Rocher de Cheylard, trois ou quatre kilomètres à vol d'oiseau (c'est l'"énorme montagne" qui bouche l'entrée du vallon: du château, l'œil devait venir buter sur le suc de Chanlabelle, 1266m; et le sommet de La Courbe, 1274m; moins de 3km à vol d'oiseau! Voir la carte au 1/100 000e, de l'IGN, no.59); sommet de La Sapède, 1319m, sur l'autre versant de la Bézorgues, le torrent qui entoure le château. Site plus escarpé, plus aride et plus sinistre que celui du lac de Nantua.

60. *Nouvelle Héloïse*, quatrième partie, lettre VI, à Milord Edouard: Saint-Preux célèbre: 'l'instant où du haut du Jura je découvris le lac de Genève [...] cette terre riche et fertile; ce paysage unique, le plus beau dont l'œil humain fut jamais frappé; ce séjour charmant auquel je n'avais rien trouvé d'égal dans le tour du monde'. Voir aussi la célèbre lettre du lac, où Saint-Preux enseigne et charme Julie: 'En l'écartant de nos côtes, j'aimais à lui faire admirer les riches et charmantes rives du pays de Vaud, où la quantité des villes, l'innombrable foule du peuple, les côteaux verdoyants et parés de toutes parts forment un tableau ravissant; où la terre partout cultivée et partout féconde offre au laboureur, au pâtre, au vigneron le fruit assuré de leurs peines, que ne dévore point l'avide publican. Puis lui montrant le Chablais, sur la côte opposée, pays non moins favorisé de la nature et qui n'offre pourtant qu'un spectacle de misère, je lui faisais sensiblement distinguer les différents effets des deux gouvernements, pour la richesse, le nombre et le bonheur des hommes.' On comprend que d'Antraigues n'ait rien trouvé à dire devant le pays de Vaud! Il choisit le côté spartiate de Jean-Jacques, au détriment de l'autre.

explicitement à un trait géographique incontestable: le château est bâti au milieu de montagnes volcaniques. Les volcans (preuve de 'l'antiquité du monde' pour un naturaliste), incarneraient donc la nature primitive. Liés au feu, ils sont à la fois l'instrument de l'accouchement du monde dans des souffrances intolérables, et le témoignage de la permanente cruauté de la nature. Tout est donc démesuré dans ce paysage, toutes les significations s'accusent. Les murs des montagnes sont 'noirs et lugubres', le roc sur lequel est bâti le château est 'inaccessible', la vallée est un 'abîme', un 'gouffre affreux', l'ombre des bois est 'impénétrable', l'obscurité 'presque effrayante', l'horizon est bouché par une 'montagne énorme'. Quant aux valeurs morales explicites, ce sont la *mélancolie*, la *tristesse*, caractères inséparables de la *beauté* et surtout du *plaisir* que donne la contemplation. Il ne reste guère à dégager qu'un thème, qui reste implicite, celui de la mort. C'est dans ce cadre, ne l'oublions pas, que va se produire l'étonnante descente au *tombeau* des ancêtres analysée ci-dessus (p.26-27). Voilà l'*Elysée*[61] du comte. Nous sommes loin, ici, de Saint-Preux et Julie comme de Jean-Jacques. Le château de Wolmar dans la *Nouvelle Héloïse* existe-t-il seulement? Il est question du grand domaine, de sa gestion, de sa richesse, jamais de l'édifice féodal. A Clarens il n'y a qu'une 'maison'; le château d'Etanges est abandonné.[62] Toutes les scènes sont en extérieurs, alors que d'Antraigues perçoit, lui, l'univers environnant 'du corps du logis placé au milieu du château'. Il n'est nullement péjoratif de constater que son regard est résolument tourné vers un passé féodal – idéalisé – même quand, âme sensible, il s'épanche ou se régénère au sein de la nature végétale.

---

61. Voir *Nouvelle Héloïse*, quatrième partie, lettre 11.
62. Voir quatrième partie, lettre 10; de Saint-Preux à Milord Edouard: 'Je ne vous décrirai point la maison de Clarens [...] vous savez si elle est charmante, si elle m'offre des souvenirs intéressants, si elle doit m'être chère, et par ce qu'elle me montre, et par ce qu'elle me rappelle. M^{de} de Wolmar en préfère avec raison le séjour à celui d'Etange, château magnifique et grand; mais vieux, triste, incommode, et qui n'offre dans ses environs rien de comparable à ce qu'on voit autour de Clarens.'

Conclusions

CETTE disposition de sa sensibilité dont l'infrastructure sociale apparaît à tout moment organise la lecture qu'il fait de Rousseau et colore les emprunts qu'il lui fait, y compris en politique. Il choisit l'aspect spartiate, la critique violente mais abstraite de la société moderne, contre l'aspect constructif, sans doute plus radicalement révolutionnaire.[1] Ses professeurs préférés, avec Jean-Jacques, sont le baron de Gleichen, substitut de celui-ci,[2] et peut-être surtout la princesse Potoska, deux exilés politiques[3] qui symbolisent à la fois les méfaits du despotisme et la haine qu'il doit susciter chez une âme bien née: ce sont des victimes et des combattants, crispés dans leur refus hautain et héroïque. Rousseau, comme eux, exprime un profond malaise vital, et comme eux encore, il en dénonce âprement la cause sociale. D'Antraigues lit ainsi toute l'œuvre de son 'illustre ami' dans la perspective du premier discours. La colère, la violence satirique du 'citoyen' Jean-Jacques lui révèlent un aspect de sa propre expérience intime; il communie peut-être surtout avec la composante pessimiste de Rousseau: il parle quelque part, à propos des lectures qu'il en fait, des 'maladies de l'âme'![4] Tout ceci se confond avec la leçon héroïque des républiques anciennes:

1. C'est en 1785, à peu près le temps où d'Antraigues achève (ou interrompt) ses mémoires, que l'abbé Legros, champion de l'orthodoxie religieuse et de l'absolutisme de droit divin, publie deux ouvrages d'une extrême violence contre Rousseau, regrettant que le bras temporel ait failli à sa mission en ne sévissant pas contre l'homme: il diagnostique le principal danger dans l'association de l'œuvre critique, le *Discours sur l'inégalité*, et de l'œuvre constructive, le *Contrat social*. Voir l'analyse sommaire de ces deux livres (l'*Analyse des ouvrages de J.-J. Rousseau de Genève et de Mr Court de Gèbellin, par un solitaire*, Genève 1785, 234 p., et l'*Examen des ouvrages*, etc, Genève 1786, 231 p.) in R. Barny, *Le Rousseauisme avant 1789, un prélude idéologique à la Révolution française*). Une haine radicale comme celle de Legros, peut rendre plus lucide qu'une adhésion implicitement (et peut-être inconsciemment) restrictive.

2. Voir ci-dessus, p.70-71, et p.103, n.22.

3. Voici l'oraison funèbre de Gleichen, qui a su écarter de l'esprit du héros l'idée du suicide, au moment où Milady se prépare à quitter la France: 'Oh Grand homme, maintenant qu'il ne reste de toi sur la terre que ton nom et le souvenir de tes vertus, maintenant que les Rois que tu servis, les infortunés que tu protégeas t'ont également oublié, maintenant que tu ne vis plus que dans le cœur de quelques amis qui rendent à ta mémoire honorée l'hommage qui lui est dû, etc' (*Mes soliloques*, f.112). Le personnage réel, Charles-Henri baron de Gleichen, fut en effet 'Envoyé extraordinaire' du roi du Danemark (de 1763 à 1770), avant de tomber en disgrâce à la suite de manœuvres d'ennemis, et d'être envoyé à Naples, où il devait rester seulement un an (Cobban, p.187).

4. *Mes soliloques*, f.67-68. C'est au moment où, en garnison chez les carabiniers, il s'isole dans sa chambre pour étudier et se rendre capable de lire Rousseau, qu'il vient de découvrir: 'Ma bibliothèque était mon univers, j'oubliais les femmes, j'oubliais tous ce qui existait et ne vivait qu'avec les grands hommes dont je lisais les ouvrages. Ce train de vie ne racommoda point ma

Plutarque, Tacite, Sénèque[5] sont des références habituelles au comte comme à Jean-Jacques. Et ce qu'il retient surtout de l'œuvre politique de celui-ci, c'est la dénonciation du régime monarchique dans le *Contrat social*, déjà dans le second discours, et, partout, l'exaltation de l'indépendance. Le fameux adage 'polonais' rendu célèbre par Rousseau: 'Mieux vaut une liberté orageuse qu'un esclavage tranquille' pourrait, déjà, servir d'épigraphe à son œuvre de jeunesse.

L'égalitarisme du second discours n'est pas sans le séduire aussi, on l'a vu. Mais il l'applique surtout à ses relations avec les grands, et, comme l'aspect symétrique ne peut lui échapper, c'est dans le développement de cette thématique que se traduit, déjà, une certaine mauvaise conscience sociale, qui peut aller jusqu'à la mauvaise foi (voir l'histoire de Marianne et la censure qu'elle appelle, et la confusion finale ahurissante entre Marianne et Virginie!).

Au demeurant, d'Antraigues est loin de démarquer le *Contrat social* avec l'application d'écolier qui s'exhibe, par exemple, dans tel classique de la lutte antidespotique, le *Catéchisme du citoyen* de l'avocat bordelais Saige. Il ne possède pas encore, dans le détail, la théorie démocratique moderne du *Contrat*. Il n'en retient guère que les aspects critiques, au risque de la schématiser.

---

santé, elle s'altérait sans cesse et j'éprouvais surtout de violents maux d'estomac; je les négligeais et ressentis enfin des attaques de nerfs qui en peu de temps devinrent très vives et dont je ne guérirai jamais. Les vapeurs succédèrent à tous ces maux et y mirent le comble. Cette maladie de l'âme [charmante et?] plaît aux infortunés qu'elle traîne à la mort. Je sentais qu'elle détruisait en moi les sources de la vie et je ne pouvais me défendre de me livrer aux douces et sombres rêveries qui me dévoraient. Je travaillai moins les quatre derniers mois de mon séjour à [La Flèche] mais je pensai davantage et c'est alors précisément que se fixa mon caractère. Je pris une telle aversion pour l'état militaire que je ne pouvais cacher même à mes camarades mon mépris pour cette profession. Enivré des idées républicaines, je trouvais qu'il était aussi doux de mourir pour la patrie que vil et ordurier de s'immoler pour ses tyrans, oppresseurs de leurs concitoyens [...] Je trouvais que les militaires d'un Royaume comme la France sont l'instrument de l'oppression et le gage funeste d'une éternelle servitude.' Le mimétisme avec Jean-Jacques est ici étonnant. D'Antraigues lui aussi est 'né mourant', et à travers les maladies dont il énumère impitoyablement les symptômes, il fait preuve de quelque vitalité! Il perçoit très bien, comme Jean-Jacques encore, la nature psycho-somatique de son mal, même s'il tend un peu à renverser l'ordre des déterminations. Et surtout, il fait le rapport entre le caractère de sa sensibilité, et celui de ses opinions politiques ou de ses choix idéologiques. Voir aussi, à cet égard, *Mes soliloques*, f.118v, la crise qui secoue le héros à la lecture du récit de l'infidélité de sa maîtresse: 'Tout a son terme dans la nature, il en est un où les forces humaines succombent bientôt. Je sentis les miennes défaillir et s'éteindre. Une stupeur universelle semblait me rendre insensible, ma tête s'égarait, je n'étais plus à moi-même. Je ne sentais plus mes chagrins. Une fièvre violente succéda à ces sentiments et fut le terme de cette cruelle tragédie. Pendant quinze jours je fus retenu au lit et pour la première fois de ma vie, je connus une attaque de nerfs avec de violentes convulsions. Je me crus perdu, car la connaissance ne m'abandonnait pas; j'ai eu depuis le temps de m'habituer à ce mal dont je ne guérirai jamais'. Outre la description des symptômes, on remarquera la propension de l'auteur, à l'imitation de Jean-Jacques, à découvrir dans son existence, tant physiologique que sentimentale, des tournants décisifs, commencements premiers de quelque chose: façon de faire de sa vie un destin.

5. Voir notamment f.67 et f.96 (à propos de Gleichen, substitut de Rousseau dans la vie quotidienne). Et ci-dessus, p.35 et 70.

Pour conclure d'un mot, sur une hypothèse explicative, la cause profonde de la sympathie de d'Antraigues pour Rousseau semble bien être le sentiment qu'ils sont tous les deux des marginaux. L'un et l'autre ont en effet la conscience aiguë d'appartenir à une couche sociale en péril: là, celle des petits nobles de province;[6] ici, celle des artisans. D'Antraigues désire passionnément ignorer que ces deux couches sont situées aux deux extrémités opposées de la société. Il est (presque) exclusivement sensible, pour l'heure, à l'homologie, indiscutable. Certes, si c'est la raison que Rousseau donne, avec une modestie empreinte d'orgueil, pour rendre compte de son extraordinaire hauteur de vue, d'Antraigues ne peut guère se l'approprier. On connaît le texte célèbre de la première préface des *Confessions*, où Jean-Jacques explique en quelque sorte son génie par la richesse inégalée de son expérience sociale, et la distance qu'elle lui donne, en lui permettant de ne s'identifier à aucune couche en particulier:

Dans quelque obscurité que j'aie pu vivre, si j'ai pensé plus et mieux que les Rois, l'histoire de mon âme est plus intéressante que celle des leurs. Je dis plus. A compter l'expérience et l'observation pour quelque chose, je suis à cet égard dans la position la plus avantageuse où jamais mortel, peut-être, se soit trouvé, puisque sans avoir aucun état moi-même, j'ai connu tous les états; j'ai vécu dans tous depuis les plus bas jusqu'aux plus élevés, excepté le trône. Les Grands ne connaissent que les Grands, les petits ne connaissent que les petits. Ceux-ci ne voient les premiers qu'à travers l'admiration de leur rang et n'en sont vus qu'avec un mépris injuste. Dans des rapports trop éloignés, l'être commun aux uns et aux autres, l'homme, leur échappe également. Pour moi, soigneux d'écarter son masque, je l'ai reconnu partout. J'ai pesé, j'ai comparé leurs goûts respectifs, leurs plaisirs, leurs préjugés, leurs maximes. Admis chez tous comme un homme sans prétention et sans conséquence, je les examinais à mon aise; quand ils cessaient de se déguiser, je pouvais comparer l'homme à l'homme, et l'état à l'état. N'étant rien, ne voulant rien, je n'embarrassais et n'importunais personne; j'entrais partout sans tenir à rien, dînant quelquefois le matin avec les Princes et soupant le soir avec les paysans.[7]

D'Antraigues, lui, ne bénéficie pas, à beaucoup près, de conditions aussi favorables. Il n'a certes pu passer nulle part pour 'un homme sans prétention et sans conséquence'. On ne voit guère, non plus, qu'il ait jamais dîné avec les princes ou soupé avec les paysans. Quant à ceux-ci, son expérience est pourtant, sans doute, plus riche que celle de Rousseau, qui n'a vu les paysans qu'au hasard de ses vagabondages, partageant parfois leur repas, mais sans connaître leur existence. Le seigneur de La Bastide et de l'Aulagnet trace au contraire, on l'a vu, des habitants des campagnes vivaraises, un portrait réaliste et suggestif.

6. En fait, d'Antraigues appartient à la moyenne noblesse. Avec ses douze ou quinze seigneuries autour d'Aubenas, même s'il s'agit d'une région agricole pauvre, il ne saurait passer pour un simple hobereau. Mais, intérieurement, par opposition aux courtisans, il s'identifie à la petite noblesse, la plus humiliée, la plus proche du peuple, à s'en tenir du moins à ses conditions de vie.
7. *Œuvres complètes*, Bibliothèque de la Pléiade, i.1150-51.

Il connaît bien leurs mœurs, leurs conditions de vie, leur mentalité même. Ce n'est pas un mince avantage. Mais sa perspective est non seulement extérieure, comme celle de Jean-Jacques, elle est viciée par le rapport de domination, qu'il voudrait certes sincèrement extirper de son moi; il y a chez lui une aspiration à délaisser si possible l'être social, pour que s'épanouisse en quelque sorte un être intérieur épuré, pour accéder à une vérité plus profonde. Mais comment y parvenir, comment délaisser le rôle social? Il ne peut pas dire, lui, qu'il n'a 'aucun état [lui]-même'. Il est contraint de se déguiser. Il reste qu'il se sent intensément marginal, comme Jean-Jacques. Lui aussi se désigne très souvent, avec un orgueil non exempt d'inquiétude, comme un être 'singulier, bizarre'.[8] De là viennent la passion avec lequel il lit Rousseau, son désir d'identification, les leçons qu'il lui demande en politique, mais d'abord en morale et dans la conduite de sa vie affective. Il aurait pu le supplier, comme cette mystérieuse Henriette, qui écrivait de si belles lettres: 'Apprenez-moi à vivre.' Jean-Jacques est surtout pour le jeune comte, comme pour tant d'autres, un maître de vie. Mais si cette paradoxale – et impossible – identification rend compte de l'intensité, elle décèle aussi la fragilité, parfois déjà perceptible, d'un rousseauisme qui va s'exalter autour de 1789, pour ensuite dépérir peu à peu jusqu'au reniement, du moins dans certains de ses aspects.

8. Plusieurs des textes cités ci-dessus attestent du glissement de sens de ces mots qui, de péjoratifs, tendent à devenir laudatifs, dans le domaine de l'esthétique d'abord, puis dans celui de la morale – mouvement qui se dessine bien à la fois chez Diderot (*Le Neveu de Rameau*) et chez Rousseau (*Confessions*) et qui aboutira à la fameuse esthétique baudelairienne de l'étrange: 'le beau est toujours bizarre'. D'Antraigues joue, modestement, son rôle dans cette mutation de la sensibilité et du vocabulaire.

II

D'Antraigues 'révolutionnaire' avec Rousseau

Nous nous proposons maintenant d'étudier l'influence de Rousseau, et la réaction contre Rousseau, dans les textes de l'époque révolutionnaire, c'est-à-dire dans les textes politiques de d'Antraigues, de 1788 à 1795, en rapport avec l'évolution de son attitude politique, fonction elle-même du progrès de la Révolution.

On distingue assez aisément trois périodes:

1. Une période offensive très brève. Rousseau n'est guère cité, mais son influence est à la fois évidente et considérable. Le comte contribue à déclencher le mouvement révolutionnaire par un *Mémoire sur les Etats-Généraux* (1788), suivi d'un *Second mémoire, ou Mémoire sur la constitution des Etats de la Province de Languedoc* (1789), écrit dans le même esprit.

Son premier ouvrage, paru plusieurs mois avant la fameuse brochure de Sieyès *Qu'est-ce que le Tiers-Etat?* semble avoir eu un succès au moins égal, attesté par treize éditions en moins d'un an. Au cours de la période d'intense fermentation qui précède la réunion des Etats-Généraux, d'Antraigues joue donc un rôle important. Son opposition passionnée au 'despotisme ministériel' lui donne, un temps, visage d'auteur patriote. Mais dès les premières séances de la chambre de la noblesse à Versailles, le public patriote, perplexe puis indigné, découvre en lui un ennemi des revendications du Tiers.[1]

2. Une première période défensive, ou contre-révolutionnaire modérée, qui s'étend de la réunion des Etats-Généraux à l'émigration de d'Antraigues le 23 mars 1790. La philosophie des Lumières n'est pas encore ouvertement reniée. D'Antraigues prétend toujours tenir aux principes affirmés dans le pamphlet qui l'a rendu célèbre. Il n'en combat pas moins aux Etats-Généraux, puis à l'Assemblée nationale, toutes les exigences du Tiers. L'attachement à Rousseau, loin de se démentir, s'affirme cependant. Mais le rousseauisme est utilisé contre le développement de la Révolution.

---

1. Le revirement de d'Antraigues a attiré dès longtemps l'attention des historiens. Voir notamment: Pingaud, *Un agent secret*, deuxième édition (Paris 1894); E. Champion, 'La conversion du comte d'Antraigues', *La Revolution française* 26 (1894); P. H. Beik, 'Le comte d'Antraigues et l'échec du conservatisme français en 1789', *American historical review* 66 (1951), p.767-87; P. H. Beik, *The French Revolution seen from the right*, Transactions of the American Philosophical Society, Philadelphia, new series, 46 (1956) (p.11-14, 17-19, 55-57); J. Godechot, *La Contre-révolution* (Paris 1961), p.12-14, 33; J. Godechot, *Le Comte d'Antraigues, un espion dans l'Europe des émigrés* (Paris 1986).

3. La période de l'émigration, enfin. D'Antraigues publie des pamphlets de plus en plus violents où il demande bientôt le retour pur et simple à l'ancien régime – abandonnant même, pour l'essentiel, sa critique aristocrate de la monarchie absolue. Rejetant désormais l'idéal des Lumières, il ne cesse pas pour autant de se réclamer de Rousseau, alors que se transforme la façon dont il comprend le rousseauisme et en apprécie l'influence. Entraîné par la logique de son évolution, il en arrive pourtant, en fin de compte, à brûler ce qu'il avait jadis adoré et à condamner l'œuvre de Rousseau.

7. La période 'révolutionnaire': avant les Etats-Généraux

AVANT de chercher à préciser l'influence de Rousseau, son étendue et sa nature, il convient de caractériser l'esprit des premiers pamphlets de d'Antraigues,[1] et d'apprécier leur signification politique.[2]

D'Antraigues entre en lutte contre le 'despotisme', c'est-à-dire contre l'absolutisme monarchique, l'autorité arbitraire de l'appareil d'Etat, symbolisée par des 'ministres' haïs.[3] Sa violence reste dictée par le mépris que cet absolutisme lui paraît nourrir pour les intérêts de la couche sociale dont il se sent solidaire: la noblesse de province, vivant à l'écart de la Cour et des faveurs du monarque.[4]

Il envisage pour l'heure une alliance de toutes les couches de la société contre la monarchie absolue, forme politique destinée à assurer la domination d'une mince frange constituée par la haute noblesse de cour, et aussi par les puissances d'argent. La noblesse, au sens large, et les classes populaires lui paraissent liées contre l'oligarchie régnante par une communauté d'intérêts.[5] Tel est le

1. *Mémoire sur les Etats-Généraux* (1788); *Second mémoire* (début 1789); *Supplément au premier et au second mémoire* (début 1789).

2. Voir notamment P. H. Beik, *The French Revolution seen from the right*, et Chaumié, *Le Réseau d'Antraigues et la contre-révolution, 1791-1793* (Paris 1975).

3. Les 'vizirs' (le comte hait particulièrement Choiseul). Il semble ainsi, curieusement, prendre le parti de Rousseau, dans sa malheureuse affaire avec le ministre: on sait que Rousseau avait introduit dans le livre III, ch.6 du *Contrat social* une vive satire de la plupart des ministres des monarchies et, en contre point, un éloge de l'homme né pour gouverner; il entendait ainsi Choiseul, mais celui-ci ne voulut pas voir l'éloge et pris pour lui le blâme. Mais on sait que la haine du comte pour Choiseul était fondée sur des raisons de principes: il ne fut jamais tenté, comme Jean-Jacques, de faire sa cour aux puissants (sauf quand il y fut obligé par sa mère: voir ci-dessus, 1ère partie, p.90-91 et n.120). Choiseul était-il encore chef du gouvernement, ce qui exaspèrerait la colère du comte?

4. D'Antraigues revient lui-même, à plusieurs reprises, sur la base sociale de son opposition au despotisme. Il est particulièrement indigné par la façon dont la noblesse du Languedoc est 'représentée' aux Etats de la province par une oligarchie de grands seigneurs et de prélats, désignés et non élus (voir *Discours prononcé par le comte d'Antraigues à l'assemblée des députés des trois ordres du Languedoc le 10 mai 1789*). Une fois revenu de son enthousiasme réformateur, tout en se reprochant d'avoir affaibli le régime en contribuant à diviser la noblesse (voir *A l'ordre de la noblesse de France*, début), il ne cesse pas pour autant d'exprimer sa rancœur contre les courtisans, qu'il rend responsables du succès de la Révolution. Il en veut surtout au groupe de grands seigneurs libéraux, partisans d'une monarchie constitutionnelle: ceux-ci, qui ont donné le signal du ralliement au Tiers, sont accusés d'être devenus les valets de l'Assemblée nationale, après avoir été ceux du despotisme (voir *Situation de l'Assemblée nationale*, p.58).

5. 'Le despotisme a détruit lui-même la cause de nos longues infortunes; sa vaste oppression n'a heureusement épargné aucune classe de citoyens. Il nous a tous rendus égaux par l'égalisation de

fondement politique explicite de la tendance 'démocratique' de ses premières œuvres. Tout entier à son assaut contre le despotisme, d'Antraigues ne cherche nullement à fixer des limites au mouvement révolutionnaire qu'il préconise: il n'aperçoit pas le danger populaire.

Comme base de cette alliance entre la noblesse, la bourgeoisie et, au-delà, le petit peuple, il pense que doit suffir l'abandon des privilèges fiscaux (*Mémoire*, p.184). Il n'y insiste d'ailleurs pas, tant cela lui paraît évident. Les privilèges politiques de l'aristocratie (existence des ordres) et ses privilèges sociaux (droits féodaux) ne sont pas en cause; sans doute ne conçoit-il même pas qu'ils puissent être menacés.[6] Contre l'absolutisme, mais aussi contre les partisans de ce qu'on a appelé plus tard le 'despotisme éclairé', c'est-à-dire contre les efforts de la monarchie pour se réformer elle-même, d'Antraigues se situe donc dans une tradition déjà ancienne d'opposition aristocratique. Mais le contexte politique va donner une tout autre résonance à ses réclamations, en infléchir le sens; il n'en prendra conscience qu'après coup.

Idéologiquement, son premier pamphlet est très composite. Il témoigne d'une double influence. A l'argumentation historique (dans l'esprit de Saint-Simon et de Boulainvilliers),[7] qui allègue contre le despotisme les 'anciennes institutions' du royaume, se superpose une argumentation rationnelle, dans l'esprit de l'école du droit naturel. L'argumentation historique a la part la plus belle: le cœur de l'ouvrage (en fait plus de 250 pages sur 350) consiste en une longue dissertation érudite sur 'l'antique constitution' du royaume, et la façon dont elle a dégénéré. Mais la méthode par le raisonnement abstrait est plus significative de la position de d'Antraigues en 1788. Il souligne que ce type d'argumentation

nos maux; et sa longue imprévoyance nous a douloureusement conduits par tous les sentiers du malheur, à l'universalité de principes, au même vœu, à la même opinion. Ces privilèges qui isolent, et qui nous ont coûté si cher, nous sont devenus odieux.

Les siècles nous ont appris que les charges imposées par les Etats-Généraux doivent être supportées par tous les ordres de l'Etat; ils nous ont appris que les privilèges contraires à l'intérêt de tous, sont des embûches qui empêchent des coalitions salutaires, et qu'il ne faut avoir avec le peuple qu'un seul et même intérêt. Pour faire toujours triompher la liberté, les lois, et sauver la république', *Mémoire sur les Etats-Généraux*, p.184.

6. Du moins quand il écrit son premier *Mémoire* (été 1788). Mais l'arrêt du conseil du 5 juillet 1788, conviant tous les Français à donner leur avis sur les moyens de faire des Etats-Généraux 'une Assemblée vraiment Nationale', favorisa une abondante floraison de brochures, où les points de vue propres à la bourgeoisie étaient nettement exprimés. Quelques mois plus tard, d'Antraigues devait donc être conscient du danger. Son silence au début de l'année 1789 sur la question capitale de l'heure (vote par ordre ou par tête), ne peut témoigner que de sa gêne et de sa recherche d'une adaptation à une situation nouvelle.

7. Il n'est pas impossible qu'il ait aussi lu Mably, au moins la première partie des *Observations sur l'histoire de France* (les deux premiers volumes ont été publiés en 1765 et connurent plus de dix rééditions jusqu'en 1785).

est le seul vraiment décisif, car les raisons tirées de l'histoire ne suffisent pas à le justifier dans sa volonté d'imposer un changement politique.[8]

Aussitôt qu'il s'est agi de les assembler [les Etats-Généraux], la plupart des gens instruits se sont occupés à trouver, dans les débris de nos antiques institutions, quelle fut l'étendue du droit des assemblées nationales; d'autres, sans dédaigner ces utiles recherches, ont porté leurs vues sur des objets plus élevés; ils ont cherché à établir les droits de la nation sur des bases immuables en les fondant sur les droits naturels de toute société humaine.

Ceux-là [sic, pour ceux-ci] me paraissent avoir vu l'objet dans toute son étendue, et en effet les droits essentiels des sociétés, écrits par la main de Dieu dans le cœur des hommes, n'en sauraient être effacés par vingt siècles de despotisme. D'ailleurs quelle idée absurde que de croire qu'il suffirait, pour anéantir nos droits, de détruire les chartres où les rois furent forcés de les reconnaître!

[...] S'il existe des titres nationaux, s'ils viennent appuyer de leur autorité nos droits constitutionnels, on s'en prévaut: s'ils sont anéantis on s'en passe, en remontant sans leur recours aux vrais principes.

Ce sont donc ces principes qu'il faut d'abord connaître [...]

Je le répète: l'histoire de notre premier âge n'est rien moins qu'une étude oiseuse quand l'érudition, dirigée par un cœur généreux, va y chercher des traits de vertu, de liberté, des actes d'oppression repoussés avec une mâle énergie; mais elle serait funeste à celui qui croirait que les droits qu'il n'y trouve pas établis sont perdus pour nous et que nous n'avons d'autres titres à la liberté nationale que ceux qui pendant huit siècles, ont [été] couverts [de] la poussière des chartriers.[9]

D'Antraigues cherche ici à corriger la tendance le plus souvent conservatrice de l'école historique (à l'exception, il est vrai considérable, de Mably).[10] Il se rencontre sur ce plan avec les théoriciens bourgeois, adversaires résolus d'une telle forme de pensée, parce qu'elle correspond aux buts égoïstes de l'opposition parlementaire, soucieuse avant tout d'assurer et d'étendre ses privilèges.[11] On peut estimer que la leçon de Rousseau se confond ici avec la leçon de la

8. Il rencontre ici Saige, qui a donné en 1775, avec son *Catéchisme du citoyen*, paraphrase du *Contrat social*, le classique de l'opposition au despotisme après le 'coup d'état Maupeou'. Il rejoint donc un courant déjà affirmé. Voir Barny, *Le Rousseauisme avant 1789*, ch.3, p.103-20.

9. *Mémoire*, p.12-13. Voir aussi *Second mémoire*, p.54-55. Cette attitude est caractéristique de la littérature patriote de l'heure. On trouve les mêmes accents chez Sieyès (*Qu'est-ce que le Tiers-Etat?* ou *Les Moyens d'exécution*) Rabaut-Saint-Etienne, Marat, etc.

10. Voir ses *Observations sur l'histoire de France*.

11. Voir J. Egret, *La Pré-révolution française (1787-1788)* (Paris 1962), ch.7: 'Le recours aux Etats-Généraux'. Egret cite (p.331-35) plusieurs textes significatifs. Retenons cette profession de foi du futur constituant Rabaut-Saint-Etienne, dans ses *Considérations sur les intérêts du Tiers-Etat* ([Paris] 1788; BN Lb39758), p.12-13: 'Ils appellent [...] Constitution de l'Etat ce qui n'est au fond que leur constitution et maximes d'Etat ce qui n'est que leurs maximes [...]. Pour justifier ces formes et ces lois, on s'appuie sur leur ancienneté, mais l'ancienneté d'une loi ne prouve autre chose sinon qu'elle est ancienne. On s'appuie de la possession, mais la possession passée n'est pas un droit à une possession éternelle; autrement il ne faudrait rien changer, même aux abus, car les abus sont une possession aussi. On s'appuie de l'histoire, mais notre histoire n'est pas notre code. Nous devons nous défier de la manie de prouver ce qui doit se faire par ce qui s'est fait; car c'est précisément de ce qui s'est fait que nous nous plaignons.'

philosophie des lumières en général. Sans doute Rousseau se fût-il bien gardé d'évoquer les 'droits naturels de toute société humaine'. Mais d'Antraigues n'est pas encore sensible aux divergences qui séparent le rousseauisme du rationalisme de l'*Encyclopédie*.[12] Cet antagonisme reste probablement très secondaire à ses yeux. Non sans raison, car, si Rousseau est un adversaire de la doctrine du 'droit naturel' au sens strict, dans la mesure où il refuse l'idée que les lois sociales, dont la genèse est historique, sont inscrites de toute éternité dans une nature des choses, il s'oppose bien plus radicalement encore à une pensée politique qui, fondée sur la pure érudition, se borne à exhumer des faits.

Mais, davantage que dans son goût de la réflexion morale et politique abstraite, c'est dans le contenu même de cette réflexion, dans ses thèmes favoris, que d'Antraigues est tributaire du rousseauisme. Dans sa définition des 'vrais principes', notamment dans son exaltation de la souveraineté du peuple, on retrouve l'esprit, parfois la lettre même, du *Contrat social*.

On est d'abord frappé par un ton et par une attitude morale qui autorisent à parler d'un sentiment démocratique, comparable à celui qui animait Rousseau. Le *Mémoire sur les Etats-Généraux* témoigne d'une sorte de passion de la liberté, dont la revendication paraît ainsi formulée au nom de tous les hommes. La liberté devient la valeur suprême 'La liberté laisse à ceux qu'elle abandonne de longs et cruels souvenirs; ce sont ces salutaires réminiscences qui garantissent du désespoir, quand tous les genres de servitude semblent s'accumuler sur les hommes infortunés, soumis depuis longtemps au sceptre du pouvoir absolu' (*Mémoire*, p.6).   Parfois la réminiscence rousseauiste est plus nette, bien que d'Antraigues résiste à la tentation de reproduire exactement une formule célèbre (p.8):

L'homme est né libre. Jamais l'être éternel qui le créa n'avilit lui-même son ouvrage en soumettant l'homme à son semblable. Il voulut que l'être heureux, né loin des fers des sociétés, au milieu des pays déserts et sauvages, conservât toute son indépendance, n'obéît jamais qu'à lui-même et fermât les yeux sur le sol qui le vit naître sans les avoir jamais souillés en les fixant sur un maître.

Non seulement la phrase rappelle l'attaque du *Contrat social*, mais le développement qu'elle introduit, posant l'indépendance comme détermination essentielle de l'homme naturel, faisant donc de celle-ci la première revendication d'une politique conforme aux exigences de la morale, est typiquement rousseauiste.

12. Voir le chapitre 2 de la première version du *Contrat social*, 'De la société générale du genre humain', où Rousseau reproduit en partie et réfute l'article 'Droit naturel' de l'*Encyclopédie*, rédigé par Diderot. Sur cette question, voir G. Beauvalon, 'La question du *Contrat social*: une fausse solution', *RhlF* 20 (1913); R. Hubert, *Rousseau et l'Encyclopédie* (Paris 1928), p.37-59; J. Proust, *Diderot et l'Encyclopédie* (Paris 1962), ch.9, 'Matérialisme et morale', p.321.

7. La période 'révolutionnaire': avant les Etats-Généraux

A ce goût de la liberté s'allie apparemment la confiance dans le peuple, la conviction que les valeurs morales essentielles, celles précisément qui peuvent servir à fonder une politique juste, n'existent que parmi les gens simples, non parmi les savants ou les gens du monde. C'est ainsi que d'Antraigues s'attend à trouver un sens politique plus juste dans les assemblées primaires de baillage que dans les assemblées de représentants, composées de 'gens à talents':

Je sais bien que les baillages ne réuniront pas dans leur sein toute l'instruction, tous les talens qu'on verra briller peut-être dans les Eats-Généraux; mais peut-être aussi y aura-t-il plus de vertu, plus de patriotisme, moins d'illusions dans ces Assemblées réellement Nationales, que dans celles des Représentants de ces Assemblées. On peut égarer une Assemblée populaire, mais on ne peut la corrompre, et si on n'abuse pas des Représentants, on les gagne. Je l'avoue, j'ai plus de confiance dans la simple droiture du Peuple que dans les plus sublimes talens d'aucuns de ses Représentants.[13]

Préférence accordée aux valeurs morales, dédain des valeurs intellectuelles, dans la mesure où elles risquent de s'opposer aux premières et de pervertir les qualités vraiment humaines, affirmation que ce qu'il y a de plus précieux dans l'homme n'est pas le privilège d'une élite: la référence au démocratisme diffus, présent partout dans l'œuvre de Rousseau, est évidente.

Si on analyse, au-delà du sentiment, l'idéal politique qui s'exprime du premier *Mémoire* au *Supplément au premier et second mémoire*, on constate une influence plus précise encore de l'œuvre de Rousseau, en particulier du *Contrat social*. Non seulement certains thèmes sont empruntés, mais parfois le détail même de l'argumentation: tous les motifs de la propagande anti-absolutiste ne sont d'ailleurs pas, sous la forme où d'Antraigues les utilise, spécifiquement rousseauistes (ceux du pacte social, d'un ordre légitime différent de l'ordre existant...). Mais Rousseau, en les transformant par une élaboration plus profonde, les a popularisés, leur a donné leur vertu subversive; même superficiellement compris, ils contribuent à créer un climat idéologique dont Rousseau est ainsi la source la plus vive. Le principe de la souveraineté du peuple, certaines de ses implications comme la primauté du législatif, la théorie de la représentation nationale – à laquelle d'Antraigues est conduit dès qu'il essaie d'appliquer sa doctrine de la souveraineté à la réalité politique concrète – appartiennent à ce climat. D'autres thèmes, plus épisodiques, ont aussi une couleur rousseauiste: ainsi l'affirmation de la sainteté de la loi, fondement de la liberté dans l'état civil, ou l'utilisation, d'après le *Contrat social*, de la notion de 'volonté générale'.

Le principe de la souveraineté du peuple est au centre de l'argumentation de d'Antraigues. Certes, il ne s'agit pas de dégager toutes les conséquences de l'élaboration rigoureuse de cette notion dans le *Contrat social*. Ce sera l'œuvre

13. *Second mémoire*, p.78-79.

des étapes ultérieures de la Révolution. La souveraineté du peuple est au contraire, à ce stade, une idée force par son vague même; sa vertu est essentiellement destructrice. Négation de l'état de choses existant, elle cristallise en une formule simple, 'populaire', la haine que beaucoup de nobles éprouvent pour le despotisme. Peu importe son contenu précis.

Il reste que, comme le seul ennemi que d'Antraigues se connaisse au cours des premiers mois d'agitation prérévolutionnaire est l'absolutisme monarchique, la nécessité d'opposer à celui-ci 'le frein irrépressible de l'opinion générale' (*Mémoire*, p.6) le conduit à accepter dans sa rigueur le principe démocratique. (Devenu un des leaders de l'opposition aux Etats-Généraux, puis à l'Assemblée nationale, il ne renoncera pas d'ailleurs à cette théorie politique, comme nous le verrons bientôt, mais cherchera à la préciser, à l'affirmer, espérant par là échapper à la contradiction que le public lui reproche entre ses principes et son attitude conservatrice.) Pour connaître dans tous ses aspects la position de d'Antraigues sur cette question, et l'étendue de sa dette envers Rousseau, il faut donc tenir compte non seulement de ses *Mémoires* et de leur *Supplément*, mais aussi de son *Mémoire sur les mandats impératifs*, pamphlet appartenant à la deuxième période de son activité, et dont les formules sont parfois plus nettes encore. Bien que ces textes répondent à des préoccupations politiques différentes, voire opposées, ils constituent un ensemble doctrinal cohérent. D'Antraigues y exprime avec force la nécessité pour le peuple de participer activement à la vie politique, d'exercer une surveillance étroite sur ses mandataires, de leur imposer le respect de sa volonté. Il s'interroge sur les conditions qui pourraient permettre à la volonté générale de se dégager dans sa pureté. A première vue, il ne fait qu'exposer, d'après Rousseau, les exigences de la démocratie politique.

Tout d'abord, dans un grand Etat, la démocratie directe, solution idéale, est malheureusement impossible. D'Antraigues le regrette, comme Rousseau: 'C'est un malheur très réel que des citoyens soient forcés, par l'étendue de l'empire, de confier à autrui le soin de voter sur leurs plus précieux intérêts; mais dans tous les Etats, cet inconvénient est balancé par des obstacles que la loi naturelle dicterait, au défaut de toute autre' (*Mémoire*, p.18-19). Toujours d'après Rousseau, il suffira pourtant que le peuple ne délègue aucun des pouvoirs qu'il peut exercer par lui-même pour que la communauté nationale existe: 'Parmi ces pouvoirs divers, il en est que la Nation elle-même ne saurait exercer, et dont par conséquent elle est forcée de confier l'exercice. Mais tous les pouvoirs qu'elle peut exercer elle-même n'appartiennet qu'à elle' (*Mémoire*, p.22). On aurait tort de craindre l'usage que le peuple ferait de pouvoirs aussi étendus. Car le peuple est bon. Il ne devient méchant que si l'on conteste sa force; la conscience de celle-ci, au contraire, le rend tranquille. Puissance et bonté sont toujours deux attributs complémentaires, et la véritable puissance réside dans le peuple.[14]

D'Antraigues cependant, quelle que soit son opposition au despotisme monarchique installé en France depuis deux siècles,[15] n'envisage pas la possibilité d'une autre forme de gouvernement que la monarchie. Seul le gouvernement monarchique convient à un grand pays, idée banale, au moins depuis Montesquieu, mais à laquelle Rousseau s'est efforcé de donner une apparence de rigueur scientifique.[16] D'Antraigues suit ici son maître de très près (*Mémoire*, p.22):

Plus un empire est étendu, plus le pouvoir qui dispose de la force publique doit avoir d'énergie; et c'est par cette raison que le pouvoir monarchique, où la volonté d'un seul homme meut à l'instant tous les ressorts de la force nationale convient spécialement à de grands pays entourés de voisins jaloux et puissants et par conséquent toujours exposés à leurs invasions, si les moyens de les repousser n'avaient toute la force qu'il est possible de leur donner.

Le pouvoir exécutif doit donc être confié à un seul homme. Les autres limitations apportées au pouvoir populaire sont également justifiées d'après le *Contrat social*. Ainsi, pour fonder l'autonomie du judiciaire, d'Antraigues n'invoque pas la séparation des pouvoirs, selon Montesquieu et la constitution anglaise, mais la nécessité de conserver à la volonté générale sa pureté, en réglant son exercice de telle façon qu'elle ne sorte pas de sa sphère propre. Il convient donc d'interdire au pouvoir législatif de légiférer sur des objets particuliers. Notons toutefois que les crimes de lèse-nation, par la généralité de leur objet, restent de son ressort:

La nation ne peut exercer le pouvoir judiciaire, non qu'elle n'ait le droit, étant assemblée,

---

14. *Second mémoire*, p.80, 87; *Supplément*, p.xvi. Voir aussi *A l'ordre de la noblesse du Bas-Vivarais*, p.30.

15. C'est un thème rebattu de la pensée aristocratique au dix-huitième siècle que les malheurs de la nation, c'est-à-dire l'abaissement de la noblesse et l'établissement du pouvoir absolu du roi, résultent de la criminelle mise en sommeil des institutions légales, consacrées par une longue histoire, comme les Etats-Généraux. Cela dès le seizième siècle, et surtout au dix-septième après Richelieu: 'Pendant les longs intervalles qui malheureusement ont séparé ces assemblées [les Etats], sur le despotisme du pouvoir arbitraire se sont établies ces Maximes funestes qui, par trait de temps, semblent être devenues des lois [...] leur antiquité semble les consacrer [...] C'est dans le 16e siècle que se sont propagées des doctrines sans fondement, et qui nous couvriraient de fers et de honte si jamais elles avaient été des principes nationaux' (*Mémoire*, p.155-56). 'Depuis près de deux siècles, la nation n'a plus été entendue: elle a parcouru, pendant ce temps de mort, tout le cercle des calamités dont le pouvoir arbitraire menace les peuples. Trois règnes absolus ont enfin consommé notre ruine' (p.202).

16. Voir *Contrat social*, III, 2, 'Du principe qui constitue les diverses formes de gouvernement', et III, 6, 'De la monarchie'.

de prononcer des jugements, s'il s'agissait surtout de flétrir qui cherche à lui nuire, si c'était enfin le crime de lèse-nation qu'elle voulût punir.[17]

Mais, en général, elle ne peut s'appliquer à la discussion des intérêts particuliers; faite pour dominer sur tout, elle ne peut pour cette raison, statuer sur des objets individuels.[18]

Compte tenu de ces limitations, les pouvoirs du peuple sont définis de façon très large, en accord avec la rigueur du *Contrat social*. La souveraineté populaire est le principe de base, toute dérogation apparente découlant, comme nous l'avons vu, de l'adaptation aux circonstances concrètes: 'Quels sont les droits des représentants d'une nation? Tout homme, ami de la liberté publique, aura besoin de réflexion non pour en connaître l'étendue (le premier mouvement de l'esprit et du cœur est de ne voir aucun terme à une puissance qui statue au nom de tous), mais pour y poser les limites (*Mémoire*, p.18). Non seulement le peuple est la source de toute puissance, mais, conséquence capitale, il doit garder sous sa dépendance, même dans une monarchie, le pouvoir exécutif qu'il a institué; car le peuple décide de la forme à donner au pouvoir exécutif: 'Si la nation ne peut exercer le pouvoir exécutif, elle est au moins la maîtresse de le confier à qui il lui plaît; c'est à elle par conséquent à établir l'ordre qui lui convient dans la succession de ses Rois; elle a pu rendre le trône héréditaire; il dépendait d'elle de le laisser électif' (*Mémoire*, p.22). Cela n'implique pas qu'un changement de régime, dans une monarchie comme la France, soit considéré comme légitime, d'Antraigues indiquant par ailleurs que l'hérédité du trône est maintenant une loi 'fondamentale', qu'il qualifie de 'sage'.[19] Toutefois il ne dit nulle part avec netteté, dans son premier *Mémoire*, que ce choix a été fait une fois pour toutes.[20] Surtout, il affirme à plusieurs reprises le caractère inaliénable de la souveraineté, principe spécifiquement rousseauiste: 'Jamais un peuple ne peut être privé que des droits qu'il est dans l'impossibilité physique d'exercer. Tous ceux qu'il peut exercer lui demeurent, et c'est ce qui constitue son inaliénable souveraineté [...] [La souveraineté] réside essentielle-

---

17. D'Antraigues n'imagine pas que cette même argumentation servira, trois ans plus tard, à fonder la compétence de la Convention nationale à juger Louis Capet, ci-devant roi de France!

18. *Mémoire*, p.23. Cf. *Contrat social*, II, 4, 'Des bornes du pouvoir souverain', p.373.

19. p.52: 'le trône est devenu héréditaire. Ainsi l'a voulu la nation et cette loi fondamentale des Etats de 1328 est un monument de leur sagesse.'

20. On peut remarquer que d'Antraigues évite de se référer à l'idée courante d'un contrat de soumission entre le roi et le peuple, forme de contrat rejetée par Rousseau et grâce à quoi les défenseurs de l'ordre établi fondaient théoriquement le caractère intangible de la monarchie héréditaire, tout en paraissant reconnaître la source de toute puissance dans le peuple. Il est vrai que l'objet essentiel de ce contrat de soumission était de justifier le pouvoir absolu des rois, et de priver ainsi le peuple, ou la représentation nationale, de toute participation à la puissance législative. Ce qui est formellement opposé aux convictions de d'Antraigues à cette date.

ment dans le peuple, sans qu'il soit possible au peuple de placer sa souveraineté hors de son sein.'[21]

La définition de la loi découle de ce principe, par l'intermédiaire de la notion de *volonté générale.* Comme pour Rousseau, la loi telle que la conçoit d'Antraigues est l'expression de la volonté générale, appliquée à un objet d'intérêt commun: 'Un peuple libre est régi par des loix; les loix ne méritent ce nom auguste que lorsqu'elles sont la déclaration de la volonté publique. [...] D'ailleurs, ce qui imprime aux loix ce caractère sacré qui les rend vénérables, c'est qu'elles ne statuent jamais que sur l'intérêt général.'[22] Plus loin d'Antraigues précise encore que la loi n'est obligatoire 'que lorsqu'elle est l'expression du vœu général'.[23]

La souveraineté du peuple peut donc seule fonder la légitimité de l'Etat. C'est en ce sens que la loi est sainte et qu'elle marque à la fois la continuité et la rupture entre l'état naturel et l'état civil, puisqu'elle conserve, en la faisant passer sur un autre plan, la liberté inhérente à l'être humain: 'Pour ceux [les hommes] qu'il [l'Etre éternel] appelait à se réunir en société, sans doute il exigea et il sanctionna le sacrifice de cette indépendance sans limite [celle de l'état de nature], mais il la remplaça par une autre plus difficile peut-être à conserver, mais tout aussi sacrée. Il soumit l'homme à la loi et ne le soumit jamais qu'à elle.'[24]

Il est dès lors évident que l'hérédité du trône, même si elle est acceptée comme une 'loi fondamentale' de l'Etat, ne doit pas conduire à mettre en cause la souveraineté du peuple ou en contrarier les manifestations; la monarchie, et c'est bien ainsi que Rousseau l'entendait, n'est un gouvernement légitime que si le pouvoir de faire les lois appartient à la nation (p.52-53):

L'hérédité du trône dans une famille s'établit par une loi: elle est souvent nécessaire; mais bien loin d'entraîner la ruine du pouvoir législatif, elle le confirme, puisque cette même loi n'en est qu'une émanation.

L'acte d'établir tel ou tel ordre de gouvernement est une loi: la volonté de la nation qui établit la succession héréditaire est souvent une loi sage, et toujours une loi légitime.

Il n'en serait pas ainsi de l'acte insensé qui porterait une nation à cet excès de démence de confier à autrui le pouvoir législatif.

Ce pouvoir est incommunicable, parce que la loi n'étant obligatoire que lorsqu'elle est l'expression du vœu général, il n'existe aucun moyen de s'assurer que la volonté d'un roi sera toujours conforme à la volonté publique. D'ailleurs, la privation de ce droit constituant essentiellement le despotisme, et le despotisme étant la ruine de l'ordre social, il s'ensuit que tant que la société subsiste, la volonté générale dicte seule les loix.

---

21. *Mémoire sur les mandats impératifs*, p.10-11. Cf. *Contrat social*, II, 1, 'Que la souveraineté est inaliénable'.
22. *Mémoire sur les Etats-Généraux*, p.21, 25. Cf. notamment *Lettres écrites de la montagne*, I, 6. 'La loi est une déclaration publique et solennelle de la volonté générale sur un objet d'intérêt commun'.
23. *Mémoire*, p.53. Voir aussi *Second mémoire*, p.78; *Mémoire sur les mandats impératifs*, p.11.
24. *Mémoire sur les Etats-Généraux*, p.8.

II. D'Antraigues 'révolutionnaire' avec Rousseau

Le vocabulaire est ici assez incertain, par le passage du sens rousseauiste du mot *loi* à son sens courant de loi positive. Mais l'idée reste claire: la nation est sage d'opter pour la forme monarchique de gouvernement lorsque le territoire est étendu et les habitants nombreux, ce qui est le cas le plus fréquent. Ce choix *souvent* sage par conséquent est *toujours* légitime, puisque, pour qu'un acte intéressant tous les citoyens soit légitime, il faut et il suffit qu'il soit commandé par la volonté générale. Cette primauté du législatif est la conséquence la plus palpable, la plus immédiatement visible de l'idéologie démocratique du *Contrat social*. D'Antraigues ne cherche pas encore à l'éluder; son projet essentiel étant (au moins dans son premier mémoire) de défendre les droits des Etats-Généraux contre les prétentions absolutistes, il fait au contraire de la prééminence absolue des assemblées délibérantes en matière législative un thème de prédilection (p.23-24):

La nation ayant confié le pouvoir exécutif, ayant statué sur la formation des corps judiciaires, se trouve investie du pouvoir incommunicable de créer les loix. C'est dans ce pouvoir imprescriptible que reposent son existence et sa liberté.
Ce pouvoir suprême ne peut être exercé que par elle; il n'exige ni la célérité d'exécution qui la força de confier le pouvoir exécutif aux mains d'un seul, ni la permanence d'un corps toujours assemblé, qui nécessite l'établissement de la magistrature.
Le pouvoir législatif est le seul rempart qui reste à un peuple qui s'est dépouillé du droit de mouvoir la force publique; c'est le seul moyen de réprimer le pouvoir exécutif, en opposant à ses invasions le frein sacré de la loi.
D'ailleurs la loi n'est autre chose que la règle générale établie pour le bonheur de tous: or, qui peut mieux connaître que la nation elle-même les loix qui doivent la rendre heureuse?

Certes, d'Antraigues est loin d'envisager ici la permanence des assemblées législatives, alors que d'autres, dès cette époque, cherchaient déjà dans ce sens. Mais Rousseau n'y pensait pas non plus (et cet exemple nous laisse déjà entrevoir comment les principes de Rousseau ont développé, au contact de la réalité mouvante de l'histoire, des conséquences imprévues). Surtout, l'accent ne porte pas sur ce point: l'argumentation est dirigée au contraire contre le despotisme, à telle enseigne que la haine du tyran donne parfois une couleur républicaine à l'éloquence de l'auteur. L'idée même de 'monarque absolu' prend figure d'une sorte de monstre politique, ce qui peut encore apparaître comme une dette envers Rousseau:

Si cependant il existait au milieu d'un peuple un Etre d'une nature supérieure à la nôtre, et dont la supériorité nous fût aussi bien démontrée que l'est l'éclat du soleil, qui connût les passions qui nous égarent, et qui fût inaccessible, dont l'immuable sagesse fût toujours exempte d'erreurs, on concevrait qu'un tel être prétendît au droit législatif; et on pourrait le croire s'il assurait que la nation elle-même le lui a confié.
Mais que répondre à ceux que l'habitude de la servitude a tellement dégradés, qu'ils

cherchent à se faire accroire, et à nous persuader, que c'est entre les mains d'un homme que fut remis le pouvoir législatif, sans limite, comme sans partage, et qu'aussitôt vingt millions d'êtres se soumirent à un seul, à sa postérité, et reconnurent la voix sacrée des loix dans les décrets qu'il prononça?

Mais que restera-t-il donc à un peuple déjà privé, par la nécessité, du droit de diriger la force publique et de juger ses concitoyens, s'il perd encore le pouvoir législatif?

Où seront ses moyens de se défendre d'une éternelle oppression? Bientôt une volonté d'un moment sera transformée en une loi tyrannique, et le même homme qui aura parlé comme législateur, s'armant aussitôt de la force publique punira, comme désobéissance aux loix, la résistance à ses fantaisies.[25]

Il n'est nullement question dans ce premier texte d'un partage du pouvoir législatif entre le peuple et le roi, revendication qui va bientôt être mise au premier plan par les défenseurs de la prérogative royale. D'Antraigues accepte dans son intégrité la principale conséquence en matière d'organisation des pouvoirs publics du principe de la souveraineté du peuple; certes, il s'agissait pour lui de faire admettre la compétence législative des Etats-Généraux. Mais, comme nulle part il ne se borne à demander une participation de ceux-ci au pouvoir législatif, sa doctrine dépasse de loin l'objectif précis, et fort modeste, qu'il s'était fixé.

Enfin, si d'Antraigues se réfère moins volontiers au thème dominant de toute la littérature prérévolutionnaire: celui de l'unité nationale, à propos duquel Rousseau a joué un rôle considérable d'initiateur, il ne l'ignore pas complètement. Aussi bien était-ce le couronnement, le résultat le plus éclatant de l'édifice politique conçu dans le *Contrat social*. Les *Considérations sur le gouvernement de Pologne* y insistent avec vigueur. Et il arrive à d'Antraigues de présenter, lui

25. p.24-25. Voir aussi p.106-108: 'il est de devoir sans doute, de parler avec respect au chef de l'Etat, à celui dans les mains de qui la Nation a remis toute la force publique; mais ces égards ne rendent pas la volonté d'un peuple entier de simples invocations.

Il faut parler vrai: le peuple par qui tout est, par qui tout existe, n'adresse d'humbles prières qu'à Dieu [...] Il est temps enfin de revenir aux vrais principes, aussi bien, nous a-t-on rassasiés jusqu'au dégoût, et a-t-on avili, peut-être pour jamais, ces mots si doux de règne paternel, d'enfans chéris, gouvernés par un père tendre. Les ministres en ont abusé jusqu'à la niaiserie, jusqu'à la cruauté.

Dans le fond reculé de la plus pauvre des provinces, sous la plus abjecte des chaumières, on a cessé depuis longtemps d'être la dupe de ces édits, si niais dans leurs préambules, et si cruels dans leurs dispositions. On y sait que les rois sont les chefs et non les pères des peuples, car c'est leur volonté qui les créa, et ce sont leurs dons et leurs travaux qui les maintiennent: voilà les idées où l'on est revenu. Il y a loin de ce progrès de la raison à croire que les chartres sont des faveurs, et les décrets des Etats de simples doléances.' D'Antraigues s'est probablement souvenu du début du *Contrat social*, I, 2, 'Des premières sociétés', où Rousseau dénie toute valeur à l'analogie établie par la pensée absolutiste entre le gouvernement d'une famille et le gouvernement de l'Etat. Le républicanisme du pamphlet de d'Antraigues éclate d'ailleurs dès la première phrase, et cette attaque à la Rousseau devait faire une profonde impression sur le public: 'Ce fut sans doute pour donner aux plus héroïques vertus une patrie digne d'elles, que le ciel voulut qu'il existât des républiques; et peut-être pour punir l'ambition des hommes, il permit qu'il s'élevât de grands empires, des rois et des maîtres.'

aussi, cet idéal comme la justification ultime de ses exigences politiques, le terme où tendent tous ses efforts. La souveraineté du peuple, fondement de la loi, constitue le lien social; elle donne l'existence à la nation, où tous les citoyens, en tant que citoyens, sont définis par le même rapport simple. Notons toutefois que lorsque d'Antraigues exprime cette idée, dans un langage très rousseauiste, il prétend aussi la rattacher aux origines de la nation française (*Mémoire*, p.7-8):

Tous les regards [...] se sont tournés vers les jours heureux de notre première existence.

Tombés dans l'avilissement le plus profond, écrasés de dettes énormes, dévorés par d'intolérables impôts, menacés d'un avenir plus déplorable encore, humiliés par le présent, effrayés par l'avenir, il nous a fallu rétrograder, pour chercher dans le tombeau de nos pères l'espoir d'une résurrection nationale.

Nous avons trouvé dans les fastes de leurs siècles ce ressort puissant qui les avait si intimement unis à la chose publique, ce ressort depuis deux siècles inactif, mais toujours subsistant, qui de tous les Français peut encore composer un corps collectif, imprimer à la France le titre honorable de patrie, et substituer enfin des citoyens à cette foule d'individus malheureux et isolés, qui depuis deux siècles, rampent sans raisons comme sans intérêt sur la vaste surface de cet empire.

Le 'ressort' dont parle d'Antraigues est évidemment l'organisation démocratique dont il va alors développer la théorie.

Il y a là un exemple caractéristique de la manière dont d'Antraigues conduit sa réflexion, pour intégrer les principes politiques de Rousseau à la mythologie historique de l'école aristocratique. Certes, une compréhension superficielle de Rousseau, une interprétation schématique de son 'primitivisme' peut autoriser un tel mouvement. On ne saurait nier que l'invitation à tourner les regards 'vers les jours heureux de notre première existence' n'ait une certaine couleur rousseauiste, non plus peut-être que la volonté de 'rétrograder pour chercher dans le tombeau de nos pères l'espoir d'une résurrection nationale'. Mais la prétention de découvrir la cité du *Contrat social* dans le royaume de France avant l'instauration de la monarchie absolue appartient en propre à d'Antraigues[26] et marque déjà les limites de sa pensée politique, faisant apparaître la nature réelle de celle-ci sous le placage rousseauiste.

D'ailleurs, dès le *Second mémoire sur les Etats Généraux*, d'Antraigues découvre les bases sociales de sa politique, et les soucis tactiques qui la dictent, d'une façon encore plus naïve que rusée sans doute: il s'agit, pour obtenir l'unité d'action contre le despotisme, de créer la communauté nationale à moindres frais pour les privilégiés. Il serait plus juste de dire: de créer le sentiment

26. Là aussi, l'influence de l'école historique de Boulainvilliers est indéniable. Peut-être aussi celle de la nouvelle synthèse élaborée par Mably dans un esprit démocratique (encore que le texte essentiel de celui-ci, la seconde partie des *Observations sur l'histoire de France*, composée depuis longtemps, ne soit pas encore éditée lorsque d'Antraigues publie son *Mémoire*).

illusoire d'une communauté nationale. Mais d'Antraigues, dans son enthousiasme antidespotique, n'est pas pleinement conscient de la supercherie.[27]

C'est ainsi qu'il se félicite de l'unanimité de vues des ordres à l'assemblée
électorale de Privas le 17 décembre 1788, affirme sa nécessité, contre les efforts
de division du 'despotisme ministériel', et indique le moyen de préserver cette
union: 'c'est en ne formant à l'avenir qu'un seul et même peuple, en n'ayant
qu'un seul et même intérêt'.[28] Par là pourra 'renaître enfin la liberté publique'.
Mais comment créer une telle communauté d'intérêts? D'Antraigues se borne
à exprimer, d'une façon assez évasive, la nécessité de 'sacrifier sur l'autel de la
liberté les antiques préjugés et les antiques injustices' (*Second mémoire*, p.76).
La volonté de renoncer au privilège fiscal n'est même pas nettement indiquée.
Nous sommes loin, ici, de l'intransigeance théorique du *Contrat social*. Mais
une fois de plus ce vague même a dû servir d'aliment aux espoirs du Tiers-
Etat. En période offensive, la volonté de limiter la Révolution reste implicite,
et il faut la chercher dans les silences.

A cette date encore, les revendications de d'Antraigues restant insatisfaites,
son œuvre est 'dans le sens de la révolution', comme on dira bientôt. C'est dans
sa volonté d'avancer qu'il est conduit à ébaucher, dans l'esprit de Rousseau,
une théorie de la représentation nationale. Car les thèmes rousseauistes ne
doivent pas rester spéculatifs, il faut qu'ils s'incarnent dans la réalité la plus
prochaine, celle des Etats-Généraux dont la convocation est exigée par un
mouvement d'opinion chaque jour plus puissant. Nous avons vu qu'un grand
Etat ne peut se passer de représentants. C'est un mal nécessaire. D'Antraigues,
qui fait œuvre d'homme politique et de propagandiste, non de théoricien, ne
peut prendre au pied de la lettre les formules pessimistes du *Contrat social*,[29]
qui conduiraient à l'abstention. Il affirme au contraire: 'les droits des Etats
Généraux sont les droits de la nation elle-même', et définit dans le même esprit

27. Est-il besoin de dire que cet abus de confiance sera réédité bien des fois, toujours à peu près
dans les mêmes termes? Pour se borner à la période révolutionnaire, chaque fois qu''un parti' ou
qu'une couche sociale voudra 'terminer' la Révolution: monarchiens, constitutionnels, feuillants,
girondins, modérantistes, sans exclure les jacobins d'extrême-gauche, robespierristes ou maratistes,
tous argueront d'une fallacieuse harmonie nationale pour éviter d'être débordés par les aspirations
populaires.

28. Superficiellement, son langage ressemble beaucoup à celui que tient Mounier à la même
époque: mais le futur représentant du Dauphiné, quand il célèbre 'l'union des ordres', la conçoit
beaucoup plus clairement comme un fruit de la disparition de la structure juridique de l'état féodal.
Au-delà, l'expression fleure le même désir de paix sociale retrouvée: Mounier suivra d'assez près
d'Antraigues dans le reniement.

29. Voir *Contrat social*, III, 5, 'Des députés ou représentants': 'à l'instant qu'un peuple se donne
des Représentants, il n'est plus libre, il n'est plus. Tout bien examiné, je ne vois pas qu'il soit
désormais possible au souverain de conserver parmi nous l'exercice de ses droits si la cité n'est très
petite.'

l'objet de son ouvrage: 'Nous demanderons quels sont les droits de la Nation, énonçant sa volonté par ses représentants' (*Mémoire*, p.20). Tout en restant fidèle à l'esprit de méfiance du chapitre sur les représentants, il préfère utiliser les *Considérations sur le gouvernement de Pologne*, où Rousseau examine l'application de ses principes au cas d'un grand Etat, et, sans rien renier, fait preuve d'un sens aigu des données politiques réelles.

Du *Mémoire sur les Etats-Généraux* au *Supplément au Mémoire sur les Etats de Languedoc*, d'Antraigues développe ainsi une doctrine de la représentation dont l'objet essentiel est de soustraire les députés de la nation à l'emprise mortelle du pouvoir exécutif. Pour que la volonté de la nation soit réellement exprimée par ses représentants et que les droits des Etats-Généraux soient les 'droits de la Nation elle-même', certaines mesures s'imposent: il faut obliger les députés à rester étroitement soumis à leurs mandants. Et d'Antraigues préconise succes-sivement l'usage du mandat impératif, celui du compte rendu de mandat avec sanction, celui de la sanction populaire en matière législative. Au début ces précautions sont dirigées contre le 'despotisme ministériel', surtout dans le premier *Mémoire*. Mais jusqu'au *Supplément*, l'esprit démocratique du *Contrat social* reste l'inspiration dominante. C'est parce qu'il craint les moyens d'intimi-dation et, surtout, de corruption dont dispose un ministre, que d'Antraigues exige le mandat impératif, imposé par la nation à ses commettants:

Quand la nation, assemblée en Etats Généraux, ne peut être réunie que par ses représentants, il s'établit aussitôt une loi qui est, j'ose le dire, le Palladium de nos libertés.

C'est que la Nation elle-même est restée maîtresse de tous ses pouvoirs; c'est dans les assemblées où elle élit ses représentants qu'elle prononce son vœu. Ses représentants ne sont que les porteurs des ordres de leurs commettans, et ne peuvent jamais s'en écarter. [*Mémoire*, p.20]

Aussitôt qu'un peuple ne peut statuer sur ses intérêts, il choisit des représentants; mais il serait possible qu'il voulût constituer ses représentants maîtres absolus, et qu'il confiât à leur volonté les destinées de l'Etat? Non cela n'est pas, cela ne peut pas être.[30]

On reconnaît ici le principe de Rousseau selon lequel 'la volonté ne se représente pas'. D'Antraigues s'y réfère plus d'une fois dans son premier *Mémoire*, et toujours l'argumentation porte contre le pouvoir, soit que l'auteur rappelle les persécutions que subirent parfois, dans le passé, les députés dont le prince et les ministres voulaient forcer le consentement (p.125), soit qu'il critique la non représentativité de certains Etats provinciaux (p.241-44). En un mot, pour employer le langage de Rousseau, d'Antraigues craint la tendance de tout gouvernement à usurper l'autorité souveraine.[31]

30. p.126. Voir aussi p.226-27, 234.
31. Cf. *Contrat social*, III, 18, iii.435; *Lettres écrites de la montagne*, sixième lettre, iii.808.

Le *Second mémoire* est, comme son sous-titre l'indique,[32] consacré à démontrer que les Etats du Languedoc ne représentent valablement aucun des trois ordres et à réclamer une représentation authentique. La perspective est donc inchangée, et la longue défense de la doctrine des mandats impératifs par quoi se termine ce pamphlet[33] est faite dans l'esprit déjà défini. D'Antraigues admet pourtant certaines atténuations au principe posé dans son premier ouvrage et reconnaît que priver les députés de toute initiative aboutirait à paralyser les Etats-Généraux:

Je conviens que [...] si la volonté des Baillages était d'enchaîner l'activité des Etats Généraux, l'usage rigoureux de leurs droits leur en fournirait tous les moyens [...]
   Il faut sans doute que les Baillages ne fassent pas un usage trop rigoureux de leur pouvoir; mais il faut qu'ils en connaissent toute l'étendue.
   Il est des objets qu'il sera de leur sagesse de confier à la probité éclairée de leurs représentants, mais après les avoir toutefois environnés d'ordres positifs qui diminuent les dangers de l'erreur, même de leur opinion.

Cette concession faite, l'auteur développe une fois de plus les raisons qui militent en faveur de mandats impératifs, au moins sur les problèmes importants. C'est ainsi que les députés ne devraient pas être autorisés à reconnaître la dette publique, et à s'occuper d'un plan général de finances, avant d'avoir obtenu certains avantages politiques: 'la liberté individuelle, la liberté des propriétés, celle de la presse, la responsabilité des ministres, et le retour périodique et à terme très prochain des Etats Généraux'. A cette liste de revendications présentées au gouvernement

32. *Du danger qui menace la liberté publique quand les provinces sont régies par des Etats inconstitutionnels.*
33. p.77-89. D'Antraigues y réfute un ouvrage 'combattant [son] opinion sur les pouvoirs limités que chaque baillage doit confier à ses représentants [...]. Un auteur dont je respecte le caractère et j'admire les talens, qui m'honore de son estime et de son amitié a cru que les baillages devaient revêtir leurs représentans de pouvoirs illimités, se borner à les éclaircir par des instructions dont ils pourraient s'écarter... Il m'est impossible d'adhérer à cette opinion; suivant moi elle nous plonge dans le plus horrible danger, celui d'être asservis par nos représentans eux-mêmes, et de rendre les organes de la liberté l'instrument de la servitude.' Il s'agit de Mounier. Dans ses *Nouvelles observations sur les Etats-Généraux de France* (s.l. 1788), BN, Lb 39 1180A), Mounier prend en effet à parti d'Antraigues, à propos des pouvoirs à donner aux députés: 'L'auteur d'un ouvrage remarquable, par l'énergie de son style et de ses pensées, n'a pas été assez frappé des inconvénients inséparables des cahiers de doléances; il a cru voir le PALLADIUM de la liberté dans l'obligation qu'il voudrait imposer aux Députés de s'asservir aveuglément à ce que renferment les CAHIERS, et d'après quelques exemples, il a soutenu que ce principe garantirait l'Etat de sa perte. Il voudrait qu'on suivît ce qui se pratiquait autrefois dans les diétines de Pologne; que les Electeurs eussent toujours déterminé les Délibérations auxquelles leurs Députés doivent consentir dans l'Assemblée Nationale. Si la doctrine de l'estimable auteur du *Mémoire sur les Etats Généraux* était adoptée dans toutes les provinces du Royaume, il serait [...] inutile de rassembler les Représentants de la Nation [...] ils ne pourraient jamais s'accorder pour former une résolution commune [...] Les fonctions de chacun d'eux se réduiraient donc à présenter son cahier [...] Tous [...] prétendraient que [leur] cahier renferme les vrais principes [...] Il serait alors beaucoup plus simple de n'envoyer que les cahiers'. C'est ici le noyau initial de la fameuse querelle des mandats impératifs, promise à des rebondissements multiples. Voir son analyse d'ensemble in R. Barny, thèse dactylographiée.

monarchique s'ajoute la nécessité, pour les privilégiés, de renoncer à leurs exemptions fiscales: 'Détruire tout impôt qui ne frapperait pas sur les ordres'.

Ce programme minimum, que d'Antraigues veut forcer les députés à respecter, révèle bien que l'ennemi politique reste pour lui la monarchie, l'abandon du privilège fiscal servant de monnaie d'échange pour obtenir l'appui de la bourgeoisie. Il se garde d'ailleurs d'insister sur ce point, soit par adresse, soit encore qu'il ne doute pas que la communauté nationale ne soit effectivement rétablie par cette réforme! Il préfère mettre en relief, par des procédés plus sûrs, le contenu démocratique de sa doctrine. C'est ainsi que la fidélité à Rousseau confine parfois au démarquage: le passage déjà cité sur la 'simple droiture du peuple', opposée aux lumières et à la corruption des représentants, reprend de très près un paragraphe des *Considérations sur le gouvernement de Pologne*.[34] C'est ainsi encore que le pamphlet s'achève sur un mouvement assez emphatique exaltant la souveraineté populaire, et sur la proposition d'instituer le compte rendu de mandat obligatoire:

Quant aux Représentants eux-mêmes, pourraient-ils désirer une liberté absolue? Non, sans doute; organes immédiats de la volonté du Peuple, ils seront trop heureux que cette volonté souveraine ait prononcé, et ce ne sera pas sans un profond sentiment de terreur que sur quelques objets, ils se verront revêtus d'un pouvoir illimité.

Ils auront un vœu à former avant de s'éloigner de leurs Baillages [...] C'est que ces mêmes baillages qui les députent s'assemblent pour les recevoir; qu'à leur retour ils examinent sévèrement leur conduite, et la confrontent avec leurs instructions, et que la souveraine volonté du Peuple les couvre d'un opprobre ineffaçable, s'ils ont trahi la sainteté de leur ministère, ou consacre leur nom à une gloire immortelle, s'ils ne se sont jamais écartés des décrets de leurs commettans.[35]

Le *Supplément au premier et au second mémoire* reprend et renforce la même argumentation; bien que l'évolution politique de d'Antraigues déjà se devine, la tendance paraît plus franchement démocratique encore à certains égards. C'est que le ton est plus polémique: l'auteur, contraint à la défensive,[36] fait ressortir tout ce qui a pu séduire les lecteurs du Tiers Etat dans son premier ouvrage et présente sous son jour le plus favorable la doctrine des pouvoirs limités. Il s'installe dans le rôle de défenseur intransigeant de la souveraineté populaire:

On a méconnu la puissance souveraine du Peuple, qu'il a toujours conservée, dont il va se ressaisir, et que nul moyen ne peut lui ravir.

34. *Considérations sur le gouvernement de Pologne* VII, 'Moyens de maintenir la Constitution', iii.978-79.

35. *Second mémoire*, p.88-89; cf. Rousseau, *Considérations sur le gouvernement de Pologne* VII, iii.978-80, où Rousseau expose le rôle, essentiel à ses yeux, des diétines de relation.

36. D'Antraigues indique que de nombreux pamphlets sont opposés à ses principes. Il se propose particulièrement d'en réfuter deux, du même auteur. Il donne le titre du premier: *Avis de plusieurs bons citoyens à toutes les assemblées d'élection*, et ajoute: 'Ce premier écrit a été suivi d'un second, dont l'objet direct est de réfuter mes opinions sur les pouvoirs limités' (*Supplément*, p.xiii).

7. La période 'révolutionnaire': avant les Etats-Généraux

Je m'aperçois depuis longtemps que tout en parlant de constitution, de loix et de liberté, on n'a pas le vrai désir que le peuple fasse lui-même la constitution qui lui agréera, et établisse à son gré la liberté publique. On veut bien une constitution mais chaque auteur veut que ce soit la constitution qu'il approuve qui devienne la constitution nationale; on veut bien la liberté, mais on veut donner au Peuple la liberté à la mesure qui convient à chaque auteur, et non laisser au peuple le droit sacré d'en poser lui-même les bases; on veut bien créer de nouvelles loix, mais on veut être soi-même le législateur, pour épargner au peuple le soin de faire un code de législation.[37]

Pour la première fois, d'Antraigues oppose aux partisans d'une représentation libre l'exemple anglais. Il suit Rousseau dans son dégoût pour cette pseudo-démocratie où les 'pouvoirs illimités' fomentent une 'étonnante corruption'.

Il proclame enfin sa dette envers Jean-Jacques et, prenant la défense de celui-ci, auquel on reproche son 'abstraction' et une inconséquence lorsqu'il passe de la théorie du *Contrat social* aux préceptes des *Considérations sur le gouvernement de Pologne*, d'Antraigues n'a aucun mal à établir que sa propre doctrine des pouvoirs limités est tout à fait fidèle à la pensée de son maître, telle qu'elle est exprimée à la fois dans le *Contrat social* et les *Considérations sur le gouvernement de Pologne*.

Résumant le chapitre 7 des *Considérations*, il reprend même à son compte toutes les idées de Rousseau; il développe notamment les brèves indications déjà données dans le *Second mémoire* sur l'intérêt des comptes rendus de mandats. Ceux-ci doivent permettre de pallier les limitations que la pratique et la nécessité de maintenir l'unité nationale apporteront toujours à la règle du mandat impératif. Car d'Antraigues admet avec Rousseau que la loi émanant de la chambre des représentants ne peut pas être refusée par un baillage, même si elle est contraire à son vœu. Mais les députés prévaricateurs doivent être sévèrement punis à leur retour.

Pour l'essentiel, on peut donc admettre que, jusqu'à la réunion des Etats, la doctrine de la représentation nationale défendue par d'Antraigues, étroitement inspirée de Rousseau, a pour objet de maintenir les droits de la nation face au gouvernement monarchique.[38]

37. *Supplément*, p.xii-xiii. Voir aussi p.xiv-xvi.
38. Sans doute faudrait-il nuancer. Nous donnons intégralement le passage que nous venons de commenter, car l'attitude de d'Antraigues envers Rousseau à cette époque, c'est-à-dire au printemps de 1789, probablement peu avant la réunion des Etats, s'y marque bien: 'Le même auteur pense que j'ai été *séduit* par une idée de J.-J. Rousseau, si abstraite suivant lui, qu'il a été forcé d'y renoncer, en s'occupant à établir la constitution de la Pologne.
Ah! sans doute je puis espérer que les idées de ce grand homme sont devenues les miennes: c'est à les saisir que j'ai dû appliquer toutes les facultés de mon âme; et, si réunir dans le même cœur et pour le même objet la plus parfaite estime, le plus grand respect, une amitié que la mort seule pourra éteindre, des souvenirs cruels et chers qui font de sa mémoire le tourment et le charme de ma vie, si réunir tous ces sentiments est une preuve que je suis séduit par ses principes, sans doute j'ai été coupable et je ne cesserai jamais de l'être.
Mais les idées sublimes de cet homme immortel doivent éclairer les hommes de tous les siècles;

II. D'Antraigues 'révolutionnaire' avec Rousseau

Cette tendance démocratique s'exprime d'une façon plus nette encore sur un point où la dette envers Rousseau est considérable. D'Antraigues, s'élevant contre l'existence des 'troupes réglées', armées de mercenaires apatrides, poids

elles ne peuvent ni les égarer, ni les séduire.

En relisant ses Ecrits, j'ai vu avec surprise que l'auteur que je combats n'a pas, je crois, bien saisi le sens du passage qu'il veut réfuter.

Dans le quinzième chapitre du *Contrat Social*, Rousseau a dit: *'la puissance législative ne peut être représentée'*; et tout ce chapitre est destiné à établir que tout Peuple qui se fait représenter cesse d'être libre.

Dans le chapitre douze de la constitution de la Pologne, Rousseau, voulant donner une constitution à un grand peuple qui voulait encore former un grand Empire, il a été obligé de lui tracer, non la meilleure des Constitutions, mais la meilleure qui pût lui convenir.

Dans le *Contrat Social*, il s'occupait de la meilleure constitution possible.

Dans l'ouvrage où il développe la constitution de la Pologne, forcé de plier son génie à des loix déjà établies, et que l'on voulait conserver, il traçait la constitution qui pouvait y maintenir encore quelque liberté.

C'est dans cet écrit qu'il établit la nécessité de donner des pouvoirs limités aux Représentants de Diétines, qui sont à peu près en Pologne ce que sont nos baillages en France.

C'est là que ce grand homme, prévoyant toutes les difficultés, les surmonte toutes; c'est là qu'il trace les droits des Diétines, et prescrit la soumission qu'elles doivent exiger de leurs Nonces [... suit une analyse de la pensée de Rousseau: celui-ci admet que la Diétine ne doit ni protester, ni rejeter la loi des Diètes, dans le cas où les Nonces auraient outrepassé leurs pouvoirs; mais, demandant le rétablissement des Diétines de relation, il 'ose dire qu'elles fassent couper la tête aux Nonces s'ils ont prévariqué'.]

Dans mon Mémoire sur le Languedoc, je n'ai osé pousser si loin les conséquences de mon principe; il faut avoir une partie au moins du génie de J.-J. pour oser tout dire.

Mais enfin, puisqu'on me force à ne rien cacher et que l'opinion de ce grand homme me défend, je dirai comme lui, qu'il faut que les Baillages limitent les pouvoirs, ainsi qu'il paraîtra convenable à leur sagesse; que je crois que pour maintenir l'union générale, il faut qu'ils se soumettent à la pluralité des suffrages des Etats Généraux, mais qu'il dépend d'eux d'enchaîner l'opinion de leur député, de telle manière qu'il soit uniquement le porteur des vœux de ses concitoyens sur tous les objets sur lesquels il leur a plu de manifester leurs vœux. Que s'il trahit sa mission, le baillage doit néanmoins obéir jusqu'à la prochaine tenue des Etats Généraux; mais qu'il faut aussi, en ce cas, qu'il use du droit de flétrir son député, et de l'accabler d'un tel opprobre, que sa vie ne soit plus qu'un long supplice. A ce prix, je l'avoue, les Baillages pourront se soumettre aux lois générales.'

D'Antraigues se montre ici disciple fidèle. Apparemment, il met en valeur l'aspect démocratique de la pensée de Rousseau. Mais l'utilisation qu'il en fait infléchit déjà celle-ci. En effet, la discussion sur le vote par ordre ou par tête se développe depuis un certain temps (voir cette indication concernant le *Second mémoire* extraite du pamphlet intitulé *A l'ordre de la noblesse du Bas-Vivarais*: 'J'ai composé un autre écrit [...] j'étais à Paris et les discussions sur l'opinion par tête ou par ordre étaient élevées'). D'ailleurs d'Antraigues y fait allusion pour signaler qu'il travaille à rechercher une voie conciliatoire. L'impossibilité de tout compromis devait déjà apparaître aux esprits lucides, mais elle ne deviendra évidente qu'au moment du conflit juridique entre les ordres, à partir du 1er mai 1789. Que d'Antraigues conserve quelques illusions, ou le prétende, peut donc servir à dater son pamphlet: avant l'ouverture des Etats. Quoi qu'il en soit, la quasi totalité des députés de la noblesse ayant reçu mandat de s'opposer à la confusion des ordres, la défense du mandat impératif prend, sous la plume de d'Antraigues, un sens nouveau qui apparaît mal à ne considérer que les textes. Sur tous les aspects conservateurs de la pensée de d'Antraigues, dès le début, voir les ouvrages de Beik, cités. On pourrrait aisément découvrir, dans le premier *Mémoire* même, les germes de l'attitude future de l'auteur.

insupportable pour le budget, mais aussi pour la liberté et la sécurité des citoyens, propose l'organisation d'une force militaire vraiment nationale, et strictement défensive (*Mémoire*, p.254-55):

Si, renonçant à ce funeste orgueil qui nous coûte si cher, d'être mêlés dans toutes les guerres de l'Europe, nous nous bornions à défendre notre territoire, alors une armée défensive nous suffirait. Mais ce serait plutôt une économie qu'un moyen d'assurer notre liberté! car une armée suffisante pour nous défendre sera toujours assez forte pour nous opprimer pendant quelques instants, si le ciel dans sa colère nous ramenait les mêmes fléaux. Cependant ce moyen d'alléger les troupes réglées ne sera pas dédaigné des Etats Généraux, d'autant qu'il faudrait alors pour procurer à l'Etat toute la sûreté qu'il doit désirer, donner à nos milices une constitution vraiment nationale qui, au besoin, fournît à la Patrie, non une armée de vagabonds, mais une armée de citoyens. Aussitôt que les Français auront une patrie (car on n'en a pas sans liberté), on verra s'ils se refusent à défendre leurs foyers, leurs loix, leur pays. Alors on aura une véritable armée telle que furent jadis les légions romaines.

L'exigence de cette armée citoyenne, qui sera réalisée par la Convention, sort tout droit des *Considérations sur le gouvernement de Pologne,* dont elle constitue peut-être l'aspect le plus neuf et le plus fécond. Si on ignorait la haine qu'a manifestée jadis le jeune officier pour l'état de soldat, on pourrait croire ici à un thème surtout littéraire. Mais cette aversion du comte, confortée par la lecture de Rousseau, correspond en outre à la situation de 1788. Le pouvoir royal cherche à briser l'agitation parlementaire en faisant appel à la troupe: le problème du rôle politique de l'armée est déjà posé. D'autre part, comme le déficit budgétaire est la cause immédiate de la crise, la volonté de réaliser des économies en transformant l'armée en une sorte de garde civique ne saurait surprendre. Mais on sait le rôle déterminant joué par l'expérience de la vie militaire pour un adolescent qui, dans les années 1770-1780, se rebellait contre le 'service', auquel sa famille le condamnait pour 'aller à quelque chose' (voir ci-dessus, 1ère partie, p.82-85, et annexe 2, notamment l'épisode où, en bon disciple de Rousseau, d'Antraigues aurait poussé le non-conformisme jusqu'à refuser de se battre en duel).

Il reste que la 'levée en masse', l'armée patriotique, ne pouvait être pour lui une exigence profonde, comme elle en sera une plus tard pour les hommes de la Convention. L'influence de Rousseau est donc ici précise. Mais elle sera très vite rejetée: d'Antraigues ne protestera jamais contre les mouvements des 'troupes réglées' autour de Paris, visant à intimider l'Assemblée nationale, après le 20 juin 1789. Alors, il a déjà changé de bord. Bientôt, au contraire, il réclamera bruyamment l'intervention étrangère et ironisera, avec tous les aristocrates, devant 'l'armée de savetiers' opposée par la république aux meilleures troupes de l'Europe.

La couleur démocratique du *Mémoire sur les Etats-Généraux* est soulignée, enfin par le ton révolutionnaire, qui fit la fortune de l'œuvre et rendit son auteur célèbre du jour au lendemain.[39] D'Antraigues se situe dans la perspective d'un changement imminent, désiré avec ardeur, qu'il faut favoriser, fût-ce au prix de troubles et même de violences. L'amour de la paix et le respect de l'ordre ne doivent pas paralyser la volonté d'action. D'Antraigues affirme d'abord la possibilité d'une 'régénération', d'une reconquête de la 'liberté publique': 'Toujours juste, même dans ses châtiments, Dieu permit qu'au fort de leur oppression il existât pour les peuples asservis un moyen de se régénérer et de reprendre l'éclat de la jeunesse en sortant des bras de la mort.'[40] Ceux qui ont ainsi fixé leur attention sur la 'nécessité absolue d'un autre ordre de choses' (*Mémoire*, p.5), doivent se préparer à la lutte. Il ne faut pas craindre les 'temps d'effervescence publique', mais souhaiter au contraire que soit rendue aux hommes 'cette énergie salutaire qui les ramène à la liberté'. D'Antraigues s'emploie ainsi à faire naître la confiance révolutionnaire et à apaiser les appréhensions ou les scrupules qui peuvent naître d'un amour mal compris de la tranquillité publique (p.13-14):

Les agitations intestines dans les républiques sont utiles à la liberté; elles éloignent la tyrannie [...]

Combien donc s'égarent ces hommes pusillanimes, qui redoutent ces tems d'effervescence publique, ces tems orageux qui donnent la vie aux âmes fortes, et les élèvent aussitôt au niveau de leurs vertus!

Ces tems, à la fois salutaires et périlleux, font sur les citoyens l'effet que la loi produisait à Sparte. Ils plongent les faibles dans l'obscurité, et rendent aux âmes courageuses l'empire qui leur est dû [...]

C'est sur les mers assaillies par les tempêtes que l'intrépide matelot aime à se confier; sans doute le but unique de tant de maux doit être le calme après l'orage.

39. Voir le jugement de Mounier, texte cité ci-dessus, p.141, n.33 ('un ouvrage remarquable par l'énergie de son style et de ses pensées').

40. *Mémoire*, p.7. C'est une réminiscence de Rousseau. Cf. *Contrat social*, II, 8, 'Du peuple', iii.385: 'il [...] se trouve quelquefois dans la durée des Etats des époques violentes où les révolutions font sur les peuples ce que certaines crises font sur les individus, où l'horreur du passé tient lieu d'oubli, et où l'Etat, embrasé par les guerres civiles, renaît pour ainsi dire de la cendre et reprend la vigueur de la jeunesse en sortant des bras de la mort.' Admirable exemple de contagion de la pensée par contagion stylistique, et de la façon dont se propage l'influence de Rousseau par la puissance d'un style (rythme syntaxique, images). Les contemporains, pour qualifier cette magie verbale, parlaient de 'l'éloquence'. Les plus sensibles (et, dans ce cas, les plus lucides) confondaient ces prestiges et le personnage, déjà mythique, de Jean-Jacques, alors que la meute des ennemis dénonçaient le mensonge, le double langage, la contradiction insoluble entre le comportement et l'œuvre écrite. Sur cette opposition entre les deux visages de Rousseau, voir Samuel S. B. Taylor, 'Rousseau's contemporary reputation in France', *Studies on Voltaire* 27 (1963), p.1545-74; ainsi que notre propre tentative pour reprendre la question à partir d'une documentation élargie, étendue à la période 1778-1789: *Le Rousseauisme avant 1789*. Sur le rôle de matrice joué par la formule du *Contrat social* citée ci-dessus, voir R. Barny, 'La formation du concept de révolution dans la Révolution', Congrès mondial pour le bicentenaire de la Révolution, Sorbonne, Paris, 6-12 juillet 1989; in *L'Image de la Révolution française*, éd. M. Vovelle, i.433-39 (Oxford 1989).

Mais un repos plein de vie, un repos fondé sur la liberté, et non cette effrayante stupeur qui règne dans les empires de l'Asie [...]
Ces tems salutaires d'effervescence publique sont ceux où nous vivons; c'est à nous à les rendre salutaires à nos descendans.

Cette éloquence romaine, ou spartiate, ce culte de l'énergie républicaine, qui font du *Mémoire* le premier texte révolutionnaire, peuvent évidemment s'autoriser de Rousseau. On a reconnu au passage certaines réminiscences rousseauistes, notamment lorsque d'Antraigues affirme que les agitations intestines sont utiles à la liberté dans les républiques[41] ou lorsqu'il tourne en dérision l'amour du repos que procure le despotisme.[42]

Le *Mémoire sur les Etats-Généraux* se termine d'ailleurs sur un mot qu'affectionne particulièrement Rousseau, qu'il traduit ou adapte souvent et qu'il cite sous sa forme latine dans le *Contrat social*.[43]

D'Antraigues conclut en effet son ouvrage par ce souhait:

Puisse une invisible main tracer sur les murs de l'enceinte qui les réunira [les représentants] cette maxime jadis prononcée au milieu d'un peuple libre, par l'aïeul maternel[44] d'un de nos rois, et qui est le vœu unanime de la nation:
MALO PERICULOSAM LIBERTATEM QUAM QUIETUM SERVITIUM.

Toutefois, c'est là un des points où la pensée de Rousseau est la plus délicate à saisir dans son ensemble. Son pessimisme historique le conduit souvent à affirmer son respect de l'ordre établi, à prêcher la prudence, parfois l'abstention, et il ne s'agit pas seulement ici de la contradiction entre une pensée révolutionnaire et un tempérament paisible. De telle sorte que d'Antraigues, impatient d'agir et qui peut trouver des justifications dans l'œuvre de Rousseau, sent toutefois que le pessimisme de Jean-Jacques fournit en un sens des arguments à ceux qui condamneraient son attitude conquérante. Un tel pessimisme ne peut être accepté.

On a déjà vu comment d'Antraigues était contraint de minimiser l'hostilité radicale au principe de la représentation, telle qu'elle s'exprime dans le *Contrat social*. Et c'est sans doute un obscur sentiment de gêne qui le pousse, vers la

41. Voir *Contrat social*, III.4-9, iii.405-20; et la suite du texte cité ci-dessus, p.1464, n.40: 'telle fut Sparte au temps de Lycurgue, telle fut Rome après les Tarquins; et telles ont été parmi nous la Hollande et la Suisse après l'expulsion des Tirans'.
42. *Contrat social*, III, 14, iii.428. Rousseau affirme que 'l'Etat va à sa perte quand les citoyens sont plus amoureux du repos que de la liberté'. Cf. surtout *Considérations sur le gouvernement de Pologne*, I, iii.955, et textes cités en note à ce propos, iii.1744.
43. III, 5. A propos des variations de Rousseau sur ce mot, voir les commentaires de J. Fabre, iii.1744, n.I.
44. Il est à noter que d'Antraigues attribue la formule non pas à Stanislas, comme Rousseau, ou au père de celui-ci, Raphaël II Leszczynski, mais à son beau-père 'Jean-Charles Opalinski, catelan de Posnanie'.

fin de son *Mémoire*, à prendre à parti Rousseau sans oser le nommer. Rendant hommage à celui-ci, d'Antraigues cherche à rendre compte de son pessimisme et par là même à le dépasser (*Mémoire*, p.217-18):

En lisant les mémoires du siècle de Louis XIV, et les annales de Louis XV; en voyant quelle fut l'insolente fierté du premier, et le constant mépris du second pour son peuple et avec quelle bassesse la nation admira l'un de ces règnes, et supporta l'autre, doit-on s'étonner qu'il se soit trouvé un écrivain célèbre, qui, pénétré de respect pour l'Etre suprême, et n'osant insulter à sa justice, ait cru que ce furent les passions des hommes qui, pour le malheur commun, formèrent des sociétés et que l'Etre éternel avait créé l'homme pour vivre et mourir dans les déserts, isolé, libre, sans affection, sans chagrin, sans prévoyance, privé, il est vrai, des douceurs de l'amitié, inaccessible aux flammes les plus pures de l'amour, mais aussi méritant à ce prix une éternelle indépendance, et affranchi dès sa naissance et jusqu'à la mort de l'humiliant empire d'un maître? Qui n'eût pensé comme ce grand homme? Sa belle âme, indignée de nos vices, ne pouvant en supporter les excès, dans sa juste indignation, sapait les bases d'une institution dont les effroyables abus engendraient à la fois toutes les calamités. Si tel, en effet, devait être le sort des mortels; s'il n'existait pas un moyen de rajeunir, par la liberté, des sociétés vieillies sous le despotisme, si l'avenir ne devait nourrir que les mêmes vices et affermir la même servitude, serait-ce un crime à l'homme dont le cœur vivrait encore, de se plaindre à Dieu même de l'excès de ses tourments? Serait-ce un crime au citoyen accablé de ses fers de maudire son intelligence même; de désirer la stupidité des bêtes, puisqu'il est destiné à en subir le sort.

Certes, un tel portrait simplifie la pensée de Rousseau. D'Antraigues est souvent meilleur lecteur. Mais l'outrance même est significative. On trouve rassemblés, et reliés entre eux, sans leur contrepartie, les thèmes pessimistes de Rousseau: primitivisme et solitude, refus de l'ordre social, refus même du progrès humain à cause de son caractère antagoniste, qu'il s'agisse du progrès intellectuel ou du progrès moral, méfiance devant la raison, pouvant aller jusqu'au dégoût de la pensée; impossibilité, enfin, pour une société décrépite, pour un peuple sans mœurs, de se régénérer. C'est là le point le plus important, celui qui paraît à d'Antraigues la source de tout le mal et qu'il faut absolument refuser. Aussi, d'Antraigues propose une explication historique: à l'époque où Rousseau écrivait, il ne pouvait apercevoir d'issue, ce qui permet d'utiliser, un peu malgré lui, son œuvre. Tous les révolutionnaires amis de Jean-Jacques connaîtront le même dilemme: il faut d'abord polémiquer contre lui pour avoir le droit de s'aider de ses vertus les plus fortes.

8. Rousseau contre la Révolution

D'ANTRAIGUES ne va pas tarder à apprécier d'une manière toute différente cet aspect du rousseauisme, s'y référant alors avec prédilection. Dès la réunion des Etats-Généraux, il devient évident que sa position politique n'est pas celle que laissait supposer son premier *Mémoire*. Depuis quelques mois, et avec un certain retard, d'Antraigues a dû prendre conscience de la situation réelle, caractérisée par l'antagonisme entre bourgeoisie et privilégiés. Après avoir refusé d'être le représentant du Tiers, tant à Paris que dans sa province, il a accepté le mandat de député de l'ordre de la noblesse du Bas-Vivarais, joué probablement le premier rôle dans la rédaction d'un cahier qui reprend, certes, son programme anti-monarchique, admet le doublement du Tiers et la suppression des exemptions fiscales, mais maintient d'autre part fermement la séparation des ordres, le privilège nobiliaire.[1] C'est dire que, après le premier mai 1789, la période d'aveuglement politique, puis de sous-entendus et de ruses dénotant encore une large part d'illusions, est révolue. La lutte de d'Antraigues contre le Tiers Etat, qui ne veut plus se satisfaire du rôle de force d'appoint à l'opposition aristocratique, commence au grand jour.

Devenu ainsi un des premiers leaders aristocrates, le député de la noblesse du Bas-Vivarais se bat d'abord contre la réunion des ordres[2] et, déjà, pour le maintien des droits féodaux.[3] Après l'échec que marque la reconnaissance par Louis XVI de l'Assemblée nationale, le 27 juin 1789, d'Antraigues participe à la résistance de la minorité aristocrate. Il cherche à paralyser les débats par des considérations légalistes.[4] Faisant la part du feu, il défend le rachat des droits

1. Un pamphlet, qui condamne le reniement de d'Antraigues, donne de précieuses indications sur la façon dont fut composé ce cahier, not. sur le sentiment de ceux qui élirent député l'auteur du *Mémoire*: *Avis à M. le comte d'Antraigues, député aux Etats-Généraux pour la noblesse, dans la sénéchaussée de Villeneuve-de-Berg en Vivarais; qui peut servir à un grand nombre d'autres députés de la noblesse et du clergé. Par un baron en titre de baronnie, de la province de Languedoc*, 16 p., BN Lb 39 1774 (voir ci-dessous, p.154, n.19).

2. *Discours prononcé par le comte d'Antraigues, député aux Etats-Généraux, dans la Chambre de la noblesse le 11 mai 1789. Motions de messieurs les commissaires conciliateurs de l'ordre de la noblesse portées dans cette chambre par monsieur le comte d'Antraigues ce vendredi 22 mai, suivies du discours du comte d'Antraigues le 23 mai 1789. Discours prononcé dans la Chambre de la noblesse le jeudi 28 mai 1789. A l'ordre de la noblesse du Bas-Vivarais par le comte d'Antraigues, son député aux Etats-Généraux* (s.l.n.d.).

3. *Discours prononcé dans la chambre de la Noblesse le jeudi 25 juin 1789* (s.l. [1789]).

4. *Mémoire sur les mandats impératifs par le comte d'Antraigues* (s.l.n.d.). Cette question fut débattue à l'Assemblée du 7 au 8 juillet 1789. Cf. *Archives parlementaires*, vii.201-203, 7 juillet, pour le rapport de Talleyrand, et p.203-205 (7 juillet), p.207-208 (8 juillet) pour le débat.

féodaux, essayant d'élargir la liste des droits déclarés rachetables.[5] Il s'efforce enfin, dans un discours habile, de préserver l'essentiel de la prérogative royale, au cours du débat sur la sanction.[6] L'ennemi principal n'étant plus le même, la haine de la monarchie absolue, si violente naguère, est oubliée. Tout au début des Etats, d'Antraigues fait pourtant accepter aux députés des trois ordres de sa province certaines dispositions contre le despotisme.[7] On peut encore noter que son argumentation en faveur de la suppression des exemptions fiscales, à la Chambre de la noblesse, n'était sans doute pas tout à fait inutile; bien que la cause fût déjà entendue, une opposition existait.[8]

Mais il faut surtout observer que, dans certains circonstances et jusqu'à un certain point, d'Antraigues reste fidèle à l'esprit de la philosophie des Lumières. Il ne s'oppose pas systématiquement à toutes les démarches de l'Assemblée, les appuyant même quand il s'agit de questions très abstraites ou sans rapport immédiat avec l'organisation politique du royaume. Ainsi, il est favorable au divorce, et surtout au libre mariage des jeunes gens,[9] et il applaudit à l'idée de

5. *Mémoire sur le rachat des droits féodaux déclarés rachetables par l'arrêté de l'Assemblée nationale du 4 août 1789* (Versailles 1789).

6. *Discours sur la sanction royale [...] le mercredi 2 septembre 1789* (Versailles s.d.).

7. *Discours [...] à l'assemblée des députés des trois ordres de la province du Languedoc, le 10 mai 1789* (s.l.n.d.).

8. *Motions de Mrs les commissaires conciliateurs [...] vendredi 22 mai 1789; discours [...] 23 mai 1789*. Cette opposition s'est même exprimée avec hargne à plusieurs reprises. Voir *Procès-verbaux des séances de la Chambre de l'ordre de la noblesse aux Etats-Généraux tenues à Versailles en 1789* (Versailles 1789) (BN 4° Le 27 5); pièces annexées à la onzième séance (vendredi 22 mai 1789), p.75ss. et pièces annexées à la douzième séance, p.86ss. Certains députés, tout en admettant le principe de l'égalité fiscale, ne renoncent pas à réclamer une franchise pour la noblesse, faisant valoir que 'la classe peu fortunée de la noblesse, composée souvent de ces noms qui, par l'ancienneté de leur origine, méritent une considération particulière, n'avait dû quelquefois les moyens d'élever une famille nombreuse et de lui procurer une éducation encore presque toujours inférieure à sa naissance, qu'à l'avantage dont elle a joui jusqu'à ce moment de cultiver, en exemption d'impôt, une modique propriété' (Déclaration de l'ordre de la noblesse du baillage de Caen 22 mai – pièce annexe no.6). Le lendemain, 23 mai, plusieurs députations protestent contre 'la proposition de M. le Comte d'Antraigues, renouvelée par la motion de Mr. le duc de Mortemart'; il s'agissait d'autoriser les commissaires conciliateurs de l'ordre de la noblesse à déclarer solennellement la renonciation de l'ordre à ses privilèges pécuniaires. L'opposition ne put empêcher le vote de cette mesure, mais elle s'exprima avec vigueur, rejetant tantôt une renonciation totale, tantôt une renonciation immédiate qui risquait d'être inconditionnelle, ou encore s'abritant derrière ses mandats pour apporter une fin de non recevoir à la demande de d'Antraigues. On comprend, dès lors, le ton de celui-ci: 'L'égalité des charges publiques unit tous les intérêts. De cette union naît la force et la résistance [contre le despotisme]. Aux yeux des uns, cet abandon paraît une générosité, une munificence; à mes yeux, il est un acte de justice, et de justice très rigoureuse.' On entrevoit comment, par cette manœuvre de retardement, dont seuls les plus obtus ne voulaient pas admettre la nécessité, d'Antraigues pouvait se faire illusion à lui-même et se prendre au jeu du disciple de Rousseau jetant les fondements de l'unité nationale! La naïveté est souvent très proche du cynisme quand les intérêts de classe sont en cause.

9. *Observations sur le divorce* (Paris 1789).

faire précéder la Constitution d'une déclaration des droits de l'homme.[10]

On peut enfin discerner un troisième aspect dans l'activité du comte d'Antraigues à l'Assemblée nationale: la démagogie de 'gauche', qui deviendra une des armes favorites de la propagande aristocrate, surtout au sein même de l'Assemblée. D'Antraigues s'élève, par exemple, contre les 'capitalistes' et les agioteurs, principaux bénéficiaires de la Révolution,[11] ou encore il critique, à propos de l'organisation administrative du royaume, la distinction entre citoyens actifs et citoyens passifs.[12]

Cette période, qui s'ouvre avec les Etats-Généraux, se termine le 24 février 1790: d'Antraigues, compromis dans l'affaire Favras,[13] émigre, non sans avoir

10. *Discours prononcé* [...] *le lundi 3 août 1789* (Paris 1789).

11. *Discours prononcé* [...] *le dimanche 9 août 1789 au sujet de la forme de l'emprunt de 30 millions. Discours à ses co-députés* (s.l. 1789), p.30. Thème largement développé par les pamphlétaires aristocrates, particulièrement en Bretagne, où les féodaux disputent âprement aux bourgeois l'alliance des couches populaires, essayant de dresser celle-ci contre ce qu'ils appellent le 'haut Tiers', ou le 'gros Tiers'. Voir R. Barny, 'Remarques sur la pensée aristocratique à l'époque de la révolution bourgeoise', *Cahiers d'histoire de l'Institut de recherches marxistes* 20-21 (1977), p.23-45. Si la démarche analysée dans cet article correspond d'abord aux conditions bretonnes, il semble qu'elle ait tendu à se généraliser. Telle brochure, d'une surprenante violence de langage, est exclusivement consacrée à la développer: *Examen impartial des droits du clergé, de la noblesse et du Tiers Etat. Des maximes des écrivains pour le Tiers Etat, des caractères, de l'étendue et des conséquences de leurs définitions* (anonyme, s.l. 1789), 57 p., BN Lb 39 1134. 'Des capitalistes, des banquiers et des agioteurs prennent le nom de Tiers Ordre pour lui faire protéger les capitaux énormes rapidement accrus à leur profit par l'agiotage avec les ministres des finances qu'ils ont flatté de la cessation de la pénurie par l'acquittement des dettes de l'Etat [...]. Aujourd'hui, la crainte de perdre des capitaux si productifs, placés à 30 à 40 pour 100 les engage à détourner les yeux du peuple de dessus leurs fortunes pour maintenir la banque et l'agiot dans une franchise inconstitutionnelle; et ils s'efforcent de faire substituer les biens-fonds à la banque, pour cautionner l'acquit du déficit [...] Aussi injustes envers l'Etat que délateurs infidèles, ils font accuser par leurs écrivains, gens mercenaires, les deux premiers Ordres d'être la cause du désordre des finances par leurs exemptions'. Cette thèse est développée tout au long des 57 pages du livre. Les textes analysés dans notre article, d'un ton plus populaire, cultivent la vulgarité et la violence, l'insulte aux représentants du peuple, sans témoigner du même souci de bâtir un ensemble doctrinal cohérent en faveur de la grande propriété terrienne féodale et de l'exemption fiscale. Par la complémentarité des uns et des autres, le thème démagogique de droite du 'capitaliste-sangsue' du peuple vient de naître. Il comporte déjà la recherche d'un bouc émissaire en période de crise. Jaurès, peu après l'affaire Dreyfus, en découvrait avec effarement l'origine dans cette littérature contre-révolutionnaire de la première heure.

12. *Observation sur la nouvelle division du royaume. Proposée par le comité de Constitution* (s.l.n.d.).

13. L'affaire Favras secoua l'opinion patriote en décembre 1789: comme au 12 juillet, au 5-6 octobre, on dénonça un complot pour enlever le roi, le conduire à Metz, dissoudre l'Assemblée nationale et faire appel aux puissances étrangères (Espagne, Savoie, Empire). Voir *Révolutions de Paris* (de Prudhomme), no.25 (26 décembre 1789 – 2 janvier 1790): 'L'homme qui paraissait à la tête de cette nouvelle conjuration, ou plutôt qui suivait l'exécution du premier projet, était Thomas de Mahy, marquis de Faveras; car d'habiles chefs de conjuration se gardent bien de se montrer à la tourbe des conjurés; un premier échec anéantirait leurs complots. Ils mettent en avant des hommes actifs, ardents, qu'ils sacrifient quand il est nécessaire, et auxquels ils savent persuader qu'ils auront tout l'honneur d'avoir exécuté une grande et profonde entreprise'. Le complot avait été dénoncé à La Fayette dès le 21 septembre (voir certificat de La Fayette, en date du 30 septembre,

protesté de son innocence dans une 'Lettre à Mrs. les rédacteurs du journal de Paris' (datée du 26 janvier 1790). En fait, depuis plusieurs mois, il ne prend plus la parole à l'Assemblée, et il semble bien qu'il soit déjà en rapport avec la Cour.[14] Les deux derniers pamphlets qu'il publie en France marquent une hostilité violente à l'Assemblée, dans tous les aspects de sa politique, et avouent la volonté d'opérer une contre-révolution: c'est déjà la préface aux œuvres de l'émigration.[15]

D'ailleurs, le comte était déjà menacé, dès le début de la Révolution, par la colère de ses 'chers' paysans. Une information publiée dans un journal patriote, la *Chronique de Paris*, montre que sa 'palinodie' avait été jugée sévèrement en Ardèche:

Tous les habitans du Dauphiné sont enrégimentés, et très disciplinés. Le Vivarais a aussi une milice nationale, nombreuse et si terrible qu'on ne peut mieux la comparer qu'aux montagnards de la Corse. Ils ont chassé tous les seigneurs qui s'étaient opposés à la réunion des ordres. Comme ils en veulent particulièrement au comte d'Antraigues, ils ont abattu une forêt considérable, et entouré son château de bois depuis les fondemens jusqu'au comble; mais ils n'y ont occasionné aucun dommage. Ils attendent que M. d'Entraigues y soit: 'le bois aura le tems de sécher, disent-ils, pour mieux brûler le château et celui qui voulait opprimer le Vivarais'.

Nous sommes moins cruels en Dauphiné, et les paysans y ont causé moins de désordres.[16]

reproduit in *Révolutions de Paris*, no.31, 6-13 février 1790, p.34-35). Favras ne livre le nom d'aucun de ses complices, les patriotes jugent qu'il a été manipulé et sacrifié par les princes. Son exécution a lieu le 19 février 1790 en place de Grève. Voir *Révolutions de Paris*, no.33 (20-27 février), 'Testament du sieur Thomas de Mahy de Faveras, exécuté en place de Grève, après avoir fait amende honorable devant la principale porte de l'église de Notre-Dame', p.39-49. Le complot ainsi réprimé semble avoir été le centre d'une vaste toile d'araignée associant propagande et subversion. Cette agitation contre-révolutionnaire est dénoncée par les journaux patriotes dès fin novembre, début décembre 1790 (voir *Révolutions de Paris*, no.22, 5-12 décembre 1790, 'Manœuvres aristocrates', p.2-20, et 'Nouveaux pamphlets', p.21-32). Dans ce climat menaçant, installé depuis plusieurs mois, on comprend la décision de d'Antraigues, sans doute déjà engagé dans l'activité subversive dont il allait devenir un remarquable spécialiste, et qui aurait pu connaître le sort du marquis de Favras, un homme avec lequel socialement, idéologiquement, il présente bien des ressemblances. Sur cette affaire, voir Duckworth, *The D'Antraigues phenomenon*, ch.6, p.181-82. Mahy, s'il avait courageusement refusé de dénoncer les organisateurs du complot, avait par contre livré le nom de d'Antraigues: 'il est à nous', avait-il avoué, comme on lui demandait si beaucoup de membres de l'Assemblée nationale étaient ses complices. D'Antraigues avait même jugé la situation assez grave pour adresser au *Journal de Paris* une lettre de défense, publiée le 26 janvier 1790: 'Sur l'intégrité de ma conduite, je ne crains aucun ennemi, et ne redoute aucune inculpation, quelle qu'elle puisse être [...] Peut-être saurai-je un jour positivement pourquoi on a jugé à propos que je fusse nommé dans une affaire de cette espèce.'

14. Cf. Pingaud, *Un agent secret*, ch.2, p.73.

15. *Discours d'un membre de l'Assemblée nationale* [...] *à ses co-députés* (s.l. 1789); *Second discours* [...] (s.l. 1789).

16. *Chronique de Paris*, no.16 (2 septembre 1789), p.38-39, sous la rubrique 'Nouvelles du Dauphiné'.

8. *Rousseau contre la Révolution*

Devant ces nuages, qui s'amassaient depuis plus de six mois, sans doute depuis ses prestations à la Chambre de la noblesse des Etats-Généraux, en mai 1789, on comprend que d'Antraigues, mû aussi bien par une raisonnable prudence que par la conviction politique, ait eu hâte de prendre, à son tour, le chemin de l'étranger.[17] Son château de La Bastide allait être détruit et saccagé fin mars 1792, après l'attaque de ceux de Castrevieille, de Bruget et de Laulagnet.[18] Ces comportements 'punitifs' (selon un terme courant de l'historiographie) ressortissent, bien entendu (à première vue), à des mentalités fort éloignées de nous – d'abord dans le temps. Ce décalage impose, pour pouvoir les appréhender et même les imaginer, un effort considérable de transposition historique, c'est-à-dire, sur un autre plan de sympathie. Ce qui ne signifie pas, bien entendu, qu'on ne puisse pas ensuite s'en indigner... ou, tout aussi bien, les admettre: deux attitudes opposées également possibles et légitimes. Car la pure 'objectivité' historique, qui impliquerait la neutralité absolue de l'historien, est peut-être un leurre, au mieux une limite vers laquelle on peut s'efforcer de tendre, sans jamais l'atteindre.

Bien sûr, la 'conversion' politique que le public découvre dès le mois de mai 1789 s'opère aussi au plan de l'idéologie, en particulier dans la façon dont d'Antraigues apprécie et utilise l'œuvre de Rousseau. Mais dans ce domaine, la métamorphose est moins radicale, et surtout beaucoup moins franche. Dans la mesure où un système idéologique est, pour une part plus ou moins large, composé d'éléments non scientifiques, le rapport entre les thèmes idéologiques et le comportement politique réel dans les luttes concrètes de l'heure est souvent complexe, contradictoire, rarement direct. L'idéologie se réfracte à travers les prismes multiples que constituent les intérêts divergents ou antagonistes des classes sociales et de groupes plus restreints; non seulement ses thèmes se déforment, mais il arrive qu'ils se chargent de significations nouvelles, voire opposées, par le refus de s'adapter à une situation mouvante (l'histoire de la revendication rousseauiste de la 'démocratie directe' serait, de ce point de vue, fort instructive). Il faut aussi tenir compte des intentions tactiques, des truquages, des falsifications: la lutte idéologique non plus n'a pas de règles, et les

---

17. Début de l'émigration, dès le lendemain de la prise de la Bastille, dans la soirée du 17 juillet: désapprouvant la capitulation royale, Artois, Condé, Breteuil, Broglie, Lambesc, les Polignac, Vaudreuil, etc., quittent la France. Des membres de l'Assemblée nationale beaucoup moins proches que d'Antraigues des thèses de la contre-révolution radicale l'avaient d'ailleurs précédé sur le chemin de l'exil: tels les monarchiens Mounier et Bergasse, peu après les journées d'octobre 1789. D'autres allaient suivre, nombreux.

18. qu'il avait déjà vendu, selon son biographe C. Duckworth, p.196. Voir le récit de ces 'expéditions punitives' in Colin Duckworth, *The D'Antraigues phenomenon*, p.195-200, et documents (lettres de Marianne André, notamment p.221-26).

aristocrates s'habituent très vite à invoquer des principes auxquels ils ne croient plus, quand ils y ont jamais cru!

Tout cela, joint à l'ambiguïté que présente parfois la pensée politique de Rousseau, conséquence d'une situation sociale contradictoire, explique certains avatars assez surprenants du rousseauisme de d'Antraigues.

L'évolution idéologique de celui-ci semble, à première vue, à peine discernable, et ce n'est pas là le fait le moins intéressant: admirable continuité de thèmes rousseauistes, alors que, sur le plan de l'action, d'Antraigues a opéré un changement de front radical! Loin de renier l'idéologie démocratique du *Contrat social*, il affecte de s'y tenir d'autant plus fermement qu'il mène un combat plus résolu contre la grande bourgeoisie 'progressiste', majoritaire à la Constituante et qui forme alors l'aile marchante de la Révolution. Sur certains points, on pourrait même admettre que d'Antraigues approfondit la théorie de la démocratie, dans un but évident de contre-révolution et de conservation sociale.

Cela vaut pour la doctrine de la représentation nationale, qu'il continue à développer d'après Rousseau, de façon très cohérente. Mais il ne s'agit plus maintenant de protéger les représentants contre la tendance du pouvoir exécutif à usurper la souveraineté, il faut surtout faire accepter le maintien du privilège nobiliaire, vœu quasi unanime des cahiers de la noblesse. Aux Etats-Généraux, tout espoir n'est pas perdu, et, contre la réunion des ordres, d'Antraigues allègue le respect de son mandat, éludant le vrai problème.

La plupart des mandats de notre ordre nous prescrivent de conserver l'ancienne manière d'opérer aux Etats Généraux [...] Dans mon premier ouvrage, je n'ai rien dit sur l'opinion par ordre ou par tête [...] Cette question n'étant pas agitée, je ne l'avais étudiée sous aucun rapport. Dans mes autres écrits, je n'ai point énoncé mon opinion. Mais l'eussé-je fait, ce n'est pas de mon opinion qu'il est question, mais de celle de mes commettants, que je dois soutenir par tous les moyens qui seront en ma puissance.[19]

Telle est la première application du principe des mandats impératifs, et sans doute d'Antraigues ne l'avait-il pas davantage prévue que Rousseau lui-même. Après la réunion des ordres, le 27 juin, les députés qui constituent maintenant

---

19. *Discours prononcé* [...] *le 11 mai 1789*. La contradiction lui est ici apportée par un de ses électeurs. Voir *Avis à M. le comte d'Antraigues, député* [...]. *Par un baron en titre de baronnie, de la province de Languedoc*, notamment p.10: 'Vos Commettans vous laissent sur ce point une pleine liberté; *ils vous permettent seulement de maintenir l'opinion par Ordre*, mais ils ne vous en font pas une loi stricte; *leur volonté suprême* (comme vous le dites avec emphase) n'a pas *prononcé sur ce point un mandat rigoureux*. La tournure de votre mandat semble au contraire vous inviter à l'opinion par tête; c'est ainsi que nombre de vos commettans l'ont entendu. Ils ont pensé, en vous honorant de leur choix, que vous rempliriez infailliblement les engagements que vous aviez pris avec le public [...] Pour dernière ressource, vous alléguez *que dans votre premier ouvrage vous n'avez rien dit sur l'opinion par tête*, [...] *que dans vos autres écrits, vous n'avez point énoncé votre opinion*. Qu'aurez-vous à répondre [...] si on vous démontre que l'opinion par tête [...] résultait nécessairement de vos assertions et de vos principes?'

le 'côté droit' ne renoncent pas à mener une bataille de retardement. Quelques-uns évitent déjà de paraître aux séances, ils vont chercher de nouveaux 'pouvoirs'. Les autres agitent la même menace de sécession, arguant que leur participation aux travaux de l'Assemblée, sous la forme nouvelle qui vient d'être imposée, constituerait une trahison de leur mandat. Du 27 juin au 4 juillet, les 'protestations' puis les simples 'déclarations' (lorsque les premières sont jugées irrecevables) s'accumulent entre les mains du président. La majorité des députés 'non encore réunis' au moment de la capitulation du roi y affirment leur volonté d'assister passivement aux séances, sans prendre part aux discussions ni aux votes, pour signifier qu'ils se désolidarisent des décisions prises et à prendre par une Assemblée qu'ils cherchent ainsi à paralyser.[20] Ce recours aux mandats servira à nouveau d'argument chaque fois que le programme de l'aristocratie sera battu en brèche par le Tiers Etat poursuivant désormais ses objectifs propres.

C'est dans ces conditions qu'un débat se déroule à l'Assemblée, les 7 et 8 juillet, imposé par les 'scrupules de conscience' des députés nouvellement réunis.[21] Quelle est la nature exacte du contrat liant un représentant du peuple à ses électeurs? On devine dans quel sens la question fut tranchée.[22]

20. Voir *Procès-verbal des séances de la Chambre de l'ordre de la noblesse aux Etats-Généraux*, pièces annexées à la 33ème séance, du 25 juin 1789, p.271-94 et pièces annexées à la 35ème séance, du 27 juin 1789, p.303ss. et *Archives parlementaires*, 1ère série, viii.172ss. Voici à titre d'exemple, une protestation déposée le 30 juin, en même temps que 27 autres: 'Les députés de la noblesse du Poitou, forcés par leurs mandats impératifs de ne jamais se départir de la délibération par ordre, déclarent qu'ils ne peuvent participer en rien aux délibérations de cette assemblée, jusqu'à ce que leurs mandats aient pesé, dans leur sagesse, s'ils jugent convenable de leur donner de nouveaux pouvoirs, et jusqu'à l'obtention de nouvelles lettres de convocation. Ils font toutes réserves contre les délibérations qui pourraient être prises par l'assemblée.'

21. Il s'agissait évidemment d'une manœuvre politique, non pas d'attachement aux principes chez la plupart des protestataires. Certains se virent même interpellés par des membres de leur députation, appartenant soit à la minorité libérale de la noblesse, soit au bas-clergé, pour interprétation abusive de leurs mandats! Ainsi le marquis de Sillery venant lire les pouvoirs donnés par le baillage de Reims, afin de confondre son co-député, le marquis d'Ambly. Ainsi un chanoine de Saint-Ursin de Bourges protestant contre la protestation de son archevêque, ou un curé d'Angoulême, Joubert, déclarant qu'il ne croit pas son mandat impératif, contrairement à son évêque (cf. *Archives parlementaires*, viii.173, p.186). Cette exigence de retour devant les électeurs traduisait pourtant les inquiétudes véritables de quelques députés soucieux de respecter les principes: c'est le cas de Lepelletier de Saint-Fargeau, le futur montagnard; mais pour se démarquer des aristocrates, il se borne à déclarer qu'il ne donnera qu'une opinion consultative, jusqu'à ce qu'il ait reçu de nouveaux pouvoirs (*Archives parlementaires*, viii.172). C'est aussi le cas de Lally-Tollendal et de Clermont-Tonnerre, membres de la minorité de la noblesse réunie avant le 27 juin, et qui expriment, dès leurs arrivée aux communes, leur volonté de soumettre leur décision à leurs électeurs.

22. Ouverte par un grand discours de Talleyrand (voir *Archives parlementaires*, viii.200-203) qui défend la libre initiative des députés, la discussion finalement tourne court. Après de vifs échanges, l'assemblée décide à une écrasante majorité (700 voix contre 28!) 'qu'il n'y a pas lieu à délibérer [...] Considérant que son activité ne peut être suspendue, ni la force de ses débats affaiblie par des protestations, ou par l'absence de quelques représentants' (8 juillet). Pourquoi ce revirement de la

D'Antraigues le rappellera bientôt avec rage, dans un pamphlet écrit sans doute vers la fin de l'année 1789 et où il prétend faire le procès de la Constituante:

> Que nos mandataires qui voyaient le bien et la prospérité du royaume dans l'exécution de nos demandes se sont trompés en croyant nous y attacher par nos sermens! Ils ne connaissaient pas nos ressources et la subtilité des nouveaux principes de conscience. Il ne nous a fallu que quelques heures pour déclarer et faire croire qu'aucun serment ne pouvait nous asservir à notre parole.[23]

Pour l'heure, d'Antraigues, resté silencieux depuis son grand discours du 25 juin à la Chambre de la noblesse (il s'y inquiétait déjà de quelques concessions, pourtant minimes, du roi et rappelait le caractère sacré des mandats), d'Antraigues, dont le nom ne figure même pas dans la liste des protestataires, verse au débat une contribution très sérieuse, en publiant un *Mémoire sur les mandats impératifs*, où la doctrine déjà exposée naguère s'affirme et gagne en précision. A ne considérer que l'argumentation elle-même, abstraction faite de sa portée immédiate, le respect de la démocratie apparaît encore comme la préoccupation essentielle. Pour bien marquer sa fidélité, tant envers lui-même qu'envers Rousseau, d'Antraigues se prévaut de la caution de celui-ci, citant en épigraphe une phrase des *Considérations sur le gouvernement de Pologne*: 'Je ne puis qu'admirer la négligence, l'incurie, et j'ose le dire, la stupidité de la nation anglaise qui, après avoir armé ses députés de la suprême puissance, n'y ajoute aucun frein pour régler l'usage qu'ils pourraient en faire.'

Le *Supplément au premier et au second mémoire* admettait déjà, on l'a vu, la nécessité de ne pas paralyser les délibérations en chargeant les députés d'une multitude de recommandations tatillonnes.[24] D'Antraigues s'y montrait aussi disposé à tenir compte des exigences de l'unité nationale, et il retrouvait dès lors la doctrine intégrale de Rousseau. C'est sur ce dernier point: comment faire pour ne pas porter atteinte à l'intégrité de la nation? que la discussion à l'Assemblée le conduit à préciser son point de vue. Il distingue deux types de mandats impératifs: ceux d'abord qui prétendent obliger l'Assemblée elle-même, c'est-à-dire qui 'ordonnent aux députés de soutenir telle opinion, de la faire prévaloir, et de se retirer de l'Assemblée si elle y est rejetée'. De tels

---

plupart des protestataires? Voyant que leur manœuvre faisait long feu, sans doute préféraient-ils y renoncer, plutôt que d'imposer un vote sur le fond, qui eût abouti à une condamnation plus radicale de leur attitude. Sur l'ensemble du problème de la représentation et des pouvoirs, voir Barny, thèse dactylographiée, tome ii, 2, 'le passage de la révolte aristocratique à la révolution bourgeoise', 2.4.2.2.6., 'le problème de la représentation et des pouvoirs', p.648-78.

23. *Discours d'un membre de l'Assemblée nationale à ses co-députés* (1789), p.15.

24. Voir *Second mémoire*, p.84, 87. *Mémoire sur les mandats impératifs*, p.14: 'Le peuple n'a pas le temps, ni la possibilité de s'instruire de tous les objets d'administration et de législation qui doivent occuper les représentans [...] il abandonne nécessairement à leur prudence la plus grande partie des affaires et la partie impérative des cahiers est nécessairement bornée.'

mandats ne sauraient se concevoir, 'faute de puissance'.[25] Mais les mandats impératifs pour les députés peuvent légalement exister. L'essentiel du pamphlet est consacré à cette démonstration. Tous les thèmes rousseauistes touchant au principe de la souveraineté du peuple sont invoqués, dans une construction vigoureuse où la démocratie est défendue non plus contre le roi, mais contre l'Assemblée nationale; celle-ci représente désormais le pouvoir dont le peuple doit se méfier.

La prétention de libérer les députés de leur mandat est intolérable, puisqu'elle porte atteinte à la souveraineté populaire: 'De tels mandats [...] ne peuvent être proscrits [...] Ce n'est pas à elle (l'Assemblée nationale) à prescrire des loix au peuple réuni dans ses baillages [...] on ne lui prouvera jamais qu'il n'est pas le maître et le souverain juge de celui qu'il envoye aux Etat Généraux, non pour y porter sa propre opinion, mais pour y énoncer la volonté du peuple.'[26] L'Assemblée nationale suit déjà la tendance de tout pouvoir constitué à usurper la souveraineté. On peut lui appliquer ce que disait Rousseau du Prince, dans le *Contrat social*, ou, plus précisément, du Petit Conseil dans les *Lettres écrites de la Montagne*: 'On a vu de tout temps, les pouvoirs émanés du peuple, chercher à s'éloigner du peuple, et vouloir s'attribuer une sorte de puissance indépendante de sa souveraine volonté; mais dans tous les Etats libres, le peuple a su revendiquer ses droits et les conserver, en environnant ses officiers de sa surveillance' (p.9)

Le thème de la corruption parlementaire anglaise est longuement développé. Si la démocratie peut être ainsi défigurée, c'est que 'les représentans ne sont pas asservis à leurs commettans. Une fois élus, le sort du peuple est dans leurs mains'. De telle sorte que 'libres envers les peuples [ils] sont les esclaves du Gouvernement [...] dégagés de toute entrave envers leurs légitimes maîtres, [ils] sont soumis à tous les moyens de corruption qui asservissent en avilissant' (p.9; voir aussi p.14). Il serait aisé de porter remède à ces abus: par un renouvellement plus fréquent des communes (tous les deux ans, et non pas tous les sept), par l'usage du mandat impératif, et par l'obligation du compte rendu de mandat: 'croit-on qu'il fût alors aussi aisé au Gouvernement de conquérir

25. D'Antraigues restreint toutefois la valeur de cette concession, en essayant de faire admettre qu'il est un cas où le mandat impératif 'pour l'assemblée' devait être reconnu: lorsqu'il s'agit pour une province de défendre ses privilèges. Certes, les franchises des provinces altèrent la perfection de la communauté nationale, et il faut souhaiter leur disparition. Mais il faut éviter la contrainte et attendre que les provinces soient disposées au libre sacrifice de ce qui reste leur propriété légale. D'Antraigues, représentant d'un pays d'Etats, fait porter ici son effort sur la défense des privilèges des provinces, la question n'étant pas encore tranchée. La tactique des aristocrates sera désormais d'invoquer le caractère sacré de la propriété (un argument de poids auprès des bourgeois de la Constituante!) et de déclarer propriété légitime tous les privilèges non encore abrogés.

26. *Mémoire sur les mandats impératifs*, p.8; voir aussi p.14, 15.

des suffrages et de soutenir ce négoce honteux, qui met un prix à la vertu et pèse les consciences?' (p.10).

Et d'Antraigues, répondant à ceux qui ironisent devant la nullité d'un corps législatif prisonnier de ses mandats ('il suffirait du courrier pour les porter, et [...] les mandats seuls formeraient l'Assemblée nationale'),[27] incite l'Assemblée à se souvenir que l'institution des représentants n'est qu'un pis-aller, une façon nécessaire mais dangereuse d'adapter le principe de la souveraineté du peuple aux conditions d'un pays comme la France: 'Si le peuple pouvait sur tous les objets possibles énoncer clairement sa volonté, s'il pouvait tout examiner, tout prévoir, sa volonté écrite serait la loi; et les mandats n'auraient pas besoin de porteurs et d'interprètes: et ce serait peut-être un très grand bonheur pour le peuple.'[28] Convenant que la démocratie est, dans un grand pays, forcément limitée par l'existence d'une représentation nationale, d'Antraigues rappelle toutefois ce principe de Rousseau: 'Jamais un peuple ne peut être privé que des droits qu'il est dans l'impossibilité physique d'exercer' (p.11).

Tout cela ne fait que reprendre, d'une manière plus vigoureuse et plus nuancée ce que d'Antraigues avait déjà exposé dans ses deux mémoires et leur supplément.[29] Mais une objection nouvelle le conduit, par la réfutation qu'il en fait, à un développement intéressant, quoique fort ambigu, de sa doctrine. Les députés de la gauche, défenseurs de l'intégrité de la nation contre les particularismes locaux et l'égoïsme de classe des privilégiés, affirment que chaque député est le député 'du peuple entier', et non de tel ou tel baillage. Se fondant eux aussi sur le *Contrat social*, ils refusent de prendre en considération les intérêts particuliers, qui s'opposent. Les actes de souveraineté ne doivent porter que sur les intérêts communs. Cette argumentation, qui a déjà servi à rejeter le point de vue exclusif d'un ordre, conduit à l'idée que 'le souverain [n'existe] que par la réunion complète du peuple [...] Lorsqu'il [n'est] pas réuni, la souveraineté, éparse dans ses baillages [n'est] plus une souveraineté'. La majorité bourgeoise de la Constituante, dans son désir de neutraliser les forces centrifuges qui s'opposent à la réalisation de la nation française, en arrive ainsi à assigner un rôle de plus en plus important à la représentation nationale. Se considérant, à juste titre, comme une sorte d'"avant-garde' ou comme la partie la plus consciente du peuple, elle passe outre à toute considération qui vise à restreindre son initiative. Ainsi, elle en arrive à formuler les thèses que d'Antraigues résume de la façon suivante: 'le peuple [n'a] d'autre droit que d'élire ses représentants et de confier à ces représentants ses destinées [...]. Alors, ses

---

27. Mounier, *Nouvelles observations*, est peut-être le premier à avoir présenté l'objection sous cette forme vigoureuse. Voir ci-dessus, p.141, n.33. Beaucoup d'autres avaient suivi.

28. *Mémoire sur les mandats impératifs*, p.14.

29. Cf., deux mois plus tard, le *Discours sur la sanction royale*, p.3-7.

représentants rassemblés, représentant la Nation, [forment] la souveraineté', thèse qu'il se propose de réfuter.[30] Pour ce faire, il utilise très adroitement l'ambiguïté de l'universalisme des Constituants (et de Rousseau lui-même). Il a beau jeu, en effet, à considérer l'Assemblée nationale comme une fraction du peuple, s'en détachant et pouvant s'opposer à lui, dans la poursuite d'intérêts propres.

Rousseau s'oppose ainsi à Rousseau et tout ce qui est dit dans le *Contrat social* de la 'volonté de corps' du gouvernement, qui tend continuellement à la dissolution du corps social peut s'appliquer aux rapports entre l'Assemblée nationale et le peuple.[31] Ce n'est d'ailleurs ici que l'aspect juridique d'un conflit social que les aristocrates savent déceler très tôt et utiliser à leur profit. Nous avons déjà signalé la violente critique des puissances d'argent par d'Antraigues, et ses protestations démagogiques contre le régime électoral, censitaire.

Il a découvert vite (il n'est pas le seul) le point vulnérable de la doctrine politique des Constituants,[32] ce qui lui permet de donner des leçons de

30. *Mémoire sur les mandats impératifs*, p.10. Pour l'exposé de ces thèses, voir *Archives parlementaires*, viii, 7 juillet 1789, notamment les discours de Talleyrand et de Petion.

31. Voir *Contrat social*, III, ch.1, i.398-99 et ch.2, i.400-401. On pourrait objecter que l'Assemblée nationale n'est pas le gouvernement. Mais précisément, les Aristocrates lui reprocheront d'usurper ce rôle et de réunir en elle tous les pouvoirs, violant les principes qu'elle a elle-même posés. C'est ici que la différence entre la balance des pouvoirs, telle que définie par Montesquieu, et la division des pouvoirs préconisée par le *Contrat social* prend tout son sens. Rousseau seul peut servir de caution théorique aux démarches révolutionnaires de l'Assemblée, celle-ci préférant même renoncer à toute caution plutôt que de laisser se développer librement les manœuvres contre-révolutionnaires. C'est alors qu'elle est accusée de despotisme par la droite. Voir, par exemple, Ferrand, *Nullité et despotisme de l'Assemblée nationale* (anonyme, s.l. [fin 1789], in 8°, 36 p., BN Lb 39 3381). Ferrand, aristocrate de la première heure, marqué surtout par l'idéologie parlementaire, est un adepte de Montesquieu. Mais il prend dès cette date l'habitude de puiser d'abondance dans le *Contrat social*, sélectionnant les textes qui défendent la division des pouvoirs et les découpant de telle sorte que l'on ne puisse pas deviner que, pour Rousseau, il s'agit d'une division fonctionnelle, et non pas structurale, l'*unité* de la souveraineté (souveraineté populaire) restant alors la clé de voûte de l'édifice. Sur cette question, voir Barny, thèse dactylographiée.

32. Il va sans dire que cette prise en charge des intérêts des masses populaires par l'aristocratie ne saurait aller très loin. Lorsque des troubles sociaux éclatent, les publicistes de droite sont les premiers à s'en effrayer, à réclamer une répression impitoyable, et à dénoncer l'affaiblissement du pouvoir exécutif qui interdit celle-ci. Ils accusent alors les Constituants, apprentis sorciers, d'avoir déchaîné des forces dont ils ne sont plus les maîtres, et en appellent à la solidarité de tous les propriétaires. Voir, par exemple, le titre suggestif d'un pamphlet du comte de Barruel-Beauvert, le premier biographe de Rousseau: *Cri de l'honneur et de la vertu aux propriétaires* (Paris 1792). Voir encore, entre autres, cet article de l'abbé Royou, dans l'*Ami du roi* du 2 mars 1791, consacré aux délibérations de l'Assemblée nationale sur les troubles de Nîmes et au projet de décret sur le respect pour la loi. Royou écrit: 'Pour inspirer au peuple du respect pour la loi, il faudrait qu'il ne vît pas comment elle se fait; d'un côté, on [lui] dit que la loi est la volonté générale; il voit, de l'autre, que la loi n'est réellement que la volonté très arbitraire d'un petit nombre d'individus, que les trois-quarts et demi des habitants de la France n'ont de part à la loi que parce qu'ils ont le droit d'élire ceux qui élisent les législateurs; et quand on veut lui faire accroire qu'il est libre par la seule raison qu'il choisit les électeurs de ses maîtres, il croit qu'on se moque de lui.' Mais, loin d'insister

rousseauisme, en développant sa défense du mandat impératif. Il est faux que la souveraineté réside dans la réunion des représentants. 'Elle réside essentiellement dans le Peuple qui les envoie, sans qu'il soit possible au peuple de placer sa souveraineté hors de son sein.' Certes, 'le peuple réuni dans ses baillages n'est pas souverain dans les assemblées partielles [...] il ne peut exercer tous les droits de la souveraineté parce que le vœu des autres assemblées lui étant inconnu, il ne peut faire une loi qui serait rejetée par les autres baillages'.[33] Mais d'Antraigues réaffirme que si le peuple, obligé de se faire représenter, ne peut tout faire par lui-même, 'il ne s'ensuit pas qu'il ait renoncé à son existence, à son intelligence, il ne s'ensuit pas qu'il veuille se donner des maîtres' et, en un sens, la souveraineté s'exerce tout de même dans les baillages (p.11-12):

comme c'est la volonté de tous qui forme la loi, et que nulle loi n'est obligatoire lorsqu'elle n'est pas l'expression de la volonté générale [les assemblées partielles du peuple] peuvent charger leurs députés de manifester telle opinion [...] leur ordonner de la faire valoir, pour lui obtenir des suffrages, et enfin leur prescrire de ne jamais changer de volonté à ce sujet.

La loi se forme alors par la pluralité des suffrages, qui doit être l'expression aussi directe que possible de la volonté de tous.

Plus même, bien que d'Antraigues reconnaisse l'impossibilité pour un baillage, à quelque titre que ce soit, de refuser une loi régulièrement votée par ses représentants, il ne renonce pas, encore que ce point reste assez imprécis, comme une sorte de vague menace, à opposer le peuple à ses représentants (p.13):

On a dit encore que le député d'un baillage ne doit connaître de vœu impératif que le vœu national: j'en conviens, mais je nie que le vœu national soit exclusivement formé dans une assemblée de représentants, et ne puisse pas l'être par la nation. Je dis que la manifestation précise du vœu des peuples dans les baillages forme le vœu national d'une manière plus sûre, plus nationale assurément que dans l'assemblée des représentans; et j'ajoute que nul n'a le droit de dire au peuple réuni dans ses baillages:
Vous n'aurez aucun vœu, aucune volonté, parce que ce n'est pas ici que se forme la volonté nationale; vous ne serez point le maître de l'opinion de vos députés, attendu que le vœu national ne se forme que dans une assemblée de 1200 personnes [...] Le peuple ne concevrait pas un pareil raisonnement; et sentant bien qu'en lui seul réside la suprême

sur ce thème, le journaliste aristocrate conclut par un appel à la sévérité: 'Un seul acte de vigueur produirait plus d'effet que tout ce verbiage [le décret sur le respect dû à la loi] auquel le peuple est accoûtumé. Il est bien extraordinaire qu'on porte de pareils décrets sans une force publique [...] c'est le seul moyen de faire respecter la loi; mais pour avoir une force publique, il faut avoir une autorité déjà reconnue et respectée, qui seule dispose de cette force; pour rétablir cette autorité qu'on a si imprudemment anéantie, il faut rendre au pouvoir exécutif toute sa vigueur et tous ses droits. Il faut désabuser le peuple de sa prétendue souveraineté, et de cette chimérique égalité, destructive de toute subordination.'

33. *Mémoire sur les mandats impératifs*, p.11.

puissance, et que ses représentans ne sont que ses serviteurs, il ordonnera de manière à être obéi; et il sera obéi.

La portée concrète de cette défense du mandat impératif est assez évidente. Il s'agit d'abord de ménager à la minorité aristocrate la possibilité de continuer à se battre, en utilisant la légalité, contre le progrès de la Révolution. La défense des droits de la minorité va devenir un des objectifs majeurs des députés 'noirs'. Plus largement, il s'agit de rappeler les représentants au respect de leurs mandats, inclus dans les cahiers, car non seulement les cahiers de la noblesse, mais déjà ceux du Tiers sont dépassés de très loin par les mesures que dicte chaque jour une situation révolutionnaire. Certes, la Révolution n'était pas contenue tout entière dans les doléances du peuple de 1788![34] Aussi voit-on se profiler la tactique de l'appel au peuple, du référendum, comme moyen de conservation sociale et de contre-révolution. D'Antraigues l'avoue, en toute simplicité, lorsqu'il évoque le danger, 'dans l'avenir', d'Assemblées nationales 'qui ne fussent que des repaires d'intrigues, où des hommes avilis, mais ambitieux se formassent des partis'. Alors, si par malheur il existait aussi 'un Roi bon, faible, prêt à se dégoûter d'un trône entouré d'orages, et sur lequel il n'aurait ni un moment de repos, ni un reste d'espoir', les projets les plus funestes pourraient aboutir!

Cette crainte d'une situation, non pas hypothétique mais très réelle dans l'esprit de d'Antraigues, cette haine du représentant type, dont le portrait est fait d'après le 'philosophe' de Rousseau, conduisent à recourir au bon sens moral du peuple: 'il est nécessaire que le peuple éteigne cet incendie autant qu'il le peut [...] il peut se trouver des occasions où il résulte pour tous le plus grand avantage de [son] influence directe'.[35] Si de telles circonstances devaient se présenter,

qui peut douter qu'alors la volonté connue, impérative, irrésistible du peuple, ne devînt très incommode, et que réclamer ses *mandats* ne fût un sûr moyen de déplaire à l'Assemblée? Mais si ces gênes déplaisaient à quelques-uns, combien ne seraient-elles pas utiles à tous: car qui peut prévoir quels changements concevrait, méditerait une pareille Assemblée, et jusqu'où l'ardeur de contenter tant d'ambitions particulières entraînerait tous les partis? Qui sait! Peut-être à l'anéantissement de la monarchie, à la division des provinces [...] la volonté impérative du peuple garantirait de la plupart de ces malheurs [...]

En dernière analyse, le peuple est juge de tout [...] La constitution même qu'on

---

34. Voir le *Parallèle entre la Constitution faite par l'Assemblée nationale et la Constitution demandée par les cahiers du peuple, dédié aux Trois Ordres du royaume, par m. th. A.B.C.D.*******. Avec cette épigraphe 'Ils ont déplacé tout le monde, lorsqu'il s'agissait de mettre tout le monde à sa place' (Paris, Guerbart, [fin 1791], in 8°, 132 p. BN 8°, Lb 39 5383).

35. *Mémoire sur les mandats impératifs*, p.16.

va élever ne sera qu'un projet tant que l'opinion du peuple ne l'aura pas rendue indestructible.[36]

Dès juillet 1789, avant la prise de la Bastille, s'ébauche ainsi à droite la doctrine du référendum 'populaire'.[37]

Il reste que la théorie politique assez équivoque de la bourgeoisie fournit à d'Antraigues l'occasion de quelques beaux accents, où le rousseauisme est de bon aloi, ceux notamment qui expriment l'espoir d'un éveil du peuple à la vie politique.[38] Mais d'Antraigues, dont le rousseauisme triomphe ainsi dans la critique de la bourgeoisie en train de conquérir le pouvoir, est beaucoup plus gêné dans la défense de sa propre politique. Certaines idées de Rousseau auxquelles il ne renonce pas subissent dans l'aventure un curieux gauchissement: ainsi de l'idéal communautaire du contrat social, et de la notion de 'volonté générale', fondement de la liberté du citoyen. Comment, en effet, lorsqu'on défend la distinction des ordres et les privilèges politiques de la noblesse, assimiler ce que dit Rousseau de la rigoureuse identité de tous les contractants dans l'acte qui fonde le corps politique? La notion d'"égalité', au moins en droit, est la clef de voûte de l'édifice. D'Antraigues ne le méconnaît pas et, plutôt que d'évoquer la prudence avec laquelle Rousseau adapte sa théorie aux conditions sociales existant en Pologne, il tranche la difficulté à sa manière, définitivement. Peut-être est-il gêné par le fait que, même dans les *Considérations*, la perspective de l'égalité réelle reste présente à l'horizon de la pensée de Rousseau. D'Antrai-

---

36. *Mémoire sur les mandats impératifs*, p.19, 20.

37. Voir déjà *A l'ordre de la noblesse du Bas-Vivarais* (s.l.n.d.), p.35-36. Ce pamphlet semble avoir été écrit au cours du débat juridique aux Etats-Généraux, avant le 27 juin. Le même thème est repris tout au long de l'année 1789, et dans les premiers écrits de l'exil, jusqu'à ce que d'Antraigues ait cessé d'espérer une contre-révolution essentiellement appuyée sur les forces de l'intérieur, avec la complicité ou la participation active des masses populaires. Sur la tyrannie de l'Assemblée, voir *Discours sur la sanction royale*, p.5; *Quelle est la situation de l'Assemblée nationale*, p.36, 38, 45. Sur l'appel au peuple, le retour devant les baillages, voir *Quelle est la situation de l'Assemblée nationale*, p.39-40, 49-50; sur l'éventualité d'une contre-révolution soutenue par le peuple, voir p.24. Que ce recours à la masse du peuple, non éveillée à la vie politique et dont les intérêts vont se séparer d'ailleurs de plus en plus de ceux de la bourgeoisie, ait été une tactique très méditée de la part des aristocrates, un texte suffira peut-être à le montrer: 'Nous sommes fondés sur les droits de la nation entière à rejeter des décrets diamétralement contraires à son vœu exprimé par l'unanimité des cahiers, et nous désavouerions pour elle des mandataires infidèles qui en violant ses ordres et transgressant la mission qu'elle leur avait donnée, ont cessé d'être ses représentants. Nous soutiendrons ce qui est évident, qu'ayant agi contre leur titre, ils ont agi sans pouvoir, et que ce qu'ils n'ont pu faire légalement ne peut être accepté validement.' Il s'agit là d'un extrait de la lettre des princes (Monsieur et monsieur le comte d'Artois) au roi leur frère pour rejeter à l'avance l'acceptation non encore connue, mais jugée imminente, de l'acte constitutionnel par Louis XVI! Cette lettre, datée du 10 septembre 1791, était jointe à la déclaration signée à Pilnitz, le 27 août, par l'empereur et le roi de France (voir *Ami du roi*, du 22 septembre 1791).

38. *Mémoire sur les mandats impératifs*, p.16: 'Il n'est malheureusement que trop enclin à se livrer à ses députés, à se débarrasser sur eux de toutes les affaires, et cette funeste incurie est un des maux qui perdent le peuple.'

gues préfère donner de l'égalité une définition qui non seulement exclut (implicitement) toute idée d'égalité sociale et politique (c'est aussi la position de la bourgeoisie majoritaire), mais encore toute idée d'égalité civile! A vrai dire on pouvait, dès la période de 'ferveur' révolutionnaire de d'Antraigues, prévoir la solution à laquelle il s'arrêterait en définitive.[39] Il lui suffit de l'abolition des privilèges fiscaux pour décréter que l'harmonie des intérêts est réalisée dans la nation: 'Cette égalité des charges publiques unit tous les intérêts.'[40] C'est dans cet esprit qu'il défend la mesure à la Chambre de la noblesse, et il espère bien ainsi opposer une digue aux revendications du Tiers. Sinon, les députés du Tiers porteront la responsabilité de l'inachèvement de l'unité nationale:

Ce fut pour vous honorer à jamais aux yeux de la nation que nous avons demandé à être autorisés à annoncer votre volonté de renoncer aux privilèges pécuniaires, et notre second objet fut si cet abandon ne suffisait pas aux représentants du Tiers [...] de le rendre responsable de l'inaction des Etats Généraux [...] Prompts à rendre au peuple toute la justice qu'il peut désirer de nous, notre fermeté inébranlable à soutenir la constitution est une nouvelle preuve de son excellence, puisque notre intérêt personnel ne nous y attachant plus, nous ne pouvons, en la défendant, avoir d'autre but que d'assurer la liberté nationale.[41]

Cette misérable barrière une fois emportée, d'Antraigues accuse les Constituants d'empêcher l'établissement de l'ordre public, de tendre à la dissolution de l'Etat. 'L'esprit national est anéanti', affirme-t-il à la fin de 1789,[42] et, dans l'ouvrage qu'il publie aussitôt après son départ pour l'exil, il indique que, pour maintenir cet esprit, il aurait fallu terminer la Révolution[43] avant 'l'attentat du

39. *Mémoire sur les Etats-Généraux*, p.184.
40. *Discours prononcé le 23 mai*, p.11.
41. *Discours prononcé le 23 mai*, p.9. Voir aussi *Discours prononcé le 11 mai: motion de Mrs les Commissaires conciliateurs 22 mai 1789*; *Discours prononcé le 28 mai 1789*; *A l'ordre de la noblesse du Bas-Vivarais*, p.34. Que cette 'générosité' dont d'Antraigues a pu se griser un instant soit devenue une défense désespérée contre les exigences bourgeoises, il suffit de parcourir les œuvres des publicistes du Tiers pour s'en persuader. D'Antraigues avait peut-être pris connaissance, entre autres, de cette diatribe contre les privilégiés: 'S'il n'était question que de la répartition de l'impôt, peut-être les deux premiers ordres, pressés par le besoin public et l'impuissance absolue du peuple, consentiraient-ils aisément à le supporter proportionnellement avec le Tiers, heureux d'en être quittes à si bon marché. Mais il s'agit de profiter de cette occasion urgente pour nous régénérer et pour réformer cette foule d'abus en tous genres dont nous sommes continuellement les victimes. Or, à quelle résistance ne doit-on pas s'attendre de la part de la noblesse qui ne vit que d'abus? En effet, qu'est-ce autre chose que tous ces droits seigneuriaux, et tous ces privilèges dont elle jouit? Que les Etats-Généraux agissent ou restent dans l'inaction, peu lui importe, pourvu qu'elle reste invulnérable' (*Exposé des sentiments que j'ai manifestés dans l'assemblée du bailläge d'Etampes, adressé à tous les curés du royaume*, par Pierre Dolivier, curé de Mauchamps, s.l. 1789, p.16-17, BN 8° Lb 39 7126).
42. *Discours d'un membre de l'Assemblée nationale à ses co-députés*, p.18.
43. Peut-être est-ce la première fois qu'est employée cette expression si caractéristique, indice

27 juin', c'est-à-dire avant la réunion des ordres. La lutte politique, légitime contre le despotisme, est devenue criminelle ensuite:

Quelle horrible démence que de rester en état de guerre quand le traité de la paix publique est consommé [...] Quelle révolution peut être solide si vous ne la terminez, en ralliant tous les intérêts à l'intérêt public. Si cette alliance fut impossible quand il existait des abus destructifs de l'ordre, combien n'était-elle pas facile quand il s'agissait moins de songer à ce que l'on avait perdu, que de la conservation de ce qui était laissé.[44]

Adaptant ainsi non sans peine aux besoins de sa cause la théorie rousseauiste de la nation, d'Antraigues est conduit à manipuler aussi la notion-clé de 'volonté générale'. Le caractère abstrait de cette notion, la distinction entre la 'volonté générale' et la 'volonté de tous', offrent d'ailleurs prise à ce truquage.

On reproche à d'Antraigues de renier Rousseau et la cause du peuple en soutenant le vote par ordre: il lui suffira de démontrer, pour se justifier, que la balance des ordres est nécessaire à la mise en évidence de la volonté générale. Le bonheur du peuple est le but que l'on se propose d'atteindre; certes, le peuple ne peut vouloir que son bien. 'Mais à quel signe connaît-on [sa] volonté?' Et d'Antraigues se réfère ici à un chapitre difficile du *Contrat social*: 'si la volonté générale peut errer'.[45] Il cite Rousseau: 'Le peuple veut toujours son bien; mais il ne le voit pas toujours: jamais on ne corrompt le peuple, mais souvent on le trompe; et c'est alors seulement qu'il paraît vouloir tout ce qui est mal,' et fonde sur cette proposition son désaccord 'avec les Représentants de la portion du peuple qui compose le Tiers-Etat'. Il en appelle de la volonté apparente du peuple à sa volonté réelle, car 'c'est lui obéir que de lui résister quand il exige une injustice', et trouve dans les 'corps intermédiaires créés par le peuple pour réprimer en lui les élans d'une impétuosité qui pourrait le conduire à sa perte, pour l'opposer sans cesse à lui-même' le principe d'un dispositif propre à donner sa rectitude à la volonté générale. Ainsi, on est sûr que la loi sera l'expression non de la 'volonté trompée' du peuple, mais 'de sa volonté guidée par la justice'.[46]

Il suffit désormais d'affirmer que ces 'corps intermédiaires', ces 'obstacles' qui agissent par purifications successives, sont réalisés par l'existence des ordres (p.34-35), pour avoir justifié 'démocratiquement', par un amalgame de Rousseau et de Montesquieu, la pérennité des privilèges politiques de la noblesse. Alors tout est pour le mieux dans la plus parfaite des 'démocraties royales', puisque la 'division de pouvoir' parmi les représentants (c'est-à-dire, la distinction des

d'un changement de front au moment où une vague nouvelle porte la Révolution plus loin que prévu.

44. *Quelle est la situation de l'Assemblée nationale*, p.6.
45. *Contrat social*, II, 3.
46. *A l'ordre de la noblesse du Bas-Vivarais*, p.30-31.

ordres au sein des Etats-Généraux) fait de ceux-ci les 'inspecteurs les uns des autres'. Cette 'mutuelle surveillance', cette 'résistance réciproque' rend l'opinion publique sensible aux débats, la forme, et en définitive assure son triomphe. Quand elle est 'bien établie, les obstacles cessent, les rivalités s'éteignent, les pouvoirs s'accordent, et leurs décrets sont alors, non l'expression momentanée des volontés d'un ordre de Représentans, mais l'expression de la volonté publique' (p.32).

Le rousseauisme de d'Antraigues se fait ainsi de plus en plus composite et superficiel. En suivant ce travail de replâtrage, on a pu observer déjà l'apparition de thèmes tout à fait étrangers à la pensée de Rousseau: celui de la division des pouvoirs tel qu'il est défini par Montesquieu, et non dans le *Contrat social*. A d'autres moments, la méthode de raisonnement historique dénature complètement les emprunts faits au *Contrat social*: ainsi lorsque d'Antraigues exprime son respect de la 'Constitution', c'est-à-dire de la structure juridique de l'ancien régime (voir ci-dessus, p.137-38). Etant donné les problèmes maintenant débattus, il n'y a plus, en effet, aucune analogie possible entre 'l'antique Constitution' et la cité du *Contrat social*.

Il reste donc à examiner plus brièvement quels sont les points à propos desquels d'Antraigues est désormais contraint de se séparer ouvertement de Rousseau. Le divorce le plus grave apparaît dans la définition de la puissance législative, avec le rôle de plus en plus grand joué par la doctrine de la division des pouvoirs qui est insidieusement venue se greffer sur la pensée de Rousseau.[47]

47. La séparation des pouvoirs peut certes s'autoriser de Rousseau. Nombreux sont les textes révolutionnaires qui affirment cette filiation. Mais c'est au prix d'une confusion de langage qui confine parfois à la supercherie. Rousseau refuse en effet très nettement le système des 'pouvoirs intermédiaires'. Pour lui, il doit y avoir unité de volonté: la volonté générale donne seule l'impulsion, elle joue un rôle directeur. Mais il y a répartition des fonctions entre les divers organes qui constituent le gouvernement. C'est en ce sens que le législatif, expression du souverain, doit s'interdire d'empiéter sur le domaine de l'exécutif, qui décide, dans chaque cas particulier, des décrets d'application. La confusion entretenue entre le domaine de la souveraineté et celui du gouvernement n'est donc pas le fait de Rousseau, qui s'est efforcé au contraire d'établir une distinction inconnue avant lui et cela contre la théorie des pouvoirs intermédiaires de Montesquieu, que l'on peut considérer comme exprimant les intérêts de l'aristocratie. Mais Rousseau a voulu retenir des objectifs de Montesquieu ce qui lui paraissait présenter une valeur universelle: la sauvegarde de la liberté individuelle. Les dangers d'une formulation encore incertaine, les arrière-pensées que cela autorise ne sont pas les seules causes de confusion. Il faut encore observer que la doctrine de la séparation des pouvoirs ne tire son contenu effectif que du contexte politique précis dans lequel elle est utilisée. C'est en quelque sorte une forme vide: dans un premier temps, elle peut aussi bien servir à mettre en cause le despotisme royal qu'à le défendre contre le pouvoir de l'Assemblée. Avec la complexité croissante des luttes politiques, ce 'principe' dégradé en slogan permet bientôt soit d'affirmer, soit de contester l'autorité de la représentation nationale, tant contre la classe dépossédée et ce qu'elle découvre être l'instrument de sa domination – l'absolutisme monarchique – que contre les forces populaires à la recherche d'une démocratie plus réelle! Il y a donc toute une histoire à faire des avatars de la doctrine de la séparation des pouvoirs sous la

On le comprend aisément, l'objectif essentiel des députés du côté droit étant de contenir la puissance grandissante de l'Assemblée nationale. Cette théorie nouvelle s'élabore dès les premiers discours prononcés à la Chambre de la noblesse,[48] mais elle trouve son expression la plus nette (chez d'Antraigues du moins) dans le discours du 2 septembre sur la sanction royale.[49] Certes, l'exercice par le peuple du pouvoir législatif, ne semble pas remis en cause: 'Dans quelque Etat que les hommes vivent, il est un droit dont ils ne peuvent se dépouiller, celui de faire des loix; car la loi n'étant que l'expression de la volonté de tous, on ne peut s'assurer qu'un homme, ou qu'une réunion d'hommes voudra toujours ce que tous auraient voulu.' De là résulte 'la nécessité de réserver au peuple le pouvoir législatif'.[50]

Mais, cette concession faite, les limites imposées par l'étendue du territoire et le nombre des habitants sont comprises d'une façon de plus en plus sévère. L'indépendance de l'exécutif est énergiquement affirmée, comme un préalable (p.3-4):

> Au moment où le peuple n'exerce plus par lui-même immédiatement tous les genres de pouvoirs il est obligé de répartir et de distribuer séparément tous les genres de pouvoirs.
> Leur réunion dans le peuple constitue la démocratie.
> Leur réunion partout ailleurs constitue la tyrannie.
> Ainsi il remet le pouvoir exécutif à un Roi.

La mise en tutelle de la monarchie constituerait donc la dissolution de l'Etat: 'A l'instant qu'un des pouvoirs émanés du peuple envahit, sans son aveu, l'autorité d'un autre genre de pouvoir, il n'existe plus, au milieu de la nation, de pouvoir légitime' (p.2). On reconnaît ici une adaptation du type de raisonnement par lequel Rousseau fonde la légitimité de l'Etat sur la présence agissante de la volonté générale. Mais cette pure théorie de la séparation des pouvoirs, dans sa raideur, est impraticable; elle a toujours une valeur critique, ou défensive. Elle est impuissante à définir l'organisation concrète des pouvoirs publics, c'est-à-dire des rapports qu'ils entretiennent. Aussi la pensée de droite substitue subrepticement à cette séparation des pouvoirs *stricto sensu* une conception toute différente: celle de la division du pouvoir *législatif*. Et l'on peut voir d'Antraigues,

---

Révolution, que Rousseau soit appelé à lui apporter sa caution ou à la combattre. Voir à ce propos R. Barny, 'Montesquieu dans la Révolution'.

48. Voir *Discours prononcé le 28 mai*.

49. C'est le moment où tous les députés du côté droit, des ultras comme Maury aux 'modérés' comme Malouet, s'efforcent, avec l'aide de Mirabeau, de défendre la prérogative royale, par l'attribution d'un droit de veto absolu au souverain. Il semble bien que la doctrine de la séparation des pouvoirs s'élabore à ce moment, à partir d'indications tirées de Montesquieu, mais surtout, peut-être, par un essai d'adaptation du principe de la souveraineté populaire, qu'on n'ose plus franchement refuser.

50. *Discours sur la sanction royale*, p.4.

dans son pamphlet, glisser du premier au second sens, selon qu'il s'agit d'interdire à l'Assemblée toute participation à la puissance administrative ou de donner au roi la haute main sur la puissance législative.

La limitation de la souveraineté dans un grand pays ne conduit plus seulement, en effet, à admettre la nécessité d'une représentation nationale. Elle conduit surtout, pour tenir en bride les députés, pour 'les mettre à même enfin d'être les organes de la volonté publique', à leur opposer d'autres pouvoirs, situés sur le même plan. L'argumentation qui visait naguère à perpétuer la séparation des ordres, sert maintenant à régler l'organisation des pouvoirs publics de telle sorte que la monarchie puisse contrôler et maîtriser l'Assemblée (p.6-7):

Agir par ses Représentants ou agir par soi-même sont deux choses bien différentes. Quand le peuple lui-même fait la loi, et qu'il fait exécuter la loi, il y a unité de vues et unité d'actions; et il est hors de doute que le Peuple ne fasse rigoureusement exécuter ce qu'il était libre de vouloir, comme il est sûr que ce qu'il fera exécuter sera la volonté générale.

Quand le peuple confie le pouvoir législatif à des Représentans, son premier soin est de s'assurer qu'ils ne voudront jamais que ce que veut la volonté générale.

Pour s'assurer qu'ils ne voudront jamais que ce que veut la volonté générale, il prend des moyens de les surveiller, et des moyens de leur résister.

Le moyen de les surveiller le plus puissant et le plus utile fut de confier au pouvoir exécutif la Sanction Royale.

Jaloux de sa prérogative, et du pouvoir qui lui est confié, son intérêt l'attache à résister à toute usurpation du Corps Législatif, qui tenterait de s'attribuer une portion de la puissance exécutrice.

En cela, ce moyen est puissant pour conserver la liberté [...]

C'est donc avec sagesse que le peuple a voulu, quand il n'a pas exercé lui-même la plénitude de la Souveraineté, que les deux Pouvoirs qui constituent essentiellement le Gouvernement, et qui émanent de lui, *s'accordassent pour établir la loi* et quand il voulut que *la loi ne fût établie que par cet accord*, il prit le moyen le plus sûr pour maintenir chaque Pouvoir dans ses limites, et s'assurer de la bonté des loix qui seraient promulguées; car il est utile de le répéter sans cesse, aussitôt que la moindre partie du Pouvoir exécutif se trouve réunie au pouvoir législatif, à l'instant la légitime représentation du peuple n'existe plus, et il est menacé par la tyrannie.

Cette longue citation était utile pour montrer le mécanisme de la supercherie consistant à justifier par l'équilibre des pouvoirs la prééminence de l'exécutif sur le législatif. On sera sensible aussi à l'emploi persistant du vocabulaire rousseauiste. D'Antraigues cherche toujours, au terme de ses analyses, à se référer à Rousseau. Il faut bien pourtant qu'il en arrive à exprimer sa pensée sans fard: par exemple, à exiger de la nation qu'elle laisse au roi la 'grande et glorieuse prérogative d'être partie nécessaire et intégrante du Pouvoir législatif' (p.8).

Il est vrai que cette dépendance de fait du législatif doit encore faciliter l'exercice de la souveraineté populaire, en donnant au peuple l'occasion de réfléchir sérieusement aux décrets non sanctionnés (p.9).

Si le droit de veto absolu est refusé au Monarque, comme la sanction par le peuple est maintenant déclarée impraticable, il ne reste qu'un frein pour arrêter le pouvoir législatif: l'insurrection. Or 'c'est à rendre ce terrible moyen inutile, c'est à en prévenir la nécessité que doivent tendre tous les efforts d'un gouvernement sage'. D'Antraigues, par ce biais, peut se permettre de conclure que la sanction royale est le véritable moyen 'conservateur de la souveraineté du peuple'![51]

Mais la fiction du respect de la souveraineté populaire est de plus en plus difficile à maintenir. D'Antraigues y renonce parfois. Les réflexes qu'il a acquis à la lecture de Rousseau s'émoussent, et il lui arrive de plaider en faveur d'une monarchie forte sans chercher la laborieuse conciliation de son attitude présente et de ses convictions idéologiques de naguère.[52] Notons en particulier, dans un des derniers textes d'avant l'exil, ce regret, qui constitue sous la plume de d'Antraigues le plus clair des aveux, en même temps qu'une sorte de chantage exercé sur la majorité de la Constituante: 'Le peuple a eu le temps de s'apercevoir qu'il était sans loi, qu'il était le seul qui concentrât toute la force, et qu'il

---

51. *Discours sur la sanction royale*, p.11, 12, 15. Il est assez étonnant que d'Antraigues n'utilise pas dans ce discours l'expression de 'veto absolu', puisque ce qui était en jeu était justement le choix entre deux formes du veto royal: relatif ou absolu. Il est par ailleurs évident que notre orateur défend ici le *veto absolu* (il n'accorde à l'Assemblée d'autre forme de pression, en cas de refus de la sanction, que le refus de l'impôt). Sans doute d'Antraigues est-il trop empêtré dans son idéologie rousseauiste pour étayer avec cohérence, sur le plan doctrinal, les positions politiques chères à son cœur. S'il est aisé en effet de montrer dans la sanction une garantie contre le pouvoir de l'Assemblée, il est plus ardu d'expliquer comment la volonté du roi doit finalement coïncider avec les vrais désirs du peuple. Aussi d'Antraigues préfère-t-il développer l'idée (banale d'ailleurs, et couramment admise) d'une sorte d'harmonie mystique entre le monarque et son peuple, plutôt que d'insister sur le pouvoir *sans appel* du roi par l'emploi d'une formule trop abrupte. Quand on est en train de dépouiller le vieil homme, il arrive souvent que le mot soit plus gênant que la chose! Certains arguments de d'Antraigues en faveur du *veto absolu* sont d'ailleurs ceux dont usent, avec davantage de bonheur, les défenseurs du *veto relatif*: par exemple, l'idée que la sanction doit donner à l'opinion publique le temps de se prononcer. Un membre du côté gauche, le futur girondin Salles, posait le problème en ces termes dès le 1er septembre: 'si la loi déplaît au roi, doit-il avoir un droit négatif absolu, ou seulement suspensif jusqu'à la prochaine session? Tel est [...] le vrai point de la question [...] Le veto suspensif est une sorte d'appel à la nation qui la fait intervenir comme juge à la 1ère session, entre le roi et ses représentans' (*Archives parlementaires*, viii.529; voir aussi Rabaut Saint-Etienne, discours du 6 septembre 1789, *Œuvres*, Paris 1829, ii.168). Incontestablement, l'argumentation favorite de d'Antraigues sert ici beaucoup mieux ses adversaires que lui-même. Il lui faudra quelque temps pour s'en aviser. Pour l'heure, une contradiction se fait jour entre son choix politique, choix de classe, rapide et définitif, et son attachement persistant à une idéologie de plus en plus désadaptée. Voir, sur ce point Barny, thèse dactylographiée, et 'Les aventures de la théorie de la souveraineté en 1789 (la discussion sur le droit de veto)', in *La Révision des valeurs sociales dans la littérature européenne à la lumière des idées de la révolution française*, Annales littéraires de l'Université de Besançon (Paris 1970), p.65-93.

52. Voir, outre les textes déjà cités, *Quelle est la situation de l'Assemblée nationale*, p.14, 15, 19.

pouvait se perpétuer dans l'indépendance. Il sera difficile de le remettre sous l'obéissance.'[53] Ce n'est pas dire que sa connaissance de Rousseau lui soit désormais inutile: il cultive avec prédilection un aspect du rousseauisme, détaché de son contexte, cet aspect qui précisément le gênait à l'époque du premier *Mémoire* et dans lequel il voit maintenant une excellente barrière idéologique contre les progrès de la Révolution. Il s'agit de la tendance de Jean-Jacques au pessimisme historique. D'Antraigues se réfère très souvent, on l'a vu, à la loi de nature qui limite la souveraineté populaire, en rend l'exercice aléatoire, dans le cadre d'un grand Etat.[54] Il en vient même déjà à nier la possibilité d'établir en France la liberté publique, et à traiter de chimère cette prétention des députés du Tiers:

Si la France, resserrée dans ses limites, défendue par la nature même de son sol, pouvait connaître tous ses citoyens, et repousser ses ennemis par ces barrières qu'éleva la main de la nature: alors peut-être, il eût été possible que la liberté populaire pût exister; alors ce ne serait pas une chimère de la désirer et de vouloir l'y établir.

Quand le peuple peut tout faire par lui-même, sans confier ses intérêts à des représentants, alors seulement la liberté populaire peut exister.[55]

C'est là une utilisation de Rousseau qui va se développer au cours de la troisième période de l'activité de publiciste de d'Antraigues.[56] En même temps, la hardiesse révolutionnaire du début disparaît. La 'nécessité d'établir un autre ordre de choses' n'est plus invoquée, mais au contraire la prudence avec laquelle il convient de toucher aux institutions existantes, le respect de la tradition. D'Antraigues, pour cela, n'a qu'à développer le recours à l'histoire, qui est déjà pour lui une méthode habituelle de pensée. Là encore, Rousseau peut lui servir de caution.

De cette évolution idéologique, qui va déjà d'un effort de fidélité à Rousseau à l'abandon pur et simple de celui-ci, en passant par la falsification naïve ou raisonnée, d'Antraigues prend dès cette époque une certaine conscience, et on peut s'adresser à lui pour tracer une courbe, certes très imparfaite, de ses variations.

Les critiques qui l'assaillent avec le rôle qu'il joue aux Etats Généraux

53. *Discours d'un membre de l'Assemblée nationale à ses co-députés*, p.30.
54. Voir *Discours prononcé le 28 mai 1789*, *Archives Parlementaires*, viii.53; *Mémoire sur les mandats impératifs*, p.11; *A l'ordre de la noblesse du Bas-Vivarais*, p.10, 31-32; *Discours sur la sanction royale*, p.3-4; *Situation de l'Assemblée nationale*, p.14-15, 31-32.
55. *Discours prononcé le 28 mai 1789*, p.10.
56. Ce n'est pas un fait isolé. Il y a, à droite, une vaste offensive idéologique visant à arracher Rousseau aux révolutionnaires. Nous avons rencontré sept ouvrages constitués uniquement de citations 'contre-révolutionnaires' de Rousseau classées et commentées selon les exigences de la situation politique du moment. Voir R. Barny, *L'Eclatement révolutionnaire du rousseauisme* (Paris 1988), ch.6, et 'Les aristocrates et J.-J. Rousseau dans la Révolution', *Annales historiques de la révolution française* 234 (oct-déc. 1978), p.534-68.

l'amènent en effet à un retour sur lui-même.[57] Il a déçu les espoirs des lecteurs enthousiastes de son premier *Mémoire* et tente de s'en expliquer. Dans un premier temps, il refuse de reconnaître sa 'conversion'. C'est qu'on a mal su le lire. Toutes ses positions politiques étaient déjà contenues en germe dans son premier ouvrage, écrit d'ailleurs dans des circonstances différentes.[58] On lui en veut en réalité d'être resté fidèle à lui-même, insensible à la séduction des démagogues.[59]

Mais dès la fin de l'année 1789, il prend acte de la transformation qui s'est opérée dans sa pensée, et il ébauche un reniement de ce qu'il fut. Conseillant à l'Assemblée de se dissoudre et de s'en remettre au bon vouloir du Prince: 'Nous avons pu faire le mal, mais nous ne sommes pas propres à le réparer [...] Déclarons hautement notre erreur, abjurons-en les effets', il reconnaît sa propre faute, en tant que membre de l'Assemblée nationale: 'Puisse mon avis vous plaire, puisse-t-il au moins se répandre, être connu de toute ma nation, pour lui prouver que j'ai senti le crime de lèze-nation dont je me suis rendu responsable, et que j'ai voulu le réparer.'[60]

Son attachement à Rousseau ne se dément pas pour autant. Il ne se rend pas compte, ou ne veut pas en convenir, que la nature et la qualité de son rousseauisme se sont déjà altérées. Il n'indique même pas que son interprétation ait évolué. Il affirme au contraire, dans la mesure où il reste attaché à la philosophie des Lumières et où il continue à assumer une part de la Révolution, que Rousseau est le père de celle-ci. Le texte vaut la peine d'être cité, tant par ce qu'il laisse entrevoir que par ce qu'il exprime hautement. C'est au cours du débat sur la déclaration des droits de l'homme et du citoyen que d'Antraigues prononça – ou écrivit – ce discours.[61] Il y répond à ceux qui craignent qu'une telle déclaration ne soit inutile, ou même nocive, parce que trop vague, 'indéterminée'; il n'a pas peur, quant à lui, qu'elle serve de prétexte, 'dans la suite du tems, à un esprit pervers, pour soulever les peuples et les porter à attenter à la propriété'; ou qu'elle affaiblisse le respect dû à la religion. Et il s'écrie, dans un mouvement d'une éloquence un peu forcée:

Il est donc nécessaire, il est absolument nécessaire de faire une déclaration des droits de l'homme et du citoyen; et cette déclaration doit précéder la Constitution afin que, si un jour le ciel ramenait encore tous les fléaux du despotisme, et que la Constitution que

---

57. Voir annexe 4.
58. *Discours prononcé le 11 mai 1789*, note 1, p.15-18.
59. *A l'ordre de la noblesse du Bas-Vivarais*, p.28-29.
60. *Discours [...] à ses co-députés*, p.38.
61. *Discours prononcé à l'Assemblée au sujet de la déclaration des droits de l'homme* (*Archives parlementaires*, viii.334-35). L'intervention de d'Antraigues semble avoir été assez brève et quelque peu différente. Il s'agit plutôt d'une contribution, sans doute improvisée, à la discussion. Ce texte fut ensuite repris et étoffé, avant d'être livré à l'impression, comme c'était souvent le cas.

vos mains vont élever cessât d'être, le peuple pût, en conservant le souvenir de la déclaration des droits de l'homme et du citoyen, s'en ressaisir encore et créer une nouvelle constitution.

De tels accents, à cette époque, ne peuvent que surprendre dans la bouche de d'Antraigues.[62] S'agit-il d'une dernière flambée d'enthousiasme antidespotique? Ce n'est pas impossible. La quiétude exprimée quant au 'respect des propriétés' paraît toutefois bien étrange, et on ne manquera pas d'interpréter ce texte à la lueur des émeutes paysannes qui parcouraient les provinces à la veille de la nuit du 4 août, et qui pouvaient inspirer au comte, possesseur de plusieurs châteaux, un retour prudent à ses opinions de l'année précédente. D'autant qu'on l'accusait de toutes parts de trahir la Révolution.

Quoi qu'il en soit, le recours à Rousseau qui intervient à ce moment de son discours garde le même intérêt. D'Antraigues se félicite de trouver les droits de l'homme naturel parfaitement développés chez Rousseau. Il donne de l'anthropologie rousseauiste une idée certes très sommaire, mais assez juste. L'homme primitif, défini par ses 'rapports avec les choses', est par là même indépendant, puisqu'il est gouverné par la nécessité: 'privé de la moralité qui gouverne les actions de l'homme social, l'homme peut tout ce qu'il veut, et n'est soumis qu'à l'impérieuse loi de la nécessité'. D'Antraigues aperçoit parfaitement le rapport qui existe, pour Rousseau, entre l'idée de liberté et l'idée d'ordre, l'ordre naturel étant à cet égard le modèle idéal. Il suggère aussi comment, toujours selon Rousseau, l'établissement des rapports sociaux a introduit le désordre et la servitude, tout en faisant contradictoirement accéder l'homme au plan de la moralité. Enfin, il indique qu'il s'agit là d'une méthode de raisonnement, non d'une histoire véritable de l'espèce humaine. Rousseau a 'considéré l'homme dans l'état de nature', et l'a 'abstractivement observé dans cette hypothèse'. Par cette reconstruction de l'homme, Rousseau a su rendre à ses contemporains le goût de la liberté et leur 'offrir tous les moyens de la recouvrer'. D'Antraigues invite alors ses collègues à communier dans la même ferveur rousseauiste, car l'esprit de Jean-Jacques plane sur l'Assemblée et préside à ses travaux: 'Tant de bienfaits, qu'il me soit permis de le dire, auraient dû lui obtenir la gloire de suivre maintenant nos glorieuses destinées, et le bonheur d'entendre développer ses principes au sein de la nation qu'éclaire son génie.'

---

62. Voir l'analyse du débat in Barny, thèse dactylographiée, deuxième partie, ch.1: d'Antraigues se retrouve alors, curieusement, sur les positions des patriotes, vigoureusement combattues par ses amis politiques. Voir aussi notre communication au colloque de Grenoble sur *Les Droits de l'homme à la conquête des libertés*, octobre 1986 (Grenoble 1988), p.50-57, et notre article 'J.-J. Rousseau et le droit naturel dans les déclarations de 1789 et 1793', à paraître, *Rousseau et le dix-huitième siècle: essays in honour of R. A. Leigh*

II. *D'Antraigues 'révolutionnaire' avec Rousseau*

Rousseau père de la Révolution: c'était là, semble-t-il, dès 1789, la conviction intime des députés patriotes, qui empruntaient les éléments de leurs argumentations politiques au *Contrat social*.

Mais même si on néglige le fait que la caution de Rousseau pouvait servir, en pareilles circonstances, de paratonnerre, l'éloge en cause est encadré par des considérations qui laissent entrevoir un esprit différent. 'Sans doute, il n'est pas question ici des droits de l'homme isolé, sans aucun rapport avec ses semblables; de l'homme né au milieu des déserts,' précise d'Antraigues au début; et il conclut sur la même idée: 's'il est utile de connaître quels pourraient être les droits de l'homme sortant immédiatement des mains de la nature, il nous est indispensable de fixer quels sont les droits de l'homme réuni à ses semblables en état de société'. Certes, d'Antraigues ne fait qu'exprimer là une évidence. Ne pourrait-on discerner cependant, dans ces précisions oiseuses à première vue, la volonté de prendre ses distances par rapport à Rousseau, tout en lui rendant hommage? Il faut considérer Rousseau comme un inspirateur, non lui demander des leçons concrètes: tel pourrait être le sens des réserves de d'Antraigues. Et le fait de se référer plutôt au Rousseau des discours ou de l'*Emile* qu'au Rousseau des œuvres plus directement politiques, justifié sans doute par l'objet de la discussion, confirme ces réticences, un peu comme si d'Antraigues voulait enfermer Rousseau dans le domaine de la spéculation pure et des 'rêveries' théoriques.[63] N'est-ce pas, en définitive, le *Contrat social* lui-même qui est ainsi mis hors de portée des utilisateurs importuns?

D'Antraigues, qui manifeste une bonne connaissance de l'œuvre de Rousseau, reste donc, au moment où il se prépare à émigrer, profondément attaché à celui qu'il continue à considérer comme son 'maître'. Mais la façon dont il apprécie l'influence objective du rousseauisme commence peut-être à évoluer, et surtout son propre rousseauisme apparaît déjà comme détérioré, parfois même caricatural. Il semble que d'Antraigues ait très vite renié, au fond de lui-même, l'essentiel de la leçon de Rousseau. Il lui reste à en prendre pleinement conscience, et à l'admettre.

63. Sur cet aspect, voir encore Barny, *L'Eclatement révolutionnaire du rousseauisme*, ch.6, et 'Les aristocrates et J. J. Rousseau dans la Révolution', p.534-68.

9. La contre-révolution devient hostile
à Rousseau

D'ANTRAIGUES, dans l'émigration, va devenir assez rapidement un agent secret des princes et, dès 1793, il est à la tête du plus important réseau d'espionnage royaliste de l'Europe. Son activité d'idéologue ne cesse pas pour autant: de 1790 à 1795, il publie encore une dizaine de pamphlets, parfois volumineux, sans compter quelques lettres dans des journaux aristocrates. Activité qui se laisse aisément résumer: d'Antraigues est désormais au service de la contre-révolution intégrale; relativement modéré encore en 1790, il évolue très vite vers ce qu'on peut déjà appeler l'ultracisme. Au cours de cette période, son manque de sens politique s'affirme avec obstination. Il est le prototype de ces hommes dont Talleyrand dira plus tard qu''ils n'ont rien appris ni rien oublié'.[1] En mars 1790, il reste assez optimiste, nous l'avons vu. Il croit à l'imminence d'une contre-révolution spontanée qui rendrait au roi ses prérogatives et à l'aristocratie ses privilèges. Le peuple français ne voulait pas la Révolution. Ses désirs sont exprimés dans les cahiers. Quelques excès encore de la part des Constituants, et le sol se dérobera sous leurs pieds. Il suffit d'attendre un peu. D'Antraigues est donc hostile à l'idée d'un complot organisé par les seuls aristocrates: le succès serait ainsi très rapide, mais la non-intervention est une politique plus sage.[2]

Cette illusion se dissipe vite. D'Antraigues, dès lors, s'attache à un triple objectif:

1. Rétablir la paix parmi les aristocrates constituant la première couche de l'émigration. Ceux-ci sont en effet déchirés par des rivalités profondes, que d'Antraigues contribua jadis à attiser en dressant la noblesse de province contre la haute noblesse de Cour.[3]

---

1. Cf. ce mot de d'Antraigues rapporté par l'éditeur des *Souvenirs d'un émigré*, du comte de Montlosier (Paris 1959), p.297: 'Montlosier me trouve implacable; il a raison. Je serai le Marat de la Contre-Révolution, je ferai tomber 100.000 têtes et la sienne la 1ère' (fin de 1795). Sur cet aspect du comportement de d'Antraigues, Chaumié, *Le Réseau de d'Antraigues*, propose une analyse souvent pénétrante et extrêmement nuancée.

2. *Quelle est la situation de l'Assemblée nationale*, p.24-26.

3. Voir *Adresse à l'ordre de la noblesse de France*, p.4-8, 11-17. 'Il y a longtemps qu'il est éclos dans le cœur des destructeurs de la Monarchie, le projet insensé de détruire la noblesse par elle-même, de la mettre aux prises en la divisant; de l'affaiblir après l'avoir divisée [...] Ce projet et l'espoir de son exécution ont été conçus, alors que le plus absurde et le plus tyrannique des ministres déshonorait la France. Celui qui créa la cour plénière croyait que son existence seule suffirait pour élever dans la Noblesse d'inextinguibles haines et d'interminables débats, celui là pensait avec

2. Plaider la cause de l'intervention militaire auprès des puissances (parallèlement à sa tâche d'espion et d'agent provocateur).[4]

3. Surtout, maintenir la pureté contre-révolutionnaire, s'opposer à tout compromis qui empêcherait de ramener la France à la situation existant à la veille des Etats-Généraux.[5]

Au terme de cette période, d'Antraigues, atterré par la triomphe de la Révolution, incapable d'en comprendre les causes, conçoit du moins que la lutte, sur le plan où il la mène, par la plume, est perdue. Il déclare y renoncer[6] et va se consacrer désormais tout entier à son activité d'agent secret, jusqu'à son mystérieux assassinat en 1812.

Les solutions politiques qu'il préconise de 1790 à 1795 diffèrent assez peu de celles qui avaient déjà sa préférence quand il siégeait au côté droit de l'Assemblée. Simplement, le retour à la tradition est plus ouvert, se passant, la plupart du temps, des camouflages idéologiques de naguère. Dans un pamphlet probablement écrit vers la fin de 1791 et consacré à dénoncer les dangers des tractations avec les hommes qui s'éloignent de la révolution après l'avoir soutenue, d'Antraigues examine les abandons qu'on voudrait obtenir du parti royaliste et qui lui paraissent inacceptables. Il énumère successivement 'la ruine du Clergé [...] un avilissement majeur dans les prérogatives de la Noblesse [...] des sacrifices dans la prérogative royale, la destruction des Parlements. Une division du corps législatif sous le titre de Chambre des pairs. Toutes les déprédations qu'on pourra obtenir sur les propriétés féodales. Une amnistie générale.' En un mot, d'Antraigues veut restaurer l'autorité suprême du monar-

---

raison que cette partie de la Noblesse qu'il appellerait à usurper dans la Cour plénière les droits de tous les Ordres de l'Etat, deviendrait aussitôt exécrable aux yeux de l'Ordre de la Noblesse. Il imaginait avec raison qu'en remplissant cette cour plénière de tous les Nobles vivant à la Cour, il porterait aussitôt la haine et la division à son comble, parce que par là il fomenterait et justifierait même l'espèce d'éloignement qui était déjà très sensible entre la Noblesse habitant la cour, et l'ordre entier de la Noblesse résidant dans les provinces [...] L'exagération de ses frayeurs, et l'imminence du danger, présentèrent à l'Ordre de la Noblesse une partie de la Noblesse elle-même comme une classe ennemie, et cette idée funeste devint la source de bien des fautes. Je ne les rappellerais pas, si je n'étais moi-même tombé dans le piège, et n'avais servi les projets de l'homme qui m'était le plus odieux, dans un écrit ou en développant plusieurs vérités utiles, le ressentiment me fit commettre de grandes erreurs.' Il est à noter que, malgré cette amende honorable, d'Antraigues ne se dégagera jamais de sa haine contre les courtisans, identifiés à la haute noblesse libérale favorable à la monarchie constitutionnelle, donc complice de la Révolution.

4. Voir *Point d'accomodement* [...] et *Observations sur la conduite des puissances*.

5. Thème dominant de *tous* les pamphlets de d'Antraigues à partir de 1791.

6. *Lettre* [...] *à M. de L. C. sur l'état de la France*. 'Je ne peux expliquer avec des paroles ce qu'il m'est impossible de comprendre'. 'Les avalanches des Alpes sont, à mes yeux, une fidèle image de la révolution française. Et les écrits des mieux-disants qui pullulent dans tous les coins de l'Europe sont les débiles roseaux que l'on croit opposer à son effrayante vélocité. Voilà mes raisons de ne plus écrire sur la révolution de France que des ouvrages destinés à d'autres temps'. 'Que reste-t-il à faire? se taire et s'envelopper la tête.'

que, 'père du peuple' et non plus son mandataire, il veut rétablir les ordres et la suprématie politique de la noblesse, rétablir aussi, à quelques exceptions près, les droits féodaux. Il reste partisan des Etats-Généraux; mais, sa hargne antidespotique dissipée, il ne leur attribue plus que des pouvoirs limités et n'envisage comme frein permanent à la puissance royale que le retour des parlements, dans toutes leurs prérogatives. Seul rappel de son attitude 'libérale' d'antan: il reste hostile à une Chambre des pairs qui institutionnaliserait la prééminence de la haute noblesse de Cour. Fermé, enfin, à tout esprit d'apaisement, il s'obstine à demander la punition des principaux 'coupables'. L'ensemble de ces dispositions rendrait à la France son 'antique et seule légale constitution', selon le titre d'un pamphlet de 1792.

Cette attitude se fonde sur quelques sentiments simples et forts. D'Antraigues théorise de moins en moins. Dans la mesure où il y est contraint, on peut encore déceler en lui quelques traces révélant l'influence persistante de Rousseau, ou de la philosophie des Lumières en général. Mais, pour l'essentiel, sa 'conversion' s'est désormais étendue au domaine de l'idéologie. Il lit Burke, sans doute assez tôt.[7] Il y trouve une confirmation des tendances dominantes de sa propre pensée, une systématisation vigoureuse de thèmes que l'expérience politique lui a déjà révélés.

Ainsi, on ne peut manquer d'être frappé par la parenté entre son antirationalisme et celui du penseur anglais, par la similitude des arguments qui servent de part et d'autre à la défense de la tradition. L'influence de Burke est attestée par la date vers laquelle la critique des méfaits de l'abstraction trouve, chez d'Antraigues, ses formules décisives: à partir de 1792, c'est-à-dire après la publication des *Réflexions sur la Révolution française* (1790) et de leur traduction en français (1791). D'Antraigues se reproche alors son goût de jadis pour la pure théorie et, sur le plan de la connaissance, il privilégie l'expérience au détriment des principes généraux, qui ne témoignent que de la faiblesse et de l'orgueil de l'esprit humain.[8]

C'est dans le domaine de la politique que cet esprit 'métaphysique' a surtout exercé ses ravages. D'Antraigues fait sur ce point son autocritique, la méthode qui avait toute sa confiance trois ans plus tôt a causé les malheurs du royaume:

7. La première référence précise à celui-ci est de 1792 (*Adresse à l'ordre de la noblesse de France*, p.81). Une seconde date de 1794, dans les *Observations sur la conduite des puissances coalisées*. D'Antraigues introduit dans la conclusion de ce pamphlet une longue citation de Burke: 'Je veux que la France soit rétablie dans son antique constitution, sans altération, sans modification', et fait un vif éloge de son œuvre: 'ce ne sera que lorsque ses principes seront devenus la politique des puissances que la coalition qu'elles forment s'empreindra de ce caractère sacré et auguste, présage certain de sa gloire et de ses succès'.

8. Sur le développement de cet état d'esprit à droite, voir Barny, thèse dactylographiée, 1ère partie.

II. *D'Antraigues 'révolutionnaire' avec Rousseau*

Le premier écrit que j'ai publié est un Mémoire sur les Etats Généraux [...] Cet écrit, avec des vérités utiles, contient des principes dangereux, en ce qu'ils ne sont pas suffisamment développés, que leur énonciation abstraite, isolée, dénuée de toute explication, les rend également propres au soutien de la vérité et de l'erreur; et avec ces principes, qui exigent des développements pour devenir utiles, il se trouve dans cet écrit des principes faux, des erreurs, de ces propositions abstraites qui, sous une apparence sentencieuse, ne sont propres qu'à favoriser les factieux, et à troubler le repos public, en égarant les Peuples et en leur donnant, de la liberté, des notions fausses et coupables.[9]

Le politique ainsi invité à se défier de la raison devra au contraire méditer les leçons de l'expérience, qui offre le seul terrain sûr: 'Pour les hommes, c'est l'expérience qui est la voie de la sagesse; c'est l'expérience qui donne aux lois humaines la preuve de leur bonté; et c'est ce principe qui fait des lois de nos pères le trésor de la nation.'[10] Et d'Antraigues développe un éloge de la continuité historique, hors de laquelle il n'y a pas de salut pour une nation, car seule une évolution lente, 'naturelle', des institutions respecte les conditions d'existence du corps politique, préserve son caractère spécifique, qui résulte d'une multitude de rapports concrets que l'esprit de géométrie est impuissant à saisir:

La meilleure des Constitutions pour un peuple est certainement celle qu'il a reçue de ses Ancêtres, et que ses pères ont successivement accrue et modifiée suivant les circonstances; parce que cette constitution, ouvrage de la Nation elle-même, conserve avec le caractère national cette similitude qui la fait être la Constitution d'un tel peuple, et non celle d'un autre.[11]

Respecter les lois que nous lègue notre tradition politique revient dès lors à respecter l'intégrité d'un organisme vivant, qui se développe suivant sa dynamique propre, qu'aucun système *a priori* ne doit venir fausser:

Une nation, suivant ses différentes périodes politiques altère la constitution politique qu'elle reçut de ses Aïeux, elle la modifie, l'accroît, la restreint, la développe, mais en suivant, pour opérer ces changements, les formes légales et constitutionnelles qu'elle s'est primitivement imposées. C'est la conservation rigoureuse de ces formes constitutives qui est la sauvegarde de son existence politique.[12]

En fin de compte 'l'expérience est le seul livre utile aux Etats que les raisonnements ont dissous'.[13]

---

9. *Lettre à M. Dupont de Nemours (comte de Murat-Montferrand)* et *Lettre de M. le comte d'Antraigues à M. Fontenai*, à Paris, chez Senneville, 1792 (lettre à Fontenai datée du 7 avril 1792), BN Lb 39 10522, p.13.
10. *Lettre [...] à MM [...] commissaires de la noblesse de B****, p.14.
11. *Exposé de notre antique et seule légale constitution*, p.13-14. Voir aussi *Lettre à MM. commissaires de la noblesse de B****, p.14.
12. *Exposé de notre antique et seule légale constitution*, p.14.
13. *Lettre [...] à M. de L. C. sur l'état de la France*, p.1-2.

9. *La contre-révolution devient hostile à Rousseau*

Si d'Antraigues a ainsi trouvé la véritable assise théorique de sa politique concrète, il le doit incontestablement à Burke, à son exaltation de la Constitution anglaise et de la continuité dont elle porte témoignage, contre le rationalisme politique des révolutionnaires. Mais c'est aussi l'aboutissement logique de sa propre pensée. La synthèse tentée dans le premier *Mémoire* entre les valeurs léguées par l'histoire et celles que découvre la philosophie était essentiellement instable. Dès 1789, d'Antraigues a pris l'habitude de justifier ses options politiques par des raisonnements de type 'organiciste'. Ainsi, le 11 mai 1789, il s'adressait en ces termes à ses 'pairs' de la Chambre de la noblesse, à propos de la vérification en commun des pouvoirs des députés souhaitée par le Tiers:

Nous avons procédé à une vérification de pouvoirs suivant les formes des précédents Etats-Généraux. Pouvions-nous les changer sans que la chambre fût complète? Les changer était établir un nouvel ordre de choses; mais pour établir un nouvel ordre, il faut un décret; et pouvez-vous en rendre, vous étant reconnus incomplets et incompétents pour altérer les anciens usages?
Votre conduite a donc été sagement mesurée et légale. Elle n'a rien préjugé. Elle a seulement montré votre respect pour les formes anciennes, qui sont les seules que la loi autorise, jusqu'à ce qu'elles aient été légalement abolies.[14]

D'Antraigues s'attache ainsi à une sorte de légalisme, fort différent du légalisme de Rousseau, qui tend au contraire à une désacralisation des faits. Par de tels raisonnements, d'Antraigues ne vise à rien moins qu'à empêcher toute altération de l'ordre établi, puisqu'il eût fallu, par exemple, aux Etats-Généraux, réaliser l'unanimité des ordres pour opérer leur réunion.[15]

Il suffit de dégager les implications théoriques de ces arguments *ad hominem* pour en arriver aux thèses de Burke, que d'Antraigues formule à son tour à partir de 1792.[16] Le paradoxe est que le sentiment, si vif chez Rousseau, de la sainteté de la loi est alors mis au service d'une philosophie politique diamétralement opposée au rousseauisme:

C'est par ces formes seules [les formes légales et constitutionnelles que la Nation s'est primitivement imposées] que la loi s'est rendue invincible, et que les Nations ont trouvé le moyen de distinguer toujours l'œuvre du tyran de l'œuvre des lois.[17]

Ce sont ces loix nationales, transmises par une longue suite de siècles, ce sont ces formes constitutionnelles qui environnent les loix, qui forment le temple de la constitution, et où l'on ne peut pénétrer qu'après en avoir légalement ouvert le sanctuaire [...]

---

14. *Discours prononcé le 11 mai 1789.* Voir aussi *Mémoire sur la vérification des pouvoirs, lu à la 1ère Conférence chez M. le Garde des sceaux*, p.13.
15. *Adresse à l'ordre de la noblesse de France*, Avertissement, p.2-3. Voir aussi p.8, 11-15.
16. Voir *Exposé de notre antique et seule légale constitution*, p.21-22, 25, *Lettre à MM., commissaires de la noblesse de B****, p.14-17, p.27, *Lettre d'un émigré royaliste*, p.89.
17. *Exposé de notre antique et seule légale constitution.* Cette citation vient à la suite du texte cité, p.176, et n.12.

Quiconque, en suivant toutes les formes prescrites par nos loix, parvient à placer une loi dans le sanctuaire de nos loix constitutives, est un législateur. Quiconque s'y introduit en brisant l'enceinte, en violant une seule de nos formes constitutives, est un tyran. La loi fût-elle sage dans ses conséquences, le vice de son principe rend celui qui la porte digne de périr sur l'échafaud. Il est criminel envers Dieu, le Roi et la Nation, car celui qui peut une fois faire recevoir une bonne loi par la force (la loi fût-elle excellente en elle-même), il a détruit par ce seul fait la constitution de son pays; il a prouvé que la violence pouvait la suppléer; il a appris aux usurpateurs à venir à être plus puissants que la loi; et quiconque a commis un pareil crime doit périr de la main du bourreau.[18]

Le vocabulaire rousseauiste est ici manifestement détourné de son sens; le respect de la loi, ne servant plus qu'à donner au fait un caractère sacré, est devenu une thèse contre-révolutionnaire. Le refus de la violence n'est plus que le refus de l'action révolutionnaire, non pas le refus de la violence exercée contre la loi telle que la concevait Rousseau, ce qui revenait la plupart du temps à la négation du fait établi! Le traditionalisme qui se dégage ainsi par une décantation progressive de tout ce qui était étranger aux idées politiques profondes de d'Antraigues ne laisse plus que peu de place aux thèmes spécifiquement rousseauistes qui avaient paru, naguère, jouer un rôle important.

La palinodie est complète en ce qui concerne le principe de la souveraineté du peuple. D'Antraigues accepte encore parfois de s'y référer, à condition de le rendre inoffensif. La souveraineté du peuple telle qu'il la conçoit maintenant s'accommode non seulement de la 'balance' des ordres, mais d'une révision radicale de son attitude, pourtant prudente, de 1788; il aurait fallu refuser le doublement du Tiers, refuser la participation du bas-clergé aux assemblées électorales de cet ordre, et même en définitive refuser la tenue des Etats-Généraux.[19] Car il n'est plus question maintenant de reconnaître, ne fût-ce qu'en théorie, la prééminence du pouvoir législatif, ni même l'influence prépondérante de la nation au sein de ce pouvoir. Il ne suffit plus d'opposer le peuple à ses représentants ou de plaider pour la compétence législative du roi, 'Représentant héréditaire de la Nation'. D'Antraigues en vient à proclamer sans faux-fuyant la nécessité de l'asservissement du législatif. Il investit le monarque de la toute puissance, y compris sur ce plan. Son libéralisme aristocratique, qui empruntait volontiers un langage républicain, a complètement cédé devant l'assaut de la bourgeoisie et des forces populaires. En 1794-1795, d'Antraigues ne reconnaît même plus aux Etats-Généraux le droit de refuser l'impôt et de régler les formes dans lesquelles la justice doit être rendue. La prérogative royale est étendue jusqu'au pouvoir arbitraire en matière de finances et de justice, sans même exclure les lettres de cachet! Les formules par lesquelles

---

18. *Lettre à MM. commissaires de la noblesse de B****, p.16.

19. *Dénonciation aux Français catholiques*, p.79; *Lettre d'un émigré royaliste à l'auteur constitutionnel du 'Coup d'œil sur la Révolution française'*, p.30.

d'Antraigues définit maintenant son idéal politique se rapprochent de celles de l'absolutisme traditionnel. Les Etats-Généraux qui jadis dictaient leur volonté, n'ont plus qu'un 'droit de représentations respectueuses'.[19] L'ancien leader de l'opposition aristocratique veut bien concéder que la noblesse avait peut-être le dessein de 'restreindre l'autorité royale' en 1788. Mais, quand cela serait, 'il ne s'ensuivrait pas qu'elle eût jamais pensé que *l'autorité des Etats-Généraux fût supérieure à celle du Roi*' (p.70). La référence au gouvernement représentatif réapparaît à l'occasion, mais c'est pour anéantir la représentation nationale devant le pouvoir du monarque. L'excuse des conditions propres à un grand Etat est encore là un prétexte opportun, dernier réflexe pour camoufler la rupture totale de d'Antraigues avec le rousseauisme:

Une grande nation qui jouit du droit de se faire représenter, cherche à la fois à se garantir de la tyrannie d'un seul et de l'horrible tyrannie de plusieurs; elle s'arme de ses droits constitutionnels, et en confie l'exercice à ses représentants *suivant les formes établies par la Constitution*, pour éloigner la tyrannie d'un seul; et elle investit le Roi de toute la force de la constitution même, elle en fait un pouvoir isolé, nécessairement existant, essentiellement indépendant, dont on ne peut jamais se passer, qui existe simultanément avec les Etats-Généraux, sans rien perdre de la plénitude de sa puissance parce qu'il ne la tient pas d'eux, qui doit les précéder et leur survivre, qui peut à son gré, par un seul acte de sa volonté, les appeler et les dissoudre, tandis qu'ils ne peuvent rien sur lui; et après avoir armé le trône de ces droits imprescriptibles, la nation fait de ce trône son unique moyen de résister à la Tyrannie de plusieurs, ou à l'oligarchie d'une Assemblée usurpatrice.[20]

Suivant cette pente, d'Antraigues en arrive à retrouver, au prix d'un léger effort d'adaptation, le principe de la monarchie de droit divin. Certes, 'la nation a établi en France la Monarchie, avant même que l'étendue de la Monarchie fît une nécessité physique de son existence' (p.6), et 'notre Roi est Roi d'après la même loi qui nous a donné une existence politique' (p.7). Mais (p.11):

on pourrait peut-être dire que l'existence du trône est de droit divin, en ce sens: que Dieu a tracé lui-même les devoirs des sujets envers les Rois; que par conséquent cette forme de gouvernement a reçu d'avance la sanction divine, et que les devoirs des Peuples envers les Rois, et des Rois envers les Peuples, forment une partie des obligations imposées aux chrétiens par la loi de Dieu.

Sans doute, ce retour à la monarchie de droit divin n'efface pas tout à fait la référence aux droits de la Nation. La sagesse suprême intemporelle, qui 'parle à la fois à tous les hommes et à tous les siècles', se borne à prescrire l'obéissance aux lois, sans descendre jusqu'à tracer 'ces loix particulières auxquelles nous devons obéir'. Là paraît donc se trouver le domaine de l'initiative humaine.

19. *Lettre d'un émigré royaliste*, p.69-70.
20. *Lettre à MM. commissaires de la noblesse de B****, p.9-10 (note).

Mais celle-ci est à nouveau confisquée au nom de la tradition, de la soumission nécessaire aux loix nationales 'transmises par une longue suite de siècle' (p.13, 14, 15-16). En définitive, la volonté de la nation, aliénée une fois pour toutes, dissoute dans la loi de nature qui préside à l'évolution du corps politique, vient se perdre dans l'épaisseur inhumaine de l'histoire et dans la volonté de Dieu.

Une telle doctrine n'autorise plus à maintenir le principe de la souveraineté du peuple; même adapté de façon à devenir inoffensif, celui-ci est maintenant encombrant, et d'Antraigues le rejette de façon très explicite:

Le véritable ami du Peuple et des Loix est celui qui, loin de flatter le peuple par l'idée de sa puissance et d'une souveraineté qu'il ne peut avoir, lui fait sentir au contraire qu'il ne peut trouver la paix et le bonheur que dans une soumission parfaite envers son souverain légitime et dans son attachement aux loix de son pays.[21]

Le revirement idéologique de d'Antraigues s'inscrit maintenant dans son vocabulaire: on observera qu'il refuse ici le sens rousseauiste du mot *souverain* et revient à l'acception traditionnelle.

Comme fondement enfin à cette théorie politique où Burke[22] et Cicéron[23] apparaissent maintenant comme des autorités plus valables que Rousseau, on voit se dégager une philosophie sociale, jusqu'alors plus ou moins implicite, dont le trait essentiel est d'affirmer l'inégalité naturelle et la pérennité du privilège. D'Antraigues dénonce 'le leurre grossier, mais décevant, de l'égalité de tous les hommes entre eux' dont les Jacobins 'décorent [...] leur ambition particulière'.[24] Certes, les 'constitutionnels' de la première Assemblée ne se séparent pas de lui sur ce plan, non plus que la plupart des républicains bourgeois. Mais il s'agit pour d'Antraigues de justifier, outre l'inégalité économique, l'inégalité civile et le privilège de la naissance. Il ne se borne donc pas à découvrir deux classes distinctes 'dans un peuple en général', d'une part 'le petit nombre des hommes doués de facultés supérieures', de l'autre 'ceux que le commun des hommes appelle le peuple' et qu'il préfère pour sa part appeler la 'populace'. Il affirme encore l'existence naturelle des ordres, donnant ainsi aux convictions qui gouvernent toutes ses démarches depuis l'ouverture des Etats-Généraux leur expression doctrinale définitive:

Indépendamment de la loi générale qui constitue par tout ces deux classes, il y a encore,

---

21. *Lettre d'un émigré royaliste*, p.12. Voir aussi *A l'ordre de la noblesse de France*, p.102-103 ;*Lettre à MM commissaires de la noblesse de B****, p.8.

22. *Observations sur la conduite des puissances coalisées*. En conclusion, citation de Burke: 'Je veux que la France soit rétablie dans son antique constitution, sans altération', et éloge du penseur anglais: 'Ce ne sera que lorsque ses principes seront devenus la politique des puissances que la coalition qu'elles forment pourra connaître gloire et succès.'

23. *Adresse à l'ordre de la noblesse de France*, p.103.

24. *Lettre à MM. commissaires de la noblesse de B****, p.72.

pour chaque état politique, des loix particulières et fondamentales qui établissent différents Ordres, essentiellement distincts les uns des autres; mais qui concourent ensemble à former le corps entier de la nation, tellement que la nation n'est point elle-même quand il manque un des Ordres constitutifs de l'Etat.[25]

Cette structure de la société 'essentiellement nécessaire' dans tous les Etats monarchiques, mais qu'on pouvait déjà observer à Rome et dans 'toutes les Républiques anciennes', se trouvait réalisée en France par la distinction des trois ordres, 'tous dirigés par un chef suprême, dont le consentement était essentiellement nécessaire à leurs délibérations', et qui 'avaient chacun une voix dans les assemblées générales; et leurs droits à cet égard étaient parfaitement égaux' (p.6, 31). Et d'Antraigues conclut en posant cette règle: 'Dans tout Etat politique, toutes les classes de citoyens doivent donc être réunies pour former ce que la pureté du langage exige qu'on appelle le *Peuple*.' Le Tiers Etat ne peut donc prétendre constituer le peuple à lui seul. D'ailleurs, 's'il était possible de séparer toutes [les] différentes classes, et de chercher entre elles celle qui doit composer le peuple ou la nation, ne serait-il pas ridicule de choisir la dernière et de lui sacrifier toutes les autres, parce que peut-être elle est la plus nombreuse?' (p.6-7). Ce que d'Antraigues refuse ici, parce que la défense de ses intérêts de classe en dépend, dans le contexte idéologique d'alors, c'est la conception bourgeoise de l'individu abstrait, interchangeable, l'idée d'une société formée d'atomes rigoureusement identiques. L'homme, pour d'Antraigues, est marqué par son appartenance à une classe, réalité fondamentale, et toute l'organisation politique, loin de réduire les hommes à une sorte de commun dénominateur, leur qualité d'homme, doit s'attacher à respecter l'originalité des classes et leurs intérêts propres.

Dans cette perspective, la loi ne peut résulter que de l'accord des classes (c'est-à-dire, des ordres), aucune ne pouvant être contrainte à renoncer à sa volonté: 'Dans aucun temps, ni sous quelque prétexte que ce soit, une partie de la nation ne peut être sacrifiée légitimement aux intérêts de l'autre' (p.13). Au reste, d'Antraigues invite le polémiste 'constitutionnel' qu'il prend à partie à se souvenir que les intérêts les plus précieux à l'Etat sont ceux des classes supérieures, formulant avec une remarquable franchise le principe conservateur de toute domination de classe:

Ce que vous appelez deux-cent mille privilégiés étaient les deux premiers ordres de l'Etat; c'est-à-dire, l'élite de la Nation, les plus riches propriétaires, ceux dont les intérêts étaient les plus précieux à la société elle-même puisque [...] une société politique [...] n'existe que pour ceux qui y ont quelque intérêt, et que *les droits de chaque membre de la société sont nécessairement proportionnés à l'étendue de ses intérêts*. Quand vous auriez toute l'éloquence de Démosthène, vous ne persuaderiez à personne que l'ordre social est

25. *Lettre d'un émigré royaliste*, p.5-6.

principalement institué pour ceux qui n'ont rien. Ceux-là même ne le croient pas, puisqu'ils mettent tant d'importance à dépouiller les riches. Or, quand les prétendus privilégiés dont vous parlez n'auraient formé dans l'Etat qu'un corps de deux cent mille individus, ce corps n'en réunissait pas moins la plus grande somme d'intérêts, et ces intérêts étaient des objets sacrés, s'il doit y en avoir dans l'Etat civil.[26]

Cette structure différencielle qui confère à l'égoïsme de classe l'autorité irréfutable d'un fait naturel, est justifiée, en quelque sorte, par le passage de l'homme à l'état social. Dans l'état de nature les hommes étaient essentiellement égaux (au scns où l'entendent les tenants de l'humanisme bourgeois). Mais l'existence des classes est un résultat objectif de l'évolution sociale, dont il faut désormais tenir compte, 'la société donnant aux hommes des droits qu'ils n'avaient point dans l'état de Nature' (p.8).

On voit comment d'Antraigues s'oppose ici radicalement à Rousseau, tout en prenant, en un sens, appui sur les analyses de ce dernier. Car les rapports que d'Antraigues continue à entretenir avec Rousseau ne sont pas simples.

Son retours à la pensée politique traditionnelle ne peut que s'accompagner d'une révision de ses attitudes envers le Rousseauisme. Mais si sa conversion idéologique se fait contre le philosophe de Genève, elle se fait encore, en un sens et dans une moindre mesure, avec son aide.

D'une façon générale, d'Antraigues admet et ne cherche plus à dissimuler au public son évolution. Nous l'avons vu reconnaître son 'erreur' de 1788, dès l'instant où il lui est devenu impossible de jouer aucun rôle à l'Assemblée nationale. Il se reproche d'avoir contribué, par son imprudence, à déclencher le mouvement révolutionnaire.[27] Certes, il ne renie pas tout, et s'applique encore à démontrer comment les principes d'une saine politique étaient déjà affirmés dans son *Mémoire* de 1788. On peut lui en donner acte. Il rejette, dans la synthèse effectivement assez laborieuse d'autrefois, tout ce qui appartenait à la philosophie des Lumières et constituait alors, à ses propres yeux (ce dont il ne convient plus), la meilleure part de sa pensée. Sur son opposition radicale à l'esprit philosophique, il n'y a pas à épiloguer. Nous en avons eu de multiples preuves, et il ne perd désormais aucune occasion de le souligner.[28]

Mais c'est précisément dans ce rejet que Rousseau lui sert à nouveau de

26. p.31-32. C'est le comte de Barruel-Beauvert, autre 'ami' aristocrate de Jean-Jacques, auteur d'une *Vie de J. J. Rousseau* publiée en 1789, qui lancera, peu après cet ineffable *Cri de l'honneur et de la vertu aux propriétaires* (Paris 1792, in 8°, 14 p.): 'Propriétaires, qui que vous soyez, gardez-vous de soutenir une fausse doctrine: les hommes qui n'ont RIEN ne sont pas vos égaux!'

27. Voir *Discours à ses co-députés*, p.37-38; *Lettre sur le compte qu'il doit à ses commettants*, p.35; *Lettre à M. Fontenai*, p.13, 15; *Adresse à l'ordre de la noblesse de France*, p.6.

28. Voir *Sur le compte qu'il doit à ses commettants*, p.55; *Dénonciation aux Français catholiques*, p.8ss.; *Adresse à l'ordre de la noblesse de France*, p.51, 60, 71, 72, 101, 102; *Lettre à MM. commissaires de la noblesse de B****, p.19-20.

caution. Ainsi se développent les utilisations contradictoires de l'idéologie rousseauiste, choix illégitimes si l'on veut, pratiqués dans une œuvre dont la richesse et la complexité sont ainsi méconnues, mais choix dont la possibilité ne fait, à tout prendre, que souligner les rapports contradictoires que la pensée de Rousseau entretient avec la réalité sociale dans laquelle elle s'enracine.

Les jugements de d'Antraigues sur le rousseauisme répondent maintenant à une triple préoccupation:

1. Disputer l'œuvre de Rousseau aux révolutionnaires qui s'en prévalent.

2. Mettre en valeur certains thèmes qui peuvent servir la polémique contre-révolutionnaire.

3. Rejeter au contraire dans le rousseauisme tout ce qui est incontestablement pernicieux, inadaptable aux besoins de la pensée politique de droite.

Il serait certes naïf de penser que la bataille idéologique se livre autour de Rousseau. Ses caractères sont déterminés avant tout par l'évolution concrète de la situation politique et sociale, qui impose de brusques revirements à bien des protagonistes de la Révolution. Les hommes de cette époque n'ont pas vocation d'exégètes, ou de disciples fidèles, ils sont pris par une tâche autrement urgente: la transformation révolutionnaire de la société – quand ce n'est pas la lutte contre cette transformation. Dans cette mêlée, Rousseau reste pourtant une autorité théorique, de loin la plus importante.[29] On l'utilise constamment,

---

29. Le schéma traditionnel, selon lequel le libéralisme de Montesquieu fut l'idéal des Constituants, l'influence de Rousseau prenant ensuite le relai pendant la période 'populaire' de la Révolution, ne résiste pas à l'examen des faits. L'histoire réelle est autrement complexe, on le reconnaît aujourd'hui. Il est évident, par exemple, que le *Contrat social* joue au cours du travail de gestation de la Constitution de 1791 un rôle bien plus important que l'*Esprit des lois*. Il semble que le recours à Montesquieu dès 1789 se fasse presque exclusivement dans le sens de la contre-révolution (voir R. Barny, 'Montesquieu dans la Révolution française'), la pensée de Rousseau ayant au contraire une vertu offensive. Dès longtemps, d'ailleurs, les historiens de l'influence de Rousseau ont signalé l'audience de son œuvre pendant la première phase de la Révolution. Voir Paul Janet, *Histoire de la science politique dans ses rapports avec la morale* (Paris 1887), t.ii; E. Champion, *L'Esprit de la Révolution française* (Paris 1887) et *J. J. Rousseau et la Révolution française* (Paris 1909) [Champion conteste au contraire l'influence de Rousseau]; Espinas, *Les Doctrines sociales du XVIIIe siècle et la révolution* (Paris 1898); A. Meynier, *J. J. Rousseau révolutionnaire* (Paris 1911); Choulguine, 'Les origines de l'esprit national moderne et J. J. Rousseau', *Annales de la société J. J. Rousseau* 27 (1937), ch.8; A. de Maday, 'Rousseau et la Révolution', *Annales de la Société J. J. Rousseau* 31 (1948-1949). Le plus souvent, d'ailleurs, leur but n'était pas très pur, puisqu'il s'agissait de laver Jean-Jacques de l'odieuse accusation d'avoir été l'inspirateur des 'terroristes' de l'an II. Cela explique peut-être que leurs points de vue aient eu du mal à s'imposer, même dans ce qu'ils avaient de juste. Voir aussi, aujourd'hui, Barny, les diverses œuvres citées (parues ou à paraître), et 'J. J. Rousseau dans la révolution française, 1787-1794', *Dix-huitième siècle* 6 (1974), p.59-98: 'la destinée révolutionnaire du rousseauisme fait apparaître de façon saisissante la multiplicité contradictoire de ses composantes. A la fois fruit d'une expérience critique et témoignage sans égal sur les courants profonds et complexes qui traversent la société française pré-révolutionnaire (dont il constitue en quelque sorte une tentative forcément imparfaite mais la plus puissante alors de modélisation) il est aussi, du même coup un instrument idéologique ambigu. A la riche polysémie qui fait le prix

on se réfère à lui, à son exemple, on le cite; les aristocrates s'efforcent de placer son œuvre dans une lumière qui leur est favorable. Et tout d'abord, pour désarmer leurs adversaires, ils leur dénient le droit de se réclamer de Jean-Jacques. Dans ce procès, d'Antraigues, en sa qualité d'ancien ami et de 'disciple', apporte un témoignage dont on attend évidemment beaucoup.

Naguère encore (dans un discours dont on peut, il est vrai, suspecter la sincérité) d'Antraigues invitait l'Assemblée nationale à reconnaître en Rousseau l'inspirateur de la Révolution. Il s'élève maintenant, avec quelle indignation! contre les honneurs révolutionnaires rendus à 'l'auteur de l'*Emile* et du *Contrat Social*'. Les 'honteux trophées' qu'on lui élève sont un 'outrage' à sa mémoire:

Grand homme! c'est donc en vain que tu espérais que tes malheurs se termineraient avec ta vie! le Tombeau n'est même pas devenu pour toi un azile paisible, il a fallu que ton nom, que tes préceptes indignement calomniés servissent à la haine de tes ennemis; que tes écrits faits pour essuyer les larmes des malheureux, fussent cités sans cesse par ceux dont le bonheur est d'en faire répandre, et que ta morale si douce, tes principes si modérés, si sages, que ton respect pour la Monarchie Française[30] servissent de moyen à ceux qui l'ont détruite; que ton amour pour la paix, que tu préférais à la liberté, fût méconnu par ceux qui nous ont ravi la paix sans nous donner la liberté; au moins le Ciel qui nous réservait à tant de fléaux, t'épargnera celui d'en être le témoin. Le Ciel t'épargnera le tourment d'être obligé, sur le déclin de ta vie, de reprendre cette plume victorieuse et toujours pure, pour repousser d'insultants éloges, pour prouver que tu ne fus ni un scélérat ni un factieux, pour retirer ton nom et tes écrits des mains de ces sacrilèges écrivains.

J'avoue qu'en voyant le respect que l'on témoignait pour lui, j'eus la bonhomie de le croire sincère, et j'osai exprimer le désir qu'il vécût encore quand on s'occupait à rédiger cette déclaration des Droits, qu'alors je ne présumais pas être la collection de décrets qui porte ce nom [...]

Je le demande aux plus hardis démagogues, ne croient-ils pas qu'il serait mort de douleur, s'il eût appris comment cette déclaration des Droits des Hommes fut acceptée par le Roi, au moment épouvantable où l'on n'en respectait plus aucun [...].[31]

Outre cette invocation, d'Antraigues consacre encore dans le même écrit une longue note à Jean-Jacques; les mêmes thèmes y sont repris et amplifiés: les

---

de l'œuvre littéraire, correspondent des utilisations parfois déconcertantes. Mais la Révolution a elle aussi été [un événement] gigantesque, complexe, contradictoire, parfois paradoxal. Il n'en résulte pas qu'on puisse lui attribuer n'importe quel sens. Ainsi de l'œuvre de Rousseau: les idéologies et mentalités qu'elle supporte ou nourrit n'ont pas toutes avec elle un rapport de la même qualité. Dans cette mesure (et au-delà des multiples lectures aristocrates, passionnelles et parfois passionnantes), il reste permis de parler, comme le faisait en 1791 Sébastien Mercier, un "ami" patriote, dans un livre volumineux et un peu décevant, de "Jean-Jacques Rousseau, premier écrivain de la Révolution française".'

30. Ici d'Antraigues renvoie en note au jugement sur la *Polysynodie*, p.129, édition in-16. Voir *O.C.* iii.638: 'qu'on juge du danger d'émouvoir une fois les masses énormes de la Monarchie Française!'.

31. *Lettre sur le compte qu'il doit à ses commettants* (1790), p.33-34.

révolutionnaires dénaturent les principes de Rousseau. Cette affirmation plus vigoureuse que scrupuleusement fondée repose néanmoins sur deux ordres de preuves: les unes, tirées de l'œuvre, établissent le loyalisme monarchique que Jean-Jacques crut parfois devoir affirmer et son éloignement pour toute espèce de troubles politiques, quelle qu'en soit l'origine. L'extrême timidité de Rousseau dans ce domaine, son refus final de l'action sont désormais sa principale vertu aux yeux de son 'disciple'. Et certes, l'amour de la paix est bien un thème majeur des dernières œuvres. Mais jamais, même alors, il ne fût venu à l'esprit de Jean-Jacques d'opposer cet amour à celui de la liberté!

D'Antraigues découvre d'autres preuves, qui d'ailleurs recoupent les premières, dans la personnalité de Rousseau. Ame sensible, cœur plein de délicatesse et de bonté, celui-ci eût été horrifié par le déchaînement de la violence révolutionnaire, qui porte 'tous les caractères réunis de la férocité et de la lâcheté'. Assimiler la violence révolutionnaire au crime, à une manifestation spontanée et inexplicable de cruauté, dénoncer dans la tension de toutes les énergies révolutionnaires le refus d'un idéal de bienveillance et la négation de la sensibilité, ce sont là les procédés les plus faciles et les plus constants de la polémique contre-révolutionnaire. 'Je sais', s'écrie d'Antraigues, 'que cette sensibilité même paraît une faiblesse à ces hommes atroces, dont la prétention est de briser la Nation, de la maîtriser par la force de leur génie, et qui regardent comme le premier élément de cette politique qui détruit les Empires, de ne s'approcher de l'Administration de la chose publique que lorsqu'on a bien complètement anéanti son cœur' (p.55).

On voit comment Jean-Jacques, en qui s'incarne l'idéal de 'l'âme sensible', peut se trouver engagé dans la croisade contre de tels monstres,[32] et d'Antraigues, fort de son intimité de jadis avec le grand homme, évoque, pour emporter l'adhésion, un souvenir personnel:

J'ai vu Jean-Jacques Rousseau en 1777, écouter pendant trois quarts d'heure le projet d'un jeune polonais que le délire de la liberté avait rendu forcené, et qui pour délivrer son pays de l'oppression, proposait des moyens que la conscience de Jean-Jacques réprouvait: voici quelle fut sa réponse:

'Il appartient à peu d'hommes de donner la liberté à leur Patrie, parce que peu d'hommes

---

32. Il va sans dire que tout cet aspect de la polémique contre-révolutionnaire, certainement efficace alors parce que cultivant les réflexes élémentaires de peur et de haine, est d'une grande faiblesse. La plupart des révolutionnaires étaient justement des 'âmes sensibles', souvent nourris de la *Nouvelle Héloïse*. Voir l'ouvrage classique de Trahard, *La Sensibilité révolutionnaire (1789-1794)* (Paris 1937); Monglond, *Histoire intérieure du préromantisme français, de l'Abbé Prévost à Joubert* (Grenoble 1929); *Le Préromantisme, hypothèque ou hypothèse*, colloque de Clermont-Ferrand, 29-30 juin 1972 (Paris 1975). Cf. aussi un étonnant éloge de la sensibilité dans Billaud-Varennes, *Principes régénérateurs du système social* (Paris an II), p.66-77 (voir annexe).

savent connaître et aimer la liberté! La liberté sans la vertu est un fléau; pour en jouir, il faut la conquérir sans crime; votre projet me fait horreur.'

Je n'étais pas seul quand Jean-Jacques fit à ce jeune homme cette belle réponse, et celui qui l'écoutait avec moi ne l'a pas oubliée, non plus que ce qu'il ajouta peu de minutes après, et que je ne peux me permettre de publier.[33]

J'avoue que ce propos prouve que le bon Jean-Jacques n'était pas né *pour briser la Nation, ni dissoudre les Empires* et il avait la bonhomie d'en convenir et de s'en vanter.[34]

La démonstration, en définitive, se ramène à ce point: Jean-Jacques, s'il eût été vivant, eût été contre-révolutionnaire. On saisit ici sur le vif un procédé auquel les aristocrates ont souvent recours dans la polémique autour de Jean-Jacques. On s'autorise d'une certaine image de l'homme, extrêmement stylisée pour les besoins de la cause, et on en déduit l'attitude qu'il eût adoptée dans telle circonstance concrète.[35] D'Antraigues, lui, peut se permettre en outre d'apporter des documents de première main qui confèrent à sa mise en scène de Rousseau l'authenticité du vécu.

Cette manière de raisonner, qui relève d'une croyance naïve à une essence des choses et des êtres, témoigne d'une fidélité factice à l'œuvre considérée.[36] D'Antraigues retient un trait, d'ailleurs secondaire, du rousseauisme, le privilégie arbitrairement et, l'arrachant non seulement au contexte idéologique où il a une fonction, mais aussi au terrain politique et social dans lequel il est apparu, le transporte dans une autre époque et lui confère un rôle différent, répondant aux besoins de sa propre propagande. Il dresse ainsi un Rousseau figé dans une attitude plausible, mais choisie entre toutes malgré son caractère un peu marginal: le vrai Rousseau selon lui, qu'il oppose au rousseauisme des révolutionnaires – rousseauisme vivant puisque ces hommes, bien que vraiment attachés aux aspects neufs et féconds de la pensée politique de Rousseau, ou

33. Les confidences du comte d'Antraigues proposent, comme souvent, un mystère irritant et savoureux qui sollicite la recherche. Mais le tempérament de l'homme incline aussi à soupçonner qu'il pourrait s'agir plus simplement d'une mystification, ou d'une manifestation de mythomanie. L'interrogation intéressante porterait alors sur la forme historique d'individualité dont notre auteur est un superbe exemple.

34. *Lettre sur le compte qu'il doit à ses commettans*, p.56-57.

35. Voir Barny, *L'Eclatement révolutionnaire du rousseauisme*, 2ème partie, *passim*, notamment 'Les aristocrates et J. J. Rousseau', ii. 'La droite contre Rousseau', p.223, 225-28, et 'Les aristocrates et J. J. Rousseau dans la révolution'.

36. Comme la pensée de Rousseau continue à vivre, à jouer son rôle dans nos conflits actuels, les historiens de l'influence de Rousseau ont trop souvent cédé à la tentation d'une telle attitude. Voir par exemple *L'Esprit de la Révolution française*, p.21, où Champion s'attache à l'idée que, si Rousseau avait vécu jusqu'à la révolution, il aurait condamné les discours et les actes de ses prétendus disciples 'terroristes'. L'argumentation de Champion reproduit exactement celle des pamphlétaires aristocrates de la période 1790-1792. Les textes invoqués sont les mêmes. Il s'agit d'une reconstruction rationnelle, non de l'étude de faits préalablement établis. Voir Barny, *L'Eclatement révolutionnaire du rousseauisme*, 2ème partie.

plutôt parce qu'ils y sont attachés, évitent de se poser en gardiens vigilants d'une intégrité rousseauiste dont ils ne se soucient pas.

Cette polémique à ce propos de l'utilisation de Rousseau rebondit, on l'imagine, au lendemain du décret sur la statue pris par l'Assemblée nationale le 21 décembre 1790. D'Antraigues envoie aussitôt de Parme une lettre de protestation, datée du 11 janvier 1790; elle sera publiée dans l'*Ami du roi* du 30 janvier 1791.[37] Tous les amis de Rousseau 'doivent à son souvenir, de le venger des calomnieux éloges par lesquels on a cherché à flétrir son nom, et à le déshonorer'. D'Antraigues semble particulièrement scandalisé par l'affaire de la pension allouée à la veuve du philosophe:

Ils ont profité de la facilité et de la faiblesse de sa veuve pour l'entraîner à des demandes à la fois humiliantes par leur objet et bien cruelles pour la mémoire de J. J. Rousseau, quand on pense à quelle époque elles sont formées [...] Il a paru utile de traduire en spectacle la veuve du plus célèbre et du plus infortuné des hommes, devant une assemblée que ses écrits dépeignaient comme s'il eût prévu son existence, et dont à chaque page il condamne les principes et les loix.

Qui eût jamais cru que sa veuve si constamment aimée, mais dont il disait cependant 'je découvrirai la plaie et les déchirures dont elle a navré mon cœur dans le fort de mes misères', aurait un jour l'incroyable faiblesse d'insulter à ses principes à sa mémoire [...]

Qui eût cru que les implacables ennemis de J. J. Rousseau pour étayer leurs projets, auraient osé calomnier sa prévoyance, et insulter ses meilleurs amis en traçant un tableau de l'indigence de la veuve qui n'a rien de réel, et en parlant du peu de sûreté de la propriété que ses amis ont garantie par les titres les plus authentiques?[38]

Quant à la statue, qu'on la place

à côté de la prison du Roi, de la Reine, et de leurs enfants [...] ou [...] à Versailles, au milieu de la cour de marbre, que sa base repose sur le lieu même où fut versé le sang des gardes de notre malheureux roi, et qu'on grave alors sur cette base, non cette ridicule inscription, la *France libre*, quand elle est asservie par le crime et dévorée par les tyrans; mais bien cette sentence de J. J. Rousseau: 'la liberté serait achetée trop cher par la vie d'un seul homme'. La postérité prendra peut-être cette inscription pour une preuve de honte et de repentir, pour une amende honorable faite à ce grand homme pour avoir si cruellement abusé de ses écrits et si calomnieusement outragé sa mémoire.[39]

37. L'*Ami du roi*, 'par les continuateurs de Fréron', rédigé en fait par le seul abbé Royou, semble avoir été un des journaux aristocrates les plus largement répandus, de 1790 jusqu'en mai 1792, date de sa disparition. Il offre une assez riche documentation quant à l'utilisation du rousseauisme par la pensée de droite.

38. Voyez tous les détails à ce sujet à la page 6 du premier volume de la suite des *Confessions*, publiée par M. Du Peyrou, le plus fidèle des amis de J.-J. Rousseau; il en résulte que Mme Rousseau jouit, par contrats bien authentiques, de 2650 livres de revenu. Son célèbre époux ne s'attendait pas que cette fortune lui parût insuffisante quand, récapitulant toutes ses ressources, qui ne lui assuraient pas un pareil revenu, il ajoutait: 'avec ces ressources, je pouvais compter sur une subsistance honnête pour moi, et après moi pour Thérèse, à qui je laissais sept cent francs de rente' (*Confessions*, livre XII, i.639).

39. *Observation au sujet du décret de l'Assemblée nationale du 21 décembre 1790, sur J. J. Rousseau*, in

Dans le détail, la polémique est ici plus incisive, car d'Antraigues est bien informé. Le commentaire de l'attitude de la 'Veuve Rousseau' sonne juste. Quand on connaît la hantise du 'complot' qui assombrit les dernières années de Jean-Jacques, sa recherche obsessionnelle d'une indépendance toujours remise en cause par le pouvoir de l'argent, l'extrapolation par laquelle on imagine son hostilité au vote des Constituants paraît légitime.[40]

Mais, la protestation de d'Antraigues garde au fond le même caractère que dans le texte précédent. Il ne s'agit pas d'éclairer la psychologie de Rousseau entre 1768 et 1778, mais bien de prouver que les révolutionnaires font, en 1791, de son œuvre un usage illégitime. C'est toujours la même façon dogmatique d'opposer Rousseau au rousseauisme.

Ce genre d'affirmation ne suffit pas – même à d'Antraigues. Du point de vue des aristocrates, il est possible en effet de développer certains thèmes qui, s'ils ne sont pas les plus caractéristiques ou les plus originaux, appartiennent pourtant au rousseauisme. D'Antraigues, en lançant ses interdits, s'autorise d'ailleurs, nous l'avons vu, de quelques-uns de ces aspects du rousseauisme. Mais il n'y a pas que l'inaptitude de Rousseau à l'action, sa peur des masses en mouvement, qui offrent des points d'appui à la propagande contre-révolutionnaire. Plus profondément, son pessimisme social et politique, qui détermine dans une large mesure son tempérament, est riche de possibilités. D'Antraigues, qui l'avait bien senti dès 1789, orchestre largement désormais les thèmes issus de ce pessimisme, dont il ne voit pas, d'ailleurs, les aspects économiques fondamentaux. Il ne sort pas du domaine moral et politique. Mais il ne se borne plus à rappeler que la France est un grand Etat, circonstance justifiant bien des abandons. Il constate que le peuple français est arrivé au dernier degré de la corruption morale. Et, selon Rousseau, un peuple sans mœurs n'est pas apte à recevoir une législation. Le despotisme le plus rigoureux n'est alors qu'un moindre mal. D'Antraigues se plaît à le répéter, pour justifier son revirement et pour déconsidérer les 'faiseurs de constitution'. Rousseau devient, manié par lui, un théoricien de l'abstention systématique, ne permettant d'autre attitude concrète que la défense du conservatisme le plus strict:

Le gouvernement populaire ne peut exister dans un empire étendu, et chez un peuple

---

L'Ami du Roi de Royou, 23 mars 1791. Cf. *Adresse à l'ordre de la noblesse de France*, p.105 n.: 'si cet homme infortuné eût vécu de nos jours, l'Assemblée nationale, au lieu de le préconiser, l'aurait fait assassiner. Si elle l'eût épargné, elle aurait eu la gloire, digne d'elle, de terminer sa vie. J'atteste ici tous ses amis, et il en existe encore qu'il a connus et aimés autant que moi, qu'ils disent s'il ne serait pas mort de douleur, en voyant ses écrits commentés par un Roberspière [*sic*], ou de honte en se voyant couvert d'opprobre par le Décret de l'Assemblée nationale du 21 décembre 1790.'

40. Sur Thérèse et sur les honneurs officiels, voir Barny, *Rousseau dans la révolution: le personnage de Jean-Jacques et les débuts du culte révolutionnaire*, Studies on Voltaire 246 (Oxford 1986), respectivement p.41-49 et 100-26.

sans mœurs, parce que l'essence d'un pareil gouvernement étant que le peuple élise lui-même tous les officiers à qui il commet le soin de le gouverner, il faut qu'il ait des mœurs très pures, pour ne point abuser de la facilité d'élire pour se laisser corrompre [...]. En France, le peuple admis à élire tous ses officiers, ne fera de ce pouvoir que l'aliment d'une perpétuelle intrigue, si l'autorité royale armée de la loi, ne réprime pas sans cesse l'effet de la corruption et de l'inconstance du peuple.[41]

Le dynamisme révolutionnaire apporte chaque jour à d'Antraigues de nouvelles preuves de la démoralisation du peuple français. Il n'en soupçonnait pas jadis l'étendue, c'est son excuse pour avoir écrit le *Mémoire sur les Etats-Généraux*: 'Je l'ai relu cet Ecrit qu'on m'oppose sans cesse, je l'ai jugé, et après examen, je n'ai pas rougi d'en être l'auteur. A la vérité, on le croirait écrit pour un autre peuple. Mais quand je le composais, ce Peuple, si cruel aujourd'hui était doux, opprimé, malheureux [...] je ne vis que ses adversités, et je ne soupçonnai pas sa férocité.'[42] L'expérience de la 'férocité' des masses populaires: voilà de quoi prouver, en s'appuyant sur Rousseau lui-même, la nocivité radicale en France du principe de la souveraineté du peuple:

Cette puissance, cette souveraineté pour un peuple sans loi, sans mœurs, sans honneur, sans pudeur, sans humanité, devint ce qu'elle devait être, la liberté de l'impiété, du brigandage, de l'assassinat et de l'incendie. Le peuple français a prouvé, par trois ans de plein exercice de sa souveraineté ce qu'il entend, lui, par la souveraineté du Peuple, et quelles limites la puissance absolue a dans ses mains. Le peuple est de fait souverain en France, comme une troupe de brigands se donne le droit et l'exercice de la souveraineté dans ses cavernes.[43]

Le spectacle de la Révolution inspire donc à d'Antraigues un pessimisme moral profond, nouveau chez lui, par lequel il rejoint un aspect de la pensée de Rousseau auquel il n'était pas sensible autrefois. Maintenant il s'écrie, et ce pourrait être une dénonciation par Jean-Jacques de la déshumanisation qu'entraîne le progrès social:

Qu'on ne croie pas que la tyrannie est une passion particulière des rois; elle est la passion de tous les individus... Tous les hommes ont le plus violent penchant à la tyrannie, sages ou fols, stupides ou éclairés, tous voudraient faire le bien ou le mal violemment, soumettre les hommes à leurs conceptions, avoir le pouvoir de Dieu même, et voir tous leurs égaux obéir à la loi, à charge de n'y point obéir eux-mêmes, et de devenir les législateurs de leur patrie.[44]

Dans un pareil texte, on perçoit un écho de l'angoisse rousseauiste devant le développement de l'amour-propre, véritable volonté de puissance et principale expression de la corruption morale de l'homme.

---

41. *Quelle est la situation de l'Assemblée nationale*, p.14-15.
42. *Lettre sur le compte qu'il doit à ses commettants*, p.36.
43. *Lettre à MM. commissaires de la noblesse de B****, p.8.
44. *Lettre d'un émigré royaliste*, p.19.

Un autre aspect du rousseauisme ne pouvait manquer d'être mis en valeur par les aristocrates: Jean-Jacques fut l'ennemi des Philosophes. Après l'avoir longtemps ignoré, d'Antraigues se plaît maintenant à le rappeler. A la veille de la Révolution, semblable en cela à bien des esprits éclairés, il ne séparait pas les Encyclopédistes de leur frère ennemi, se satisfaisant d'une vague synthèse ou s'émoussaient les oppositions. D'ailleurs, n'était-il pas à peu près indifférent en matière religieuse, tenant d'un déisme qui était alors la position moyenne de la société cultivée?[45] A partir de 1789, tout change. Dès son discours du 3 août, tout en confirmant encore sa fidélité à l'idéal des Lumières, il tient à poser la nécessité d'un fondement divin à la morale. Il ne cessera de revenir sur ce point, affirmant la solidité de ses propres convictions catholiques et, surtout, le rôle social irremplaçable de la religion la plus orthodoxe.[46]

C'est que les Philosophes lui apparaissent maintenant comme les principaux responsables de la Révolution. La propagande athée n'était que la première phase d'un complot visant à renverser l'ordre social.[47] Les révolutionnaires d'aujourd'hui sont les fils spirituels de l'*Encyclopédie* qui, s'attaquant à la religion, a détruit les contraintes morales de jadis, libérant ainsi les forces mauvaises, maîtresses de l'homme social livré à lui-même, et assurant le triomphe de l'amour-propre et de la cupidité:

La véritable doctrine de la philosophie moderne est l'athéisme: c'est ce que les philosophes Diderot et d'Alembert appelaient la doctrine intérieure [...]
La philosophie établissait sa puissance sur une base immense, l'orgueil des hommes d'un vrai talent, et la vanité de tous. De ces principes mis en action est née une impudence publique qui n'a permis à aucun individu de cacher la haute estime qu'il se portait à lui-même: en méprisant les opinions de l'antiquité, ses usages, ses institutions, ses loix: en

45. Voir ci-dessus, 1ère partie, notamment p.33-43 et 56.
46. Voir surtout *Dénonciation aux Français catholiques* mais aussi *Lettre sur le compte qu'il doit à ses commettants*, p.10, 57, 58; *Exposé de notre Constitution*, p.43; *Lettre à MM. commissaires de la noblesse de B****, p.8-14, 19; *Lettre d'un émigré royaliste*, p.16; *Lettre au pape*: 'J'ai toujours cru, très Saint Père, et j'ai fait tous mes efforts pour le prouver, que la religion catholique était le plus ferme appui du Trône, et le garant le plus sûr pour les peuples de leur liberté légitime et de leur bonheur. J'ai toujours cru et l'expérience me l'a prouvé, que les impies et les incrédules ne s'attaquaient avec tant de fureur à la religion catholique que pour dénuer le trône de son solide appui, et que la chute de l'autel présageait toujours celle du trône' (in *Journal général* de Fontenai, 9 nov. 1791, p.131-32). On notera cependant que dans cette lettre, d'Antraigues n'affirme nulle part sa foi religieuse, mais multiplie les formules concernant la fonction morale et practico-sociale de la religion catholique. Les premières 'conversions', qui amorcent le grand renouveau catholique du tournant du siècle et des débuts du romantisme proprement dit, ne dissimulent donc guère leur caractère étroitement politique et instrumental. La ferveur d'un Chateaubriand est d'une autre qualité, mais elle surgit sur le même terrain.
47. La thèse du 'complot' philosophique et maçonnique et la thèse du châtiment 'divin', présentes l'une et l'autre dans les écrits de d'Antraigues comme tentatives d'explication du dynamisme révolutionnaire, sont caractéristiques du désarroi idéologique d'une large fraction de la pensée de droite, à partir surtout du 10 août 1792 – désarroi avoué par d'Antraigues dans son dernier pamphlet.

apprenant à couvrir d'opprobre tous les cultes religieux, à rendre problématique l'existence de Dieu même, il n'est resté aux hommes que le désir d'être eux-mêmes leurs législateurs, et ceux de leurs concitoyens; et comme cette idée s'établissait environnée de toutes les illusions du plus insolent amour-propre, chacun prenant ses conceptions pour des vérités nouvelles, aurait voulu qu'elles devinssent le code des nations [...]

Ainsi dans ce siècle plus que dans aucun autre, l'amour de la tyrannie est devenu la passion générale.[48]

Ces fantasmes de l'amour-propre sont la source impure où s'alimente l'action révolutionnaire.

Vitupérant ainsi 'les Diderot, les d'Alembert, les Helvétius, et cette foule de sycophantes aujourd'hui inconnus, mais dont les principes ont enfin enfanté les crimes de l'Assemblée Nationale',[49] d'Antraigues peut à nouveau s'autoriser de la caution de Rousseau, qui lutta en son temps contre le matérialisme des Encyclopédistes, contre leur trop facile optimisme économique, social et politique, et fut la victime du 'complot' qu'ils tramèrent contre lui: 'L'apparition d'un tel homme fut, dans le temps, le désespoir des philosophes et des athées; et c'est surtout dans ses écrits que se trouvent les preuves de la tyrannie athéiste de ceux qui aspiraient déjà à nous priver de notre religion, de notre roi, et de nos propriétés.'[50]

Pourtant, même alors, d'Antraigues ne peut s'empêcher d'évoquer les 'erreurs' de Jean-Jacques: 'entraîné par son sentiment, s'il commit de grandes erreurs, il ne commit jamais de crimes. A côté de ses erreurs, il plaça lui-même le correctif, et le ciel ne voulut pas qu'une âme si pure fût même soupçonnée'.

C'est que la nécessité s'est imposée à d'Antraigues, depuis son émigration, d'apporter un 'correctif' aux idées de Rousseau. Les années passant, la Révolution continuant à progresser, le 'correctif' devient de plus en plus puissant, jusqu'à dissoudre l'essentiel du rousseauisme et à rendre inopportune toute référence à celui-ci, sinon pour le combattre. L'évolution idéologique de d'Antraigues atteint là son terme: il ne peut plus dissimuler sa désaffection totale à l'égard de Rousseau.

Dès 1790 il reconnaît le danger de certains aspects de la pensée de Rousseau. Il n'en fait pas encore grief à celui-ci, mais à certains disciples turbulents, comme lui-même le fut en 1788. Son désir serait alors d'interdire l'adaptation du rousseauisme aux conditions nouvelles nées du déclenchement de la Révolution.

48. *Lettre à MM. commissaires de la noblesse de B****, p.20-23.
49. *Dénonciation aux Français catholiques*, p.8.
50. p.21. Voir aussi p.17-26. Cf. un point de vue moderne, équilibré, sur le problème des rapports de J.-J. avec les Encyclopédistes et surtout Diderot in J. Proust, *Diderot et l'Encyclopédie* (Paris 1962), notamment, ch.10 et 11; A. Adam, 'Rousseau et Diderot', *RSH* 53 (1949), p.21-34; J. Fabre, 'Deux frères ennemis, Diderot et Jean-Jacques', *Diderot studies* 3 (1961), repris in *Lumières et Romantisme* (Paris 1963), p.19-65.

Pour sa part, il décide de mettre sous le boisseau un manuscrit politique que lui aurait jadis remis Jean-Jacques pour en faire 'l'usage qu'[il] croirait utile'.[51] Ce manuscrit était destiné à 'éclaircir quelques chapitres du *Contrat Social*' et à montrer 'par quels moyens de petits états libres pouvaient exister à côté des grandes puissances, en formant des confédérations'. D'après quelques pages des *Considérations sur le gouvernement de Pologne* et quelques réflexions de d'Antraigues, figurant dans le pamphlet même où il révèle l'existence du manuscrit et probablement inspirées par la lecture de celui-ci, on peut entrevoir l'esprit de cette œuvre inconnue.

D'Antraigues s'attache, en effet, dans sa brochure, à montrer l'impossibilité 'd'anéantir l'autorité royale' en cherchant à 'réaliser en France le roman des Républiques confédérées, roman qui par sa beauté a pu décevoir [...] d'excellents citoyens'.[52] Nous comprenons que Rousseau a dû explorer les voies qui permettraient la réalisation éventuelle de ce 'roman', et que d'Antraigues lui donne la réplique:

Ce roman [...] peut décevoir à la fois par l'amour de la liberté et par celui de la tyrannie [...]
   Il séduit par l'amour de la liberté parce qu'il est vrai que la pleine et entière liberté du peuple n'existe que lorsqu'il agit par lui-même, et je crois qu'il sent mieux cette vérité que jamais.
   Or le peuple n'agit par lui-même que dans les plus petits états. Mais les petits états ne peuvent exister à côté des grandes puissances monarchiques qu'en se confédérant; ainsi les républiques fédératives, fortes pour repousser l'ennemi, sont aussi les états les plus parfaitement libres qui aient existé.

Jusqu'ici, d'Antraigues suit Rousseau pas à pas. Il va maintenant lui rappeler l'objection insurmontable (p.32-33), que signalent à la fois les *Considérations* et le *Contrat social* et que Rousseau cherchait sans doute à dénouer dans une réflexion portant sur les applications possibles des principes élaborés dans le *Contrat*:

Mais il faut des mœurs très simples, très pures, pour jouir d'une pareille liberté. Mais il faut des vertus très sévères pour de pareilles républiques; et un gouvernement quelconque, dans sa décadence, dévoré et consumé par tous les vices, ne peut jamais s'élever à la hauteur d'une pareille liberté; et voilà ce qui fait que ceux qui désirent exercer la tyrannie, prêchent dans ces états décrépits les charmes de la liberté absolue et l'existence des républiques confédérées; c'est qu'ils savent bien qu'elles ne peuvent exister; c'est qu'ils rivalisent l'autorité royale; c'est qu'ils veulent s'enrichir de ses

---

51. *Quelle est la situation de l'Assemblée nationale?*, p.59, 60, note. Nous ne reproduisons pas ce texte, bien connu des rousseauistes. Donné par Barbier, il est repris par Vaughan, *Political writings* (Cambridge 1915), ii.135-36, et en partie par Derathé dans son édition du *Contrat social* (*O.C.* ii.1431).
   52. *Quelle est la situation de l'Assemblée nationale?*, p.31.

dépouilles, et qu'effrayés de monter sur le trône antique, ils veulent despotiser dans les provinces, parvenir à la tête de leur administration par la volonté d'un peuple égaré, et régner ensuite par la terreur. Telles sont les idées qui ont fait croire à certains que l'amour de la liberté et le goût de la tyrannie ont fomenté également l'ardeur d'anéantir l'autorité royale, et d'établir des républiques confédérées.

Rousseau, confrontant son idéal à l'état politique de l'Europe dans la deuxième moitié du dix-huitième siècle, devait chercher comment préserver l'existence des petits Etats, asiles de la liberté. De là à concevoir le démembrement d'une monarchie pour y introduire une structure démocratique, il n'y avait qu'un pas. Il est peu probable que Rousseau l'ait franchi, bien que certains conseils donnés aux Polonais, dans les *Considérations* s'inspirent tout à fait de cet esprit utopique.[53] Mais d'Antraigues craignait évidemment que la pensée de Rousseau soit interprétée dans ce sens[54] et que cette œuvre inédite vienne à tout le moins renforcer le courant en faveur d'un régime vraiment représentatif, d'une 'Démocratie royale', comme on disait alors: appréciation très lucide, dont il n'était pas encore capable en juillet 1789, au moment où il se préparait à 'livrer à l'impression' le manuscrit et en fut malheureusement empêché par le

53. Voir *Considérations sur le gouvernement de Pologne*, v, 'Vice-radical', iii.970-71, et le commentaire 'Commencez par resserrer vos limites si vous voulez réformer votre gouvernement [...] Que la séparation des deux Polognes soit aussi marquée que celle de la Lithuanie: ayez trois Etats réunis en un. Je voudrais, s'il était possible, que vous en eussiez autant que de Palatinats; formez dans chacun autant d'administrations particulières.'

54. A juste titre, les deux premiers auteurs qui avaient ouvertement préconisé un gouvernement républicain, les futurs montagnards Billaud-Varenne et Lavicomterie, sont des théoriciens du fédéralisme politique. Voir Billaud-Varenne, *L'Acéphocratie ou gouvernement fédératif démontré le meilleur de tous dans un grand empire* (Paris 1791, BN 8° Lb 39 10087). La Vicomterie, *République sans impôts* (Paris 1792), ch.14, p.305-306, et ch.20, p.370-78 (BN Lb 39 10919). Voir aussi l'intervention de Rabaut-Saint-Etienne, le 9 août 1791, à propos de l'article de la Constitution relatif à la division de la France en 83 départements: 'dans les décrets constitutionnels relatifs à la division du royaume vous avez tout rapporté au principe d'unité qui doit assurer la stabilité d'un empire; le royaume y est représenté comme une chose une. Afin qu'on ne puisse jamais trouver dans la constitution d'argument en faveur d'une subdivision en république fédérale, je demande que cet article soit rédigé en ces termes: "Le royaume est un et indivisible; son territoire est distribué en 83 départements".' Qu'il s'agisse ou non d'une influence directe de Rousseau, le problème de la République continuait donc à se poser, avant la révolution du 10 août 1792, dans les termes exacts où il l'avait posé. Les esprits les plus hardis cherchaient une issue dans la voie d'une décentralisation politique aussi poussée que possible. Ce qui était en contradiction avec la nécessité reconnue par ailleurs de constituer l'unité nationale. Car les 'fédéralistes' de 1791 sont des patriotes, contrairement à ceux de 1793, qui cherchent seulement à cristalliser la contre-révolution autour des Girondins, après la défaite politique de ceux-ci. Au demeurant, les aristocrates protestent dès 1789, après la Constitution de l'Assemblée nationale, contre le 'républicanisme' décentralisateur dont s'inspire le nouveau pouvoir; et de multiples pamphlets de droite sont consacrés à combattre le mythique danger du démembrement du royaume 'le plus ancien et le plus complexe' d'Europe. Voir R. Barny, communication au colloque organisé par l'Université de Paris VIII, les 2-4 février 1989, 'La République avant 1792: de la République aristocratique à la République patriote' (*Actes* à paraître).

'meilleur de [ses] amis', juge plus perspicace de la disposition des forces politiques, ami 'dont la cruelle prévoyance devinait quel usage funeste on ferait' de l'œuvre. Et d'Antraigues ajoute: 'Il me prédit [...] que ce que ce nouvel écrit pouvait contenir d'impraticable, de dangereux pour une monarchie, serait précisément ce que l'on voudrait réaliser, et que de coupables ambitions s'étaieraient de cette grande autorité, pour saper, et peut-être détruire l'autorité royale.'[55] D'Antraigues, en un mot, reproche ici à Rousseau d'avoir tenté lui-même de dépasser son propre pessimisme, garde-fou contre les applications intempestives d'une théorie qui n'est plus supportable dès que, s'emparant de l'esprit des masses, elle cherche à s'incarner et à informer la pratique politique révolutionnaire.

Bientôt d'Antraigues pousse sa critique plus avant. Il s'en prend à la théorie même du *Contrat social*, dans sa pureté. Car les révolutionnaires n'avaient pas besoin des indications dans ce sens de Rousseau pour venir chercher chez lui les éléments de leurs constructions politiques. Aussi faut-il faire ressortir l'irréalisme du *Contrat social*. Dès le *Discours sur les droits de l'homme*, d'Antraigues était peut-être tenté de le faire.[56] Mais il ne suffit plus de le suggérer, il faut le dire, avec Jean-Jacques quand cela est possible, contre lui si c'est nécessaire. Dans le premier cas, on peut s'aider de textes extraits des *Considérations* et du *Jugement sur la Polysynodie*:[57] le réalisme de ces œuvres devrait être compris comme un avertissement que 'le contrat social ouvrage isolé et abstrait [n'est]

---

55. *Quelle est la situation de l'Assemblée nationale?*, p.60. Cette catastrophique destruction, le crime le plus grave de d'Antraigues aux yeux des rousseauistes, n'est aujourd'hui mise en doute par personne. Cet acte correspond bien, en effet, au caractère de la lutte d'idées à l'époque révolutionnaire. Faute de savoir analyser les médiations, on admettait volontiers la détermination en dernière instance par les idées: d'où le style âpre du débat. Il devenait vital, aux yeux de d'Antraigues, de détruire le supplément au *Contrat social*, pour empêcher la destruction de la monarchie. Ce triomphe de l'illusion pédagogique ne pouvait que s'inverser, devant certaines évidences cruelles: on niait alors toute efficace aux idées. Mais l'autre attitude est de beaucoup la plus fréquente, même si la problématique est fondamentalement la même.

56. Voir ci-dessus, p.170-72.

57. D'Antraigues cite à deux reprises le texte du *Jugement sur la Polysynodie*. 'Qu'on juge du danger d'émouvoir une fois les masses énormes de la Monarchie Française! Qui pourra retenir l'ébranlement donné' (iii.638); et celui des *Considérations*: 'Corrigez s'il se peut, les abus de votre Constitution, mais ne méprisez pas celle qui vous a fait ce que vous êtes' (iii.954). Ces textes étaient alors cités dans des centaines de pamphlets et d'articles aristocrates, traits constitutifs principaux du visage d'un Rousseau conservateur. Voir Barny, *L'Eclatement révolutionnaire*, 2ème partie, et 'Remarques sur la pensée aristocratique à l'époque de la révolution bourgeoise', *Cahiers d'histoire de l'Institut de recherches marxistes* 20-21 (1977), p.23-45. D'Antraigues participe puissamment à la campagne de récupération du rousseauisme. Son statut d'ami (?) de Jean-Jacques le met en mesure de la diriger, cependant que sa familiarité avec l'œuvre, son attachement sincère, lui permettent de mener cette entreprise d'une façon beaucoup plus intelligente et nuancée que la plupart de ses amis politiques (dont beaucoup, tels les abbés Maury et Royou, sont de purs faussaires, adeptes tactiques du rousseauisme, mais ayant toujours été ennemis acharnés de J.Jacques, comme il leur arrive parfois de le confesser). Voir encore *L'Eclatement révolutionnaire*.

applicable à aucun peuple de l'univers'.[58] Mais si Rousseau lui-même se laisse prendre à son rêve, il faut bien se garder de le suivre:

> Lorsqu'on aura trouvé un peuple tel que nous le dépeint Jean-Jacques dans le *Contrat Social*, dans la position qu'il exige pour la formation des lois; lorsqu'on aura trouvé un peuple qui, dans le silence des passions, sans démagogues, et guidé par des chefs pleins de vertu et de désintéressement, s'occupera de la formation de sa Constitution, alors le rêve du *Contrat Social* deviendra une réalité [...] Le *Contrat Social*, je le répète, est le Roman d'un beau génie qui, ne trouvant que des hommes corrompus sur la Terre, peupla de ses chimères un Nouvel Univers, et donna des lois à des hommes que son imagination avait créés.[59]

Suivant cette pente, en 1795 d'Antraigues ne trouvera plus à se référer au rousseauisme que pour le combattre. Dans la *Lettre d'un émigré*, où il expose sa véritable philosophie sociale, Rousseau apparaît comme l'ennemi, presque au même titre que Montesquiou, l'auteur 'constitutionnel' de la brochure réfutée.

D'Antraigues s'appuie, pour mener à bien ce travail, sur un ouvrage intitulé *Principes de droit politique opposés à ceux de J. J. Rousseau sur le Contrat social*, et n'hésite pas même à se l'attribuer.[60] Il est à peu près sûr qu'il s'agit là d'un larcin.[61] Mais il est plus évident encore que d'Antraigues, se posant comme l'auteur d'une réfutation de Rousseau, adhère pleinement aux points de vue qui y sont développés. Il s'agit, pour l'essentiel, sans renoncer à la notion même de 'pacte social', de refuser l'élaboration originale que Rousseau en a donnée, car elle est en fait devenue, malgré toutes les polémiques des aristocrates, le fondement de la pensée démocratique; non seulement on ne peut prétendre l'ignorer, mais il est devenu vain d'en discuter la légitimité. Aussi d'Antraigues revient à la vieille idée, ruinée par Rousseau, d'un contrat de soumission entre

---

58. *Quelle est la situation de l'Assemblée nationale?*, p.60.

59. *A l'ordre de la noblesse de France*, p.104.

60. D'Antraigues cite à trois reprises les *Principes de droit politique opposés à ceux de J. J. Rousseau* (p.8, 13, 72-73). Ces citations, que nous avons confrontées avec le texte de la deuxième édition des *Principes* (Paris 1801, BN E* 1953), sont exactes; seule une incidente, n'ajoutant rien au sens, est supprimée dans la dernière. Une autre fois, d'Antraigues renvoie le lecteur au même ouvrage, qu'il semble présenter comme le sien: 'Je ne discuterai point *ici* [souligné par nous] le droit chimérique de la souveraineté du Peuple. Je renvoie sur cette matière le lecteur à la réfutation du *Contrat Social*' (p.51-52 n.). Mais en introduisant la citation de la page 13 il s'était déjà attribué très explicitement cette réfutation: 'Mais, comme je l'ai dit ailleurs [note: voir *Princ. du droit politique opposés à ceux de J. J. Rousseau*]'.

61. Barbier attribue les *Principes* à un publiciste contre-révolutionnaire de la première heure, Landes, avocat au parlement de Dijon. Les deux exemplaires que nous avons pu consulter à la Bibliothèque nationale sont de la deuxième édition (Paris 1801). Un discours préliminaire, à la gloire du Premier consul (sur lequel on compte pour restaurer les vrais principes), a été ajouté. La page de titre porte: *Principes de droit politique opposés à ceux de J. J. Rousseau par M***, ancien avocat au parlement*, ce qui va dans le sens de l'attribution de Barbier. Par ailleurs, la biographie de Michaud, à l'article 'Landes', suit Barbier: les *Principes* sont le quatrième ouvrage cité, '1ère édition Neufchâtel, en Suisse, 1794' (le pamphlet de d'Antraigues est de 1795).

le peuple et le souverain. C'est le sens de la définition des lois fondamentales qu'il emprunte aux *Principes de droit politique*: 'Les loix fondamentales sont les premières conventions faites entre les sujets et le souverain, sur la forme de gouvernement, le mode d'existence de la société politique, et sans lequel elle n'existerait pas.'[62] Et d'Antraigues s'efforce de démontrer que de telles conventions sont intangibles, en suivant de très près le texte qu'il s'attribue. Plus loin, il cite d'ailleurs intégralement le développement démarqué une première fois:

Un effet nécessaire de cette première convention [entre les sujets et le souverain] est de ne pouvoir être détruite ou altérée que dans la même forme où elle a été faite; c'est-à-dire par le consentement général de tous les membres du corps politique; parce que celui qui ne serait point appelé au changement de la constitution, ou à qui il ne pourrait convenir, n'étant plus alors au même état de sa liberté primitive, deviendrait alors un objet de conquête. Il ne serait plus un citoyen, mais un esclave, et le contrat social n'aurait institué autre chose à son égard que le droit du plus fort, destructif de toute société: droit qui pourrait même être exercé contre le plus grand nombre, puisqu'il est vrai que le plus petit peut être le plus puissant.[63]

On découvre, dans cette démonstration, une curieuse utilisation du vocabulaire rousseauiste pour réfuter le *Contrat social* et restaurer les dogmes politiques détruits par Rousseau dans son œuvre politique maîtresse. L'opposition porte sur un point fondamental: Rousseau nie que l'acte par lequel un peuple se donne un roi constitue le pacte social. Il faut remonter à une convention antérieure qui réalise une forme d'association où chaque individu, contractant avec la communauté, ne contracte qu'avec lui-même.[64] Le pacte social ainsi conçu définit la souveraineté, fondée sur la volonté générale de l'ensemble du peuple. Et comme 'nul n'est tenu aux engagements pris avec lui-même', le souverain, résidant dans la communauté, est libre à tout moment de changer les lois qu'il s'est données: Rousseau montre par là le caractère illégitime de la notion traditionnelle de 'loi fondamentale'[65] que d'Antraigues a toujours re-

---

62. *Lettre d'un émigré*, p.8 (citation des *Principes*).

63. *Principes de droit politique opposés à ceux de J. J. Rousseau*, p.74; voir aussi p.9-14 et 72-73.

64. Voir *Contrat social*, I, 5 (iii.359): 'Qu'il faut toujours remonter à une première convention': 'Un peuple, dit Grotius, peut se donner à un roi. Selon Grotius un peuple est donc un peuple avant de se donner à un roi. Ce don même est un acte civil. Il suppose une délibération publique. Avant donc que d'examiner l'acte par lequel un peuple élit un roi, il serait bon d'examiner l'acte par lequel un peuple est un peuple. Car cet acte étant nécessairement antérieur à l'autre est le vrai fondement de la Société,' et I, 6, 'Du pacte social' (iii.361): 'chacun, se donnant à tous, ne se donne à personne'.

65. Voir *Contrat social*, I, 7, 'Du souverain' (iii.362): 'Il faut remarquer encore que la délibération publique, qui peut obliger tous les sujets envers le Souverain à cause des deux différents rapports sous lesquels chacun d'eux est envisagé, ne peut, par la raison contraire, obliger le Souverain envers lui-même, et que, par conséquent, il est contre la nature du corps politique que le Souverain s'impose une loi qu'il ne puisse enfreindre. Ne pouvant se considérer que sous un seul et même rapport il est alors dans le cas d'un particulier contractant avec soi-même, par où l'on voit qu'il n'y

connue pour sa part, sans prendre conscience jusqu'alors de son opposition diamétrale au rousseauisme, et qu'il s'efforce maintenant de restaurer contre le *Contrat social*. Mais la vieille idée du contrat de soumission ne se présente pas de la même façon que dans Grotius, par exemple: elle est désormais habillée à la Rousseau. L'auteur des *Principes* évoque 'le consentement général de tous les membres du corps politique', qui, selon Rousseau, est nécessaire dans le pacte social; seulement alors que, pour Rousseau, il s'agissait d'établir l'inanité du pacte de soumission et de déterminer les conditions pour qu'un changement politique soit légitime, il s'agit maintenant de condamner le peuple à l'immobilisme, en faisant dépendre tout changement d'une unanimité impossible à atteindre!

De la même façon, dans le texte cité, l'argumentation conservatrice s'aide de l'idée rousseauiste que la force ne saurait être le principe d'un droit.[66] Cette idée, dénaturée, sert maintenant à fonder la pérennité du privilège, par le refus de justifier la contrainte exercée contre les privilégiés: le peuple se trouve ainsi privé du droit de résister à la force qui l'opprime. Cette perversion radicale du rousseauisme est encore une manifestation de son influence. Landes, l'auteur présumé des *Principes*, fut toujours, contrairement à d'Antraigues, un adversaire de la Révolution, même pendant sa période de gestation. Il a toujours considéré Rousseau comme un ennemi: à son insu, il subit donc l'emprise d'un climat idéologique tellement pénétré de rousseauisme que les doctrines adverses en reçoivent une certaine coloration. D'Antraigues d'ailleurs est sensible à cette couleur, qui lui rappelle ses engagements passés. Et on le voit alors protester contre la sévérité de Landes, oubliant qu'il vient de s'attribuer les analyses de celui-ci! Après avoir recopié la formule que nous venons de commenter: 'Un effet nécessaire de cette première convention est de ne pouvoir être détruite que [...] par le *consentement général de tous les membres du corps politique*', il réagit, et ne peut s'empêcher d'indiquer en note: 'ce principe n'est point opposé à ceux de J. J. Rousseau. Ce philosophe est parfaitement du même avis'. Le caractère un peu saugrenu de cette remarque témoigne d'un mouvement sincère. D'Antraigues, à ce moment du moins, ne réalise pas à quel point il dénature la véritable pensée de Rousseau. Sa réflexion se déroule ainsi sur deux plans qui ne communiquent pas: d'une part, et c'est désormais l'essentiel, il combat Rousseau, auteur subversif; de l'autre, il garde une certaine nostalgie de son adhésion au rousseauisme, si superficielle qu'elle ait pu être en un sens, et il ne réussit pas à contrôler quelques résurgences. Mais il ne s'agit plus que

---

a ni ne peut y avoir nulle espèce de loi fondamentale obligatoire pour le corps du peuple, pas même le contrat social.'

66. Voir *Contrat social*, I, 3, 'Du droit du plus fort' (iii.354-55).

de bribes: une formule, un mot, d'ailleurs détournés de leur sens, l'allure d'une phrase, un réflexe stylistique, simples témoins à peine perceptibles d'un état révolu.

Conclusion

AINSI achève de se dissoudre, dans quelques réflexes dérisoires, le rousseauisme du comte d'Antraigues. Celui-ci, on a pu s'en rendre compte, s'il était doué d'une intelligence vive, n'était ni un homme politique lucide ni un théoricien rigoureux. Il ne faut pas chercher dans son œuvre une réaction originale au rousseauisme, un développement intéressant en soi; pas davantage une interprétation fine de la pensée de Rousseau. Mais ce caractère d'homme moyen, inapte à dépasser le point de vue d'une classe condamnée, contrainte aux expédients théoriques pour se fabriquer des justifications fragiles, confère précisément à d'Antraigues son intérêt pour l'historien des idées.

L'évolution de ce disciple infidèle de Rousseau nous paraît exemplaire en deux sens. Elle révèle la dégradation idéologique caractéristique des couches sociales qui ont, en 1787-1788, inauguré en toute innocence le mouvement révolutionnaire. On pourrait montrer d'ailleurs que, chez les hommes qui se sont, à un moment quelconque, détournés de la Révolution, la pensée théorique subit souvent une régression du même type.[1] Evolution exemplaire aussi dans la mesure où le rousseauisme étant devenu idéologie de masse, engagée dans une histoire concrète, elle montre le rôle ambigu qu'il a parfois joué, tout en ne laissant aucun doute sur la résultante finale que composent les éléments contradictoires de cette doctrine. De ce point de vue, l'histoire du comte d'Antraigues fournit plusieurs enseignements.

Les aristocrates, et c'est le meilleur de leur pensée, utilisent avec habileté les contradictions du rousseauisme: opposition entre les aspects révolutionnaires et les aspects conservateurs de celui-ci; opposition entre le pessimisme de fait de Jean-Jacques, et l'optimisme de droit qui constitue le fond de son enseignement; le bonheur doit être possible, c'est le devoir de tout être humain que d'en rechercher les conditions; opposition, enfin, entre son universalisme de droit et la réalité des antagonismes sociaux qu'il s'efforce de nier, mais qui

---

1. Ce n'est pas une règle absolue. L'exemple le plus éclatant du contraire sera Barnave qui, abandonné par la Révolution dans sa route, entré dans l'opposition, élabore dans sa retraite dauphinoise la première interprétation scientifique du vaste mouvement auquel il vient de participer. Barnave a pu être influencé par l'analyse économique que donne Rousseau de l'apparition de l'Etat dans le *Discours sur l'origine de l'inégalité*. Mais il était surtout un disciple de Montesquieu, et il est probable qu'il s'inspire surtout de l'ébauche d'une sociologie matérialiste dans l'*Esprit des lois*. Voir Barnave, *Introduction à la Révolution française*, texte présenté par Fernand Rude (Paris 1960) et, aujourd'hui, le texte procuré par Patrice Guenifrey, avec une préface de F. Furet, publié sous le titre *De la Révolution et de la Constitution* (Grenoble 1988).

constituent le point de départ de sa réflexion. Ces difficultés théoriques sont d'une utilisation d'autant plus payante qu'elles ont leur source dans une contradiction importante, encore secondaire mais se développant très vite, entre la bourgeoisie qui forge son triomphe et les masses populaires, simple instrument de ce triomphe, mais qui, portées sur le devant de la scène, prennent déjà conscience d'elles-mêmes, de leurs intérêts propres et de la nécessité d'élaborer une théorie politique, justement préfigurée par le rousseauisme.

Aussi les aristocrates peuvent-ils combattre l'utilisation bourgeoise de Rousseau (surtout pendant la première phase de la Révolution). Nous avons vu comment leur surenchère démocratique touchait parfois juste. Elle est redoutable dans la mesure où elle se confond pour des raisons tactiques avec l'expression des aspirations populaires. (Inversement, cette dernière est souvent taxée de provocation aristocrate: on condamne le mouvement des 'enragés', dès février 1793, en le présentant comme le fruit d'un complot royaliste. Parfois on le considère vraiment comme tel, non sans quelque raison.)[2] Cette complexité des rapports de classe, qui ouvre la voie à la démagogie instinctive des aristocrates, tout heureux d'élargir la fissure entre la bourgeoisie et les masses populaires et de se présenter comme les véritables défenseurs du peuple, insuffle une sorte de vie artificielle au rousseauisme de d'Antraigues.

Par ailleurs, l'exemple de d'Antraigues est celui d'un homme qui a, au départ, une excellente connaissance de l'œuvre de Rousseau. Cette circonstance lui permet de choisir dans celle-ci en fonction de ses besoins, c'est-à-dire que le recours dogmatique au rousseauisme est pour lui une tentation permanente. La source profonde de cette attitude doctrinaire est d'ailleurs autre part, dans le fait que les aristocrates utilisent l'œuvre de Rousseau comme une sorte de contre-feu théorique. Ils sélectionnent donc quelques principes intangibles et les opposent au rousseauisme vivant des révolutionnaires; ceux-ci, au contraire, partent le plus souvent de la pratique sociale et politique, et rencontrent, chemin faisant, certaines thèses essentielles du rousseauisme qui leur servent de point d'appui: le démocratisme politique du *Contrat social* pour les Constituants, plus encore pour les Montagnards, la tendance à l'égalité économique pour les révolutionnaires plus avancés.

Il ne faut donc pas être surpris par la multiplicité paradoxale des références

---

2. Les rapports entre Robespierre, et surtout Marat, et le mouvement populaire des 'enragés' sont instructifs à cet égard. Le 12 février 1793, Marat bondit à la tribune de l'Assemblée pour stigmatiser une pétition rédigée par le 'curé rouge' Jacques Roux, reprise par les 48 sections de Paris, qui réclamait le vote d'urgence d'une loi sur les subsistances. Marat, comme Robespierre, croit discerner dans cette agitation une manifestation de l'insurrection fédéraliste, royaliste et girondine des provinces. Est provocation toute démarche qui affaiblit, en cette heure critique, l'autorité de la Convention montagnarde!

à Rousseau dans les textes des aristocrates, et des renégats de la Révolution. Ce sont essentiellement ces hommes qui développent la pratique et l'abus de la citation, conformément à la tâche qu'ils se fixent. Leurs adversaires, par contre, conscients du caractère original du mouvement révolutionnaire, cherchent les voies inexplorées de son développement, ce qui leur interdit de se référer jamais en dernière instance à une doctrine dont ils seraient prisonniers, fût-ce même celle de Rousseau.

Ainsi comprend-on un autre paradoxe: on a cru parfois déceler l'influence la plus profonde de Rousseau chez des hommes qui, en fait, le connaissaient mal, par des voies médiates, et n'ont pris un contact direct avec son œuvre (quand toutefois ils en ont eu le loisir) que fort tard, au moment où leur expérience d'hommes d'action leur en faisait pressentir la portée. Ils étaient conduits à redécouvrir (et souvent à dépasser) les mêmes thèmes parce qu'ils étaient aux prises de la même façon avec les contradictions du mouvement social, génialement perçues par Rousseau trente ans auparavant, beaucoup plus accusées maintenant que la Révolution venait attiser leur développement. A. Soboul, dans deux articles, l'un sur le rousseauisme des classes populaires, l'autre sur les rapports entre l'œuvre de Rousseau et les jacobins, et Claude Mazauric, dans une étude sur le rousseauisme de Babeuf, aboutissent à des conclusions de cet ordre.[3] 'Dans l'œuvre de Rousseau, le monde de l'artisanat contemple avec complaisance sa propre image. De l'un à l'autre plus peut-être que filiation il y a résonance,' indique A. Soboul. Et C. Mazauric affirme:

si l'on essaie de mesurer la part du rousseauisme dans les années de formation du jeune Babeuf, force nous est de constater qu'il résulte moins d'une étude consciente et froide de l'œuvre de Rousseau que d'une lente imprégnation idéologique résultant d'une réflexion née de la vie et recourant à la lecture pour se soutenir [...] La pensée de Rousseau, connue plus tard qu'on ne le pense, et sans doute mal, lui a fourni une panoplie de principes politiques et sociaux indispensables pour exprimer sa pensée.[4]

L'expérience des 'disciples' aristocrates de Rousseau est, en un sens, rigoureusement inverse, et l'étude du rousseauisme de d'Antraigues conduit à des conclusions qui sont le pendant exact de celles de Soboul et Mazauric.

3. A. Soboul, 'Classes populaires et rousseauisme', Société des études robespierristes, numéro spécial, *J. J. Rousseau, pour le 250ème anniversaire de sa naissance* (Gap 1963), p.43-60, *J. J. Rousseau et le jacobinisme: études sur le Contrat social de J. J. Rousseau*, actes des journées d'études tenues à Dijon le 3, 4, 5 et 6 mai 1962 (Paris 1965), p.405-24; C. Mazauric, 'Le rousseauisme de Babeuf', *J. J. Rousseau pour le 250ème anniversaire de sa naissance*, p.75-100.

4. Mazauric serait sans doute amené à nuancer son opinion, aujourd'hui, après la traduction du livre de Victor Daline, *Gracchus Babeuf, 1785-1794* (Moscou 1976). V. Daline croit à une influence beaucoup plus précoce et diversifiée de J. J. Rousseau. Malheureusement, il analyse plus souvent qu'il ne les cite les documents sur lesquels il fonde sa démonstration (à moins que l'édition française n'ait été abrégée). Voir, par exemple, p.100-104, 108-11, etc. Voir aussi R. Barny, 'Babeuf et J. J. Rousseau', Colloque international Babeuf, Amiens, 7-9 décembre 1989 (*Actes*, à paraître).

D'Antraigues, passionné de Rousseau, dont la pensée lui semblait justifier ses propres revendications à une époque où il se sentait opprimé par le despotisme et où ce sentiment le portait au-delà de lui-même, est contraint de se détacher progressivement du rousseauisme. La portée de cette doctrine est beaucoup plus vaste qu'il ne pouvait l'imaginer, aveuglé qu'il était par son point de vue de caste. Et d'Antraigues doit finalement se résigner à l'abandon.

On arriverait à une conclusion voisine par l'étude de la trajectoire d'hommes qui incarnent, certes avec moins de talent et de sensibilité que d'Antraigues, les rancœurs de la même couche sociale, devenue férocement contre-révolution-naire sans renoncer aux prestiges du langage 'républicain' ni aux révoltes de la jeunesse. Non pas sans doute le comte de Barruel-Beauvert, pseudo-biographe de Rousseau, dont le rousseauisme est très suspect dès le début et qui usurpe vraisemblablement le titre d'ami de Jean-Jacques: son caractère semble se réduire d'une part à la vanité littéraire (sa principale attache aux Lumières), de l'autre à la platitude d'un conservatisme épais, qui exclut toute évolution significative. Ce n'est pas le cas du comte d'Escherny, un des pèlerins de Môtiers, qui ne manquait pas, lui non plus, de suffisance, mais qui fut du moins admis à herboriser avec Jean-Jacques et qui était assez attaché à ce souvenir pour faire, beaucoup plus tard, en 1786, un pèlerinage aux Charmettes.[5] Fortement marqué par la pensée politique et par le personnage de Rousseau, d'Escherny est l'auteur du plus remarquable éloge de celui-ci, composé à l'occasion du concours de l'Académie française en 1790: 'C'est de cet homme extraordinaire qu'on propose aujourd'hui l'éloge. [...] Du haut de la tribune les législateurs de France en prononcent chaque jour une ligne.'[6] Dès la publication de ce discours académique, en avant-propos d'un ouvrage dont l'inspiration politique est déjà sensiblement différente, l'auteur éprouve le besoin de se justifier du passage cité ci-dessus par une note:

J'ai fait cet éloge en 1789[7] et dans le même temps que j'écrivais la *Correspondance d'un*

5. Voir Charly Guyot, *De Rousseau à Mirabeau: pèlerins de Môtiers et prophètes de 89*, p.43-53; d'Escherny, *Correspondance d'un habitant de Paris avec ses amis de Suisse et d'Angleterre*, lettre IX (datée de Paris, juin 1790): 'J'étais à Chambéry il y a cinq ans. J'allais en pèlerinage aux Charmettes. Le seigneur des lieux me fit ouvrir ce sanctuaire, ce berceau du Contrat social [...] où J.Jacques a demeuré et passé une partie de sa première jeunesse avec Madame de Warens.'

6. D'Escherny, *De l'Egalité ou principes généraux sur les institutions civiles, politiques et religieuses*, précédé de l'éloge de J.-J. Rousseau en forme d'introduction (Basle 1796), p.vi-vii. Sur le concours de 1790-1791, voir Barny, *Rousseau dans la Révolution*, p.79-97.

7. Ou bien le mémoire de d'Escherny le trahit: le prix de J.-J. Rousseau ne fut en effet mis au concours que pour l'année 1790, au plus tôt. Notre auteur confondrait donc 1790 et 1789, ce qui étendrait sensiblement dans le temps l'attitude patriote jugée puérile en 1796. Ou bien la trame de l'éloge de Jean-Jacques était déjà figurée par un des chapitres insérés dans la *Correspondance*: voir la lettre IX, 'De l'influence de J. J. Rousseau sur les Révolutions de France', assez enthousiaste, mais datée, elle aussi, du 10 juin 1790. Quoi qu'il en soit, la période d'enthousiasme patriote dure

habitant de Paris, etc.; c'est-à-dire dans les beaux temps d'une révolution dont j'étais ivre comme bien d'autres. Je ne voyais pour elle en perspective que le bonheur de la France et de l'espèce humaine. Qui pouvait en prévoir les épouvantables suites?[8]

Le traité politique dont l'*Eloge de Jean-Jacques* constitue l'avant-propos permet, on le devine, à l'auteur de prendre ses distances par rapport aux thèses rousseauistes. Et d'Escherny terminera, comme d'Antraigues, par une réfutation en règle, mais dont il est lui, incontestablement l'auteur: *Des erreurs de J. J. Rousseau en politique.* 'On ne pense point sans frissonner', écrit-il, 'à l'abîme où les erreurs d'un philosophe célèbre, homme de bien, nous avaient entraînés et d'où nous sommes sortis comme par miracle; je veux parler du fameux *Contrat Social* de J. J. Rousseau. On a déclamé contre cet écrit, on ne l'a point réfuté. Rien de plus superficiel que tout ce qu'on lui a opposé jusqu'à présent.' Nous devinons que cette calamiteuse lacune était alors sur le point d'être comblée. D'Escherny, dont le style est plus pesant que celui d'Antraigues mais qui ne manque pas, à l'occasion, de subtilité, voire de rigueur philosophique, produit en effet une réfutation intéressante. Ce n'est pas ici le lieu d'en ébaucher l'analyse. Qu'il suffise d'indiquer, à travers des différences certes significatives, la parenté entre sa propre trajectoire et celle de d'Antraigues à l'égard du rousseauisme et de la philosophie des Lumières en général. C'est le moment du grand assaut contre les Lumières, de l'adhésion à l'orthodoxie catholique, explicitement politique au début, prélude et composante de la renaissance du sentiment religieux. Le groupe de la petite et moyenne noblesse provinciale, tout particulièrement celui de d'Antraigues, tient dans ce grand concert sa part, dont l'originalité mériterait d'être précisée. C'est aussi le moment où les héritiers du patriotisme et des Lumières tentent de faire front, par exemple dans la *Décade philosophique*, que domine Ginguené après l'impulsion donnée par Chamfort dans les mois qui précédèrent sa mort, le 13 avril 1794:[9] deux rousseauistes notoires, proches, cette fois, des Girondins. La répartition des forces politiques et idéologiques à l'égard de Rousseau se cristallise pour une très longue période. Les ennemis, qui avaient paru s'évanouir, s'affirment à nouveau. Ils ne désarmeront plus.

Mais cette première vague anti-rousseauiste, la plus intéressante en un sens puisqu'elle a pour acteurs principaux de véritables disciples de Jean-Jacques, suffit à montrer qu'on ne réussit pas à emprisonner une pensée aussi riche que

plus longtemps chez d'Escherny que chez d'Antraigues, qui a déjà émigré lors de la composition de l'*Eloge*.

8. *De l'égalité*, p.vii n.2, in *Œuvres philosophiques, littéraires et morales*, 2ème édition (Paris 1814), tome 1er.

9. Cf. Marc Régaldo, *Un milieu intellectuel: la Décade philosophique 1794-1807*, Atelier reproduction des thèses, Université de Lille III, i.48-53.

celle de Rousseau: sa complexité lui permet de résister à toutes les tentatives de stérilisation. Quand on ne réussit pas à se hausser à son niveau, c'est parfois aussi qu'il est impossible d'échapper aux limites qu'impose l'appartenance à une caste historiquement déchue. Il ne reste plus alors qu'à glorifier la situation de renégat des Lumières ou à s'exiler dans le rêve, deux aspects d'une situation contradictoirement vécue qui se recoupent sans toujours s'identifier. L'idéalisation de l'échec (prélude au romantisme) n'est pas forcément une voie médiocre. On peut cependant estimer que pour quelques-uns qui suivront la voie la plus difficile, celle de la fidélité à la fois au patriotisme et aux Lumières (tel Lepelletier de Saint-Fargeau, qui pourtant venait de loin, ou le Girondin Riouffe), nombreux sont ceux qui accompagneront d'Antraigues dans sa chute, encore que le mystère de sa mort ne soit pas dénué d'une étrange valeur rédemptrice: jusqu'où a-t-il suivi Jean-Jacques?

Annexe 1

La liaison du comte avec une jeune paysanne
(épisode supprimé; voir p.31, 33)

Voici l'essentiel de cet épisode supprimé (f.209-10). Il est rayé nettement, d'un seul trait transversal, assez appuyé, mais n'est pas plus difficile à déchiffrer que le reste du manuscrit:

Je m'aperçus que les jours ne sont que la moitié de la vie: mes sens avaient besoin d'une maîtresse et j'étais trop sage pour en prendre une [passionnée?] [...] Mes regards se fixèrent ainsi que mon cœur sur une jeune paysanne pauvre, dénuée de tout, accablée de misère et sans espoir de voir jamais s'améliorer son sort. Il m'était facile de la séduire et d'en jouir, mais ce n'est pas ainsi que je cherche le plaisir. Je commençai à l'approcher de moi, je l'examinai. Je [commandai à?] mes passions et ne lui dit plus un mot qui pût me trahir. Sa figure est commune, mais ornée de cette candeur si douce qui m'a toujours séduit; elle est petite mais sa taille est élégante, son pied mignon et son sourire plein de volupté. Elle a peu d'esprit, mais elle en a assez pour développer un cœur sensible, et à ce charme se joint un tempérament assez décidé, mais modéré par une réserve extrême et une décence qui jamais ne fut démentie. Je m'attachai à lui plaire; je pouvais ravir les plaisirs, je voulais qu'ils me fussent offerts. Pour éloigner toute idée d'intérêt je commençai par lui assurer une petite fortune; je lui donnai tous les [agréments?] qui pouvaient la flatter; je pris soin de sa famille et ce fut de tous mes bienfaits celui qui toucha le plus cette enfant. Elle me craignait, je m'efforçai à [sic] dissiper sa timidité et à lui inspirer la confiance. J'ai [réussi?]. Pendant six mois j'ai attendu le prix de mes peines, et assurément je n'ai pas dû regretter ce sacrifice. Elle m'a choisi pour son amant avec liberté parce qu'elle m'aimait et nous [passerons?] nos jours ensemble. Cette liaison obscure et modeste convient à un homme simple, dégoûté des grandeurs et qui connaît trop les femmes du grand monde pour se laisser prendre à leurs amours. Je trouve les plaisirs dans ses bras sans aucun art, sans coquetterie; je suis heureux de son bonheur et mon secret pour être aimé consiste à la traiter avec égalité, à n'en rien exiger et à avoir su restituer à la beauté infortunée la liberté, compagne nécessaire de l'amour.

Le récit enchaîne alors sur celui, itératif, du séjour de l'auteur dans son 'désert' au moment de l'écriture: '*Voici* la troisième année que je *reste* à La Bastide et je n'ai jamais *éprouvé* un moment d'ennui. *Prêt* à quitter ce séjour pour aller passer l'hiver à Paris je *recule* autant que *je puis* le moment du départ *bien sûr que* cette grande ville ne m'*offrira* rien de comparable à la tranquillité de mes bois.' Le narrateur évoque ensuite son goût de la solitude studieuse: il lit et relit Rousseau et les auteurs anciens. Puis vient le portrait des paysans du Vivarais, déjà analysé pour sa portée politique directe. Le texte cité ci-dessus est un prélude intime à ce final. On comprend que d'Antraigues ait jugé qu'il valait mieux le supprimer (preuve, au passage, qu'il envisageait la publication, bien que le manuscrit, rédigé, selon les dates indiquées, entre le 21 juin et le 20 octobre 1782, ne soit guère qu'un brouillon, criblé de négligences de tous ordres et même de blancs, dans l'attente d'une reprise). Le narrateur, intensément présent au sein de l'épisode, comme l'indiquent déjà diverses formes verbales du présent et du futur, se découvre en effet avec un étonnant cynisme dans le choix et la peinture de son objet de plaisir. On a ici le portrait-robot de la femme qui émeut les sens du comte, par ses qualités physiques d'abord: le pied mignon, surtout le regard voluptueux, trait commun à toutes ses partenaires, même Milady, même la femme qu'il convoite sans la posséder, Mme Du Mailhet (dans la deuxième partie), à l'exception de la jeune princesse Potoska; auxquelles se joignent des qualités morales essentielles: sensibilité, 'réserve' et 'décence' dans le plaisir (à l'exception, bien entendu, de l'hystérique Mme de Barral).[1] Mais le cynisme ingénu se manifeste surtout par les indications socio-économiques, qui assurent une parfaite dépendance de la jeune fille, cette 'enfant'. Plus révélatrice encore est (*a contrario*) la volonté affichée par le comte de ménager prétendûment la liberté de sa partenaire sexuelle, c'est-à-dire, en fait, de préserver son propre sens de la liberté. Le bouquet final est le commentaire moraliste où s'exhibe l'idéal de l'égalité, la haine du 'monde' et du despotisme, à travers l'opposition entre le type de femme que l'auteur vient de définir, et les dames de la Cour, impropres à l'amour. Les principaux thèmes idéologiques de l'œuvre sont ainsi involontairement caricaturés.

C'est en ce sens que les fantasmes érotico-affectifs de d'Antraigues trahissent le caractère précocement double de son rousseauisme.

On sait, au reste, qu'une lettre de la mère du comte (citée ci-dessus, p.2, n.5) atteste l'existence réelle de Marianne. Aucun document, par contre, sur Virginie. Celle-ci serait-elle la fiction gratifiante, opposée à la réalité de celle-là, jugée à la réflexion trop compromettante pour être avouée? Cette hypothèse

---

1. Qui était, d'ailleurs, sa parente. Voir les *Mémoires du comte de Saint-Priest* publiés par le baron de Barante (Paris 1929), t.ii: 'La Révolution et l'émigration', p.200: 'M. de la Valette [était] marié à une Beauharnais; madame de la Valette, si célèbre depuis par l'évasion de son mari, était la cousine germaine de la Comtesse de Barral, née Beauharnais comme elle, et ma parente au même degré.' La comtesse de Barral était donc la petite-cousine de d'Antraigues (au second degré). Sur Mme de Barral (ci-dessus, p.10, 98 n.11, 102 et n.17, 103 n.22, 111, 113) voir Georges Salamand, *Paulin de Barral, libertin dauphinois: un débauché à la veille de la Révolution française* (s.l. 1989) (comporte un 'Mémoire de Mme de Barral, 1764-1784', antérieur à sa liaison avec d'Antraigues, et où elle n'apparaît pas comme une débauchée, mais comme une victime: il est vrai que cette pièce est l'instrument d'un réquisitoire contre son mari, et que celui-ci écrit, en 1782: 'Madame du Barral était au courant de mes aventures. Elle rédigeait pour moi, le brouillon de mes lettres galantes' – ce qui pourrait justifier l'appréciation de Georges Poisson (*Choderlos de Laclos ou l'obstination*, Paris 1985): 'ce couple infernal, si Laclos le connut et eut vent de ses méfaits, a vraiment la carrure de modèle'; et ce qui correspond à la perversion prêtée par d'Antraigues à Mme de Barral, et à la scandaleuse collaboration dont il se targue: un ouvrage érotique dont les acteurs sont des personnages réels, de la plus haute société! (voir ci-dessus, p.98 et n.11).

est d'autant plus séduisante qu'on retrouve Marianne à la fin des mémoires, mais ingénûment débaptisée, et confondue avec Virginie! Cet extraordinaire lapsus intervient au cours du récit de la dernière intrigue amoureuse du comte (dans le récit du moins, car, en ce qui concerne l'histoire, il s'agit d'une rétrospection narrative qui nous ramène quatre ans en arrière, date du retour de Turquie). L'épisode est donc situé en 1781, à Montpellier, puis en 1784 ou en 1785 à Paris, et à Rouen. Le héros devient l'amant d'une actrice, pourtant laide et ridiculeusement précieuse, Mlle Sainval, et au moment décisif, il éprouve du remords, car l'image de sa maîtresse de La Bastide vient le visiter (f.223-24):

Nous [d'Antraigues et Mlle Sainval] épuisions tout le romanesque de l'amour. C'était à mourir d'ennui. Dans le déclin de la journée nous devenions plus clairs. Cependant mon cœur se révoltait des faveurs qui étaient une infidélité bien réelle à ma chère Virginie, et d'ailleurs résolu de ne jamais quitter cette aimable enfant, quels liens bizarres nous allions former [avec la Sainval]! L'idée d'affliger Virginie était au-dessus de mes forces. Il m'en eût mille fois moins coûté de me percer le cœur. Son amour si naïf, ses grâces si naturelles, cette inexprimable bonté d'âme, cette ardeur d'attachement qui brillent assurément en elle étaient des liens qui je sentais bien m'avaient enlacé pour la vie. J'eusse été le plus vil scélérat de la terre si après l'avoir tirée d'un état obscur, bien peu fait pour elle il est vrai, mais enfin où le silence des passions est le gage de la paix de l'âme, après avoir développé ses vertus par le serment de l'amour le plus tendre j'eusses été assez lâche pour la tromper. Non jamais je n'en eus l'idée, et pendant l'absence elle m'a toujours été plus chérie à mesure que j'ai pu la comparer avec les femmes des pays où j'ai vécu. Mais enfin à trente ans les sens parlent quand le cœur se tait [...] A côté des plaisirs, je trouvai le remords et l'ennui. L'un naissait de ma faute, l'autre des projets qu'elle [Mlle Sainval] faisait pour notre réunion. Après un séjour de huit jours, je revins à Paris et de là à La Bastide. Une fois rendu ici en voyant Virginie, j'ai éprouvé combien l'aspect de celle qu'on a offensée est déchirant pour le coupable. Son abord si plein de charmes m'a cruellement fait sentir mes torts.

Ces scrupules font vraiment voir trop de délicatesse, surtout si l'on songe au nombre d'infidélités dont le héros – grand amateur d'expériences nouvelles (il ne se répète jamais!) – se rend coupable. Quand on lit le nom de Virginie, on croit d'abord à un retour du souvenir (bien qu'en pareille circonstance le comte ait déjà repris l'habitude d'évoquer de préférence Milady). Mais dès la deuxième phrase la substitution devient évidente, et on discerne assez vite comment elle a pu se produire. Le personnage de Marianne a déjà subi un début d'idéalisation, qui s'ébauche même dès l'épisode censuré de son apparition et se précise quand elle reçoit son nom (véritable). Ici le travail d'idéalisation se poursuit (l'amour naïf, les grâces naturelles, la bonté d'âme). Mais il reste suffisamment de traits de la première image (la plus proche de la réalité?) pour rendre cette superposition à la fois étrange et significative. Le héros retient l''ardeur d'attachement' de sa maîtresse et, surtout, le fait qu'il l'a tirée d'un 'état obscur':

mais ici nouveau brouillage, puisque cet état obscur (littéralement celui de fille de paysan) est à la fois social et psychologique, c'est aussi l'absence de passion, qui confère la tranquillité (thème romanesque banal depuis *La Princesse de Clèves* au moins) mais équivaut au néant, à une existence infirme (thème des Lumières, réhabilitation de la passion). Le comte d'Antraigues se prend donc doublement pour Pygmalion, il a donné vie à sa statue, et, en elle, c'est lui qui se respecte. D'Antraigues est d'ailleurs fasciné par le mythe de Pygmalion: il se réfère souvent à la pièce de Jean-Jacques Rousseau, ou plutôt à la scène lyrique qui porte ce titre (*Œuvres complètes*, ii.1225-31): c'est un de ses triomphes en tant qu'acteur, un long récitatif qui demande beaucoup de talent et de passion. On verra dans cette fascination du mythe un signe supplémentaire de l'intensité avec laquelle d'Antraigues désire devenir un homme de lettres, puisque l'amour de Pygmalion pour Galathée c'est, bien au-delà des thèmes amoureux, le mythe du désir de l'écrivain pour son œuvre, et de son désir de reconnaissance par un public. Pour en revenir au personnage de Marianne (alias Virginie), il n'est pas sans intérêt d'indiquer que le premier intérêt manifesté par le héros pour la rivale (Mlle Sainval) date de l'époque où il a donné à cette actrice un échantillon de son talent d'élève du grand Lekain, en déclamant une scène de *Phèdre* et, surtout, 'l'invocation de Pygmalion de [son] illustre ami' (f.222). Disciple de Rousseau et élève de Lekain, quelle investiture pour se poser en créateur!

On a d'ailleurs vu (voir ci-dessus, p.31, n.19) que d'Antraigues se compare implicitement à Pygmalion, dans le passage où il révèle (à propos déjà de sa trahison, au moins sentimentale, en faveur d'une rivale, Mme Du Mailhet) le nom de Marianne: 'Je lui avais créé une âme, je devais la charmer et non en être le bourreau.' A la fois Pygmalion véritable (fantasmatiquement), c'est-à-dire artiste, et espèce de Pygmalion féodal, puisqu'il introduit sa maîtresse-paysanne dans son château (servante-maîtresse ou maîtresse-servante?), d'Antraigues témoigne ainsi très profondément de la dualité de son personnage, bien au-delà d'une banale duplicité de caractère. Mais quand on est ainsi un homme double, on ne peut éviter tout à fait la duplicité, surtout si on ne s'évade pas vraiment des contingences de la vie en devenant un grand créateur.

Annexe 2

L'épisode du duel, refusé puis accepté
(voir surtout p.33 et n.1)

VOICI le résumé de cet épisode tentaculaire (f.127-42).

Après la rupture avec Mme de Montalembert et, surtout, l'épigramme cruelle qui 'désespère cette femme vindicative', celle-ci menace un jour le héros, ébahi, de le faire assassiner. Bien entendu, cette menace lui inspire 'plus de fierté que d'effroi'. Pourtant, quinze jours plus tard, 'le 6 juillet 1774 à 6 h. du matin', son valet de chambre l'éveille et lui annonce 'qu'un jeune homme bien vêtu, et ayant l'air honnête demande instamment à [lui] parler'. C'est un inconnu, qui vient l'inviter à se 'couper la gorge avec [lui]', parce que le comte l'a traité publiquement de lâche et de sot. 'Je me nomme Poncharamet[1], me dit-il, je suis dans les mêmes dispositions que vous.' Le héros accepte le cartel mais proteste de son innocence:

mon air, mon ton de franchise rassurèrent et calmèrent mon adversaire. Il m'a avoué depuis qu'en un instant la vérité se manifesta à ses regards, mais retenu par ses engagements, je vous crois Monsieur, me dit-il, votre parole me suffit, on m'a trompé, je suis convaincu, mais je vous demande deux jours avant de vous révéler celui qui m'a révélé les propos dont je me plaignais.

Le héros entrevoit dès lors la vérité, comme le lecteur, mais repousse 'ces noirs pressentiments'. Il s'informe sur son adversaire potentiel:

Partout on me le dépeignit comme un homme honnête et brave qui avait eu plusieurs affaires, s'en était tiré toujours en galant homme et qui avait la réputation de manier vigoureusement les armes, ayant d'ailleurs remporté sept ou huit fois le prix de l'escrime dans les salles de Toulouse où un pareil art obtient des encouragements.

Retenons qu'il s'agit d'un redoutable bretteur que Mme de Montalembert (révélons le secret) a su dresser contre le héros. On devine l'importance psychologique et morale du détail, le héros n'a pas la moindre chance, c'est l'assassinat promis. Justification d'une terreur qui n'ose s'avouer? Toujours est-il que plusieurs jours s'écoulent sans que 'Mr de Poncharamet' (la particule apparaît alors) se manifeste comme il l'avait promis. Le héros, de plus en plus inquiet, imagine que le manieur de rapière qu'on lui a dépêché est dans le complot, prend ses armes, court chez lui, ne le trouve pas. Il ouvre alors son

---

1. Selon la lecture de Duckworth, *The D'Antraigues phenomenon*, p.6, 72.

cœur 'à un vieux militaire [...] brave homme plein de vertu, de franchise et de valeur'. C'est, d'une part, un type humain pour lequel Jean-Jacques a souvent affirmé sa sympathie (n'a-t-il pas lui-même choisi pour confident M. de Saint-Germain?); d'autre part, c'est un personnage paternel (or, Jean-Jacques est le substitut du père absent, nommé 'mon père' dans plus d'une invocation).

Enfin, dans sa fonction la plus explicite, le vieux militaire (dont le nom sera révélé plus tard: Pornier, ou Pomier[2]) est le meilleur conseiller dans une affaire d'honneur. Il va servir de caution morale au héros. Pour l'heure, il invite d'Antraigues à ne faire aucune démarche et à 'ne pas aller dans le monde tant que Poncharamet serait à la campagne'. C'est alors qu'intervient la rocambolesque entrée en scène de Virginie, femme de chambre de l'amie et complice de Mme de Montalembert. Au cours d'une scène qui fait penser, cette fois, à Alexandre Dumas, Virginie pénètre un matin dans la chambre du héros, pour lui révéler les 'dangers qui l'entourent':

ces furies acharnées à ma perte voulaient me faire assassiner. Longtemps elles délibèrent de me faire empoisonner. Mais ces moyens [...] étaient lents et douteux. Il fut résolu qu'on engagerait Poncharamet à se couper la gorge avec moi, mais ce brave homme était incapable de me provoquer sans sujet; la présidente de [Sayté, ou Sapti[3]] qui lui accordait ses faveurs se chargea de lui dire que devant elle je l'avais outragé à peu près dans les mêmes termes que ceux qu'il me répéta. Notre explication et sa confiance avaient rendu vain cet expédient, et dans leur désespoir ces enragées avaient gagné deux domestiques pour m'assommer quand je me retirerais après souper de quelques-unes des maisons ouvertes de la ville. Elles savaient que jamais je ne me servais d'une chaise à porteurs que j'ai en horreur, et le plus souvent, elles m'avaient vu me rendre sans domestique au logis où je demeurais.

Ce sont donc les habitudes de simplicité démocratique du héros qui le mettent à la merci de ses assassins, qui l'ont pourtant guetté déjà deux fois en vain. Sauvé par un coup de hasard, il révèle le complot au brave Pomier. Vérification immédiate de la présence des sbires dans la rue. Désormais, le héros est sur ses gardes. Il ne bouge plus, dans l'attente de Poncharamet. C'est du reste la période où se noue sa liaison avec Virginie, qui le retient chez lui ('j'oubliai dans ses bras mes dangers et mes infortunes') et restera étroitement mêlée jusqu'au bout à cette sinistre affaire de duel-assassinat, entreprise pour déshonorer le héros surtout. Réapparition de Poncharamet, qui confirme. 'Il me conseilla de quitter cette ville maudite.' Mais Virginie? 'J'aurais refusé d'exposer ma vie pour le bonheur de celle qui me l'avait sauvée? Non, non, je puis me rendre l'honorable témoignage que je ne balançai pas un instant. Je me résolus

2. Selon la lecture de Duckworth, p.72.
3. Lecture de Duckworth, p.72.

à rester à Toulouse et vingt poignards dirigés sur mon cœur ne m'auraient pas ébranlé. Je pris seulement la précaution de sortir bien accompagné' (f.130).

Ces déclamations dans le goût de Plutarque, Tacite, semblent bien factices ici, et on en vient à se demander si Virginie n'a pas aussi une fonction de camouflage, dans une réalité affective complexe et tourmentée, où la composante sociale est toujours directement et intensément présente. Quoiqu'il en soit, c'est le moment de la vraie crise: les deux furies changent en effet de tactique et même d'objectif. Il ne s'agit plus de se débarasser du comte en le faisant assassiner mais plus cruellement, en le déshonorant:

Rendu à la société, j'appris que mon affaire avec Poncharamet était connue, mais j'appris aussi qu'on [mettait en cause?] ma conduite et ma valeur. Mille histoires se répandirent de toutes parts: j'avais refusé le combat, j'avais écrit une rétractation, enfin j'étais un lâche, et ne méritais pas d'autre nom d'après les inculpations dont on me flétrissait.

On devine ici (surtout après avoir constaté la récurrence obstinée du thème) une sorte d'induration morale douloureuse. D'Antraigues est d'autant plus désemparé qu'il est pris entre deux systèmes de valeurs. Il n'a plus la force de respecter l'ancien; il s'agit moins de force morale que de la force de sa conviction; or, bien qu'elle se désagrège, celle-ci reste encore assez tenace pour nourrir le sentiment de culpabilité: la valeur pour un noble (qui reste attaché à l'image, surtout idéalisée, de ses aïeux) reste essentiellement la valeur militaire; elle se prouve l'épée en main. La défaillance conduit au verdict impitoyable de lâcheté. Il devient donc vital de la dissimuler, en la niant. Mais le héros serait-il 'lâche' (à ses propres yeux même) s'il n'était pas en train d'adhérer progressivement, sous l'influence de ses lectures et de ses révoltes, à un autre système de valeurs (celles du mérite roturier ou bourgeois)? Mais il reste hésitant, duplicité beaucoup moins morale qu'idéologique, qui appelle donc l'analyse, non la condamnation.

Sur ces entrefaites, le héros rencontre à Toulouse le colonel de son régiment, le baron de Talleyrand. Long développement sur cet officier supérieur, qui deviendra l'ennemi de d'Antraigues, parce qu'il est le type même de ce que celui-ci déteste, un courtisan, à la fois avide et stupide. Mais cette inimitié n'est pas encore déclarée, et Talleyrand lui donne l'excellent conseil de fuir Toulouse, pour rejoindre son régiment à Carcassonne. C'est alors que le héros établit Virginie dans ses meubles. Mais l'affaire n'est pas étouffée pour autant. Une deuxième vague, plus puissante, de calomnies atteint Carcassonne (f.139):

des bruits affreux s'élèvent de toutes parts contre moi [...] des libelles infâmes se répandent à Toulouse: on me qualifiait de lâche et mon adversaire de scélérat dont le ressentiment se calmait avec des écus. On disait [...] que je lui prêtais de l'argent [...] qu'à ce prix il publiait ma bravoure [...] Mes amis m'instruisaient de ces bruits populaires. Bientôt on leur évita cette peine: des foules de lettres anonymes adressées à tous les officiers de mon corps arrivent à Carcassonne [...] Incertain du parti que je devais prendre, je consultais mon vieil ami Pomier. Son avis fut que je devais mépriser ces clameurs et me tenir à mon régiment. Je pensais autrement et croyais que n'étant pas connu à mon régiment, je devais pour faire tomber les bruits affreux répandus contre moi, avoir une affaire avec Poncharamet.

Le roman ne servirait-il pas ici à corriger la vie en camouflant la culpabilité? Le héros insiste en effet pour se battre, alors que le droit au refus lui est reconnu par un expert. Il est sûr en tous cas que le narrateur s'identifie au héros obsédé par le souci de sa réputation. C'est alors qu'intervient un commentaire qu'on ne peut s'empêcher de trouver fort révélateur, s'il implique le comte lui-même derrière la figure du narrateur. Celui-ci s'élève en effet contre le raisonnement du héros, pour condamner les têtes brûlées 'qui s'exposent à tuer un brave homme ou à se faire égorger pour mériter la réputation d'un spadassin'. Le héros lui-même, ainsi interpellé, affirme qu'il était déjà convaincu de 'l'absurdité de [ses] idées'; 'mais j'étais subjugué par l'habit que je portais et mon cœur se soulevait à la seule idée de passer parmi mes [confrères?] pour un homme sans cœur'. Le conflit de valeurs est enfin explicité: la vie tend à devenir une valeur préférable au faux honneur aristocratique, celui-ci étant rapporté à l''habit', donc implicitement désigné comme superficiel. Mais le conflit reste profond chez le héros, et rien n'assure qu'il soit définitivement dénoué pour le narrateur, même si les termes en sont posés plus clairement à ce niveau. Quant à la méditation du héros, qui prend le relais, elle se borne à développer l'idée que celui-ci est la victime impuissante d'un complot:

Je résolus cependant d'attendre encore en espérant que le temps calmerait la haine de mes implacables ennemis, car c'étaient elles seules qui excitaient et fomentaient les [bruits?] et écrivaient les libelles affreux qui [m'assaillaient?] de toutes parts. Je savais cela, mais j'étais obligé au silence, car je ne pouvais découvrir toutes leurs menées, toutes leurs trames et les accuser d'un forfait sans preuve péremptoire. C'était m'exposer à passer pour le plus vil calomniateur. Dans ces moments de douleur, de désespoir, je serais mort sans [regret?].[4]

4. Il est curieux de retrouver ici le modèle même du complot imaginé (au moins en partie) par Jean-Jacques dans les dernières années de sa vie. On retrouve notamment l'obsession judiciaire: Jean-Jacques désire un procès, mais ne peut l'obtenir. Similairement, le comte est réduit à l'impuissance par une machine infernale bien montée: innocent, il ne peut manifester son innocence aux yeux du public. D'Antraigues n'a pu certes lire les *Dialogues*, où le thème est le plus amplement développé. Mais il vient de lire, rappelons-le, les *Rêveries*, où le complot reste omniprésent, et la première partie des *Confessions*, qui pose déjà, dans quelques-uns de ses épisodes les plus remarquables, la problématique de l'innocent persécuté. Pour ce qui est du complot anti-Rousseau proprement dit, l'auteur des *Soliloques* croit fermement à sa réalité, comme en témoigne le récit de sa dernière entrevue avec Jean-Jacques. 'On eût pu prévoir déjà la fin de ce grand homme: il était évident que son faible corps devait être détruit par ses chagrins. Ses lâches ennemis l'avaient empoisonné, non par de funestes breuvages qui eussent rendu sa mort plus prompte et moins cruelle, mais par le poison lent et sûr des chagrins et des ennuis' (f.193). Est-ce aller trop loin que

Les bruits se renforcent au lieu de s'éteindre, et le héros reçoit enfin de son conseiller d'honneur l'autorisation de se 'rendre à Toulouse pour se couper la gorge avec Poncharamet', d'autant que celui-ci, 'noirci par les plus horribles calomnies', désire maintenant, lui aussi, le combat. 'Cette nouvelle qui terminait mes anxiétés me fut plus agréable qu'on ne devait s'y attendre,' écrit curieusement le narrateur. Ne trahit-il pas ainsi ce qu'il cherche à cacher? Car qui s'attendait à une autre réaction, de frayeur sans doute, sinon lui-même? Mais il vient précisément d'affirmer le contraire, s'efforçant depuis assez longtemps d'obtenir que le duel ait lieu! Passons sur le récit de l'inénarrable expédition à Toulouse, le comte entouré de sa suite et accompagné de Virginie. Scènes nocturnes de terreur et de désespoir silencieux de la part de la jeune femme. Veillée d'armes solennelle, au milieu de ses gens, Virginie à ses côtés comme une gisante, lettre d'adieu à Milady, la rencontre étant prévue au petit matin (f.140-41). Ultime rebondissement enfin: à minuit, irruption brutale de l'adversaire et de ses témoins, émotion, cris. D'Antraigues a été dénoncé, il est sur le point d'être arrêté par les gardes:

mes implacables ennemies me sachant à Toulouse et craignant que je n'échappasse au danger du combat avaient résolu de me déshonorer. Pour y parvenir [bis!], elles avaient engagé un vieux militaire de leur amis à aller me dénoncer au [tribunal] des Maréchaux de France à l'effet de me faire donner des gardes et en effet si ce malheur fût arrivé personne n'eût douté que je les eusses sollicités et j'étais perdu de réputation.

Le véritable objet du complot apparaît enfin en pleine lumière, séparé de ses accessoires. Du même coup, la véritable hantise du narrateur-héros (de l'auteur?): l'honneur, la réputation. Nouvelle scène de roman noir lorsque le héros laisse Virginie, 'froide et glacée', pour aller peut-être à la mort. Le combat se déroule au mieux. Méritent d'être retenus quelques éléments significatifs du récit: 'la vue du fer de mon ennemi, [l'éclat?] des armes, l'idée du danger réveillèrent mes forces. Je me sentis animé, mes chagrins se dissipèrent, je ne songeai plus qu'à moi seul en cet instant, la nature reprit tous ses droits. *Jamais je n'aurais cru d'être aussi tranquille pendant le combat.*' Aveu, ou lapsus révélateur que cette dernière remarque? Légères blessures de part et d'autre; on ne s'arrête même pas au premier sang, comme il eût suffi, pour laver un honneur moins fragile! Le héros, désormais, veut reprendre le combat avec l'épée d'un témoin. Conciliabule. Les experts jugent que c'en est assez. 'Je l'avoue, tous mes vœux furent pour la fin du combat. Je n'attendis pas longtemps. Le cher Pomier et Mallenheim croisant leurs fers entre nous, nous *sommes contents, Messieurs, de*

d'imaginer que cette identification secrète avec Rousseau ennoblit la souffrance morale du comte, en elle-même humiliante? Lui aussi, on a d'abord voulu l'*empoisonner*, et on se sert maintenant d'un poison plus lent et plus cruel qui lui corrompt l'âme.

votre bravoure dirent-ils, *et prêts à en rendre le plus éclatant témoignage.* Embrassez-vous' (f.142).

L'essentiel (et la justification même de tout l'épisode) c'est, bien entendu, l'honneur sauvé du héros: fin pleinement heureuse. Il y a une autre notation révélatrice: le héros 'avoue' un mouvement de faiblesse, mais au moment même où celui-ci, cessant d'en être un, ne peut plus lui être reproché. Ne trahit-il pas, ainsi, un peu plus que ce qu'il prétend avouer?

Le héros repart enfin, vainqueur, adulé, adoré de Virginie (f.140v):

Pendant la route, combien mes gens me firent sentir la douceur d'être aimé. A chaque poste, mon laquais venait à ma portière, il baisait mes mains avec transport. Mon valet de chambre m'embrassait comme il l'avait fait jadis dans mon enfance, et Virginie, ivre de joie mais trop émue pour sentir son bonheur, trop faible pour l'exprimer, serrait mes mains dans les siennes en fixant sur moi des yeux noyés de pleurs.

Non seulement d'Antraigues a rétabli (établi?) sa gloire aristocratique, mais la calomnie lui a apporté un amour véritable, où il est l'élément dominant, donc le bonheur. Après ce triomphe, l'épisode semble arrivé à sa conclusion: 'Ainsi fut terminée cette cruelle affaire. Je l'ai racontée avec vérité, sans affaiblir ni déguiser mes torts.' Encore une notation métanarrative un peu suspecte, encore que puisse jouer son rôle la réminiscence des *Confessions*, où de telles formules sont nombreuses. Il reste que, si les deux ennemies paraissent vaincues, elles s'obstinent (f.142v):

Peu de jours après, je sus que Mme de Montalembert ne pouvait plus contenir sa rage. La présidente de Sapti, sa digne amie, eut la bêtise de dire chez le premier président que j'avais fait faire une épée exprès afin qu'elle se brisât dans le combat. Ces grossièretés m'inspiraient plus de mépris que de colère [...] Mme de Montalembert ayant infiniment plus d'esprit cachait mieux sa haine et n'en était que plus à redouter. Elle ne cessait de semer dans le public que je m'étais battu faiblement, que mon adversaire m'avait ménagé. Mais rassuré par le témoignage de mes témoins, je riais des impuissants efforts de sa rage.

La victoire remportée n'a donc pas coupé court à la calomnie, qui semble seulement devenue impuissante. Pourtant, tout en se disant 'rassuré', le héros continue à penser que son ex-maîtresse est 'redoutable'. Une sourde inquiétude demeure.

En aval, au moment où le héros s'affirme 'bien décidé à ne pas rester longtemps capitaine de cavalerie', il déplore son attitude au cours de l'épisode, car il ne s'est pas conduit comme l'eût voulu sa position de principe sur le duel: 'je venais d'éprouver que les préjugés d'un corps m'avaient fait violer tous mes devoirs et que sans motif, sans raison, je m'étais exposé à tuer un homme qui ne m'avait rien fait afin de passer parmi ces gens-là pour un ferailleur' (f.146v). Ce retour du héros sur lui-même est la vraie conclusion, morale et idéologique, de l'affaire. De nouvelles valeurs s'affirment enfin, sans restriction, comme si la pression du public avait cessé de s'exercer, maintenant que le héros a satisfait à l'épreuve, qu'il désapprouve, mais sans avoir osé s'y dérober. Observons cependant que (selon la logique de l'épisode), il s'était moins exposé à tuer un homme qui ne lui avait rien fait (d'où manque de caractère) qu'il ne s'était exposé lui-même à être tué (d'où manifestation de caractère). Ainsi va l'incertitude chronique du jugement moral. Signe que la blessure persiste, comme en témoigne un ultime rebondissement. Le héros a quitté La Bastide, où il a inhumé le cœur de Virginie, et il est en garnison à Verdun, depuis le 15 novembre 1774. Il supporte de plus en plus mal le service, d'autant que ses rapports se dégradent avec le colonel baron de Talleyrand, victime d'un de ses bons mots (f.149):

Il me soupçonna d'être l'auteur de cette espièglerie et la honte faisant fermenter le levain de haine qu'il avait contre moi, il se résolut à me perdre. Il fit [passer?] par ses lâches amis de faux bruits sur mes affaires de Toulouse en disant sourdement que mon adversaire m'accusait de lâcheté et que toute la ville me regardait comme un poltron. Ces calomnies eurent peu de succès. La plus grande partie de mon régiment m'aimait et m'estimait. Un jour cependant le baron vient chez moi, et feignant de m'apprendre les bruits qu'il avait fait naître, 'Il faut, Monsieur, me dit-il, que vous ou votre adversaire laissiez la vie dans un combat, sans cela il faut quitter le régiment.' A ces mots, la furie et la rage s'emparent de mon cœur. Non, Monsieur, lui dis-je, je ne le quitterai point, mon régiment; mais je lui prouverai quelle fut ma conduite et me battrai avec tous ceux qui la désapprouveront. En effet, je réclamai sur le champ le témoignage de mes braves témoins, et muni de leur approbation je les remis [*sic*] à mes camarades. L'envie se tut à l'aspect de ces lettres authentiques, mais la rage surgit dans le cœur de mes ennemis. Le baron partit alors pour Paris et après m'être bien [?] de la [?] de mon régiment je me disposai à l'y suivre. Nous eûmes une explication fort vaine [en surcharge: il s'excusa fort [?ent]]. Il quitta peu après son régiment et nous ne nous sommes jamais revus depuis.

Décidément, le héros ne réussira pas à en sortir! Ce rebondissement (dangereusement proche, peut-être, de l'élément biographique, tel qu'il est relaté in Pingaud, *Un agent secret*, ch.1, p.4, et, dans une perspective certes différente, par Duckworth, *The D'Antraigues phenomenon*, p.69-96),[5] est supprimé. On peut estimer que l'auteur l'a estimé mal justifié romanesquement, peut-être aussi trop révélateur.

Cet épisode interminable, envahissant comme une tumeur maligne qu'on tente plusieurs fois d'opérer sans y parvenir, semble bien révéler une certaine conscience coupable de d'Antraigues, fruit d'une incertitude idéologique et sociale qu'il ne réussit pas à lever.

5. Duckworth donne, en note, plusieurs lettres du chevalier Pomier, et une de l'autre témoin du comte d'Antraigues, 'B. de Mullenheim'.

Note sur les personnages de cet épisode

Comme la plupart du temps, dans l'autobiographie romancée du comte, les faits ont au moins un point de départ dans la réalité, et les personnages sont réels. Toutefois, la graphie fantaisiste de l'auteur n'épargne pas les noms propres.

Une recherche aux Archives municipales et à la Bibliothèque municipale de Toulouse (lieu principal de l'action) nous permet de rétablir quelques-uns de ces noms.

- Madame la Présidente de Sapté. Voici l'article que la *Biographie toulousaine* (par une société de gens de lettres, Paris 1823) consacre à son époux: 'Sapté (Henri Bernard de) était d'une ancienne maison qui, depuis longtemps, occupait les premières charges de la magistrature [...] ni à Toulouse en 1744 [...] il est entré dans le Parlement de Toulouse en 1759 [...] président de grand'chambre dans sa compagnie en 1789.' [Mme de Sapté n'était donc pas encore 'Présidente' à l'époque où d'Antraigues lui attribue cette dignité; elle ne devait le devenir qu'un an après la date indiquée pour la rédaction de *Mes soliloques* (1782-1783), ce qui pourrait conduire à repousser cette date.]

- *Dutil, la Haute-Garonne et sa région* (Toulouse 1928), comporte une notice sur la commanderie de Poucharramet, située sur une colline dominant la rive gauche du Touch (p.143-45).

Selon une information de M. le conservateur des archives de la Haute-Garonne, le personnage des mémoires de d'Antraigues est Jean Antoine Valentin de Jugonoces de Poucharramet, né le 27 mars 1748 à Poucharramet, d'abord avocat au parlement de Toulouse, puis conseiller en cette cour par provisions du 25 octobre 1769. Il n'a pas encore été possible de trouver mention du duel qui l'aurait opposé au comte d'Antraigues. Ce n'est pas dire que l'épisode soit imaginaire, mais le doute est permis: l'affaire aurait dû laisser des traces, le projet des deux adversaires ayant été dénoncé, selon *Mes soliloques*.

Annexe 3

La sensibilité d'un révolutionnaire, Billaud-Varenne
(voir p.185 et n.32)

Principes régénérateurs du système social, par J. N. Billaud-Varenne (Paris an III [1795]), BN Microfiche m. 5862:

Quand l'homme est une fois rendu à son essence primordiale, par la connaissance et par l'exercice de ses droits, ainsi que par un attachement raisonné à ses devoirs et à leur exact accomplissement, il rappelle spontanément dans son cœur les sentiments d'équité, de franchise, d'honneur, de bienveillance, de gratitude, qui découlent de cette sensibilité naturelle, principe et résultat de tous les élans sublimes de l'âme, de toutes les affections enivrantes qu'elle savoure, de tous les plaisirs purs qu'elle peut goûter. Alors, tous les anneaux qui nous entraînent aujourd'hui loin de la nature se trouvent brisés. Alors on est ramené vers elle par la pente seule, qu'on découvre en soi-même; et on la suit sans effort [...] Les tourmens de cette vie prennent leur source dans les sensations mêmes qui devoient l'embellir, et qui, transformées en excès, ne procurent plus que des dégoûts, des soucis, des regrets et des remords [...] Quel est l'individu qui conservant encore la candeur du jeune âge, et qui, livré aux développemens de la sensibilité, ne la regarde pas comme le présent le plus funeste et qui ne se hâte pas d'en distraire cette pureté précieuse qui rend un tel sentiment si pénible, *par son incohérence avec des mœurs dégénérées?* Ecueil d'autant plus dangereux, que pour n'y pas rencontrer sa perte définitive, il faut que les circonstances concourent dans l'âge de la raison avec un fond excellent de moralité, afin de *restituer à ce sentiment de sensibilité, toute l'intégrité de ses impulsions essentielles; malgré les faiblesses et les écarts dans lesquels il nous a précipités.* Qu'il est donc à plaindre celui qui ne trouve plus au fond de son âme, ce mouvement de sensibilité, que comme *un véhicule violent de passions et de désirs dépravés!* Qu'elle est encore plus à plaindre, *la nation, chez qui la dissolution des mœurs a émoussé, a éteint même cette portion élémentaire de l'existence!* Car vivre, qu'est-ce autre chose que sentir? Mobile unique du génie et de la réflexion, de la générosité et de la reconnaissance, du patriotisme et de la gloire, de l'amour et de l'amitié, de la pudeur et de la honte, du talent et de l'émulation, n'est-ce pas la sensibilité qui constitue les jouissances de tous les âges, les récompenses morales de tous les genres, le frein de tous les crimes? Si des chagrins marchent à sa suite, *ce n'est donc pas à la nature qu'il faut s'en prendre.* Elle a tout préparé, elle a tout fait, pour convertir en charme perpétuel les expansions de ce sentiment. Aussi quiconque est assez heureux pour le savoir apprécier, se garderait bien de changer une âme de feu pour un cœur indifférent ou blazé. Lorsqu'on est organisé de manière à recevoir fortement toutes les impressions; que sont, après tout, les douleurs qu'on éprouve, comparées à l'ivresse d'une sensation délicieuse? Des années de souffrance et de malheur seraient effacées par un seul de ses transports. C'est un état d'exaltation qui, provoquant quelquefois une espèce de mal-aise, rend encore plus piquant le plaisir, saisissant notre être par tous les pores. C'est un serrement de cœur, suivi tour à tour par une dilatation subite, et des frissons qui, de l'âme, se communiquent partout, comme le trait rapide de l'éclair. De douces larmes coulent naturellement; la respiration est gênée, et suspendue par des plaisirs qui soulagent. Tous les sens se confondent, pour donner plus de force à ceux qui reçoivent, qui aspirent la jouissance. Il semble qu'on soit immobile, quoiqu'au moral comme au physique on éprouve la plus véhémente palpitation. Souvent même, il échappe des mouvements involontaires. On croirait, dans ces momens d'ivresse, qu'on se sente soulevé de terre: c'est la pensée qui vous transporte, et qui elle-même fuit ou se perd, en s'identifiant à l'objet dont on est si fortement préoccupé. Malheur à l'être blazé, qui, souriant de pitié, trouvera exagérée l'esquisse toujours imparfaite d'un sentiment qu'on ne peut jamais rendre tel qu'il nous saisit et nous émeut, par cela même qu'il affecte trop profondément l'âme et l'esprit. Au reste, on est plus que vengé du persifleur, quand, s'abandonnant soi-même à des sensations vives ou tendres, on l'aperçoit froid et impassible au récit chaleureux de *quelque action héroïque ou généreuse*, à l'aspect d'un être intéressant par ses malheurs, par ses vertus ou par ses charmes, à la représentation d'une scène attendrissante, et même aux accords touchans d'un concert mélodieux. Pauvre mortel, que fais-tu sur la terre, si ton cœur est fermé aux ravissans transports qu'on éprouve, en volant dans les bras d'un objet adoré, en revoyant un fils chéri, en prodiguant de tendres embrassemens aux auteurs de nos jours, en obligeant un ami sincère, en secourant un infortuné, *en se rendant utile à ses concitoyens!*

Amitié, amour, bienfaisance, gratitude, commisération! Comment peut-on se plaindre de la difficulté, de l'impossibilité même d'atteindre au bonheur, quand vous préparez à notre âme tant de sensations délicieuses? C'est vous qui animez tout dans l'univers. C'est vous qui formez les nœuds qui rapprochent, qui unissent les êtres dans chaque espèce, et qui, *après avoir resserré celui des associations politiques*, vous joignez à la raison pour embellir l'étreinte. *C'est pour vous avoir ou méconnus, ou dénaturés, qu'il a été permis à l'oppression et à la perfidie de faire tant de mal à l'humanité.* Voyez l'homme dans son enfance: tout le porte à la tendresse, sa faiblesse et ses besoins lui font un devoir impératif de l'attachement et de la reconnaissance envers ceux qui prennent soin de son existence. Devient-il plus grand? Son amitié croissante est l'effet naturel de sa confiance et de sa candeur. Insensiblement, la nécessité des épanchemens amenée par la nécessité des rapports, attache de plus en plus son âme à tout ce qui l'entoure. Pourquoi donc la scène change-t-elle quand il est homme? Son âme est-elle devenue moins sensible? Non: l'amour l'enflamme; l'amitié l'appelle; la bienfaisance le stimule; la reconnaissance le pénètre; la commisération l'affecte vivement. C'est ainsi qu'il est encore à vingt ans. C'est ainsi qu'il serait toute sa vie, si une fatale expérience ne lui apprenait bientôt *qu'il est entouré de fourbes, d'égoïstes, de méchans, qui ne se rapprochent de lui que pour abuser de sa bonne foi, qui ne le caressent que pour mieux le déchirer; qui ne s'unissent à sa personne que pour l'entraîner plus sûrement dans l'abyme. Ce n'est donc point l'harmonie primitive de l'univers qui s'est dérangée par la succession des tems: mais nous-mêmes qui l'avons détruite.* Tout avait été prévu pour assurer constamment notre bonheur sur la terre. Nous avons tout fait, dans l'égarement de nos passions, pour étouffer les germes féconds du plaisir et des jouissances, qu'elle avait placés dans notre âme. Depuis des siècles, c'est *l'ambition inquiète et dévorante, l'orgueil stupide et insultant, l'égoïsme froid et barbare, que nous prenons pour guides*, pour nous conduire au bien-être; comme si le bonheur pouvait appartenir *à ceux qui s'entourent de misérables et de victimes souffrantes et sacrifiées par eux-mêmes*: comme si, *en se déclarant l'ennemi de la grande majorité du corps social*, on ne fixait pas dans son propre cœur les soucis, l'agitation, la crainte, l'exaspération, en un mot, toutes les passions qui tourmentent, qui tyrannisent l'âme et l'esprit. Quiconque s'élance hors de sa sphère ou de son élément, cherche les douleurs de l'agonie, et finit par trouver la mort. Que l'homme se borne seulement à redescendre dans son cœur; qu'il rattache ses affections aux *vrais penchans de la nature*; et dès ce moment, il commence à respirer en paix; à se retrouver dans un état doux et satisfaisant. Il sentira que le *contentement n'est placé, qu'où l'on sait disputer de zèle et de réciprocité, de bienfaisance et de gratitude; qu'où l'on peut être aimé et considéré, qu'autant qu'on chérit, qu'on estime ses semblables.*

Qu'elle était sage, cette institution des Perses, qui avaient établi un tribunal, où les jeunes gens venaient déposer contre les traits d'ingratitude, dont leurs camarades se rendaient coupables! Ce tribunal punissait avec une extrême sévérité ce vice de l'âme qui [...] devient le principe de tous les délits et de tous les crimes dont elle se souille. Le mauvais fils est ingrat envers ses parens, *comme le mauvais citoyen envers la patrie.* L'amant volage, l'époux infidèle sont des ingrats. Le faux ami est à la fois ingrat et perfide. *L'égoïste et l'avare sont des ingrats envers leurs compatriotes. L'être inactif est un ingrat envers l'être laborieux.* Aussi, dans tous ses résultats, l'ingratitude est un des vices les plus nuisibles à la société. C'est lui qui conduit à l'oubli des devoirs les plus sacrés, des sentimens qui font le charme de la vie civile. C'est lui qui éteint dans l'âme cette commisération bienfaisante qui nous fait souffrir par les douleurs de nos semblables; qui fait trouver tant de plaisir à les pouvoir soulager: sentiment qui est un des plus précieux dons de la nature; et peut-être le premier mobile de la vertu. Car l'homme vertueux, qu'est-il autre chose qu'un être profondément pénétré d'intérêt pour les autres hommes? Il sait qu'être indifférent au malheur, c'est avoir une impassibilité coupable; que le délaisser, c'est trahir l'humanité; que le rebuter c'est être barbare; que lui insulter, c'est être atroce.

On est souvent assez irréfléchi, pour vouloir affaiblir chez les enfans cette teinte heureuse de pitié, qui les porte à s'attendrir aisément; sous prétexte que c'est une faiblesse. Insensés! Vous ne vous doutez guère du tort que vous faites à l'individu que vous reprenez, ou que vous plaisantez si inconsidérément, sur les affections si utiles d'un tel sentiment! C'est votre inconséquence qui peuple la sociabilité d'êtres froids et indifférens. Il n'y a point de faiblesse à s'attendrir; mais à se laisser entraîner dans l'oubli de ses devoirs par une inspiration quelconque. C'est ce mouvement intime de compassion qui rend l'homme généreux, bienveillant, secourable. Entouré de besoins et assailli de maux, la vie lui serait insupportable, sans les soins et les consolations qu'il reçoit de ses parens et de ses amis. La pitié aurait pour toujours exclu le malheur de l'univers, *si l'égoïsme enfanté par les passions et par les vices n'eût lui-même banni la sensibilité.* Car celui qui pleure est toujours humain; et celui qui est humain est toujours bon; mais un cœur de bronze qui ne s'ouvre à aucun sentiment de générosité, d'affliction, de mélancolie, est un tombeau qui engloutirait indifféremment tout ce qui existe de plus précieux dans la nature, pour peu qu'il y trouvât son plaisir ou son avantage. Ah! Loin de contraindre les enfans à retenir leurs larmes, quand vous en apercevez qui restent témoins glacés d'un spectacle touchant; ou auditeurs froids d'un récit attendrissant, sachez les faire rougir d'une dureté qui ne peut être que l'indice d'un cœur méchant et enclin à devenir pervers. Si la compassion était commune à tous les hommes, *on ne leur verrait commettre ni injustices, ni oppressions, ni assassinats. C'est donc parce qu'on connaît mal les intentions de la nature, qu'on en contrarie sans cesse les desseins.* Il y a eu des philosophes misantropes, et des sectes religieuses, fanatiques, qui ont proscrit la sensibilité. Cependant, sans les émotions qu'elle communique à l'âme, la vertu elle-même serait-elle appréciée? Est-elle bien solide, cette sagesse, qu'un froid calcul met en pratique, et qui ne procure qu'un bonheur factice, ou plutôt illusoire? Car Diogène dans son tonneau, trouvait sans doute sa vanité plus flattée, que son cœur satisfait. Est-elle bien réelle cette sagesse qui isole les hommes au lieu de les rapprocher, de les resserrer; qui va contre le but de leur organisation physique et morale, en les empêchant de savourer les doux rapports de leur intimité et d'embellir leur existence par l'échange journalier des productions de leur gloire et de leur industrie?

Sensibilité enchanteresse, tu varies à l'infini les sensations délicieuses que tu nous fait goûter; et le plus souvent ce n'est que parce qu'on s'y abandonne avec excès, qu'elles se changent en affections pénibles et douloureuses. Encore nous offres-tu alors des sujets d'adoucissement ou de distraction. Combien même est-il d'afflictions, dont on se nourrit avec un certain plaisir, et dans lesquelles on se complaît! Allez parler à celui qui a perdu un père, une épouse, un ami, de quitter les lieux solitaires qui prolongent sa profonde mélancolie. Il vous répondra que ses pleurs sont devenus sa plus douce jouissance; et *Achille ne sort de sa tente que pour aller venger la mort de son cher Patrocle.* Est-on frappé de ces revers qui terrifient et qui désolent? C'est par l'effet de la sensibilité, qu'on en trouve la consolation. Un léger service, une marque de bonne volonté, la main qu'on a serrée en soupirant, suffisent pour alléger le malheur le plus accablant; et un père au lit de la mort, oublie ses souffrances en voyant ses enfans en pleurs et empressés à lui prodiguer leurs soins. Enfin, pour fixer un terme aux affections les plus aiguës, du sentiment qui les fait naître jaillissent tous les remèdes qui peuvent les guérir. L'occupation et l'étude, attachant l'esprit à un objet déterminé, atténuent insensiblement les chagrins dont l'âme peut être dévorée. Tout ce qui attire nos regards et notre attention produit le même effet; et cet ennui absorbant qui torture les oisifs n'est causé que par la léthargie de toutes leurs facultés.

Cependant, il n'est pas jusqu'aux choses inanimées qui servent à ramener dans l'âme, le calme par la dissipation, et le contentement par le plaisir. Soit à la campagne, soit à la ville, il n'est pas rare de rencontrer des points de vue pittoresques, dessinés par la nature, et des chefs-d'œuvres de l'art, qui surprennent et qui laissent ces idées agréables, qu'on retrouve encore longtemps après avoir passé son chemin: car tout ce qui porte l'empreinte du beau, du grand, du parfait, du sublime nous frappe, nous ravit; comme ce qui est d'une teinte fraîche, d'une touche délicate, d'un aspect riant, nous plaît et nous amuse; ce qui est imposant nous saisit d'un étonnement extatique, et ce qui est sombre ou lugubre nous remplit d'une douce mélancolie; en un mot, comme une belle horreur imprime une sensation à la fois sinistre et attachante. *Homme, non moins injuste qu'inconséquent!* Des jouissances pures et réelles sont partout autour de toi, et dans toi; et tu te plais d'être malheureux; sans avoir fait attention que c'est *à force de t'éloigner de la primitive et simple impulsion de la nature, que tu ne peux plus cueillir les bienfaits qu'elle t'apprête.*

Ils sont donc atrocement fourbes et imposteurs ceux qui ont osé prétendre que la prospérité publique, c'est-à-dire le bien-être de chacun, résultant d'une égalité de droits et d'efforts chez l'ensemble, n'était qu'une brillante chimère. Au surplus, ce n'est point à ces cœurs blazés qu'il appartient de concevoir [...] que tout homme est né avec les dispositions nécessaires pour *le rendre heureux dans l'état de civilisation, par les seules sensations que provoquent, à chaque instant, les relations sociales. La dégradation de certains individus* est telle, qu'ils n'ont jamais éprouvé ces sentimens qui pénètrent l'âme d'un amant, d'un époux, d'un père, d'un fils, d'un frère, d'un ami. Tombés au dessous de la brute, et avec des fibres aussi embarrassées que les organes, ils ne connaissent plus cette pointe de plaisir qui aiguise journellement les besoins de première nécessité, conservée par la tempérance, et bientôt usée par le dérèglement.

Ce texte est tout à fait caractéristique des 'Lumières', même s'il témoigne de quelque infléchissement dû à l'expérience révolutionnaire. Billaud-Varenne est un type de philosophe, mais dans la Révolution. On y discerne, au-delà de l'exaltation du sentiment, dans l'esprit de Rousseau et de Diderot, l'influence de la philosophie empiriste, du matérialisme tel qu'il était conçu par Helvétius et développé par Diderot, et un enthousiasme de la vertu caractéristique surtout de ce dernier, mais aussi de Jean-Jacques. La sensibilité est présentée à plusieurs reprises comme un phénomène d'ordre matériel, physiologique. La base en est l'organisation animale: l'homme sensible est celui qui est *'organisé* de manière à recevoir profondément toutes les impressions'. La fausse sagesse des 'hommes froids' va 'contre le but de leur *organisation* physique et morale'. La 'dégradation de certains individus' incapables d'éprouver les sentiments les plus forts, et tombés ainsi 'au dessous de la brute', témoigne qu'ils ont 'des fibres aussi émoussées que les organes': on pense au discours que Diderot fait tenir au médecin Bordeu dans le *Rêve de d'Alembert*.

Surtout la sensibilité morale, qui se développe sur cette base, est considérée comme l'essence même de l'homme, 'car vivre, qu'est-ce autre chose que sentir?' C'est aussi l'origine du plaisir, des joies les plus hautes, comme de la souffrance: 'cette sensibilité naturelle [est le] principe et résultat de tous les élans sublimes de l'âme, de toutes les affections enivrantes qu'elle savoure, de tous les plaisirs purs qu'elle peut goûter'. D'autre part 'les tourmens de cette vie prennent leur source dans les sensations mêmes qui devraient l'embellir'. Ne croirait-on pas entendre le cri de Saint-Preux: 'O Julie! Que c'est son fatal présent du ciel qu'une âme sensible!' (*Nouvelle Héloïse*, 1ère partie, lettre XXVI). A quoi fait écho Diderot dans une lettre à Sophie: 'Ah Sophie, la vie est une bien mauvaise chose pour les âmes sensibles! Elles sont entourées de cailloux qui les choquent et les froissent sans cesse' (20 septembre 1760, *Lettres à Sophie Volland*, éd. Varloot, Paris 1984, p.122).

Billaud-Varenne, comme Jean-Jacques et Diderot, est attentif aux manifestations physiologiques de l'émotion. ('C'est un serrement de cœur, suivi tour à tour par une dilatation subite, et des frissons […] De douces larmes coulent'.) Comme chez eux encore, c'est souvent un mouvement vertueux qui provoque les larmes. Il se complaît, comme Diderot aux spectacles pathétiques, et tend lui aussi à s'identifier aux représentations de la vertu. Ce moralisme bourgeois nous paraît aujourd'hui trahir une bonne conscience quelque peu philistine. Mais le contexte a changé. Billaud tient, à l'exemple de Rousseau et Diderot encore, que vertu et bonheur s'impliquent réciproquement. Telle déclaration, discrètement érotique en son début, conduit progressivement, par l'exaltation de l'amour, de l'amitié, des liens familiaux, jusqu'aux joies les plus abstraites de la sociabilité: érotisation de la morale, voire même de la politique, et moralisation de l'érotisme!

Enfin, le thème du plaisir que peut faire éprouver la mélancolie apparaît épisodiquement sous sa plume. Une telle mentalité est loin d'être étrangère à celle de d'Antraigues, 'âme sensible' lui aussi. Le dernier trait surtout est étrangement proche de certaines pages caractéristiques de *Mes soliloques*. Toutefois, si Billaud valorise jusqu'à un certain point la mélancolie, cela ne va pas, comme chez le comte, jusqu'à la fascination de la mort. Pour l'auteur des *Principes régénérateurs du système social*, la tristesse n'est pas un sentiment qui tient à l'être même et que l'on puisse cultiver en soi: c'est le signe et la compensation d'une perte, le thème directeur est celui du souvenir, qu'il faut préserver par tous les objets qui 'lui sont liés'. Autre différence notable: la plupart des aspects spécifiquement bourgeois sont étrangers à d'Antraigues. On se souvient qu'il n'a littéralement pas lu, dans la *Nouvelle Héloïse*, tout ce qui réhabilite la famille (voir ci-dessus, 1ère partie, p.82, 96). Surtout, Billaud s'oppose à d'Antraigues sur un point essentiel: la sensibilité, pour lui, se manifeste non seulement dans la vie de famille, mais elle est une expression de la sociabilité au sens le plus général. L''âme froide', c'est l'égoïste, qui cherche à se séparer de ses semblables: 'Est-elle bien réelle, cette sagesse qui isole les hommes, au lieu de les rapprocher; qui va contre le but de leur organisation physique et morale, en les empêchant de savourer les doux rapports de leur intimité et d'embellir leur existence par l'échange journalier des productions de leur génie et de leur industrie?' L''organisation', pour Billaud, n'est pas seulement physique, elle est davantage encore sociale et politique. Notre auteur ne cultive pas la solitude, et cet éloge bourgeois de la société marchande, comme idéal de sociabilité, ne lui plairait guère. La socialisation de la sensibilité serait pour lui un non-sens ou une provocation. Plus grave encore, la sensibilité pour Billaud ne s'épanouit pas seulement par le bonheur commun; elle s'exalte dans le combat qu'il faut mener pour conquérir celui-ci, et l'imposer aux 'méchans' (voir passages en italiques, soulignés par nous). Elle est 'patriote', et révolutionnaire, au sens qu'a pris désormais ce mot, surtout depuis 1793.

Ajoutons que Billaud emprunte à Rousseau le concept de 'dénaturation' pour rendre compte de la souffrance (voir passages en italiques). Il s'agit, bien entendu, de la souffrance du peuple, des pauvres, qui n'apparaît donc nullement comme un don de la nature, mais comme une anti-nature à combattre. Il utilise aussi le concept central de l'anthropologie rousseauiste, celui de 'pitié', qui devient principe actif de cette sensibilité militante. Le climat commun dans lequel écrivent d'Antraigues et Billaud-Varenne est donc traversé par un antagonisme irréductible. La sensibilité à laquelle ils se réfèrent surgit, certes, d'un même terrain idéologique et affectif, mais elle se différencie en se développant à travers une lutte révolutionnaire au sens propre.

La ressemblance la plus étrange, la plus intéressante surtout est dans les traits communs que présente, ici et là, le thème de la 'mélancolie' et de l'"horreur'. Peut-être Billaud le découvre-t-il dans la mesure où il est, lui aussi, en 1795, avec le retour en force de la bourgeoisie libérale, un vaincu; il sera bientôt un proscrit (1er avril 1795!): mais la Révolution de 1789 a déjà triomphé de celle de 1793 au moment où il écrit son dernier ouvrage 'patriote'. En tout cas, c'est dans ce creuset infernal que s'élaborent une mentalité et une sensibilité nouvelles, dont les aspects contradictoires n'excluent pas une certaine unité de physionomie. Ces nouveautés s'affirmeront dans le premier romantisme, celui de Sénancour et de Chateaubriand (deux hommes des Lumières, eux aussi, déçus pour des raisons à la fois voisines et opposées, et dont les reniements et les fidélités se recoupent sans s'identifier).

Annexe 4

Les critiques du comte d'Antraigues aux Etats-Généraux

E<small>N</small> voici une liste, sans prétention à l'exhaustivité. Pour deux attaques de droite, publiées avant les prises de position de d'Antraigues à la Chambre de la noblesse, et qui prennent donc au pied de la lettre le démocratisme du premier *Mémoire*, de nombreux pamphlets, ultérieurs fustigent la palinodie du disciple de Jean-Jacques.

Coup d'œil approfondi sur le Mémoire de M. le comte d'Antraigues sur les Etats-Généraux (A Amsterdam 1789, 37 p., BN, Lb 39 6779). S'appuie sur Montesquieu, contre la patriotisme du premier d'Antraigues, inspiré de Rousseau; voir notamment p.3-4, 15, 18).

Lettre au roi (signé L. P. d'Astori), 20 p., BN, Lb 39 1035. Attaque de droite, proteste contre les excès de la liberté de la presse: 'Mais où sont consignées, sire, ces réclamations contre la liberté indéfinie de la Presse? [...] Est-ce dans les registres de vos tribunaux les plus sages? C'est sire, dans les libelles proscrits des Voltaire, des Diderot, des Raynal [...] dans les diatribes politiques de tous les suppôts de cette secte déloyale qui, depuis un demi-siècle, fait la guerre au Trône et à l'Autel, et prêche l'humanité: c'est surtout dans un nouvel Ecrit sur la question, ouvrage monstrueux, qui porte le nom du Comte de Mirabeau; c'est encore dans un Mémoire [...] que les premiers publics attribuent à un M. d'Antraigues, ouvrage érudit et plein de feu, mais du feu brûlant de la satyre [...] Eh quoi! la Presse n'est point encore assez libre en France lorsqu'[elle] fournit à M. d'Antraigues le moyen de faire circuler dans tout le Royaume un libelle diffamatoire de nos Rois' (autre exemple, signé L.P.D.A., 32 p., Lb 39 6773). D'Antraigues est donc considéré comme un 'philosophiste' des plus frénétiques: c'est son premier visage.

Lettre de M. le comte de Mirabeau à M. le comte d'Antraigues, 15 p., BN, Lb 39 1773. Mirabeau, avec une ironie féroce, prend acte de la palinodie de d'Antraigues, et de sa prétention à rester fidèle à ses principes. L'accuse d'acheter des écrivains pour écrire ses œuvres, et d'évoluer au gré des opinions de ceux-ci. Il resterait donc fidèle aux principes qu'il a payés! 'Je crois m'apercevoir que vous ne vous doutez pas de votre changement, et que vous ne soupçonnez pas même que votre Mémoire soit en pleine contradiction avec vos Discours. Votre bonne foi, à cet égard, vous rend excusable; mais on pourra toujours vous reprocher un peu de légèreté pour avoir mis votre nom à un Mémoire, sans l'avoir lu au moins une fois. Je sais que vous aviez satisfait à peu près à vos engagements avec M. Maloz. [*En note*: Tous les amis de M. d'Antraigues déposeront qu'il n'est pas très fort sur les règles de la grammaire, et encore moins sur celles de l'orthographe. Au reste, si M. le Comte récuse leur témoignage, nous avons sa cinquième lettre à M. Maloz, où il montre un peu plus de reconnaissance que de bonne volonté à acquitter un des billets qu'il a faits à ce professeur.'] Quelque troublante que soit la précision donnée ici par Mirabeau, quant à celui qui serait l'auteur réel du célèbre *Mémoire*, la multiplicité des crimes dont est accusé d'Antraigues rend suspecte la charge principale. Il faudrait, bien sûr, procéder à des vérifications que nous avouons n'avoir pas eu le temps de faire, au moins dans les papiers de Mirabeau et aux Archives départementales de la Haute-Loire, municipales de Le Puy, pour découvrir, s'il y a lieu, la supercherie. Mais nous ne croyons guère à celle-ci. Mirabeau se laisse emporter par sa verve satirique. Nous savons d'ailleurs qu'il n'est pas toujours soucieux de la qualité des arguments pour abattre un adversaire. Il avait, de plus, une expérience sans égale de l'utilisation des 'Nègres', n'hésitant pas à signer les écrits de ses collaborateurs (Brissot, qui se vit ainsi déposséder de sa *Lettre à Joseph II*, Salaville, toute l'équipe rédactionnelle du *Courrier de Provence* eussent pu en témoigner). Il serait même arrivé à Mirabeau de prononcer à la Constituante un discours qu'il n'avait pas eu le temps de lire: son remarquable talent d'improvisateur ne lui évita pas, ce jour, de sombrer dans l'obscurité. Sur ses habitudes, voir les *Souvenirs sur Mirabeau*, d'Etienne Dumont, qui fut son collaborateur (nlle éd., Paris 1951). Nous inclinons à croire que le comte d'Antraigues a pu utiliser, en grand seigneur, quelque obscur professeur pour corriger son orthographe (science plébéienne), voire même, de-ci, de-là, sa syntaxe. Mais l'ensemble de son œuvre (c'est même peut-être surtout en cela que réside son unité) montre qu'il avait du style, parfois par une sorte de mimétisme avec Jean-Jacques. Au reste, l'objet du présent travail est justement de montrer que les variations, l'incohérence dont Mirabeau s'indigne (ou feint de s'indigner: il fera mieux encore) et qu'il juge (ou feint de juger) inconcevables avaient leur logique profonde, dans les contradictions de l'homme, et de sa situation de classe.

Lettre à M. le comte d'A..., *député de la noblesse aux Etats-Généraux, écrite par un de ses amis le 8 juin 1789*, 20 p., BN, Lb 39 1817. Alarmé par le changement d'orientation de d'Antraigues, l'"ami" oppose le *Mémoire* aux discours de la Chambre de la noblesse. Il est parfois difficile d'opter entre vraie et fausse naïveté: ce dernier ton semble dominer, mais l'auteur, au bout du compte, juge peut-être que d'Antraigues n'est pas irrémédiablement perdu pour la cause patriote: il termine par une exhortation, pleine d'illusions ou de malice, à se ressaisir.

Un plébéien à M. le comte d'Antraigues, sur son apostasie, sur le schisme de la noblesse et sur son arrêté inconstitutionnel du 28 mai 1789 (juin 1789), 32 p., BN, Lb 39 1772. Discussion politique de fond, point par point, lucide et précise, brutale et sans illusions. Schématise avec force l'évolution de d'Antraigues, analyse ses causes psychologiques et sociales. Parallèle habituel entre le *Mémoire* et les discours. Références idéologiques et culturelles intéressantes: utilise Rousseau, mais sans le signaler, puis l'oppose explicitement à Montesquieu, théoricien des 'corps intermédiaires', donc de la noblesse (voir p.23-24).

Avis à M. le comte d'Antraigues, député aux Etats-Généraux pour la noblesse de la Sénéchaussée de Villeneuve-de-Berg en Vivarais; qui peut servir à un grand nombre d'autres députés de la noblesse et du clergé. Par un baron en titre de baronnie, de la province de Languedoc, 16 p., BN, Lb 39 1774. 'Vous avez été mon Apôtre; vous étiez devenu celui de la Nation entière.' Sévère mise en cause, par un noble, représentant héréditaire de sa province aux Etats, donc d'un statut social, et juridique, supérieur à celui de d'Antraigues, et qui avait été converti au patriotisme par le premier *Mémoire*. Accuse d'Antraigues, dont la noblesse est négligeable à ses yeux, et qui n'aurait pas eu le droit de représenter son ordre aux Etats-Généraux, selon la soi-disant 'Constitution' antique, de n'avoir recherché que son intérêt personnel: sa palinodie était préméditée.

Questions importantes pour la décision de la grande affaire du veto, proposées à MM. les députés du clergé et de la noblesse aux Etats-Généraux, par un député suppléant du Tiers-Etat de la ville de Paris (1789), 34 p., BN, Lb 39 2321. Un développement sur le changement de front de d'Antraigues, p.20-24.

[A. F. Le Maître, selon Barbier], *Le Plus original des cahiers extrait de celui d'un fou qui a de bons moments,* Au grelot, chez Momus, impr. des Maniaques, 1789, BN Lb 39 1607. D'Antraigues et d'Esprémenil traités d'apostats.

Résumé général des principaux écrits sur la prochaine convocation des Etats-Généraux, par Beauregard, selon une note manuscrite ancienne, BN, Lb 39 1337. Avant la palinodie. Sur le *Mémoire* de d'Antraigues, voir lettre VI, p.34-54. Analyse dans un esprit patriote. Voir aussi, in lettre VII, consacrée aux trois brochures successives du comte de L*** (probablement le comte de Lauraguais), une remarque sévère sur la doctrine de d'Antraigues relative aux mandats impératifs (p.57-58), point sur lequel il se rencontre avec le comte de Lauraguais. Remarque lucide, puisqu'elle anticipe sur l'évolution prochaine de d'Antraigues, à partir du seul point (d'apparence secondaire) au sujet duquel il s'oppose aux meilleurs écrits patriotes, ceux de Sieyès, Rabaut-Saint-Etienne, Target, Thouret.

Enfin, un ouvrage très postérieur n'est pas le moins intéressant: Boissy d'Anglas, *Observations sur l'ouvrage de M. de Calonne intitulé 'de l'Etat de la France présent et à venir', et, à son occasion, sur les principaux actes de l'Assemblée nationale*

[...] (Paris, Le Boucher, 1791), in 8°, 359 p., BN, Lb 39 4492. Représentant, pour le Tiers, la même province que d'Antraigues, Boissy d'Anglas se plaît à utiliser des arguments du premier *Mémoire* pour réfuter Calonne, opposant ainsi ironiquement les deux célèbres leaders de l'émigration et mettant d'Antraigues en opposition avec lui-même, bien qu'il précise non sans malice: 'J'aime à citer M. d'Antraigues non par esprit de malignité, non pour opposer à lui-même celui qui s'est alternativement montré le défenseur et l'ennemi de la liberté nationale [...] mais pour enrichir cet écrit de quelques unes de ces pensées énergiques et fortes qui, manifestées avec éloquence dans les premiers moments de la fermentation universelle, excitée par les derniers actes du pouvoir arbitraire des ministres, ont contribué plus qu'on ne croit à déterminer l'opinion nationale qui a créé notre liberté [...]. M. d'A. est le premier qui dans cette circonstance éternellement mémorable, ait énoncé avec courage ces grandes et incontestables vérités sur lesquelles repose à jamais notre constitution, et sans doute la reconnaissance que mérite un tel bienfait ne saurait être entièrement effacée par le souvenir de sa conduite ultérieure.' On sent que cet hommage est sincère, même s'il repose sur une réalité équivoque.

Voir aussi *Journal* d'Adrien Duquesnoy (Paris 1894), notamment aux dates du 15 juin et du 22 juin 1789, p.95 et 127: 'On a roué M. d'A. en effigie au café de Foy'; *Annales patriotiques*, ii, no.153, 31 mars 1790; *Patriote français*, 26 février 1790.

Bibliographie de travail

Première partie

i. Documents

1. *Manuscrits de d'Antraigues*

Mes soliloques, BN, Paris, n.a.fr.15467. Manuscrit autographe daté de La Bastide, le 21 juin 1782, à 3 h. après midi, fini le 20 octobre 1782, 212 feuillets, écrits recto-verso.

Suite de mes mémoires (relié avec le précédent). Daté de La Bastide, le 9 décembre 1784, f.213-24, 225-35; notes, 25 décembre 1802-15 août 1810. Dix-huitième-dix-neuvième siècles, papier 321 ff. (1-45, 83-94, 131-38, 177-78, 235-321 blancs), 220 × 215 mm. Provient de la bibliothèque de Sir. Thomas Phillips, no.10865.

Fonds d'Antraigues de la Bibliothèque municipale de Dijon:

P.F. 1543-1544 (A-B), *Voyages du comte d'Antraigues en Turquie et en Egypte. Notes et descriptions 1778.* Deux volumes. Brouillon autographe. Dix-huitième siècle, papier, 184 et 338 feuillets; 210 × 160 mm.

M.F. 1545-1548 (A¹-B¹), copie et mise au net de l'ouvrage précédent. Deux volumes. Dix-huitième siècle, papier, 287 et 381 pages. 320 × 212 mm.

P.F. 1545 (C), *Lettres adressées au comte d'Antraigues par sa mère.* La dernière est datée du 26 mars 1806. Dix-neuvième siècle, papier, 159 feuillets, 243 × 200 mm.

P.F. 1548 (C¹), *Recueil de lettres*: 1. Six lettres du comte d'Antraigues à sa mère 1803-1804; 2. Huit lettres adressées au comte d'Antraigues par sa mère 1797-1803; 3. Lettres diverses; Madame de Viennois; de Saint-Priest; Castebon Saint-Victor; Montgaillard; vicomtesse de Richmond; E. Georges Canning. Dix-huitième-dix-neuvième siècles, papier, 82 feuilles, 290 × 228 mm.

M.F. 1549 (D), Papiers de la famille d'Antraigues: extraits d'actes de naissance, procurations, etc.; Pièces concernant le sieur Bravaster, ancien capitaine de frégate. Insertions diverses du comte d'Antraigues 1719-1845. Dix-huitième-dix-neuvième siècles, papier, 91 feuillets, 365 × 272 mm.

P.F. 1550 (E), *Extraits de Senèque par le comte d'Antraigues 1802.* Dix-neuvième siècle, papier, 82 feuillets, 190 × 158 mm.

M.F. 1551 (F), *Recueil composé par le comte d'Antraigues*: f.1 - Etats Généraux de 1356; f.43 - Extraits de la chronique de George Phranzès; f.52 - Episodes de la vie de Pie VI; f.65 - 'Observations intéressantes sur les royaumes de Naples et de Sicile, par un chargé d'affaires anglais' 1809; f.87, 'Mémoires sur les moyens d'abréger les charges financières de l'Angleterre'; f.92 - Réflexions sur le bonheur, par la marquise Du Châtelet. Dix-neuvième siècle, papier, 106 feuillets, 320 × 210 mm.

M.F. 1552 (H), *Dictionnaires des homophones anglais et français*, par Pierre-Antoine-Emmanuel-Louis Jules de Launay, comte d'Antraigues Dix-neuvième siècle, papier, 532 feuillets, 320 × 250 mm.

M.F. 1553 (I), *Correspondance de Voltaire avec l'abbé d'Olivet 1732-1768*. Copie du comte d'Antraigues Dix-neuvième siècle, papier, 102 feuillets, 318 × 205 mm.

2. Editions de textes ou de fragments de d'Antraigues

Chaumié, Jacqueline, *Milady Howard*, *La Nouvelle revue française* 152 (1965), p.275-93: transcrit un épisode important de *Mes soliloques*: la rencontre du héros avec Milady, à Paris, chez Mme Blondel, et le prélude à leur liaison, jusqu'au passage à Montpellier (f.68-82).

Cobban, A., et Elmes, R., 'A disciple of J.-J. Rousseau, the comte d'Antraigues', *RhlF* 43 (1936), p.181-210, 340-63: publient les lettres écrites par le personnage de J.-J. Rousseau, extraites d'un roman épistolaire Henri et Cécile (cf. le livre de Duckworth, *The D'Antraigues phenomenon*, p.18).

Duckworth, Colin, *The D'Antraigues phenomenon*, Newcastle upon Tyne 1968: transcrit de nombreux extraits des diverses œuvres romanesques, certains sont traduits en anglais. Voir notamment Appendice I, deux longs passages de *Mes soliloques*, (a) 'Description de La Bastide', et (b) 'Intrigue amoureuse à Plombière, au cours d'une classe de dessin' (1781); Appendice II, trois passages des *Mémoires sur la Turquie*, (a) 'Introduction', (b) 'La grotte d'Antiparos', (c) 'La princesse et la favorite, scène érotique'; Appendice III, *Henri et Cécile*: 'les Académies parisiennes'; Appendice IV, *Talmi et Eliza*, 'La vie à La Bastide et à Paris'; Appendice V, 'Ma conversation avec Monsieur le Comte de Montgaillard [...] 1796'; Appendice VI, compte que j'ai l'honneur de rendre à M. le comte de Mordivinoff de tout ce qui s'est passé pendant ma captivité à Milan, le suppliant de le faire parvenir à sa Majesté l'Empereur de Russie.

– 'D'Antraigues and the quest for happiness: nostalgia and commitment', *Studies on Voltaire* 152 (1976), p.625-45: citations de *Mes soliloques*, de *Henri et Cécile*, du *Voyage en Orient*, des *Lettres de Mme M*** à son amant*.

– 'Voltaire at Ferney: an unpublished description', *Studies on Voltaire* 174 (1978), p.61-67: fragment important de *Mes soliloques*.

– 'D'Antraigues' feminism: where fact and fantasy meet', in *Woman and society in eighteenth-century France: essays in honour of John Stephenson Spink*, ed. E. Jacobs, London 1979, p.166-82: nombreuses citations de *Talmi et Eliza*.

– 'Georgiana Spencer in France: or the dangers of reading Rousseau', *Eighteenth-century life* 7, no.3 (1982), p.85-91: un épisode de *Mes soliloques*.

– 'Montfaucon's antiquarian shopping-list: d'Antraigues's delayed deliveries', in *Voltaire and his world: studies presented to W. H. Barber*, Oxford 1985, p.349-61.

– and Osborn, Eric, 'Clement of Alexandria's hypothyposeis: a French eighteenth-century sighting', *Journal of theological studies*, N.S. 36 (1) (May 1985), p.67-83.

Péronnet, Michel, 'D'Antraigues en 1787', documents, *Annales historiques de la Révolution française* (1967), p.88-104: transcrit et commente deux lettres de d'Antraigues, la première du 4 mars 1787, la seconde du 15 mars (Archives personnelles de Calonne, conservées au Public Record Office, Londres: P.C. 1/125-79 et P.C. 1/125-275). La première lettre est 'adressée à un correspondant inconnu, qui l'a sans doute remise à Calonne; l'autre à Calonne lui-même'.

ii. Imprimés

Saint-Priest, comte de, *Mémoires: règnes de Louis XV et de Louis XVI*, publiés par le baron de Barante, Paris 1929.

Le comte de Saint-Priest semble attacher moins d'importance à son neveu qu'on ne s'y attendrait après la lecture des mémoires de d'Antraigues. Il ne fait que mentionner, en passant, la présence de celui-ci lorsqu'il regagne son ambassade de Constantinople en 1778, après un long séjour en France, au cours duquel il tenta vainement d'obtenir un autre poste, mais se heurta à la mauvaise volonté de Vergennes (D'Antraigues y serait-il pour quelque chose? Voir ci-dessus, p.52, n.11, l'anecdote de la lettre adressée par celui-ci à Vergennes, pour desservir son oncle). En tous cas, Saint-Priest se borne à noter: 'on me destina [pour la traversée], le CATON, vaisseau de ligne de 74 canons, commandé par le chevalier d'Espinause. J'y trouvai beaucoup de commodité pour me loger avec toute ma suite. Indépendamment de ma femme, j'emmenais le chevalier de Saint-Priest mon frère, le comte d'Antraigues mon neveu, le marquis d'Escorches de Sainte-Croix, deux secrétaires et un assez grand nombre de domestiques' (i.168). Par contre, Saint-Priest donne une appréciation sévère du premier pamphlet de son neveu, que nous analysons dans notre seconde partie, tout en reconnaissant que d'Antraigues s'est par la suite racheté de cet épisode 'patriote': 'C'est à Montpellier que je lus l'ouvrage du comte d'Antraigues, mon neveu, sur la convocation des Etats Généraux, livre incendiaire et qui a fait plus d'effet qu'il n'aurait dû, ayant rencontré lors de sa publication l'époque de la mauvaise disposition des esprits en France. Entre autres absurdités de cet ouvrage, l'auteur prétendait qu'on devait composer cette assemblée de six mille députés; il disait aussi que la Noblesse était le plus grand fléau d'un Etat. Cette assertion aurait dû, ce me semble, exclure d'Antraigues de la députation de la Noblesse de son pays, et cependant il fut élu. Il est vrai de dire qu'il a été fidèle à son mandat et n'a pas imité Lafayette, qui n'eut rien de plus pressé que de trahir les intérêts de son ordre aux Etats-Généraux' (i.214). Il s'agit ici du *Mémoire sur les Etats-Généraux, leurs droits et la manière de les composer*, 1788. Nous verrons qu'il était déjà très discutable de confondre ce livre avec la foule des écrites patriotes: la position contre-révolutionnaire de l'auteur s'y dessine déjà. Voir ci-dessus, deuxième partie, p.128 et 138.

Bibliographie de la deuxième partie

Ecrits de d'Antraigues: classement chronologique

1ère période:
avant les Etats-Généraux

1. *Mémoire sur les Etats-Généraux, leurs droits, et la manière de les convoquer*, s.l. 1788, BN Lb³⁹ 714, composé de mai à juillet 1788 (donc, pour l'essentiel, avant l'arrêt du conseil du Roi du 5 juillet, prescrivant la recherche de tous documents relatifs à la convocation des Etats-Généraux précédents); (cf. 'Je composais cet écrit en Vivarais dans les mois de mai, juin et juillet 1788', in *A l'ordre de la noblesse du Bas-Vivarais*, p.7, note).

2. *Second mémoire sur les Etats-Généraux*, s.l. 1789, BN Lb³⁹ 1164, publié aussi

sous le titre de *Mémoire sur la constitution des Etats de la province du Languedoc, et sur le danger qui menace la liberté publique quand les provinces sont régies par des Etats inconstitutionnels.* Imprimé en Vivarais, s.d., BN L.K² 858 (fin 1788-début 1789. Cf. 'J'ai composé un autre écrit toujours dans les mêmes principes. Mais alors j'étais à Paris, et les discussions sur l'opinion par tête ou par ordre étaient élevées. Dans cet écrit, composé pour ma province, j'exposais les principes de mon premier écrit, adaptés à notre position', in *A l'ordre de la noblesse du Bas-Vivarais*, p.25).

3. *Supplément à la 1ère et à la 2ème édition du mémoire sur les Etats de Languedoc, contenant quelques observations sur les pouvoirs que doivent donner les baillages à leurs représentans,* s.l. 1789, BN Lb³⁹ 1454. (Composé sans doute *pendant les élections* aux Etats-Généraux. D'Antraigues y discute notamment les formes que doivent revêtir ces élections et préconise d'élire les députés par ordre – non par l'assemblée générale de tous les électeurs. Il suffira de présenter les députés élus séparément à l'approbation des électeurs des 3 ordres pour en faire 'les députés de toutes la nation'. Suit une défense, déjà, du mandat impératif, et l'affirmation qu'il faut trouver une voie de conciliation entre les partisans de l'opinion par ordre de ceux de l'opinion par tête.)

2ème période: d'Antraigues député

4. *Discours prononcé par le comte d'Antraigues à l'Assemblée des députés des 3 ordres de la province du Languedoc le 10 mai 1789,* s.l.n.d., BN Le²⁹ 2064.

5. *Discours prononcé par le comte d'Antraigues, député aux Etats-Généraux dans la Chambre de la noblesse le 11 mai 1789,* s.l.n.d., BN Le²⁹ 2064.

6. *Motions de Mrs. les commissaires conciliateurs de l'ordre de la noblesse portées dans* cette chambre par M. le comte d'Antraigues ce vendredi 22 mai 1789, s.l. 1789, BN Le²⁹ 6.

7. *Discours prononcé dans la chambre de la noblesse le 23 mai 1789* (même brochure).

8. *Mémoire sur la vérification des pouvoirs, lu à la 1ère conférence chez M. le Garde des Sceaux par le comte d'Antraigues,* s.l.n.d., BN Le²⁹ 12. (28 mai 1789, c'est ce jour là que Louis XVI propose la réouverture des conférences de conciliation, en présence de ses ministres. D'Antraigues semble avoir joué un rôle essentiel dans la rédaction de ce mémoire.)

9. *Discours prononcé dans la Chambre de la noblesse le jeudi 28 mai 1789, en faveur de la motion tendant à faire déclarer constitutionnels la division des ordres et leurs vetos respectifs. Archives parlementaires,* 1ère série, viii.53.

10. *Adresse à l'ordre de la noblesse du Bas-Vivarais, par le comte d'Antraigues, son député aux Etats-Généraux,* s.l.n.d., BN Lb³⁹ 1771 (pour justifier le revirement du comte d'Antraigues, en réponse à de nombreuses attaques, l'auteur nie avoir changé de principes. Ouvrage composé pendant les Etats-Généraux, peut-être au début. En tous cas avant la réunion des Ordres le 27 juin 1789.)

11. *Discours prononcé dans la Chambre de la noblesse, le 25 juin 1789,* s.l.n.d., BN Fb 20.900 (et non F 20.900, comme le porte le catalogue de la BN).

12. *Mémoire sur les mandats impératifs,* Versailles s.d., BN Lb³⁹ 2326. (La discussion sur les mandats impératifs, entraînée par la réunion des ordres contre la volonté de la plupart des députés de la noblesse, soutenus par une minorité de la chambre du Clergé, a eu lieu à l'Assemblée nationale les 7 et 8 juillet 1789.)

13. *Discours prononcé dans l'Assemblée nationale le lundi 3 août 1789, au sujet de la déclaration des droits de l'homme et du citoyen,* 1789, BN Le²⁹ 2166. Voir aussi *Archives parlementaires,* 1ère période, viii.334-35 (texte sensiblement moins

développé, intéressant parce qu'il s'agit d'une improvisation).

14. *Mémoire sur le rachat des droits féodaux déclarés rachetables par l'arrêté de l'Assemblée nationale du 4 août 1789*, Versailles 1789, BN Lb³⁹ 2135 (contre l'abolition, surtout sans indemnité).

15. *Rapport fait au nom du comité des rapports de l'Assemblée nationale, le 5 août 1789*. Cf. *Archives parlementaires*, 1ère série, viii.351 (à propos d'un bateau de grains arrêté par le peuple à Louviers).

16. *Discours prononcé dans l'Assemblée nationale* [...] *le dimanche 9 août 1789 au sujet de la forme de l'emprunt de 30 millions*, Versailles s.d., BN Fb 20.902. Cf. *Archives parlementaires*, 1ère série, viii.366 (d'Antraigues parle le 8 août, d'abord sur le principe même de cet emprunt, puis sur sa forme).

17. *Discours sur la sanction royale prononcé dans l'Assemblée nationale le 2 septembre 1789*, Versailles s.d., BN Le²⁹ 186. Cf. aussi *Archives parlementaires*, 1ère série, viii.543-46 (ce discours fut sans doute écrit avant d'être prononcé. Les différences entre les 2 versions sont infimes).

18. *Observations sur la nouvelle division du royaume proposée par le Comité de constitution*, s.l.n.d., BN Fb 20.907, Lb³⁹ 8275 (brochure inspirée par le rapport de Thouret sur la division territoriale et administrative du royaume, et sur les bases de la représentation nationale, rapport lu à l'Assemblée le 29 septembre 1789).

19. *Discours d'un membre de l'Assemblée nationale* [...] *à ses co-députés*, s.l. 1789, BN Le²⁹ 1952.

20. *Second discours d'un membre de l'Assemblée nationale à ses co-députés*, s.l. 1789, BN Le²⁹ 1952ter. (Ces deux discours, non prononcés, ne peuvent être, d'après leur ton, que de la fin de l'année 1789. Ils sont même plus violents que les premières œuvres de l'émigration, au printemps 1790.)

21. *Observations sur le divorce*, Paris 1789, BN F 28 255. (Nous n'avons pas déterminé la date exacte de cette brochure, probablement antérieure aux deux discours précédents.) Compte rendu élogieux de cette brochure in *Le Spectateur national*, rédigé par M. de Chamois, no. XXII, 22 février 1790, p.82-83, et no. XXVII, 27 février, p.107-108.

22. *Lettre à Mrs les rédacteurs du 'Journal de Paris'*, s.l.n.d., (datée du 26 janvier 1790), BN Lb³⁹ 2852. (Proteste contre ceux qui cherchent à l'impliquer dans l'affaire Favras.)

23. *Lettre au président de l'Assemblée sur le serment civique que chaque membre de l'Assemblée doit prêter, lue à la tribune le 6 février 1790* (D'Antraigues le demandait expressément. Voir *Archives parlementaires*, 1ère série, xi.441-42. Il prête serment par lettre. En fait d'Antraigues, sur le point d'émigrer, cherchait à désarmer l'hostilité.)

3ème période: l'Emigration

24. *Quelle est la situation de l'Assemblée nationale?* s.l. 1790 (daté de Lausanne, 30 avril 1790), BN Lb³⁹ 3381.

25. *Lettre* [...] *à M. des* [...] *sur le compte qu'il doit à ses commettans de sa conduite aux Etats-Généraux*, Paris 1790 (daté de Lausanne, 4 août 1790), BN Lb³⁹ 4106.

26. Observations au sujet du décret de l'Assemblée nationale, du 21 décembre 1790, sur J.-J. Rousseau (datées de Parme, le 11 janvier 1791. Publiées dans *l'Ami du roi* de Royou, ccxlvi, 31 janvier 1791).

27. *Déclaration de Louis d'Antraigues qu'il a fait signifier à la municipalité d'Aizac, en Vivarais, département de l'Ardèche, qui avait reçu sa déclaration pour la contribution patriotique* (lettre ouverte datée de Parme, le 19 février 1791, publiée dans *l'Ami du roi*, cccvii, 23 mars 1791).

28. *Dénonciation aux Français catholiques des moyens employés par l'Assemblée nationale*

pour détruire en France la religion catholique, par Henri Alexandre Audainel (pseud.), Londres, chez Edward, Pall Mall, no.102, et se trouve à Paris, rue Saint-Jacques 1791 (Daté de Paris, ce 24 mars 1791), BN Ld⁴ 3446. 2ème édition [...] suivie de la lettre de Mr le comte d'Entraigues à Mr le Cardinal de Loménie (cf. no.29), Paris s.d., BN Ld⁴ 3446 B.

29. *A. E. Ch. de Loménie, arch. de Sens*, Orléans 1789 [*sic!*] (daté d'Orléans, le 10 mai 1791), BN Ld⁴ 3566 B.

30. *Point d'accommodement*, s.l.n.d., BN Lb³⁹ 5159. (fin 1791) Il existe une édition qui regroupe les 3 brochures 28, 29 et 30. *Dénonciation aux Français catholiques* [...] 4ème édition revue, corrigée et augmentée par un ami de l'auteur, suivie de la lettre de Mr le comte d'Entraigues à Mr le cardinal de Loménie, et terminée par point d'accommodement, A Paris, chez les principaux libraires, s.d., BN Ld⁴ 3446 C. D'autre part, on trouve dans le *Journal général de M. Fontenai* (no.261 du 19 octobre 1791, p.1067) l'indication suivante: 'c'est de l'aveu et à la satisfaction des princes et de tous les Français émigrés que vient de paraître une 5ème édition de l'ouvrage d'H. A. Audainel sous ce titre: *Point d'accommodement, par H. A. Audainel 5ème édition revue et augmentée par l'auteur, et notamment du nouveau plan d'accommodement que devait proposer l'abbé Louis ambassadeur des Jacobinistes feuillantistes et autres, à L. M. l'Empereur et le Roi de Prusse*. A Paris 1791, brochure in 8° de 59 p.

31. *Protestation de M. Emmanuel, Louis-Henri: Alexandre de Launai d'Antraigues, député de l'ordre de la noblesse du Bas-Vivarais aux Etats-Généraux de 1789*, à Milan 1791. (daté de Milan, 1er octobre 1791). (adhère à la protestation de la minorité de l'Assemblée nationale contre l'acte constitutionnel du 31 août 1791), BN Lb³⁹ 5471.

32. *Lettre de M. le comte d'Antraigues au Pape*

(datée du 28 octobre 1791; publiée dans le *Journal général de Fontenai*, no.277, du vendredi 4 novembre 1791, p.1131-32, Lc² 538 (t.ii).

33. *Adresse à l'Ordre de la noblesse de France, par Emmanuel-Louis-Henry-Alexandre de Launai, comte d'Antraigues, l'un de ses députés aux Etats-Généraux de 1789*. Paris 1792. (datée du 25 novembre 1791: compte rendu et extraits dans les nos 331 et 332 des 28 et 29 décembre 1791 du *Journal général de Fontenai*; le no. du 17 mars 1792 annonce une 2ème édition, revue corrigée et augmentée, et met le public en garde contre une contrefaçon 'que la cupidité vient de faire paraître'), BN Lb³⁹ 5567.

34. *Les Vœux du véritable peuple français pour l'année 1792*, par M. d'Antraigues, s.l.n.d. (Chanson), BN Rés. ye - 3198.

35. *Lettre de Mr le comte d'Antraigues à Mr Fontenai* (publiée avec une lettre à Dupont de Nemours signée par le comte de Murat-Montferrand), Paris 1792. (datée du 7 avril 1792), BN Lb³⁹ 10522. *Journal général de Fontenai*, 19 avril 1792, p.447-48.

36. *Exposé de notre antique et seule légale constitution française d'après nos loix fondamentales en réponse aux observations de Mr de Montlosier, député de la noblesse d'Auvergne aux mêmes Etats-Généraux, sur l'adresse du comte d'Antraigues à l'Ordre de la noblesse française*, Paris 1792 (compte rendu et extraits dans le *Journal général de Fontenai*, le 9 avril 1792, p.447-48), BN Lb³⁹ 10473.

37. *Lettre à sa majesté l'impératrice de Russie, par le comte d'Antraigues en lui envoyant son adresse à la noblesse* (publiée dans le *Journal général de Fontenai*, le 16 avril 1792).

38. *Lettre de Mr le comte d'Antraigues à MM...*, *commissaires de la noblesse de B... sur plusieurs éclaircissements qui lui ont été demandés sur notre antique et seule légale constitution*, Paris 1792 (daté du 3 juin 1792; avertissement des éditeurs du 2

juillet 1792). Compte rendu et extrait dans le *Journal général de Fontenai* le 1er août 1792, p.861-62), BN Lb³⁹ 10605.

39. *Observations sur la conduite des puissances coalisées, par le comte d'Antraigues, député de l'Ordre de la noblesse aux Etats-Généraux de 1789*, Hambourg 1795 (avant-propos daté du 1er octobre 1794), BN Lb⁴¹ 4092.

40. *Lettre d'un émigré royaliste à l'auteur constitutionnel du 'coup d'œil sur la révolution française'*, s.l. 1795, BN La³² 321. 2ème édition à la suite de la brochure réfutée: *Coup d'œil sur la révolution française par le général Montesquiou, suivi de la réponse du comte d'Antraigues*, à Genève 1795 (pagination suivie, de 1 à 92, puis de 93 à 200), BN La³² 40.

41. *Lettre du comte d'Antraigues à M. de L. C. sur l'état de la France*, s.l.n.d. (écrit en 1795?) (semble être le dernier pamphlet de cette période, par le ton, désespéré et aussi selon certaines indications plus précises; par exemple, p.1, d'Antraigues s'élève contre les 'législateurs qui torturent la France depuis 6 années').

42. *Rapport fait à Sa Majesté Louis XVIII*, imprimé à Constance et se trouve dans les principales villes de l'Europe, 1796, Bibliothèque historique de la ville de Paris, 958-773.

43. *Lettres inédites du comte d'Antraigues*, publiées par Léonce Pingaud, Privas 1895.

44. *Pièce trouvée à Venise dans le Portefeuille du comte d'Antraigues. - Ma conversation avec M. le Comte de Montgaillard, le 4 décembre 1796, à six heures après midi, jusqu'à minuit* (document sur les négociations secrètes entre Pichegru et les princes). Paris an v, BN Lb 1402. *Au corps législatif*, Paris fructidor an v (même pièce), BN Le⁴² 1349.

45. *Un mémoire inédit du comte d'Antraigues sur l'enseignement national en Russie* (1802) publiée par Léonce Pingaud, Paris 1894.

46. *Traduction d'un fragment du 18e livre de Polybe trouvé dans le monastère Sainte-Laure du Mont Athos, par le comte d'Antraigues*. Nouvelle édition revue, corrigée et augmentée par l'auteur, Londres 1806. (la première édition semble perdue). (Satire de Napoléon, à travers celle de l'impérialisme romain. Et vive attaque contre la servilité des souverains de l'Europe.) N.B. dans sa lettre à M. Fontenai (no.36), d'Antraigues annonce la publication prochaine d'une nouvelle édition de son *Mémoire sur les Etats-Généraux*, commenté et réfuté par lui-même. Si cet ouvrage a vraiment vu le jour, il n'a pas été retrouvé. D'autre part, M. Monglond signale, dans sa bibliographie révolutionnaire, un *Discours au club de 89 par Duport, membre du club constitutionnel dit de 89, sur un projet de révolutionner la Suisse*, qui doit être attribué à d'Antraigues selon Quérard (*Supercheries littéraires dévoilées*). L'ouvrage ne figure pas au catalogue de la BN ni au catalogue Walter des ouvrages de la période révolutionnaire, ni au catalogue des Anonymes. Il ne nous a pas encore été possible de le retrouver.

Bibliographie générale

i. Œuvres de Rousseau

Œuvres complètes, Bibliothèque de la Pléiade, Paris 1959-1969 (notamment tome iii, *Contrat social et autres œuvres politiques*), édition de référence.

The Political writings of J.-J. Rousseau, éd. C. E. Vaughan, Oxford, New York 1962.

ii. Documents imprimés

1. *Recueils de documents*

Archives parlementaires: recueil complet des débats [...], des chambres françaises, imprimées sous la direction de MM. J. Mavidal et E. Laurent [...] 1ère série (1787-1799), Paris 1867-1896.

Procès-verbaux des séances de la Chambre de la noblesse aux Etats-Généraux tenus à Versailles en 1789, Versailles 1789, BN 4° Le 275.

Recueil de documents relatifs aux séances des Etats-Généraux de 1789, publié sous la direction de G. Lefebvre, tome I en 2 vol., i. *Les préliminaires, la séance du 5 mai*, ii. *La séance du 23 juin*; tome II, *Les séances de la noblesse (6 mai-16 juillet 1789)*, par Olga Ilovaiska, Paris 1953, 1974.

2. *Auteurs: brochures et ouvrages cités*

Astori, *Lettre au roi* (signé L. P. d'Astori), 20 p., BN Lb39 1035.

Barnave, Antoine, *Introduction à la Révolution française*, texte présenté par F. Rude, Paris 1960.

Barruel-Beauvert, comte de, *Cri de l'honneur et de la vertu aux propriétaires*, Paris 1792, BN Lb39 5777.

– *Vie de J. J. Rousseau, précédée de quelques lettres relatives au même sujet*, Londres, Paris 1789

Beaugeard [selon note manuscrite ancienne], *Résumé général des principaux écrits sur la prochaine convocation aux Etats-Généraux*, BN Lb39 1337.

Billaud Varenne, Jacques-Nicolas, *L'Acéphocratie ou gouvernement fédératif démontré le meilleur de tous dans un grand empire*, Paris 1791, BN Lb39 10087.

– *Principes régénérateurs du système social*, par J. N. Billaud, Paris an III, BN R 29093.

Boissy d'Anglas, *Observations sur l'ouvrage de M. de Calonne intitulé 'De l'état de la France présent et à venir', et à son occasion, sur les principaux actes de l'Assemblée nationale*, Paris 1791.

Dolivier, P., curé de Mauchamps, *Exposé des sentiments que j'ai manifestés dans l'Assemblée du baillage d'Etampes, adressé à tous les curés du royaume*, par Pierre Dolivier, s.l. 1789.

Dumont, Etienne, *Souvenirs sur Mirabeau et sur les deux premières années législatives*, éd. J. Bénétrui, Paris 1951.

Duquesnoy, Adrien, *Journal de Duquesnoy, député du Tiers-Etat de Bar-le-Duc sous l'Assemblée constituante (3 mai 1789-3 avril 1790)*, éd. R. de Crévecœur, Paris 1894.

[Ferrand, A. F.], *Nullité et despotisme de*

236

l'Assemblée nationale, s.l.n.d. [fin 1789], BN Lb³⁹ 3381.

Escherny, F. L., comte d', *Correspondance d'un habitant de Paris avec ses amis de Suisse et d'Angleterre sur les événements de 1789, 1790 et jusqu'au 4 avril 1791*, Paris 1791, BN Lb³⁹ 4812 (lettre IX, datée du 10 juin 1790: *De l'influence de J. J. Rousseau sur les révolutions de France*). Réédité sous le titre: *Tableau historique de la révolution jusqu'à la fin de l'Assemblée constituante*, 2ème édition, augmentée d'un grand nombre de morceaux sur différents sujets, Paris 1815.

– *De l'égalité, ou principes généraux sur les institutions civiles, politiques et religieuses. Précédé de l'éloge de J. J. Rousseau en forme d'introduction. Par l'auteur de la Correspondance* [...] *et pour servir de suite à cet ouvrage* [...], Basles 1796, BN E* 1943-1949 (édité aussi sous le titre *La Philosophie de la politique, ou principes, etc.*, Paris 1796, BN Z 10380 (250-251).

– *Mélanges de littérature, d'histoire, de morale et de philosophie* [...], Paris 1811 (comporte 'Des erreurs de J. J. Rousseau en politique'), BN Z 23309-23311. Réédité sous le titre: *Œuvres philosophiques, littéraires, historiques et morales*, 2ème éd., augmentées de 4 discours ou traités, Paris 1814, BN Z 23312-23314. (Cf. en outre, in tome iii, 'De Rousseau et des philosophes du XVIIIe siècle', p.159-177, augmenté d'un supplément sur les lettres de 'Madame de Latour').

[Ferrand, A. F.], *Nullité et despotisme de l'Assemblée nationale*, s.l.n.d. [fin 1789], BN Lb³⁰ 3381.

[Landes, Pierre], *Principes du droit politique mis en opposition avec ceux de J. J. Rousseau sur le Contrat Social, par M. ***, ancien Avocat au Parlement*, Paris 1801 (1ère édition, Neuchâtel 1794), BN E* 1953.

La Vicomterie de Saint-Sanson, *La République sans impôts*, Paris 1792

[Lemaitre, A. F., selon Barbier], *Le Plus original des cahiers: extrait de celui d'un fou*, Au grelot, chez Momus, imprim. des Maniaques, 1789, BN Lb30 1607.

Mercier, Sébastien, *De Jean-Jacques Rousseau considéré comme un des premiers auteurs de la révolution*, par M. Mercier, Paris juin 1791.

– *Le Tableau de Paris*, nouvelle éd., Amsterdam 1792-1788, B.U. Sorbonne: HF par 11 in 8°.

Mirabeau, Honoré Riquetti, comte de, *Lettre de M. le comte de Mirabeau à M. le comte d'Antraigues (1789)*, BN Lb³⁹ 1773.

Mounier, J. J., *Nouvelles observations sur les Etats-Généraux*, s.l. 1788, BN Lb³⁹ 1180 A.

Murat-Montferrand, comte de, *Lettre à M. Dupont de Nemours (jointe à la lettre de M. le comte d'Antraigues à M. Fontenai)*, Paris 1792.

– *Qu'est-ce que l'Assemblée nationale? Grande thèse en présence de l'auteur anonyme de Qu'est-ce que le Tiers? et dédiée au très honorable Edmond Burke comme à un véritable ami de la vraie liberté*, s.l. 1791, BN Lb³⁹ 5163. (Cité ici comme un des plus remarquables doctrinaires de la noblesse provinciale, ultra contre-révolutionnaire. Homme des Lumières, proche de d'Antraigues, avec des références culturelles en partie différentes, not. Condillac et la tradition de la philosophie empiriste.)

Sieyès, abbé, *Qu'est-ce que le Tiers-Etat?*, s.l. 1789.

– *Qu'est-ce que le Tiers-Etat?*, édition critique par P. Zapperi, Paris, Genève 1972.

3. *Anonymes (ou auteurs non identifiés) cités*

Avis à M. le comte d'Antraigues, député aux Etats-Généraux pour la noblesse, dans la Sénéchaussée de Villeneuve-de-Berg en Vivarais; qui peut servir à un grand nombre d'autres députés de la noblesse et du clergé. Par un baron en titre de baronnie de la province de Languedoc, BN Lb³⁹ 1774.

Coup d'œil approfondi sur le mémoire de M.

le comte d'Antraigues et les Etats-Généraux, Amsterdam 1789, BN Lb³⁹ 6779.

Examen impartial des droits du clergé, de la noblesse et du Tiers-Etat. Des maximes des écrivains pour le Tiers-Etat, des caractères, de l'étendue et des conséquences de leurs définitions [...], s.l. [1789], BN Lb³⁹ 1134.

Lettre à M. le comte d'A...., député de la noblesse aux Etats-Généraux, écrite par un de ses amis le 8 juin 1789, BN Lb³⁹ 1817.

Le Parallèle entre la constitution faite par l'Assemblée nationale et la constitution demandée par les Cahiers du Peuple, dédié aux trois Ordres du royaume, par M. Th. A.B.C.D.****, Paris s.d. [fin 1791], BN Lb³⁹ 5383.

Questions importantes pour la décision de la grande affaire du veto, proposées à MM. les députés du clergé et de la noblesse aux Etats-Généraux par un député suppléant du Tiers-Etat de la Ville de Paris, 1789, BN Lb³⁹ 2321.

Un plébéien à M. le comte d'Antraigues sur son apostasie, sur le schisme de la noblesse et sur son arrêté inconstitutionnel du 28 mai 1789, juin 1789, BN Lb³⁹ 1772.

4. *Périodiques cités*

L'Ami du roi (de l'abbé Royou), Paris, du 1er septembre 1790 au 4 avril 1792, BN Lc² 398.

Annales patriotiques et littéraires de la France (Carra et Mercier), Paris, BN Lc² 249-252.

La Chronique de Paris (A. L. Millinet et J. F. Noël), BN 4° Lc² 218, 8 vol.

Journal général (de M. Fontenai), Paris du 1er février 1791 au 10 août 1792.

Le Patriote français (dir. Brissot; réd. Brissot, Girey-Dupré), Paris 1ère série, 6 mai 1789, BN Lc² 2238; 2ème série, du 28 juillet 1789 au 2 juin 1793.

Les Révolutions de Paris (dir.: Prudhomme, réd.: Loustalot, puis, après la mort de celui-ci en 1790, Sylvain Maréchal, Fabre d'Eglantine, Chaumette, etc), Paris du 12-17 juillet 1789 au 25 pluviôse-10 ventôse an II.

Le Spectateur national (change de titre le 18 avril 1790, *Le Spectateur national et le modérateur*, 1er décembre 1791, *Le Spectateur et le modérateur*) (Levacher de Charnois), Paris, BN 4° Lc² 306-309, 7 vol.

iii. Etudes consultées

1. *Recueils d'articles*

J.-J. Rousseau: pour le 250ème anniversaire de sa naissance, Société des études robespierristes, Gap 1963.

Le Préromantisme, hypothèque ou hypothèse? Colloque de Clermont-Ferrand, 29-30 juin 1972, Paris 1975.

2. *Articles ou ouvrages cités ou utilisés*

Adam, A., 'Rousseau et Diderot', *RSH* (1949), p.21-34.

Barny, R., 'Les aristocrates et J.-J. Rousseau dans la révolution française', *Annales historiques de la Révolution française* 234 (1978), p.534-68.

– 'Les aventures de la théorie de la souveraineté en 1789 (la discussion sur le droit de Veto)', in *La Révision des valeurs sociales dans la littérature européenne à la lumière des idées de la Révolution française*, Annales littéraires de l'Université de Besançon, Paris 1970, p.75-93.

– 'J.-J. Rousseau dans la Révolution française, 1787-1794', *Dix-huitième siècle* 6 (1974), p.59-98.

– 'Remarques sur la pensée aristocratique

à l'époque de la Révolution bourgeoise', *Cahiers d'histoire de l'Institut de recherches marxistes* 20-21 (1977), p.23-45.

- *Le Rousseauisme avant 1789: un prélude idéologique à la révolution française*, Annales littéraires de l'Université de Besançon, 'Collection du bicentenaire de 1789', Paris 1985.

- *Rousseau dans la Révolution: le personnage de Jean-Jacques et les débuts du culte révolutionnaire*, Studies on Voltaire 246 (1986).

- *L'Éclatement révolutionnaire du rousseauisme*, 'Collection du bicentenaire de 1789', Paris 1988.

- communication au colloque organisé par l'Université de Paris VIII, 2-4 février 1909, 'La République avant 1792: de la République aristocratique à la République patriote' (actes à paraître)

- 'La formation du concept de révolution dans la Révolution', Congrès mondial pour le bicentenaire de la Révolution', Sorbonne, Paris, 6-12 juillet 1989, in *L'Image de la Révolution française*, Oxford 1989, i.433-39

- 'Babeuf et J.-J. Rousseau', Colloque international Babeuf, Amiens, 7-8 décembre 1989 (actes à paraître)

- 'J.-J. Rousseau et le droit naturel dans les déclarations des droits de 1789 et 1793', *Rousseau et le XVIIIe siècle: essays in honour of R. A. Leigh* (à paraître)

- 'Robespierre, Rousseau, et le problème religieux: la "religion civile" à l'époque révolutionnaire', Colloque Hegel des Universités de Heidelberg et Poitiers, Poitiers, 15-17 juin 1990 (à paraître en allemand).

- 'Montesquieu dans la Révolution française', *Annales historiques de la Révolution française* 279 (janvier-mars 1990), p.49-73.

- 'Montesquieu patriote?', *Dix-huitième siècle* 21 (1989), p.83-95.

- *Jean-Jacques Rousseau dans la Révolution française, 1787-1791: les grands débats politiques: élaboration et fonctionnement de l'idéologie révolutionnaire bourgeoise*, thèse dactylographiée, 6 parties en 5 volumes, 1977 (B.U. de Paris X Nanterre, B.U. de Besançon, Musée J. J. Rousseau de Montmorency).

Beauvalon, G., 'La question du *Contrat social*: une fausse solution', *RhlF* 20 (1913).

Beik, P. H., 'Le comte d'Antraigues et l'échec du conservatisme français en 1789', *Annales historiques de la Révolution française* 66 (1951), p.767-87.

- *The French revolution seen from the right*, Transactions of the American philosophical society, Philadelphie, N.S. 46 (1956).

Champion, E., *L'Esprit de la Révolution française*, Paris 1887.

- *J.-J. Rousseau et la Révolution française*, Paris 1909.

- 'La conversion du comte d'Antraigues', *La Révolution française* 26 (1894), p.5-25, 127-49, 193-214.

Chaumié, Jacqueline, *Le Réseau d'Antraigues et la contre-révolution, 1791-1793*, collection 'Histoire des mentalités', Paris 1965.

- 'Les souvenirs de jeunesse du comte d'Antraigues, *Mélanges à la mémoire de J. Sarailh*, Paris 1966, i.246-58.

Chouguine, M. S., 'Les origines de l'esprit national moderne et J.-J. Rousseau', *Annales de la Société J.-J. Rousseau* 26 (1937).

Cobban, A., et Elmes, R. S., 'A disciple of J.-J. Rousseau, le comte d'Antraigues', *RhlF* 43 (1936), p.181-210, 340-63.

Daline, Victor, *Gracchus Babeuf, 1785-1794*, traduit du russe, Moscou 1976.

Duckworth, Colin, *The D'Antraigues phenomenon: the making and breaking of a revolutionary royalist espionage agent*, Newcastle upon Tyne 1986.

Egret, Jean, *La Pré-révolution française (1787-1788)*, Paris 1962.

Espinas, Alfred, *La Philosophie sociale du XVIIIe siècle et la Révolution*, Paris 1818.

Fabre, Jean, 'Deux frères ennemis, Diderot et Jean-Jacques', *Diderot studies* 3 (1961). Repris in *Lumières et romantisme*, Paris 1963, p.19-65.

Godechot, J., *La Contre-Révolution*, Paris 1961.

– *Le Comte d'Antraigues: un espion dans l'Europe des émigrés*, Paris 1986.

Guyot, Charly, *De Rousseau à Mirabeau: pèlerins de Môtiers et prophètes de 89*, éd. V. Attinger, Neuchâtel 1936.

Hubert, R., *Rousseau et l'Encyclopédie*, Paris 1928.

Janet, P., *Histoire de la science politique dans ses rapports avec la morale*, 3ème éd., Paris 1887.

Maday, A. de, 'Rousseau et la Révolution', *Annales de la Société J.-J. Rousseau* 31 (1948).

Mazauric, Claude, 'Le rousseauisme de Babeuf', *J.-J. Rousseau: pour la 250e anniversaire de sa naissance*, p.75-100.

Meynier, A., *J.-J. Rousseau révolutionnaire*, Paris [1912] (réfutation d'Edme Champion).

Monglond, A., *Histoire intérieure du préro-mantisme français, de l'abbé Prévost à Joubert*, Grenoble 1929.

– *Vies préromantiques*, Paris 1925.

Pingaud, L. P., *Un agent secret sous la Révolution et l'Empire, le comte d'Antraigues*, Paris 1893.

Proust, Jacques, *Diderot et l'Encyclopédie*, Paris 1962.

Régaldo, Marc, *Un milieu intellectuel: la décade philosophique (1794-1807)*, thèse présentée devant l'Université de Paris IV, le 24.1.1976. Paris 1976.

Salamand, Georges, *Paulin de Barral, libertin dauphinois: un débauché à la veille de la Révolution française*. s.l. 1989.

Soboul, Albert, 'Classes populaires et rousseauisme', *J.-J. Rousseau: pour la 250e anniversiare de sa naissance*, p.43-60.

Taylor, S. S. B., 'Rousseau's contemporary reputation in France', *Studies on Voltaire* 27 (1963), p.1545-64.

Trahard, P., *La Sensibilité révolutionnaire 1789-1794*, Paris 1937.

Index